D1691337

Miriam Gebhardt
Rudolf Steiner

Miriam Gebhardt

# Rudolf Steiner

Ein moderner Prophet

Deutsche Verlags-Anstalt

Verlagsgruppe Random House FSC-DEU-0100
Das für dieses Buch verwendete FSC®-zertifizierte Papier
*Munken Premium Cream*
liefert Arctic Paper Munkedals AB, Schweden.

1. Auflage
Copyright © 2011 by Deutsche Verlags-Anstalt, München,
in der Verlagsgruppe Random House GmbH
Alle Rechte vorbehalten
Typografie und Satz: DVA/Brigitte Müller
Gesetzt aus der Meridien
Druck und Bindung: GGP Media GmbH, Pößneck
Printed in Germany
ISBN 978-3-421-04473-0

www.dva.de

Für Anthony

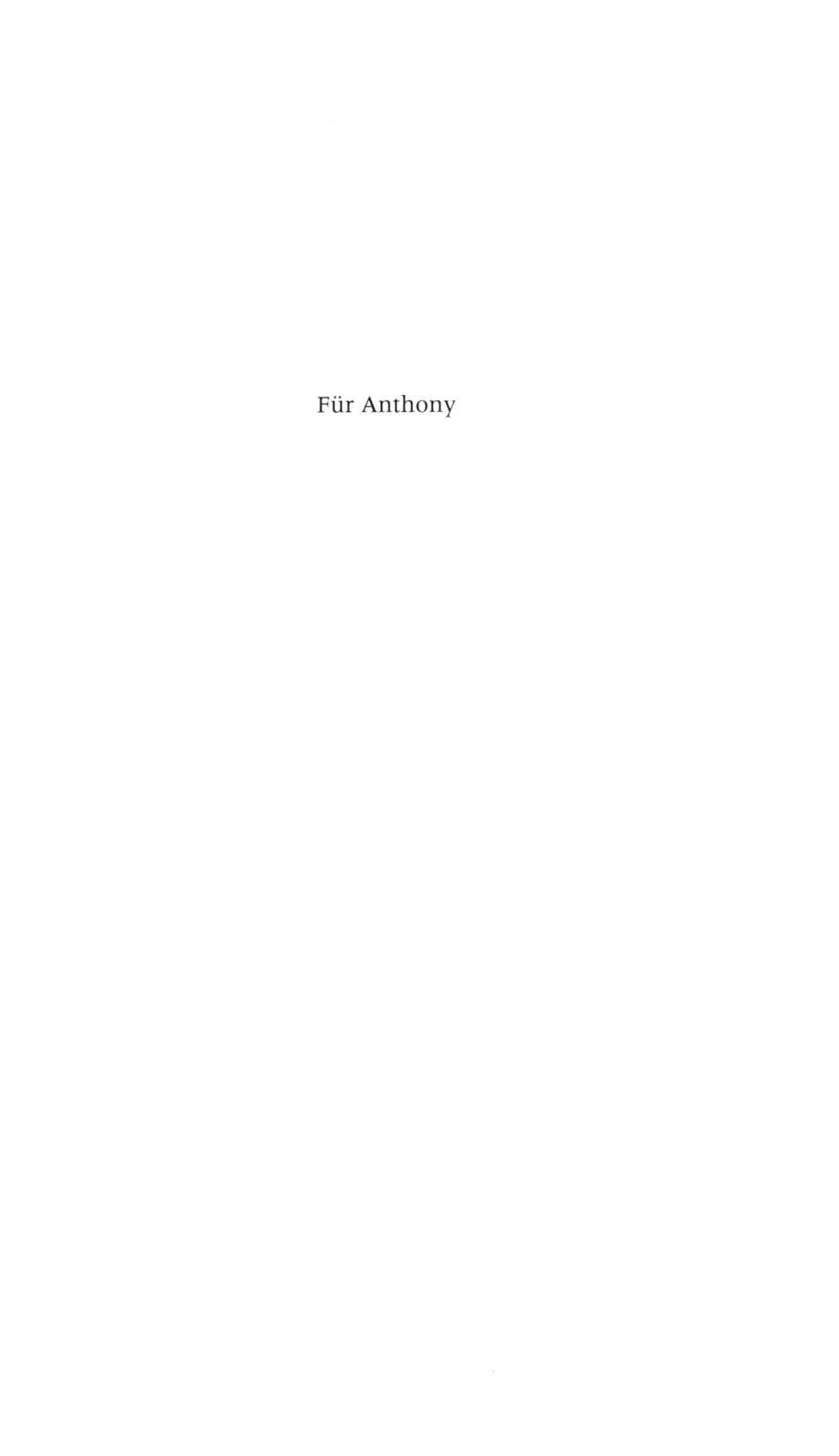

# INHALT

**Einleitung** 9

**Teil I**
**Im Wartesaal**
    Das Karma des Propheten   21
    Ein magisch veranlagtes Kind   24
    Geometrie und das Wissen der Welt   38
    Wider den Materialismus   48
    Nachsozialisation im Kaffeehaus   56
    Steiner und die Juden   63

**Teil II**
**Signale**
    Okkultismus in Zeiten der Eisenbahn   79
    Steiners Flaschengeister   95
    Anna in Weimar   102
    Der bewegte Mann   115
    Höllenfahrt   130

**Teil III**
**Im Stellwerk**
    Du verstehst mich   139
    Höhere Einsichten   150
    Ein charismatischer Redner   163
    Ein reformsüchtiges Publikum   172
    Konkurrenten   181

Inhalt

**Teil IV**
**Mit Volldampf**
　»Das ist er!«　195
　Der Kongress staunt　211
　Abkopplung　220
　Freie Bahn　225
　Einsamer Feldzug　230
　Anthroposophie für das ganze Leben　235
　Späte Liebe　250

**Teil V**
**Knotenpunkte**
　Revolutionsfeuer und Zigarettenrauch　259
　Das Kind seiner Zeit　266
　Zitternde Ehrfurcht vor dem geliebten Lehrer　288
　Waldorfpädagogik heute　297
　Versteinerung　304
　Mit »geistigem Mist« gedüngt　308

**Teil VI**
**Übergang**
　Letzte Reisen　321
　Epilog　334
　Der moderne Prophet　337

**Anhang**
　Zeittafel　347
　Anmerkungen　350
　Auswahlbibliographie　360
　Personenregister　361
　Bildnachweis　365

# EINLEITUNG

Rudolf Steiner, der Gründer der Anthroposophie, konnte mit den Toten sprechen. Sie gaben ihm Einblick in ihr Wissen, und er kümmerte sich dafür um ihre Reinkarnationen. Wir Normalsterblichen hingegen, die nicht so hellsichtig sind, haben es schwerer. Eine Biographie über Rudolf Steiner zu schreiben, ohne auf »karmisches Wissen« zurückgreifen zu können, ist ein ehrgeiziges Projekt. Denn Steiner war ein flüchtiger Prophet. Ungreifbar in jeder Hinsicht. Seine Familie kam aus dem »Bandlkramerland« in Niederösterreich, einer Gegend, in der die Menschen in Heimarbeit gefertigte Bänder in Bündeln auf dem Rücken zu Markte trugen. Steiner wurde auf seine Art auch ein Bandlkramer. Er war ein fahrender Händler selbst gefertigter Wahrheiten. Aufgewachsen am Schienenstrang der österreichischen Südbahn, der Vater ein k. u. k. Bahnbeamter, verbrachte Steiner ein ganzes Leben auf der Durchreise. Sechs Vorträge in drei Städten an drei Tagen, das war ein typisches Pensum in seinem Prophetenleben. Nie richtete er sich irgendwo ein oder gründete gar einen bürgerlichen Hausstand.

So entwurzelt sein physisches Leben war, so wechselhaft war sein Geist. Als Kind verzauberte ihn die Mathematik. Als Student sollte er Realschullehrer werden, aber lieber trieb er Philosophie. In seinen jungen Jahren wurde er Hauslehrer, in seinen mittleren Goetheforscher. Er strebte eine akademische Karriere an und endete als Lehrer an Liebknechts Arbeiterbildungsschule. Erst mit Ende dreißig fand er zu seiner eigentlichen Lebensthematik, der Anthroposophie. In der vergleichsweise kurzen Zeit, die ihm dann noch blieb,

## Einleitung

formulierte er eine Kosmologie, eine Christologie, eine Meditationsschule, die anthroposophische Medizin, die Eurythmie, die biodynamische Landwirtschaft und – nicht zuletzt – die Waldorfpädagogik.

All das, seine wechselvolle und dynamische Laufbahn, die vielen Fragen, die er aufgriff und in seinen Händen zur alles erklärenden Weltanschauung modellierte, macht Steiner zu einem schwer fassbaren Protagonisten. Er hatte zu viele Talente und Facetten. Das erkannten auch schon seine Zeitgenossen, von denen sich etliche ereiferten über so viel Universaldilettantismus und die »geradezu pathologische Gründerkühnheit« eines »modernen Warenhausbesitzers«.

Doch trotz dieser Lebensfülle ist die Faktenlage zu seinem wechselhaften Leben dünn. In seinen arg stilisierten Selbstauskünften, verschlossen und verschleiernd, von den Siegelträgern seiner Lehre beschützt, liegt dichter Nebel über Rudolf Steiners Leben.[1] Das beginnt bei ganz banalen Fragen zu seiner Vita. Was löste den Umschwung in seiner Karriere aus vom akademischen Prekariat hin zur freischaffenden Esoterik? War es wissenschaftlicher Misserfolg, der ihn in die Arme des Okkultismus trieb? Warum blieben seine beiden Ehen kinderlos? Wollte er keine Kinder, oder war ihm Sex zu »animalisch«?

Anthroposophen finden diese Fragen nicht wichtig, ja eigentlich nicht einmal zulässig. »Wer schreibt schon eine Biographie über Steiner? Das ist so, als wollte man über Buddhas Leben schreiben«, formulierte mir gegenüber eine Anthroposophin ihre grundsätzlichen Bedenken gegen jede biographische Annäherung. Steiner war der große »Meister« und keine historisch erforschbare Person. Er war ein Menschheitsführer, Religionsstifter und Seher, den zu recherchieren und zu beschreiben fast schon ein Sakrileg sei.

Was man über sein Leben weiß, ist außerdem noch unzuverlässig. Heilige leben in ihren Legenden weiter. Eine immer

Einleitung

wiederholte ist zum Beispiel, Rudolf Steiner sei aus einfachsten Verhältnissen emporgestiegen. Das stimmt nicht, aber vor einem dunklen Hintergrund funkelt eine Erfolgsgeschichte eben umso heller. Eine weitere Hürde bei der Beschäftigung mit einem »Erleuchteten« ist seine historische Einordnung. Welchen Platz hat Rudolf Steiners Denken im großen Bild der Reformbewegungen des frühen 20. Jahrhunderts? Auch diese Frage ist in seiner Gemeinde unstatthaft. Wer sich mit dem Werkzeug der Geschichtswissenschaft auf die Spuren des Gurus macht, hat schon zweimal verloren. Erstens, weil Steiner das historische Denken verhasst war; zweitens, weil er von der akademischen Wissenschaft nicht viel hielt. Er hatte seine eigene »Geisteswissenschaft«, die eigentlich eine Geister-»Wissenschaft« war. Seine Themen, von der Kunst über die Gesundheit, Landwirtschaft, Religion bis hin zur Erziehung lagen für ihn nicht, wie für all die anderen Reformerkollegen seiner Zeit, auf der Straße – er fand sie anderswo, beim Hellsehen nämlich, in der ominösen »Akasha-Chronik«, die sich angeblich nur ganz wenigen Eingeweihten offenbarte.

Aus der Sicht der Historiker ist das kein gangbarer Weg. Wer nicht nur glauben will wie die Anhänger Steiners, sondern nachvollziehen, muss sich an weniger obskure Erkenntnisquellen halten. Die wichtigste ist zweifellos der historische Kontext. Nur über Steiners Zeitgenossenschaft wird man ihm näherkommen. Seine Anliegen und Lösungsvorschläge werden nur im Kontext der Wilhelminischen Ära und der Jahre nach dem Ersten Weltkrieg erkennbar, also vor dem Panorama einer Zeit, als im gebildeten Bürgertum die Reformanstrengungen grassierten. Anlass waren reale und eingebildete Bedrohungen in der Moderne. Die Zergliederung des Menschen, des Wissens, der Arbeit und der Zeit forderte das bürgerliche Selbstverständnis heraus, weshalb man sich zu lebensreformerischen und moralischen Vereinigungen zusammenfand. Die Patentrezepte zur Heilung des Selbst und der Gesellschaft hießen: Vegetarismus und Antialkoho-

## Einleitung

lismus, Nudismus, Abwehr von Schmutz und Schund, körperliche Ertüchtigung, Kleiderreform, Rassenhygiene, gesundes Wohnen und Bauen, Reformkost, ganzheitliche Medizin oder Rationalisierung von Sexualität und Fortpflanzung. Manche der Beteiligten engagierten sich unter christlichem Vorzeichen und suchten eine modernere Form des Glaubens. Andere beteten das Volk oder die Rasse an. Fast alle schlossen sich vereinsmäßig zusammen und machten damit das Wilhelminische Zeitalter zu einem bunten weltanschaulichen Biotop. In derselben Zeit also, als Steiner an den Brutstätten der Reformbewegungen lebte und ebenfalls Antworten – sowie einen Broterwerb – suchte, nachdem seine akademische Karriere beendet war. Diese Vielfalt an Reformbestrebungen bildet den Hintergrund, vor dem sich die Konturen unseres Propheten abzeichnen.

Aus der Perspektive nach 1945 haben diese Reformbewegungen in Kaiserreich und Weimarer Republik den Deutschen einen Ruf als besonders hartnäckige Modernisierungsverweigerer eingehandelt; mit ihrer Haltung wurde der deutsche »Sonderweg« in den Nationalsozialismus erklärt. Und damit fiel auch über Reformpropheten wie Rudolf Steiner das Urteil, Antimodernisten und unmittelbare Vordenker des Nationalsozialismus gewesen zu sein. Das populäre Bild des Anthroposophen bekam somit zwei Gesichter: ein vom Heiligenschein verklärtes bei seinen Anhängern und eine hässliche, rassistische Fratze bei den Gegnern und Indifferenten. In den letzten Jahren hat sich die Sicht auf den Reformeifer und die Vereinsmeierei der Deutschen um 1900 jedoch verändert. Nicht jeder krude Gedanke, der um die Jahrhundertwende entstand, führte in die Hitlerdiktatur. Heute sieht die Geschichtswissenschaft im hohen Organisationsgrad der bürgerlichen Reformgesellschaft sogar ein vielversprechendes Kapital unter modernen und antimodernen Chiffren. Denn wir haben begonnen, uns selbst in dem Wertepluralismus jener Zeit wiederzuerkennen. Viele Antworten von damals sind Antworten von heute geworden, ob es um den Umgang mit Gesundheit, mit der Natur oder der Erziehung geht. Aus dem lebensreformerischen Warenhaus bedienen wir uns noch immer. Und manches Versatzstück, das wir heute in den Händen halten, hat die Anthroposophie beigesteuert.

In diesem Licht bekommt auch Rudolf Steiners Gesicht vertraute Züge. Er war ein moderner Prophet – modern in dem Sinne, dass er sich nicht entscheiden konnte zwischen Tradition und Gegenwart. Er war ein Chamäleon; bediente sich der modernen Naturwissenschaften, aber benutzte eine überwiegend verquaste philosophische, eine, wie ein Zeitgenosse spöttelte, »courtsmahlerische« Sprache. Er bewegte sich in modernen Organisationsstrukturen, beherrschte die modernen Kommunikationsmittel, ließ sich gerne im Maybach herumkutschieren, warnte aber vor dem Grammofon. Er war, wie viele Reformbewegte jedweder Couleur, ein *public intellectual* und hasste Intellektualismus, er war Prophet, Nationalist und eingefleischter Individualist, er glaubte an die natürliche Hierarchie der Geschlechter und der »Rassen«, aber arbeitete für Juden und ließ sich ganz maßgeblich von Frauen beeinflussen. Er stand dem demokratischen Parteiensystem distanziert gegenüber, bevorzugte ein autoritäres, von Sachfragen gesteuertes Elitenwesen, gleichzeitig hoffte er, dass eine Schulreform und genossenschaftliches Zusammenarbeiten mehr soziale Gerechtigkeit brächten. Er interessierte sich nicht für den Spiritismus, aber er kommunizierte mit Toten. Steiner verortete sich im Christentum und verstand sich als dessen »Testamentsvollstrecker«. Er war Seelenarzt und verabscheute Sigmund Freuds Psychoanalyse. Um es grundsätzlich zu formulieren: Steiner war der modernste Prophet des bürgerlichen Zeitalters, weil er, behände seine Positionen wechselnd, sich so großzügig wie kein anderer aus dem Kaufhaus der zeitgenössischen Ideen zu bedienen verstand, um daraus ein eigenes, originelles Weltbild zu basteln. Sein Motor waren die großen Fragen seiner Zeit: Woran kann man noch glauben? Wohin führen Kapitalismus und Hochindustrialisierung? Welchen Stellenwert haben Armut, Krankheit und Tod in einer Gesellschaft, die auf Wissenschaft und Sozialtechnologie setzt? Seine Antworten entwickelte er häufig spontan beim Reden, schon deshalb waren sie widersprüchlich und alles andere als konsistent. Seine Anhänger mögen sein mäanderndes Denken »organisch« nennen, es war wohl eher assoziativ, analogieverliebt, undiszipliniert, auch eine Spur größenwahnsinnig. Er war ein bulimischer Denker und Redner, seine Vorträge gingen in die Tausende und seine Texte immer noch in die Hunderte.

Rudolf Steiners Lehren sind deshalb unfassbar. Eine eindeutige und richtige Interpretation seines Werkes ist undenkbar. Gegner und Befürworter haben ein leichtes Spiel, sich mit passenden Steinerzitaten gegenseitig zu beharken. Aber es soll uns heute, 150 Jahre nach seiner Geburt, ohnehin nicht um eine abschließende Würdigung gehen, sondern darum, was an Steiner noch gültig ist. Diese Relativierung bedeutet jedoch nicht, dass seine Biographie und sein Werk nicht verbunden gewesen wären. Nur orthodoxe Gläubige sehen in ihm den geborenen Erfinder der Anthroposophie, der schon als Achtjähriger nach seiner Initiation als Okkultist tiefere Einsichten in den Gang der Welt hatte. Er war alles andere als eine immer schon fertige und in sich schlüssige Persönlichkeit, der man in jedem Lebensabschnitt die spätere Karriere hätte ansehen können. Als zutiefst moderne Person nahm er sich wiederholt das Recht auf eine neuerliche Selbsterfindung heraus. Die einzige Klammer, die seine Biographie zusammenhält, ist sein Leben zu einer bestimmten Zeit, in einer spezifischen Kultur, in der er Erfahrungen machte, die ihn prägten.

Als Ergebnis dieses verschlungenen Lebenswegs stoßen wir auf einen bemerkenswerten Tatbestand: Zu Lebzeiten zählte Steiner wenige Anhänger. Auch war er nur einer von vielen

Propheten. Aber im Gegensatz zu fast allen anderen Reformern seiner Zeit hat er es nicht nur bis in die Gegenwart geschafft, er hat sogar einen stetig wachsenden Einfluss auf das gegenwärtige Leben und Denken. Unter all den Visionären des frühen 20. Jahrhunderts ist sein Name populär wie nie. Sein Erfolg war keine Eintagsfliege, und das nicht nur, weil er sehr rührige Anhänger hat, die quasi stündlich neue Beiträge von ihm und über ihn ins Internet stellen. Seine Langlebigkeit hat vielmehr mit der Aktualität seiner Angebote zu tun. Abgesehen davon, dass man im Internet »Guru«-Taschen und T-Shirts mit einem warholesken Konterfei Rudolf Steiners in allen aktuellen Modefarben bestellen kann[2]; dass die von ihm initiierte biodynamisch arbeitende Erzeugergemeinde »Demeter« ein Global Player mit 4300 Betrieben und 130 000 Hektar Ackerfläche auf allen fünf Kontinenten geworden ist; dass es ein auf der Fernsehserie *Star Trek* basierendes Rollenspiel mit Anthro-Charakteren gibt[3]; dass sich heutige Hollywoodschönheiten mit Kosmetika der Marke »Weleda« pflegen, die auf Steiners Konzept aus den zwanziger Jahren zurückgeht; abgesehen davon zeugt vor allem der wachsende Zuspruch der Waldorfpädagogik für eine beachtenswerte Kontinuität über rund hundert Jahre. Während die Anthroposophische Gesellschaft mit Sitz in Dornach in der Schweiz mit knapp 46 000 Seelen (davon ein Drittel in Deutschland) seit 1989 schrumpfende Mitgliederzahlen und die Überalterung ihrer Funktionäre beklagt, blüht die angewandte Anthroposophie immer mehr auf. Nicht nur ökonomisch, sondern als Kulturfaktor. Erstmals widmeten im Jahr 2010 zwei allgemeine Museen der anthroposophischen Lebenswelt Ausstellungen, die beim Publikum großen Anklang fanden. Die Pädagogik Steiners ist indes zum wichtigsten Praxisfeld geworden. 70 000 Kinder pro Jahr besuchen Steiner- beziehungsweise Waldorfschulen. Rechnet man die Schülergenerationen zurück, kommt man auf einen vor allem in den Mittelschichten relevanten Anteil der

### Einleitung

Bevölkerung, der entweder selbst mit anthroposophischem Denken groß geworden ist – bewusst oder nicht, gewollt oder nicht – oder zumindest jemanden kennt, der Schüler einer Waldorfschule war. Allen bekannt sind die Namen etlicher Prominenter aus dem Dunstkreis der Anthroposophie: Das Spektrum reicht von Politikprominenz wie Altkanzler Helmut Kohl, dem ehemaligen Innenminister Otto Schily, dessen Bruder Konrad Gründungspräsident der anthroposophischen Universität Witten-Herdecke war, dem Ex-Wirtschaftsminister Wolfgang Clement, dem Ex-Arbeitsminister Walter Riester, dem Ex-Außenminister Hans-Dietrich Genscher, den ehemaligen Bürgermeistern von Berlin und von Hamburg, Eberhard Diepgen und Klaus von Dohnanyi, der Ex-Justizministerin Herta Däubler-Gmelin und der früheren bayerischen Kultus- und Bildungsministerin Monika Hohlmeier über Wirtschaftseliten wie den Autobauern Ferdinand Alexander und Wolfgang Porsche, dem ehemaligen BDI-Präsidenten Michael Rogowski, dem »dm«-Drogerieketten-Gründer Götz Werner, dem Unternehmer und Sohn von Beate Uhse, Ulrich Rotermund, und dem ehemaligen Bundesbankpräsidenten Karl Otto Pöhl bis hin zu Kulturprominenz wie Marie Bäumer, Caroline Herfurth, Heiner Lauterbach, Oliver Hirschbiegel, Freimut Duve oder Rainer Werner Fassbinder. Diese Namen sind unterschiedlich eng mit der Anthroposophie assoziiert. Manche waren Waldorfschüler, manche haben ihre Kinder nach der Steinerpädagogik lernen lassen. Andere glauben wirklich an die Sache. Herta Däubler-Gmelin tritt als Referentin bei Anthroposophenkonferenzen auf, und die Schilys gehörten schon in der Weimarer Zeit zur Anthroposophenclique. Hellhörig macht der Name Andreas Schleicher, der als »Erfinder« der PISA-Studie selbst eine alternative schulische Sozialisation nach den Lehren Steiners absolviert hat, und heute den öffentlichen Schulen Versagen vorwirft.

Anlass, an eine Verschwörung zu glauben, besteht trotzdem nicht. Gemessen an den Absolventenzahlen der Waldorfschulen ist ihre Produktion von Eliten auch angesichts des Umstands, dass es sich um eine Privatschule für Privilegierte handelt, eher gering. Die meisten ehemaligen Waldorfkinder, die es »geschafft« haben, sind Schauspieler oder Künstler geworden, was auch zum Curriculum der Steinerschulen passt. Für die wenigen wirklich mächtigen Eltern, die ihre Kinder diesen Weg gehen lassen, dürften außerdem eher elitistische als ideologische Motive eine Rolle spielen, denn allzu groß ist das Angebot an Privatschulen mit gutem Ruf in Deutschland nicht. Die Erkenntnisse über die Missbräuche an kirchlichen Internaten und an der berühmten Odenwaldschule dürften den Waldorfschulen noch mehr Kundschaft zuspielen. Zum Einflusskreis der Anthroposophen lassen sich auch die zahlreichen Einrichtungen und Verbände rechnen, die in den jeweiligen Arbeitsfeldern tätig sind. Dazu zählen: anthroposophische Kindergärten, Schulen und Hochschulen, heilpädagogische Institutionen, Jugendkreise, Banken, landwirtschaftliche Erzeugerringe, Kosmetik- und Pharmazieunternehmen, Krankenhäuser und Kurkliniken, Verlage, Buch- und Spielzeugläden sowie Hochschulen.[4]

Von diesem breiten Sortiment auf eine entsprechende Wirkungsmacht zu schließen, wäre dennoch vorschnell, denn dann müssten all diese Institutionen in einem machthungrigen Konglomerat zusammenhängen, was nicht der Fall ist. Steiners Anthroposophie wirkt vielleicht total, weil sie auf so viele Lebensbereiche zugreift, aber sie ist nicht totalitär; trotz aller Konsum- und Wohlfühlangebote bleibt sie eine verschworene, eben eine okkultistische Angelegenheit, die sich im Großen und Ganzen an eine akademisch gebildete, bürgerliche Schicht richtet, die nicht in die Öffentlichkeit drängt oder sogar lieber im Verborgenen operiert.

Trotzdem ist es wichtig, sich mit der Person des Anthroposophiebegründers realistisch und unvoreingenommen auseinanderzusetzen. Die heutigen Kunden des Warenhauses Anthroposophie sollten zumindest wissen, dass sich Steiners

Nachkommen wenig um die Weiterentwicklung seiner Lehren gekümmert haben, dass sie also seine Art zu denken wie schockgefroren in die Gegenwart transportieren. Wer heute eine Antifaltencreme von Weleda oder Kartoffeln von Demeter kauft, oder den Nachwuchs auf eine Steinerschule schickt, sollte sich zumindest bewusst sein, wie viel Mittelalter, wie viel 19. und frühes 20. Jahrhundert damit in Kauf genommen werden muss. Wer weiß schon, welches Menschenbild damit verbunden ist, wenn Kinder im Klassenzimmer nach Temperamenten sortiert werden, wie es heute an Waldorfschulen immer noch üblich ist. Deshalb lohnt es, einen genaueren Blick auf die Person Rudolf Steiners zu richten.

Über seine intellektuelle Biographie ist genug geschrieben worden. Wer sich mit den geistesgeschichtlichen Quellen seines Denkens vertraut machen will, ist von der Forschung bereits ganz gut versorgt.[5] Der historische Steiner in seiner Zeit nimmt jedoch erst langsam Gestalt an. Zu lange wähnten ihn voreingenommene Historiker im okkultistischen Spukschloss des späten 19. Jahrhunderts. Der Schlüssel zum Verständnis seiner ungeheuer lang anhaltenden Wirkung liegt jedoch nicht in seiner Stilisierung zum dämonischen Propheten, wie die Anthroposophiekritiker glauben, aber auch nicht in seiner Heiligsprechung durch die Adepten – er liegt im Tatbestand der gekonnten Verkörperung eines modernen Gurus.

TEIL I
IM WARTESAAL

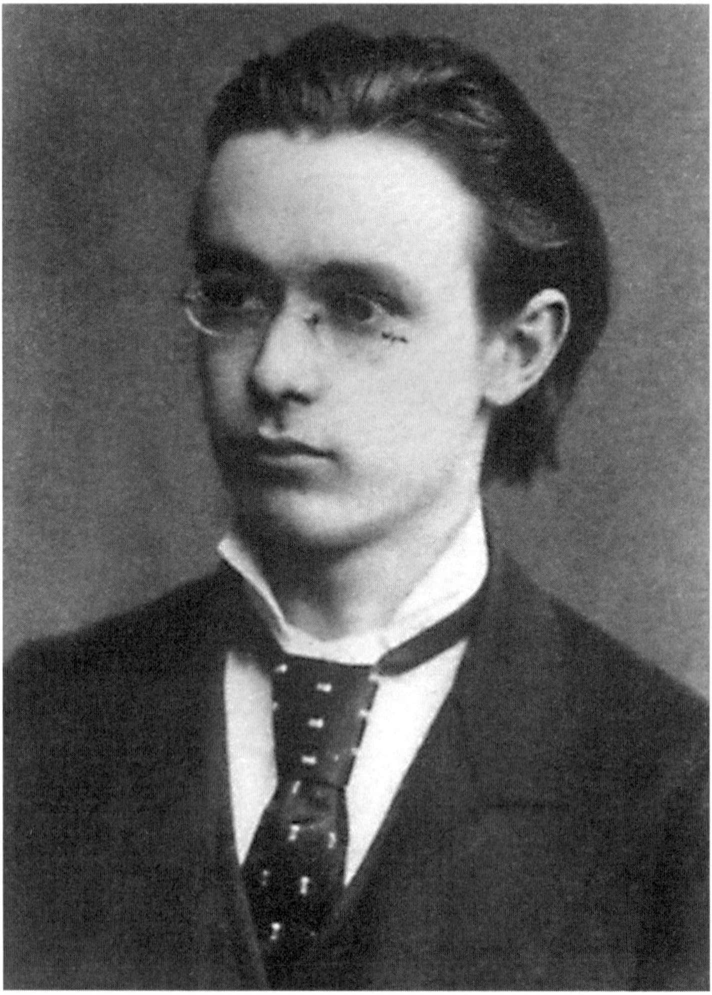

## Das Karma des Propheten

Wir wissen nicht, ob sich Rudolf Steiner am Ziel seines Karmas glaubte, als es im März 1925 mit seiner irdischen Existenz zu Ende ging. So manche bedeutende Inkarnation war ihm nachgesagt worden, unter anderem sah man in ihm die Wiedergeburt von Johannes dem Täufer und von Goethe. Dass sein Leben ein entscheidender Beitrag zur Geschichte sei, davon war Steiner selbst jedenfalls fest überzeugt. Die von ihm nur »geschaute« Anthroposophie würde die Menschheit in eine neue geistige Epoche tragen. Da kann es nicht verwundern, dass sein Weggang in den Augen seiner Jünger einer Apotheose gleichkam.

In Steiners Lehre trennt sich das Ich nach dem Tod stufenweise von der leiblichen Hülle. Sofort nach Eintritt des Todes erscheint dem Verstorbenen das ganze abgelaufene Leben als ein Erinnerungstableau, aber ohne Gefühle hervorzurufen. Dann muss der Astralleib durch eine Art Fegefeuer, in dem er alle Triebe und Gefühle noch einmal durchlebt, auch diejenigen, die er anderen Menschen bereitet hat. Nach dem Verlassen des Leichnams trägt das Ich den geistigen Körper dann ins Geisterland. Fortgeschrittene auf dem Weg der spirituellen Selbstverbesserung vernehmen dort die Sphärenklänge. Am Zielpunkt angelangt, finden sie schlussendlich die »Akasha-Chronik«, ein allumfassendes Weltengedächtnis, in dem das Wissen der Welt gespeichert ist. Albert Steffens, Rudolf Steiners treuester Weggefährte, war Zeuge all dieser Vorgänge am Totenbett des Meisters: »Er lag regungslos. Jedoch die Geistigkeit im Raume wandelte sich. Sie war traurig bei zerstückten und trüben Gedanken, die noch in uns lebten; sie erhellte sich bei jedem Dankgefühl. Wir lasen unser eigenes Innenleben in dem Antlitz wie in einem Spiegel. In den ersten Stunden nach dem Tode war es, als läge eine Müdigkeit ohnegleichen auf den schattigen Lidern und um die scharf modellierte Stirne. Unergründliches Leid verschweigen die Lippen. Nach und nach leuchtete das Antlitz auf wie im heiligen Triumphe. Jetzt schien es, als ob der Mund befriedigt lächelte, sich wohl bewusst, dass er durch die Verkündigung des Wortes die Menschheit gebessert.«[1]

Diesem eschatologischen Ereignis am 30. März 1925 gegen zehn Uhr vormittags war ein langsames Sterben vorangegangen. Angefangen hatte es während einer kräftezehrenden Tour de Force durch Deutschland, Österreich, die Schweiz, Skandinavien, Italien, Ungarn, Frankreich, die Niederlande und Großbritannien die Jahre zuvor, die Steiner immer abgeschlagener werden ließ. Seine Vortragsmaschine war in den frühen zwanziger Jahren bei einer dermaßen hohen Taktzahl angekommen, dass es nur eine Frage der Zeit war, bis sich der Motor verschlucken würde. Zuletzt musste eine Konzertagentur Steiners Auftritte managen, so groß war der Andrang. Dazu kamen die vielfältigen Projekte und Themen, mit denen Steiner nach dem Ersten Weltkrieg gleichzeitig jonglieren wollte. Aus dem akademischen Goetheforscher, Hofmeister und Lehrer in der Erwachsenenbildung war praktisch über Nacht ein Experte geworden in allen Fragen von Leben und Tod, Landwirtschaft, Pädagogik, Heilkunde und Pharmazie, Architektur und Kunst, Tanz und reformiertem Christentum.

Magenkrank war er schon längere Zeit gewesen (in seiner eigenen Lehre übrigens ein Hinweis auf übergroße Nervosität), weshalb er sich an eine strenge Diät hielt. Auch auf Reisen wollte er nur noch vegetarische Mahlzeiten zu sich nehmen, die nach biodynamischen Richtlinien erzeugt worden waren und die eigens für ihn mitgeführt werden mussten. In ihren Korrespondenzen erwähnte Steiners Frau Marie, dass er ständig müde und mitgenommen wirkte. Die vollständige Zerstörung seines architektonischen Lebenswerks, des ersten Goetheanums in Dornach, durch einen Brand am Jahreswechsel 1922/23 versetzte seinem fragilen Zustand den entscheidenden Schlag. Zu Jahresbeginn 1924 brach die Krankheit, offenkundig Magenkrebs, dann richtig aus. Seine Umgebung führte Steiners Leiden freilich auf eine Vergiftung zurück. Gegner gab es schließlich genug. »Es war wie ein Schwerthieb, der sein Leben traf bei jener geselligen Zusammenkunft. ... Gleichwohl hielt er wenige Stunden später den programmgemäßen Vortrag und blieb bis zum totalen Zusammenbruch seiner Kräfte unausgesetzt tätig.«[2]

Die nächsten Monate arbeitete Steiner weiter als wäre nichts geschehen, empfing bis zu vierhundert Besucher an einem Tag, beantwortete Briefe, schrieb fieberhaft an seiner Autobiographie, verfasste Denkschriften. Im Herbst musste er kapitulieren. Er legte sich aufs Krankenlager, das er nicht mehr verlassen würde. »Gegenmächte« hätten seinen Körper angegriffen, so interpretierte er selbst seinen Zustand, nachdem sie seinem Geist nichts hatten anhaben können.[3]

Sehen wollte er nur noch seine Frau, und auch die nur zu festgelegten Tageszeiten, sowie die beiden langjährigen Begleiter Albert Steffen und Guenther Wachsmuth und vor allem seine enge Freundin Ita Wegman. Seine kaum überwindbare Appetitlosigkeit ließ die erste anthroposophische Ärztin schier verzweifeln. In den letzten Tagen vor seinem Tod verspürte sie eine leichte Traurigkeit an ihm. »Es war mir, als ob er schwerwiegende Probleme zu lösen hatte. Die Leuchtekraft seiner Augen fand ich schwächer wie [sic] sonst, und eine große, nicht zu erklärende Sorge erfasste mich.« Arbeitseifrig bis zum Schluss übergab er ihr am Tag vor seinem Tod noch ein Manuskript, das er am Vortag korrigiert hatte. Um drei Uhr morgens veränderte sich seine Atmung. Der Puls schlug sehr kräftig. »Um 4 Uhr rief er mich, weil die Schmerzen wiederkamen. Der Puls wurde schlechter, die Atemzüge rascher. Das Weggehen war wie ein Wunder.«[4]

Folgen wir dem Steiner'schen Denken über die Anthropologie des Menschen, so sind wir bestimmt vom Gesetz von Wiedergeburt und Karma. Demnach vergeht nur die leibliche Hülle, wenn jemand stirbt, sein unsterblicher Teil, seine »ewige Individualität«, bleibt bestehen und wird sich alle paar Jahrhunderte neu verkörpern. Nicht als Tier oder Pflanze wie im Hinduismus, sondern abwechselnd als Mann und als Frau und immer wieder mit denselben Menschen, sodass sich alle Bekannten in späteren Leben wiederbegegnen. Sinn dieser Wiedergeburten ist die Verbesserung des Einzelnen. In der bürgerlichen Ideologie der »Arbeit an sich selbst« verankert, hat der Begründer der Anthroposophie damit den östlichen Reinkarnationsglauben um eine Art Leistungsprinzip erweitert. Nicht Fatalismus ist die Botschaft, sondern ein evolutionärer Optimismus und Rationalismus. Man muss zwar für die Fehler der Vergangenheit büßen, aber man kann sie verstehen, an ihnen arbeiten und sie in Zukunft vermeiden. Jedem steht es frei, an seinem Karma bis zur harmonischen, ganzheitlichen Vervollkommnung zu feilen. Den entscheidenden Einblick in seine aufgelaufene »Karmabilanz« erhält der Mensch zum Zeitpunkt seines Todes. Was also sah Rudolf Steiner am 30. März 1925 gegen zehn Uhr Vormittag, als ihm sein Leben vor Augen stand?

## Ein magisch veranlagtes Kind

Rudolf Steiner war ein Kind des mittleren 19. Jahrhunderts. Seine Eltern standen im Dienst eines Grafen im österreichischen Waldviertel und brauchten, um heiraten zu können, dessen Erlaubnis. Weil sie die nicht bekamen, löste sich Johann Steiner aus den noch halb feudalen Bindungen und bewarb sich bei der Eisenbahn. Damit war ein Riesensprung getan aus dem traditionellen Leben eines Försters, das sich über Jahrhunderte hinweg kaum verändert hatte, hinein in

## Ein magisch veranlagtes Kind

eine moderne Existenz als Beamter eines zunächst privatwirtschaftlichen und dann staatlichen Großbetriebs. Dieser historische Bruch in der Generation seiner Eltern war es, der Rudolf Steiner das Leben, das er später führen sollte, ermöglichte. Wäre sein Vater ein subordinanter Förster geblieben, bräuchte es heute keine Steinerbiographie. Ihm selbst war der atemberaubende Wechsel in den Geschwindigkeiten und Distanzen, die sein Leben bestimmen sollten, wohl bewusst: »Wenn sich jemand zu einem ganz modernen Leben, zu einem Leben in den modernsten Errungenschaften der gegenwärtigen Zeit hätte anschicken wollen und sich hätte dazu aussuchen wollen die entsprechenden Daseinsbedingungen der gegenwärtigen Inkarnation, so hätte er diejenige Wahl treffen müssen, die Rudolf Steiner getroffen hat.«[5] Eine verschlungene Pointe, die in Kurzform sagt: Rudolf Steiner selbst sah sein Leben unter modernsten Vorzeichen stehen. Modern, das hieß damals, von der Technik geprägt, von der Industrialisierung, von der Wissenschaft, die in Konkurrenz zur Religion getreten war. Das sind die zeittypischen Leitmotive der bürgerlichen Biographik der zweiten Hälfte des 19. Jahrhunderts, die auch Rudolf Steiners Kindheits- und Jugenderinnerungen durchziehen.

Das Leben des Propheten folgte dem Schienenstrang. Bahnhöfe sind es auch, die heute noch an ihn erinnern. Am Bahnhofswärterhaus im kroatischen Kraljevec, wo Rudolf Steiner am 27. Februar 1861 geboren wurde, hängt eine Gedenktafel, an der Bahnstation in Neudörfl im Burgenland ist folgende Inschrift angebracht: »In diesem Haus erwuchsen dem Kinde die Grundlagen seiner geistigen Welt. 1869–1879«, und die Einwohner von Pottschach in Niederösterreich haben ebenfalls den Bahnhof zur Rudolf-Steiner-Gedenkstätte gemacht: »Rudolf Steiner, der Begründer der Anthroposophie, lebte hier als Kind des Stationsvorstandes 1863–1869. Ihm verdankt die Welt die Waldorfschulen, die Heilpädagogik, neue

Erkenntnisse auf dem Gebiete der Medizin und Heilmittelkunde, eine Erneuerung der Kunst, Sprachgestaltung und Eurythmie, die biologisch-dynamische Landschaftsweise, die soziale Dreigliederung u.v.a.m.« Was sie ihm noch verdankt, bleibt das Geheimnis des Gedenkstättenkomitees. Steiner selbst würde wohl sagen, die Nachwelt verdanke ihm vor allem eine okkulte Meistererzählung, die sich ihm und nur ihm offenbart habe.

Der Bahnhof von Pottschach, nur halb so hoch wie die ihn umstehenden Bäume, zwei Gleise, ein Zaun, über den der Efeu wucherte; hier verlebte Steiner die erste Hälfte seiner Kindheit ab dem zweiten Lebensjahr. Der Bahnhof steht für all die anderen Bahnhöfe, in denen er als Kind gewohnt und als Erwachsener ein- und umgestiegen ist, um sich von der Peripherie der Donaumonarchie ins Zentrum des Deutschen Reiches zu bewegen und sodann in konzentrischen Kreisen innerhalb Deutschlands und Europas zu touren, bis er schlussendlich in einer kleinen Ortschaft in der Schweiz, wieder an der Peripherie, endete. Als Kind eines k. u. k. Bahnbeamten ist Rudolf Steiner in Bahnhöfen aufgewachsen, als Erwachsener reiste er mit der Bahn von Vortrag zu Vortrag, immer getrieben von der Prophetie. Jemand hat ausgerechnet, Steiner habe mindestens 6000 Vorträge in seinem Leben gehalten. Wie viele Bahnkilometer dabei wohl zusammenkamen?

Das Schienennetz der Südbahn war es, das den Ort Kraljevec im heutigen Kroatien, wo er am 27. Februar 1861 geboren wurde, mit Mödling im Wienerwald verband, wo die Familie nur ein Jahr blieb, bis sie endlich im Jahr 1863, als Steiner zwei Jahre alt war, in Pottschach ankam, um sechs Jahre später nach Neudörfl an der ungarischen Grenze abberufen zu werden, von wo aus sie nach Inzersdorf in der Nähe von Wiener-Neustadt zogen. Viele Ortswechsel in einem jungen Leben. Rudolf Steiner sollte sich daran gewöhnen und auch später nie sesshaft werden. Auch darin führte er eine moderne Existenz.

## Ein magisch veranlagtes Kind

Der Atmosphäre auf einem Bahnhof im Dampfzeitalter können wir in Hermann Bangs Roman *Am Weg* nachspüren. »Frau Bai trat auf den Bahnsteig hinaus. Sie schaute gerne zu, wie die Züge herankamen und wieder im Dunkel verschwanden. Das Getöse, zuerst in weiter Ferne, dann das Rattern, wenn der Zug die Brücke überquerte, das große Licht, das aufleuchtete, und endlich die schwere, sich vorwärts wälzende Masse, die sich aus der Nacht herauswand und in klar konturierte Waggons verwandelte, die vor ihren Augen anhielten, mit den Schaffnern und dem erhellten Postwagen und den Abteilen… Wenn er dann wieder fort war und das Brausen erstarb, lag alles still, ja doppelt still da. Der Stationsbursche löschte die Laternen, zuerst jene auf dem Bahnsteig, dann die über der Tür. Man sah nur noch das Licht der beiden Fenster, zwei schmale Lichtbrücken in das große Dunkel hinein. Frau Bai ging ins Haus.«[6] Ein pittoreskes Bild aus heutiger Perspektive. Damals war es ein Bild »allermodernster Kulturerrungenschaften«, wie Rudolf Steiner selbst seine Kindheitseindrücke unter dem Einfluss der Bahn und der Telegrafie beschrieb.[7] Der Provinzbahnhof des späten 19. Jahrhunderts war ein Umschlagplatz für Post und Waren, Reisende und Informationen. Unterschiedliche Gesellschaftsschichten trafen aufeinander, tauschten aus, was sie in der nächstgelegenen Ortschaft oder in der großen, weit entfernten Metropole gesehen hatten. Ein paarmal am Tag brach die Welt in das Dorf ein, Depeschen kamen an, Adelige wollten zur Jagd abgeholt werden, Ärzte und Hebammen eilten zu ihren Patienten, Soldaten auf der Durchreise winkten aus dem Fenster, Händler und Arbeiter liefen geschäftig zur ortsansässigen Spinnfabrik.

Die Südbahn, Arbeitgeber des Vaters von Rudolf Steiner, war etwas Besonderes. Erbaut von dem Bankier Simon Georg Freiherr von Sina, dem zweitreichsten Mann Österreichs, war sie eine der wichtigsten Bahnlinien Österreich-Ungarns. Nachdem Salomon Rothschild ab 1836 mit der Nordbahn nördlich der Donau den Wettlauf zwischen den beiden Bankiers eröffnet hatte, wollte auch von Sina eine Bahn, die eines Tages von Wien bis an den Adriahafen Triest reichen sollte. Am 5. Mai 1842 wurde die Strecke Wien–Gloggnitz eröffnet. Die erste Lokomotive, »Philadelphia«, nach amerikanischem Vorbild gebaut, sah schon nicht mehr wie eine verzauberte Postkutsche aus, sondern wie ein heutiger Zug. Bei den Personenwagen waren allerdings nur die Fenster der ersten Klasse verglast, und in der vierten Klasse mussten die Reisenden stehen.

Am aufregendsten Streckenabschnitt der k. u. k. Südbahn verbrachte Steiner Jahre seiner Kindheit. Das war die Strecke über den Semmering zwischen Gloggnitz und Mürzzuschlag, die zwischen 1848 und 1854 erbaut wurde: eine technische Pionierleistung in der Geschichte des Eisenbahnbaus, konzipiert von Karl Ritter von Ghega, einem aus Venedig stammenden Mathematiker, der durch die Oststaaten der USA gereist war, um Erfahrungen mit dem Eisenbahnbau zu sammeln. Ihm gelang der waghalsige Übergang des Semmerings, indem er die bereits vorhandenen Bahnhöfe Gloggnitz in Niederösterreich (437 Meter) und Mürzzuschlag in der Steiermark (680 Meter) miteinander verband. Die Schwierigkeit bestand darin, einen bislang beispiellos starken Antrieb zu finden. Man hatte zahlreiche Möglichkeiten erwogen, unter anderem eine schiefe Ebene mit stationären Dampfmaschinen, welche die Wagen mit Seilzug hätten heraufhieven sollen, oder einen reinen Pferdebahnbetrieb oder eine »atmosphärische Eisenbahn«, angetrieben von Druckluft. Ghega rekrutierte zunächst 5000 Arbeiter für die Arbeit an der »Semmeringbahn«, die schlussendlich über 41 Kilometer Schluchten, Gräben, Felswände und Bergrücken überwinden sollte. 15 Tunnels brauchte es dafür, 16 ein- und zweistöckige Viadukte und mehr als hundert kleinere Brücken. Das Unternehmen war lebensgefährlich: 14 Arbeiter starben durch herabstürzende Felsbrocken, hunderte durch Krankheiten und Seuchen in den Arbeiterbaracken. Nach sechs Jahren, während derer 17 000 Arbeiter verheizt worden waren, startete die erste Hochgebirgsbahn der Welt am 17. Juli 1854. Mit diesem wahren Wunder der Technik vor Augen wuchs Rudolf Steiner auf. (Dampflokomotiven fuhren übrigens noch bis ins Jahr 1959 durch Gloggnitz. 1998 wurde die Semmeringbahn als älteste Hochgebirgsbahn zum Weltkulturerbe erklärt.)

Das Örtchen Pottschach an der Schwarza, wo Steiner seine frühe Kindheit verlebte, verdankte seine eigene Bahnstation dem aufblühenden Tourismus und dem guten Wasser. Kaiser Karl VI. hatte 1732 bei der Jagd im Höllental eine Wasserquelle entdeckt, und sein Leibarzt empfahl ihm täglich davon zu trinken. Das Wasser wurde in Holzfässer abgefüllt in einem sechzigstündigen Ritt von den kaiserlichen Knechten nach Wien gebracht. Im späten 19. Jahrhundert, als der Wasserbedarf der Donaumetropole immer größer geworden war, lernten bei der Planung der 1. Kaiser-Franz-Joseph-Hochquellenwasserleitung Wiener Beamte die liebliche Gegend kennen und erbauten hier ihre Villen für die Sommerfrische. Erzherzog Karl Ludwig bezog das Schloss Wartholz in der Nähe, auch Kaiser Franz Joseph I. fuhr mit dem Zug nach Pottschach, um zur Jagd zu reiten. Straßennamen erinnern heute an diese ersten Wiener Villenbesitzer, aus denen Daueinwohner und Förderer des Stadtbilds und des sozialen Lebens von Pottschach wurden. Nachbarn der Familie Steiner waren der Landtagsabgeordnete und Rechtsanwalt Dr. Anton Riehl, der Magistratsdirektor Wilhelm Grohm Ritter von Altenwehr, der Hofsekretär Josef Schneid Ritter von Treuenfeld, angeblich derer acht Sprachen mächtig. Aber auch Industrie siedelte sich hier an, ins nahe gelegene Ternitz mit seiner Stahlindustrie strömten tausende Arbeitsmigranten aus ganz Europa. Die Fabrikantenfamilie Bräunlich war schon 1845 nach Pottschach gekommen, sie setzte sich für Kirche, Postamt, Reitplatz und Schießstätte ein und ließ die erste mehrklassige Volksschule errichten.

Das war die Kinderwelt Rudolf Steiners. Er selbst sah sich rückblickend in diesem Bild als ein wunderliches Kind, zurückgezogen, von schwacher Konstitution, spirituell veranlagt. Da er ein berühmter Esoteriker werden sollte, müssen wir ihm diesen autobiographischen Topos durchgehen lassen. Welcher große Mann erinnerte nicht eine ganz spezielle, auf das Kommende vorausdeutende Kindheit. Auch wenn wir die Selbststilisierung nicht für bare Münze nehmen können, gibt sie immerhin Aufschluss darüber, wie er sich selbst sah und wie er von der Nachwelt gesehen werden wollte. Zwei Aspekte treten dabei hervor: zum einen seine soziale Unangepasstheit. Er behauptete von sich, in einem Milieu aufgewachsen zu sein, »in dem mich selbst die signifikantesten Dinge im Grunde genommen nichts angingen«[8]. Wenn er merkte, dass von ihm bestimmte Verhaltensweisen erwartet wurden, neigte er dazu, sich zu entziehen. Er grüßte nicht, auch nicht die Vorgesetzten seines Vaters oder die großstädtischen Sommerfrischler. War er deshalb unabhängiger als andere, wie er selbst behauptet hat, oder nur schüchterner? Auf jeden Fall scheint er ein Einzelgänger gewesen zu sein. Er setzte sich abseits und spielte mit Bilderbüchern, von denen eines mit beweglichen Puppen, die man an Fäden ziehen konnte, besonders erinnerungswürdig blieb. Es erzählte die Geschichte des »Staberl«, eines kleinbürgerlichen Wiener Taugenichts, der sich in ungewohnten Situationen zwar ungelenk benahm, aber immer mit einem Witz davonkam.[9] Der »Staberl« könnte für Steiner eine Symbolfigur geworden sein, denn auch er musste bei seinem sozialen Aufstieg in die Welt der Wissenschaft und der Künste immer wieder auf ungewohntem Parkett tanzen.

Die andere, damit zusammenhängende Eigenschaft, die Steiner über die verschiedenen Etappen seines autobiographischen Schreibens immer mehr ausbaute, war seine extreme Introvertiertheit. Die anfängliche Isolation und Heimatlosigkeit der Eltern nach ihrem Weggang aus dem Waldviertel mögen daran ihren Anteil gehabt haben. Steiners Kindheit war jedoch kein sonderlicher Härtefall, vielmehr charakteristisch für viele Biographien in der zweiten Hälfte des 19. Jahrhunderts. Ganze Bevölkerungsströme verließen das Land und zogen in die Städte oder wurden aus politischen Gründen verpflanzt. Das Kind Steiner war bis zu seinem zweiten Lebensjahr ausschließlich mit seiner Mutter zusammen, da der Vater drei Tage und Nächte am Stück Dienst tun und sich während der 24-stündigen Ablösung regenerieren musste. Die Geschwister Leopoldine und Gustav wurden erst zwei und vier Jahre später geboren. Schwester Leopoldine gab als Mädchen für einen Erstgeborenen zu jener Zeit nicht lange eine ernstzunehmende Spielgefährtin ab, der vier Jahre jüngere Gustav war taubstumm und ständig betreuungsbedürftig. Die glücklichere Zeit in Pottschach währte auch nur sechs Jahre. Dann wieder ein Umzug, wieder keine Kontakte. In Steiners Kindheitserinnerungen tauchen nicht nur keine Freunde auf, Begegnungen mit anderen Kindern, so sie überhaupt erwähnt werden, waren unerfreulich. Ein Mitschüler sagte, Steiner sei bei Streichen grundsätzlich nicht dabei gewesen. Er selbst erinnerte sich, in dem Dorf, in dem er seine frühe Kindheit verbrachte, habe es eine Hackordnung unter den Kindern gegeben, die daran festgemacht wurde, wer am meisten Nüsse für den Winter gesammelt hatte. Rudolf Steiner lief außer Konkurrenz. Als Fremder im Dorf war er für die anderen Kinder unterhalb der sozialen Wahrnehmungsschwelle. Seine schwächliche Konstitution, angeblich die Folge eines hohen Blutverlusts als Neugeborener, wird ihn als Knaben zusätzlich eingeschränkt haben. Für die männliche Sozialisation auf dem Lande war ein zarter Körper kein gutes Kapital.

Für die Erzählungen seiner Umgebung war er unzugänglich, »sie gingen bei dem einen Ohr hinein, bei dem anderen

## Im Wartesaal

wieder hinaus[10].« Die früh erlebte Fremdheit mag dazu beigetragen haben, aber er war es auch selbst, der sich zurückzog. »Ich lebte ohne Anteil an dieser Umgebung. Ich sah sie; aber ich dachte, sann und empfand eigentlich fortwährend mit jener anderen Welt. Dabei darf ich aber durchaus sagen, dass ich kein Träumer war, sondern mich in alle lebenspraktischen Verrichtungen wie selbstverständlich hinein fand.«

Ein Kind, in sich selbst versunken, in seiner eigenen magischen Welt. Aus diesem Szenario entwickelte Steiner in der Selbstbeschreibung seine Karriere als Hellseher. Es passierte mit acht Jahren, im Wartesaal in Pottschach. Die Erinnerung daran erzählte Steiner immer wieder und meist in der dritten Person. Ein nicht unübliches rhetorisches Mittel der bürgerlichen Autobiographik des 19. Jahrhunderts, doch in diesem Fall wird damit noch mehr ausgedrückt. Steiner schrieb über Steiner als Inkarnation seiner selbst. Die Person Rudolf Steiner als vorübergehende Materialisation seines wahren Selbst oder seiner Seele, wie man damals sagte. Steiners erste Begegnung mit der übersinnlichen Welt ist es wert, ausführlich zitiert zu werden:

»Da saß er eines Tages in jenem Wartesaale ganz allein auf einer Bank. In der einen Ecke war der Ofen, an einer vom Ofen abgelegenen Wand war eine Tür; in der Ecke, von welcher aus man zur Tür und zum Ofen schauen konnte, saß der Knabe. Der war dazumal noch sehr jung. Und als er so dasaß, tat sich die Tür auf; er musste es natürlich finden, dass eine Persönlichkeit, eine Frauenspersönlichkeit, zur Türe hereintrat, die er früher nie gesehen hatte, die aber einem Familienmitgliede außerordentlich ähnlich sah. Die Frauenspersönlichkeit trat zur Türe herein, ging bis in die Mitte der Stube, machte Gebärden und sprach auch Worte, die etwa in der folgenden Weise wiedergegeben werden können: ›Versuche jetzt und später, so viel du kannst, für mich zu tun!‹ Dann war sie noch eine Weile anwesend unter Gebärden, die nicht mehr aus der Seele verschwinden können, wenn man sie gesehen hat, ging zum Ofen hin und verschwand in den Ofen hinein.«[11]

Einige Tage später erhielt sein Vater die Nachricht, eine entfernte Verwandte habe sich umgebracht. Vermutlich stellten sich da, wie das bei Kindern oft der Fall ist, die beiden Ereignisse in einen Zusammenhang. Rudolf Steiner glaubte, er habe in der Stunde des Todes den Hilferuf eines ihm verwandten Geistes erhalten. Von dem Tag an wusste er, »wie man in den geistigen Welten lebt«. Es offenbarten sich ihm »diejenigen Welten, aus denen nicht nur die äußeren Bäume, die äußeren Berge zu der Seele des Menschen sprechen, sondern auch jene Welten, die hinter diesen sind. Und der Knabe lebte von jenem Zeitpunkte ab mit den Geistern der Natur«.[12]

Dergleichen magische Kindheitserlebnisse sind in der Erinnerungsliteratur dieser Zeit keine Seltenheit. Seit der zweiten Hälfte des 19. Jahrhunderts waren die pädagogisch-religiösen Einflüsse der Erwachsenen auf die Kinder schwächer geworden. Die Verbindlichkeit christlicher Normen hatte nachgelassen, nichtchristliche Motive aus Mythen und Sagen beschäftigten die kindlichen Phantasien zunehmend. Es entstanden ganz individuelle Vorstellungswelten, in denen die Existenz von Geistern und anderen übersinnlichen Phänomenen ein fester Bestandteil war. Nicht nur im ländlichen Raum kreisten die kindlichen Phantasien um den Tod und das Nachleben. Der im Jahr 1893 geborene Ernst Toller erzählt zum Beispiel in seinen Erinnerungen *Eine Jugend in Deutschland*, wie er nach dem Tod eines Onkels mit einem Stock in dessen Grab gestochert habe, um sich Gewissheit über dessen Verbleib zu verschaffen.[13] Die Kontaktaufnahme mit den Toten, aus der sich eine ganze spiritistische Bewegung speisen sollte, war im gesamten 19. und frühen 20. Jahrhundert virulent. Die Romantiker ließen Tische rücken, hundert Jahre später versuchten Gelehrte, den Seelen Verstorbener mit ausgeklügelten Messgeräten auf die Schliche zu kommen. Gerade im familiären und persönlichen Kontext rettete die Vorstellung des individuellen Nachlebens der Liebsten die immer wichtiger gewordene Idee der Einzigartigkeit der Menschen über den Tod hinaus. Der Historiker Ulrich Linse hat diesen Umstand als einen regelrechten Aufstand gegen die säkularisierte Auffassung einer Sterblichkeit als erbarmungslosem Ende beschrieben. Indem man dazu überging, den Tod als einen Übergangsmoment neu zu interpretieren, der »keinen Anlass zur Trauer bot, da er nicht mit einer Auslöschung von Person und Gemeinschaftsbanden identisch war«, zog man ihm den Stachel.[14]

Bedeutsam ist weniger Steiners Erfahrung mit der toten Verwandten selbst als der Stellenwert der Episode im Kontext seiner Biographie. Während ein Ernst Toller seine Kindheitserzählung in die Lebensgeschichte eines Sozialisten und Revolutionärs eingebaut hat, der schon frühzeitig den wahren Verhältnissen auf den Grund ging und dabei sogar vor der Totenruhe nicht zurückschreckte, hat Steiner daraus die Initiationsgeschichte eines Okkultisten gemacht. Hier geht es um seine eigene Agenda, mit der er als Erwachsener seine Anhängerschaft anziehen sollte; um den Beweis einer Verbindungsmöglichkeit zwischen der realen Welt und der übernatürlichen. Im Sinne des typischen Bildungsromans war ihm die Fähigkeit, die Kluft zwischen Diesseits und Jenseits zu überwinden, schon in die Wiege gelegt, das erzählt diese Kindheitserinnerung. Hier wird die Fährte gelegt zu einem Lebenswerk, das von den zeitgenössischen Großthemen, allen voran dem Verhältnis der materiellen Welt zur geistigen Welt, bestimmt sein sollte.

Das spirituelle Gepäck für sein Abenteuer erhielt Rudolf Steiner also im Wartesaal eines Provinzbahnhofs. Wie stand es um die materiellen Voraussetzungen seines Aufstiegs zum wichtigen spirituellen Führer im 20. Jahrhundert?

## Ein magisch veranlagtes Kind

Rudolf Steiner war armer Leute Kind. Er selbst, schreibt ein Biograph, habe allerdings nie großes Aufhebens darum gemacht. Nur einmal, als er an Karl Liebknechts Berliner Arbeiterbildungsschule unterrichtete, verkündete er, als Mitglied des Proletariats »das Hungern« gelernt zu haben. Steiner kam also von ganz unten. In einer ärmlichen Behausung geboren, mitten im extrem kalten Januar des Jahres 1861. »Der wärmende Herd, Bett, Tisch und Stühle und vielleicht ein Schrank oder eine Truhe waren das einzige Mobiliar. Das Wasser musste selbstverständlich vom Brunnen geholt werden. Abends spendete eine Petroleumlampe ein spärliches Licht«, so plastisch setzt uns der Haus- und Hofbiograph des Anthroposophen, Christoph Lindenberg, die kärglichen Verhältnisse in Szene, in denen Klein-Rudolf auf der Insel Mur im heutigen Nordkroatien das Licht der Welt erblickt habe. Seine Mutter Franziska war damals 27 Jahre alt, sein Vater Johann 32. Die beiden hatten sich im niederösterreichischen Waldviertel kennengelernt, er arbeitete zu dieser Zeit als Förster und Jäger, sie als Hausbedienstete. Johann Steiner stammte aus Horn, er wuchs in den Diensten des Prämonstratenserstifts Geras auf. Horn war damals Sitz der Bezirkshauptmannschaft, ein ultrakonservativer Flecken, strukturschwach mit ein wenig Textilindustrie (während des Nationalsozialismus war man stolz auf die älteste Hakenkreuzdarstellung im Deutschen Reich).

Es ist nicht schwer, aus diesen Anfangsgründen eine rührende Fabel vom ärmlichen Aufwachsen des späteren Sehers und Gesandten der bürgerlichen anthroposophischen Bewegung zu machen. Der Sache diente der Gründungsmythos allemal, unterscheidet die einfache Herkunft ihren Meister doch von den meisten seiner berühmten Zeitgenossen, die gleich ihm um das Jahr 1860 in der Donaumonarchie geboren wurden. Freud, Husserl, Mahler, Herzl, Schnitzler, Bahr, sie alle stammten aus bürgerlichen oder großbürgerlichen Verhältnissen, wuchsen daher ohne eigenes Zutun in die Kunst- und Bildungswelten der Jahrhundertwende hinein, besuchten erstklassige Gymnasien, konnten studieren, was ihnen vorschwebte, während es in Steiners Familie nicht einmal ein Bücherregal gegeben haben soll. Vor solch düsterem Hintergrund erscheint die Lebensleistung Rudolf Steiners umso glänzender, deshalb bedient sich die Biographik im 19. Jahrhundert auch so gern dieses Topos. In der bürgerlichen Leistungsgesellschaft wurde (und wird bis heute) das Selbsterreichte schließlich am meisten gewürdigt. Dazu kommt im Fall Steiner noch ein mindestens ebenso wichtiger zweiter Aspekt: Erzählt wird die Geschichte seiner Voraussetzungslosigkeit. »So wuchs Steiner von kulturellen Einflüssen unbegünstigt und unbehelligt auf«, schreibt Lindenberg, selbst Waldorflehrer und Dozent an der Waldorfakademie in Stuttgart. Steiner sei in einem kulturellen Niemandsland aufgewachsen, nicht nur arm, sondern ein unbeschriebenes Blatt. Deshalb müssen, so die Botschaft der Anhänger, die spirituellen Erlebnisse des Knaben und jungen Mannes aus der Geisteswelt stammen, woher auch sonst. Nur so wird seine Erkenntnis im eigentlichen Sinne originell.

So viel zum Mythos. Das Aufwachsen ohne Sozialisation ist natürlich außerhalb eines radikalen Reinkarnationsmodells nicht denkbar. Was hat also Rudolf Steiners soziale Herkunft mit seinem Leben zu tun? Kam er wirklich aus so einfachen Verhältnissen? Steiners Vater war Bahnbeamter. Eine Karriere bei der Bahn erforderte zwar eine große Mobilität, brachte aber auch bessere Berufschancen für einen ehemaligen Förster und Jäger. Die Bahn war ein hochmoderner und sozialer Arbeitgeber. Johann Steiner ermöglichte sie nicht nur, sich zum Zwecke der Ausbildung seines Erstgeborenen versetzen zu lassen, sie hielt auch ein Ausbildungsstipendium für die Kinder ihrer Angestellten bereit. Die Steiners gehörten aufgrund dieser Position in der sozialen Hierarchie des mittleren 19. Jahrhunderts keineswegs zu den Unterpri-

## Ein magisch veranlagtes Kind

vilegierten, sondern zum extrem dynamischen ländlichen Kleinbürgertum. Das bedeutete gewiss ein niedriges Einkommen, aber dafür einen vergleichsweise hohen sozialen und kulturellen Status verglichen mit den armen und ungebildeten ländlichen Unterschichten. Zum bürgerlichen Habitus der Familie Steiner gehörte die klassische familiäre Rollenverteilung. Der Mann sorgte für das Familieneinkommen, die Frau trug mit den Produkten des Gartens und der häuslichen Erzeugung von Lebensmitteln, Kleidung und anderen Gebrauchsgegenständen zum Familienunterhalt bei. Ansonsten widmete sie sich der Kindererziehung. Dieser Punkt, die Wertschätzung der Erziehung und Ausbildung des Nachwuchses, war entscheidend für die soziale Dynamik. Zum bürgerlichen Kulturmuster gehörte außerdem der gesellschaftliche Umgang am Ort mit den akademisch gebildeten Lehrern, Pfarrern und Ärzten. Die Vermutung der Biographen, Steiner sei in einem bildungsfernen Haushalt aufgewachsen, ist historisch nicht nachvollziehbar. Wie wir aus der Autobiographie Steiners erfahren, ließ sich der Vater die Bildung seines Sohnes persönlich angelegen sein. Er selbst hatte einige Jahre auf dem Gymnasium verbracht, allerdings kein Abitur gemacht und wollte für seinen Erstgeborenen den Bildungsaufstieg. Er überwachte persönlich seine Fortschritte beim Schreibenlernen, entschied, welche Schulen besucht wurden, und stritt mit dem Grundschullehrer über Erziehungsmethoden – all das typisch für den Hunger nach Aufstieg durch Bildung in jener Zeit.[15] Der Vater war ein informierter Zeitgenosse, führte regelmäßig politische Diskussionen mit Kollegen, schimpfte auf die Kirche, fühlte sich als »Freigeist«[16]. Zur soziokulturellen Mitgift Rudolf Steiners gehörten Unterweisungen im Malen und die Möglichkeit, dem Hilfslehrer beim Klavier- und Geigespielen zuzuhören. Man interessierte sich für die Größen der deutschen Literatur, im Hause Steiner verkehrte ein Arzt, der Lessing, Goethe und Schiller verehrte.

Auch nicht Recht haben jene Biographen Steiners, die behaupten, seine Herkunft unterscheide sich in gravierendem Ausmaß von der anderer Heroen der Donaumonarchie. Zwar hatten etwa Sigmund Freud und Gustav Mahler den Vorteil des großstädtischen Umfelds und des jüdischen Hintergrunds, der traditionell einer Entfaltung bildungsbürgerlicher Karrieren besonders dienlich war. Dennoch sind die Gemeinsamkeiten der aufstrebenden Familien im Habsburger Reich größer als ihre Unterschiede: Es war die Zeit, in der das Kleinbürgertum seine Aufstiegshoffnungen über die Familiensozialisation und über Bildung ins Werk zu setzen begann. Die Familien teilten dieselben Vorstellungen vom Aufwachsen in der Intimsphäre des abgeschlossenen bürgerlichen Hauses, das nicht mehr in erster Linie als Versorgungsanstalt durch gemeinsames Wirtschaften definiert wurde, sondern als Hort der intimen Beziehungen zwischen Eheleuten mit ihren klaren Geschlechterrollen und zwischen Eltern und Kindern. Man nahm frühzeitig durch die Wahl des Wohnorts und der Schulen Einfluss auf die berufliche Zukunft der Söhne. Im Falle Steiners entschied sich der Vater für ein höheres Bildungsinstitut, die Realschule, als geeignetste Vorbereitung für ein Ingenieursstudium – der Sohn sollte im selben modernen Beruf arbeiten wie er selbst, nur in einer besseren Position.

## Geometrie und das Wissen der Welt

Steiners Grundschulzeit fiel in die Übergangsphase zwischen privat und kirchlich organisierter und staatlich kontrollierter Schule in Österreich. In seiner Kindheit gab es weder ein staatliches Verbot der Kinderarbeit noch die allgemeine Schulpflicht. Oft saßen hundert Schüler zusammen in zwei Klassen, die eine wurde vormittags, die andere nachmittags unterrichtet. Erst seit dem Reichsvolksschulgesetz von

1869 sollte die Schülerzahl achtzig nicht mehr übersteigen, außerdem verlangte der Staat eine vierjährige Ausbildung der Lehrer und ordnete ein Bezahlungssystem an, das die »hemmenden Nebengeschäfte« der Lehrer bekämpfen sollte. Auch in Pottschach war die Volksschule nun nicht mehr von der Gönnerschaft irgendeines Fürsten abhängig. Ortsschulräte bekamen das Sagen, ein Ortsschulaufseher kontrollierte den Zustand des Schulgebäudes und der Pädagogik. Dieser war gleichzeitig Kaufmann, Bürgermeister und Postmeister. Viel Pädagogik gab es allerdings nicht zu kontrollieren. Steiner erinnerte seine Grundschule so: »Sie bestand aus einem Schulzimmer, in dem fünf Klassen, Knaben und Mädchen, zugleich unterrichtet wurden. Während die Buben, die in meiner Bankreihe saßen, die Geschichte vom König Arpad abschreiben mussten, standen die ganz Kleinen an der Tafel, auf der ihnen das i und u mit Kreide aufgezeichnet wurden. Es war schlechterdings unmöglich, etwas anderes zu tun, als die Seele stumpf brüten zu lassen und das Abschreiben mit den Händen fast mechanisch zu besorgen. Den ganzen Unterricht hatte der Hilfslehrer fast alleine zu besorgen.«[17] Der erste Lehrer Steiners, Engelbert Semmler, der noch vor der Schulreform eingestellt worden war, hatte nur einen zweijährigen Lehrgang absolviert und musste nebenher unbezahlten Kirchendienst leisten. Zeugnisse gab es ebenfalls noch nicht. Erst ab Oktober 1871 wurden Eltern schriftlich über die Leistungen ihrer Kinder informiert. Dabei standen die Auskünfte über das sittliche Verhalten, den Fleiß und den Fortschritt im Wissen im Vordergrund.

Eltern konnten selbst entscheiden, ob sie ihre Kinder überhaupt in die Schule schicken wollten. Steiners Vater wollte das nicht immer. Er hatte andere Ansichten als der alte Dorfschullehrer und übernahm deshalb zeitweise selbst die Grundausbildung seines Sohnes. »Und so saß ich denn stundenlang neben ihm und sollte schreiben und lesen, während er zwischendurch die Amtsgeschäfte verrichtete. Ich konnte auch bei ihm kein rechtes Interesse zu dem fassen ... Wenn ich schrieb, so tat ich das, weil ich eben musste; ich tat es sogar möglichst schnell, damit ich eine Seite bald voll geschrieben hatte. Denn nun konnte ich das Geschriebene mit Streusand, dessen sich mein Vater bediente, bestreuen. Und da fesselte mich dann, wie schnell der Streusand mit der Tinte auftrocknete, und welches stoffliche Gemenge es mit ihr gab. Meine Neugierde dabei war sehr groß, und dadurch kam ich zumeist zu früh an die Buchstaben heran. Meine Schriftproben nahmen dadurch eine Gestalt an, die meinem Vater gar nicht gefiel.«[18] Erst im Alter zwischen acht und neun Jahren kam Regelmäßigkeit in Rudolf Steiners Unterricht. Der Lehrer in Neudörfl, dem ungarischen Grenzort, wohin die Familie versetzt wurde, war von den Schreib- und Lesekünsten seines neuen Schülers alles andere als begeistert. Steiner rundete alle Buchstaben, ignorierte die Oberzeilen und schrieb alle Worte unorthographisch.

Trotzdem schaffte er den großen Sprung von der Dorfschule auf ein städtisches höheres Institut, vorbereitet durch sein Geschick im Zeichnen und seine Neigung zur Mathematik. Ab 1872 fuhr Steiner jeden Tag mit dem Zug zur Oberrealschule Wiener Neustadt. Wenn die Bahn nicht kam, musste er eine Stunde zu Fuß gehen, auf dem Rückweg lief ihm seine Schwester Leopoldine entgegen und half beim Büchertragen. Damals die zweitgrößte Stadt Niederösterreichs, war Wiener Neustadt im 19. Jahrhundert auf dem Weg zum bedeutendsten Industriezentrum Österreichs. Den Mittagstisch nahm der Schüler bei einer wohltätigen Frau ein, deren Mann Oberbuchhalter der ortsansässigen Lokomotivfabrik war, aus der später die Wiener Neustädter Lokomotivfabrik hervorging. Für den Dorfjungen Rudolf Steiner eine beeindruckende Umgebung: »Man lernte da viel kennen von den Verhältnissen jenes Industrieortes, die für die damalige Zeit außerordentlich wichtig waren. So warfen auch die modernsten industriellen Verhältnisse ihre Schatten in das Leben des Knaben.«[19]

Am Realgymnasium begegnete Steiner seinem Lehrerideal, einem ihm offenbar wohlgesinnten und äußerst systematisch vorgehenden Mathe- und Physiklehrer, der ihn durch alle Klassen hindurch begleitete. Heinrich Schramm veröffentlichte wissenschaftliche Aufsätze über die Anziehungskraft und die »Bewegung der Materie als Grundursache aller Naturerscheinungen«, durch die sich Steiner durchbiss. Mathematik wurde zu seiner Leidenschaft, vor allem Wahrscheinlichkeitsrechnung und Geometrie. Daran gefiel ihm der praktische Umgang mit Zirkel und Lineal. Außerdem kam der Lehrer weitgehend ohne Schulbuch aus. »Was er gab, diktierte er den Schülern und zeichnete es selbst an die Tafel; man zeichnete es ab, machte sich auf diese Weise selbst sein Heft und brauchte eigentlich nichts anderes zu wissen, als was man selbst mittätig erarbeitet hatte.«[20]

Die praktische Seite des Lernens betont Steiner immer wieder in seinen Erinnerungen, sicher Ausdruck seiner eigenen kindlichen Lern- und Erfahrungswünsche, die an den Unzulänglichkeiten der damaligen Pädagogik zerschellten. Dennoch sind die Beispiele, die der Autor gibt, nicht zufällig gewählt: Das geistlose Buchstabenlernen, das ihm erst sinnvoll wurde durch die haptische Erfahrung mit dem Streusand; die Neugierde, die technische Geräte, Experimente im Chemieunterricht, graphisches Zeichnen, Zirkel und Lineal, Maß- und Gewichtstabellen in ihm auslösten, die Erfahrungen bei der Gartenarbeit und beim Buchbinden, die Anziehungskraft der ortsansässigen Spinnfabrik, die seine Phantasie anregte und ihn über den Zusammenhang zwischen äußeren Arbeitsbedingungen und Physiognomie des Arbeiters nachdenken ließ – all das sind offensichtliche Verweise auf die von Steiner später formulierte praxisnahe Waldorfpädagogik, in der Gärtnerei, Buchbinden und Spinnen bis heute zum Curriculum gehören. Manche seiner Reformideen mögen auf seine kindlichen Vorlieben zurückgehen. Andere sind Konsequenzen der Schulerfahrungen, wie sie für die Provinz im Habsburger Reich zu jener Zeit typisch waren. Die Idee der Kontinuität bei der Lehre – Waldorfschüler haben ein und dieselbe Klassenlehrkraft in den ersten acht Jahren –, aber auch das Problem des Zusammenspiels zwischen Schule und Eltern, das die Waldorfpädagogik durchzieht, wird erklärlich durch Steiners eigene unterbrochene Lernperioden. Vielleicht lehnte er auch den Unterricht im Lesen und Schreiben vor dem achten Lebensjahr ab, weil er selbst erst ab diesem Alter systematischen Unterricht darin erhielt, auch wenn er diese Faustregel später mit einer Entwicklungstheorie zu rationalisieren versuchte.

Zu den prägenden Bildungserlebnissen des Knaben gehörte neben den praktischen Fertigkeiten das Selbststudium. Auch wenn die Aufzählung kapitaler »erster Bücher«, mit denen sich so manche Gelehrtenbiographie schmückt, mit Vorsicht zu genießen ist, wollen wir einmal glauben, dass Steiner mit 16 und 17 Jahren Kants »Kritik der reinen Vernunft« als Reclambüchlein erstand, um es heimlich im Geschichtsunterricht zu lesen. Offenbar eignete er sich in dieser Zeit auch seinen verschlungenen und schwerfälligen Stil an, denn der Deutschlehrer attestierte ihm, der »stärkste Phraseur« gewesen zu sein. Erwähnenswert erschien Steiner auch, dass er in Physik als Abiturfrage die Funktionsweise des Telefons erklären sollte. Er musste auf der Tafel aufzeichnen, wie man von der einen Station zur anderen telefonierte. »Es war wirklich ein Zusammenhang da mit den allermodernsten Verhältnissen«, kommentierte Steiner das in seinem autobiographischen Vortrag im Februar 1913 in Berlin.[21]

Neben der übersinnlichen Erfahrung im Wartesaal symbolisieren in Steiners Erinnerungen noch zwei andere Eigentümlichkeiten seine weitere Entwicklung. Die eine ist seine besondere Vorliebe für Geometrie. Der pythagoreische Lehrsatz habe ihn geradezu »verzaubert«. Er habe ihm gezeigt, dass man in »rein innerlich angeschauten Formen« leben könne. »Rein im Geiste etwas erfassen zu können, das brachte mir ein inneres Glück. ... Ich sagte mir: die Gegenstände und Vorgänge, welche die Sinne wahrnehmen, sind im Raume. Aber ebenso wie dieser Raum außer dem Menschen ist, so befindet sich im Innern eine Art Seelenraum, der der Schauplatz geistiger Wesenheiten und Vorgänge ist. In den Gedanken konnte ich nicht etwas sehen wie Bilder, die sich der Mensch von den Dingen macht, sondern Offenbarungen einer geistigen Welt auf diesem Seelen-Schauplatz. ... Ich sagte mir als Kind natürlich nicht deutlich, aber ich fühlte, so wie Geometrie muss man das Wissen von der geistigen Welt in sich tragen. Denn die Wirklichkeit der geistigen Welt war mir so gewiss wie die der sinnlichen. ... Ich hatte zwei Vorstellungen, die unbestimmt waren, die aber schon vor meinem achten Lebensjahr in meinem Seelenleben eine große Rolle spielten. Ich unterschied Dinge und Wesenheiten, ›die man sieht‹ und solche, ›die man nicht sieht‹. Nur das muss ich auch sagen: ich lebte gerne in dieser Welt. Denn ich hätte die Sinnenwelt wie eine geistige Finsternis um mich empfinden müssen, wenn sie nicht Licht von dieser Seite bekommen hätte.« [22]

Die zweite Eigentümlichkeit in Steiners Kindheitserinnerungen ist eine, man muss wohl sagen, Idiosynkrasie des Kindes. Als kleiner Junge habe man auf ihn aufpassen müssen, wenn er aß. Denn er sei überzeugt gewesen, dass jeder Teller und jede Tasse zum einmaligen Gebrauch bestimmt seien. »Und so warf ich denn jedes Mal, wenn ich unbeachtet war, nach eingenommenem Essen, Teller oder Tasse unter den Tisch, dass sie in Scherben zerbrachen. Kam dann die Mutter heran, dann empfing ich sie mit dem Ausruf: Mutter, ich bin schon fertig!« Mit Zerstörungswut habe das nichts zu tun gehabt, denn alle anderen Gegenstände habe er mit größter Sorgfalt benutzt. Womit dann? Rudolf Steiner scheint als kleines Kind mit Geschirr die gleichen Schwierigkeiten gehabt zu haben wie als Heranwachsender mit Grammatik und Orthographie. Letzteres Problem führte er selbst auf eine »gewisse Artung der Seele« zurück, nämlich, dass ihm schwergefallen sei, sich »in das ganz trockene physische Leben hineinzuleben[23].« Das kindliche Unbehagen am Geschirr liest sich wie eine Vorwegnahme auf Steiners weitere Entwicklung zu einem Mann ohne eigenen Hausstand, ohne dauerhafte Bleibe, ohne bürgerlichen Beruf, ja, dem gewissermaßen selbst die feste Form abging. Halt und Orientierung suchte er offenbar als Kind nicht im sozialen Umfeld, Eltern und Geschwister spielen in seiner Autobiographie überhaupt keine Rolle, und Freundschaften werden erst in der Adoleszenz wichtiger. Seine Koordinaten waren die im Geometrieunterricht vermittelten abstrakten Formen im Raum, die er in seiner kindlichen Phantasie zu beleben verstand. Dabei hatten Ordnung, Regelhaftigkeit und Klarheit einen großen Stellenwert; Eigenschaften, die man in all seinen späteren Arbeiten als Anthroposoph wiedererkennen kann, ganz besonders in seinen Architekturvisionen.

Steiner betonte, wie prägend für ihn das Aufwachsen an Schnittstellen war. Die Bahnstrecke, an der entlang sich seine Kindheit abspielte, symbolisierte für ihn das Spannungsverhältnis von Technik und Natur, von Eisenbahn und Landschaft, in die sie eingebettet war. Technikerfahrung bestimmte sein Leben wie das seiner Zeitgenossen. Hoffnungen und Ängste waren daran geknüpft in der ganzen Ära des Übergangs zur Hochindustrialisierung. Dampfkraft, Elektrotechnik, Glühbirne, Telefon schienen in den letzten Jahrzehnten des 19. Jahrhunderts bislang unüberwindbare technische Grenzen zu sprengen. Besonders die Eisenbahn und die damit verbundene Temposteigerung war neben der Elektrizität Leitmetapher der technischen Revolution im 19. Jahrhundert. Man glaubte, der technische Wandel, insbesondere das moderne Verkehrssystem, beeinflusse das Lebensgefühl der Zeitgenossen wie noch nie zuvor. Der deutsche Nationalökonom Gustav Schmoller schrieb: »Wir sehen, wir erleben das hundert- und mehrfache von dem, was unsere Großväter gesehen. Unermesslich hat sich der Horizont erweitert; die Ferienreisen unserer Väter hatten den heimatlichen Kirchturm selten aus dem Blick verloren; jetzt reist der Sekundaner schon nach dem Harz, nach dem Schwarzwald, in den Alpen. ... Wir handeln entschlossener, wie wir intensiver leben, genießen und arbeiten. Schnell muss alles vorwärts gehen. Die Tugend der Präzision ist vielleicht am meisten gestiegen. Die Eisenbahnen wirken... wie große Nationaluhren. Freilich wer mitkommen will im Leben, muss alle individuellen Wünsche zurücklassen, dem raschen Tempo, den allgemeinen Bedingungen des Dauerlaufs sich fügen. Immer schneller soll es gehen. Immer hastiger stürzt sich das junge Geschlecht in die Bahn des Lebens. Keine Minute verlieren ist die Losung; das ganze Leben gleicht einem dahinbrausenden Eisenbahnzug.«[24]

Die Eisenbahn, das größte technische System des 19. Jahrhunderts, spiegelte und prägte gleichzeitig das Bild von der eigenen physiologischen und psychischen Befindlichkeit der Menschen. Nicht nur die Mediziner bezogen von dort ihre Bilder, sprachen vom Nervensystem als einem Stromkreis und vom Blutkreislauf als Verkehrs»adern« – der ganze Organismus wirkte wie ein Energieträger, der unterschiedlich starken energetischen Reizen ausgesetzt und von einer Kraft angetrieben sei ähnlich einem Dynamo oder einer Dampfmaschine. Der Romanautor Nathaniel Hawthorne artikulierte die Idee, die während einer Eisenbahnfahrt entstanden sei, »dass die materielle Welt durch elektrische Kräfte zu einem einzigen großen Nerv geworden ist, der in der Zeit eines Atemzugs 1000 Meilen durchzittert«[25]. Auch die psychischen Folgen des technischen Wandels wurden seit den 1870er Jahren immer häufiger thematisiert. »Nervenschwäche« oder »Neurasthenie« galt als die Zeitkrankheit und wurde als Folge der technisierten Zivilisation interpretiert. Ein medizinischer Diskurs, von dem auch Rudolf Steiners Arbeit affiziert werden sollte: Die Nervosität interpretierte er als »seelische Zappelei«, die er durch die energetische Stärkung des »Ätherleibes« und durch Willenstraining zu kurieren gedachte. Wie viele andere Heiler seiner Zeit erhob Steiner später die technische Energiegewinnung, die er von frühester Kindheit an aus nächster Nähe erleben konnte, zur Analogie seines Verständnisses von körperlicher und geistiger Harmonie.

Der andere wichtige Prägefaktor in Steiners kindlicher Sozialisation war die zeitgenössische Veränderung in der individuellen Haltung zur Religion. Es ist viel Polemik ausgetauscht worden zur Frage der religiösen Zuordnung Rudolf Steiners. Nach einer stark kirchenkritischen Lebensphase als junger Mann und Nietzscheaner hatte er sich gleichzeitig mit der Formulierung seiner anthroposophischen Lehren wieder stark mit dem Christentum identifiziert, was sowohl bei seinen früheren Freunden als auch bei den okkultistischen Weggefährten und nicht zuletzt in kirchennahen Kreisen Irritationen auslöste. Nach der Abspaltung der Anthroposophie von der Theosophie dichteten ihm enttäuschte theosophische Funktionäre eine jesuitische Erziehung an, er selbst hielt dem entgegen, weitgehend ohne religiöse Sozialisation aufgewachsen zu sein – eine Behauptung, die nur mit dem Argumentationsnotstand erklärbar ist, unter dem er litt. Denn wie wäre in seinem Umfeld ein Aufwachsen ohne die katholische Tradition im 19. Jahrhundert denkbar gewesen?

Den stärksten Einfluss auf die religiöse Sozialisation von Kindern und Jugendlichen nahm damals das Elternhaus. Hier wurden die täglichen Rituale – Tischgebet, Abendgebet, Totengedenken, Gottesdienstbesuch – habitualisiert und das theoretische Fundament der Glaubensvorstellungen und des

Gottesbildes sowie die moralischen Normen gelegt. Typisch war dabei eine Rollenverteilung bei den Eltern: Während die Mütter ihre ererbte Frömmigkeit weiterzugeben versuchten, wuchs den Vätern oft eine eher religions- und kirchenfeindliche Haltung zu, deren Sinn darin bestand, insbesondere die Söhne auf die bürgerliche Erwerbsgesellschaft und die darin waltenden weltlichen Autoritäten einzuschwören – ein Phänomen, das offenbar auch auf Rudolf Steiners Familie zutraf. Sein Vater sei ein »Freisinniger« gewesen und habe ihm beigebracht, den weltlichen Autoritäten klare Priorität einzuräumen. Was die außerfamilialen Einflüsse angeht, erzählen Steiners Selbstzeugnisse, die immer vor dem Hintergrund der Konflikte um seine Führungsrolle in der esoterischen Szene zu sehen sind, sowohl von wenig beeindruckenden klerikalen Figuren in seiner Kindheit als auch von Mönchen im Nachbardorf, die ihn stark angezogen hätten. Ihre Beobachtung habe ihn davon überzeugt, dass an der spirituellen Aufgabe etwas Wichtiges für ihn zu entdecken sei. Außerdem sei er schwer beeindruckt gewesen vom Feierlichen des katholischen Ritus, der lateinischen Sprache und der Rolle des Pfarrers, der als Vermittler zwischen der sinnlichen und der übersinnlichen Welt aufgetreten sei. Ein Pfarrer sei es auch gewesen, der ihn in das kopernikanische Weltsystem eingeweiht habe.

Fest steht, Rudolf Steiner war römisch-katholisch getauft und zumindest als Kind fasziniert vom katholischen Kultus, den er als Messdiener intim kennenlernte. Allerdings wuchs er weder in einem traditionell volksfrommen Milieu noch gar unter Jesuiten auf, wie ihm Kritiker unterstellten. In den Orten seiner Kindheit wehte zumindest während der Sommerfrische ein weltlicher und großstädtischer Geist. Die Gespräche mit dem ortsansässigen Arzt, der häufig sein Elternhaus besuchte, machten ihn bekannt mit der Welt der Naturwissenschaften. Seine frühzeitige Neugierde auf Mathematik und Philosophie ließ Steiner auf das Abstrakte stoßen.

Aus den kindlichen religiösen Erfahrungswelten scheint er sich dennoch später einiges für seine Anthroposophie abgeschaut zu haben. Das Rituelle erhob er zu einem wichtigen Bestandteil des anthroposophischen Kultus, ja selbst der Waldorfpädagogik, in der bis heute jahreszeitliche und christliche Rituale sowie ein Morgengebet feste Bestandteile sind.

## Wider den Materialismus

Ein Foto von Rudolf Steiner als Maturant im Jahr 1879 zeigt einen sensiblen, spät entwickelten Jungen im Anzug, mit weißem Hemd und Schleife, dem »Mascherl«. Das auffälligste Merkmal seines Gesichts sind seine stark gewölbten Lippen, der Blick wirkt ausweichend und schüchtern. Ein Halbporträt, das drei Jahre später entstand, stellt uns den jungen Studenten vor Augen, mit Stehkragen und modischer Krawatte, mittlerweile Brillenträger, den Blick ahnungsvoll in die Weite gerichtet. Das Gesicht ist immer noch pausbäckig. Noch einmal drei Jahre später ist wieder ein Foto entstanden. Rudolf Steiner ist nunmehr 24 Jahre alt, ein reifer, selbstbewusster Student, die Haare sind schon weit zurückgewichen, das bartlose und etwas konturiertere Gesicht freundlich und nicht unzufrieden mit sich. In diesen Jahren hat Rudolf Steiner einen weiten Weg zurückgelegt vom Absolventen einer kleinstädtischen, zweitklassigen Schule und armen Landflüchtling in die Wiener Welt der Wissenschaft, des Wirtschaftsbürgertums, des Adels und der Hochkultur. Eine Entwicklung, die auch äußerlich einen Reifeschub auslöste.

Noch einmal hatte sich sein Vater um der Ausbildung des Erstgeborenen willen an einen anderen Bahnhof versetzen lassen, diesmal nach Inzersdorf, damals Vorort, heute Stadtteil von Wien. 1882 zog die Familie dann weiter nach Brunn, ebenfalls nahe bei Wien im Bezirk Mödling. So konnte Steiner mithilfe eines Stipendiums von jährlich 300 Gulden, das eine Stiftung des Erbauers der Semmeringbahn an begabte Eisenbahnersöhne zahlte, an der Technischen Hochschule Wien Mathematik, Chemie, Physik, Mineralogie, Geologie, Zoologie, Biologie und Mechanik studieren. Eine selbstständige Bleibe in Wien konnte er sich freilich in den ersten Jahren nicht leisten, deshalb blieb er bei seinen Eltern wohnen und fuhr täglich mit dem Zug in die Hauptstadt. Eine hohe Schwelle musste da überwunden werden, nicht nur räumlich und finanziell, sondern auch mental, denn von einem im Dorf sozialisierten jungen Mann erforderte die damals drittgrößte Metropole Europas einige Anpassungsleistungen. Steiner hatte vieles nachzuholen, Theater, Konzert, Oper, Politik, Literatur, und, vor allen Dingen, Geselligkeit.

Wien war zu jener Zeit eine pulsierende Vielvölkerstadt, in der (noch) ein bürgerlich-liberaler Geist wehte, der sich über Ordnung, Rationalität, Beharrlichkeit und Unabhängigkeit selbst vergewisserte. Symbole des Selbstbewusstseins waren eine Reihe repräsentativer Bauvorhaben wie Theater, Museum, Universität, Parlament und Rathaus, die der ganzen Welt ein Vorbild sein wollten. Der Historiker Carl Schorske hat diese Phase der Wiener Geschichte als den Triumph des österreichischen Liberalismus bezeichnet, der sich »zur steinernen Feier seiner sieghaften Werte von rationalem Recht und ästhetischer Kultur« den Ringstraßenbezirk geschenkt habe.[26] Wenn Steiner morgens in Wien ankam, führte ihn sein Weg vom Südbahnhof über die mehrspurige, von Bäumen gesäumte Ringstraße vorbei an jenen unter Kaiser Franz Joseph entstehenden Prachtbauten. Es war eine anschwellende Stadt, die sich Steiner präsentierte. Bis 1890 fraß sie sich vom »Gürtel« immer tiefer in die Randbezirke. Eine transnationale Metropole, vorangetrieben durch eine verspätete und beschleunigte Industrialisierung, erfüllt von Fortschrittshoffnungen, für welche die Modernisierung der Infrastruktur, zum Beispiel die Elektrifizierung, die Rationalisierung der Verwaltung und der Arbeitswelt, die neuen Reise- und Kommunikationsmittel, aber auch die Säkularisierung und die Frauenemanzipation berechtigten Anlass boten. Eine lautstarke Stadt, die unter den Nationalisierungsbemühungen nach den Zuwanderungswellen seit den 1870er Jahren und unter dem sich politisch organisierenden Antisemitismus erzitterte. Der politische Liberalismus hatte gerade bei den Wahlen zum Reichsrat Federn gelassen, es kam zu einer Koalition von Polen, Tschechen und deutschen Konservativen. Eine Zeitlang saß Steiner als Zuhörer im Parlament, um den Reden der Abgeordneten zuzuhören, die sich um die Nationalitäteninteressen des riesigen Habsburger Reiches drehten. »Da donnerte gegen die Nationalitätenpolitik der Ruthene Thomaszck. Man hatte das Gefühl, dass es ihm auf die Erfindung eines für den Augenblick besonders gut geprägten Wortes ankam, um für die Minister Antipathien zu nähren. Da redete bäuerlich-schlau, immer gescheit der Klerikale Liebnacher. Sein etwas vorgebeugter Kopf ließ, was er sagte, als den Ausfluss abgeklärter Anschauungen erscheinen. Da redete in seiner Art schneidend der Jungtscheche Gregr. Man hatte bei ihm das Gefühl, einen halben Demagogen vor sich zu haben. Da stand Rieger von den Alttschechen, ganz im tief charakteristischen Sinn das verkörperte Tschechentum, wie es seit langem sich herangebildet.... Da redete auf der rechten Seite, inmitten der Polenbänke Otto Hausner. Oft nur Lesefrüchte geistreich vortragend, oft spitz-treffend Pfeile mit einem gewissen Wohlbehagen sendend.«[27] In der Autobiographie Steiners liest sich diese Erfahrung so, als sei es dem jungen Mann in erster Linie um die Beobachtung verschiedener Mentalitäten und Rhetoriken gegangen und nicht um Parteinahme, was nicht stimmt, denn Steiner engagierte sich selbst im deutschnationalen Studentenmilieu. Der jugendliche Student verehrte Bismarck und sah in Deutschland einen überlegenen Staat, in dem die »Vernunft« regiere.[28] Die scheinbar neutrale Schilderung der Nationalitätenkonflikte weist eher auf eine nachträgliche lebensgeschichtliche Konstruktion Steiners hin, die seiner Führungsrolle in einer internationalistischen Bewegung geschuldet war. Abgesehen davon entdeckte der junge Mann damals bei sich selbst zwei Dinge: die Skepsis gegen den Parlamentarismus und einen außerordentlichen Mitteilungsdrang. Zeitgleich ließ er sich an der Universität in allgemeiner Vortragskunst ausbilden – eine wichtige Investition für sein späteres Kerngeschäft als Vortragsreisender und Prophet.

Zwar hatte ihn sein ehrgeiziger Vater auf eine Realschule und dann auf die Technische Universität in Wien geschickt in der Hoffnung, der Sohn werde auch einen technischen Beruf ergreifen. Die vom Vater erträumte Eisenbahnerkarriere sollte es aber nicht sein, stattdessen lernte Steiner auf Realschullehrer und besuchte zusätzlich Literatur- und Philosophievorlesungen. Eine Bildungsgeschichte typisch für ihre Zwiespältigkeit, die viele seiner Zeitgenossen fühlten angesichts des Siegeszugs der ungeheuer erfolgreichen Naturwissenschaften dieser Zeit. Einerseits waren Technik und Naturwissenschaften offensichtlich die Bereiche mit Zukunft, das war unschwer abzulesen an Leistungen und Errungenschaften wie Elektrifizierung, Eisenbahn, Telegrafie, Grammofon, Film, Drucktechnik, Automobil, später Flugzeug. Unter der Regentschaft von Kaiser Franz Joseph wurden die Universitätsinstitute für Mathematik, Physik, Chemie und Ökonomie massiv ausgebaut. Eine entsprechende Ausbildung ermöglichte den Söhnen oft die Fortsetzung des väterlichen Berufs oder Unternehmens auf einer professionalisierten Ebene. So hatten auch Ludwig Wittgenstein, Robert Musil und Hermann Broch zuerst auf die zukunftsträchtige technische Ausbildung gesetzt, bevor sie ausscherten und das Wagnis eines geistigen Berufs eingingen. Steiner war ein begabter Student der Naturwissenschaften, ihm fiel besonders die Mathematik von klein auf leicht. Trotzdem lösten eben jene Veränderungen in der Lebenswelt die Sehnsucht nach einer weniger rationalistischen, ganzheitlichen, humanistischen Bildung aus, weshalb man sich über das »Brotstudium« hinaus mit Vorlesungen in Literatur und Philosophie für die als »materialistisch« empfundene Welt der Naturwissenschaften zu entschädigen suchte. Es war dies eine nicht nur für Steiner typische Gemengelage aus Hinwendung und Irritation durch die aktuellen Errungenschaften, manche Historiker gehen so weit, den gebildeten Wiener Zeitgenossen per se auch mental eine entsprechende Melange von rationalem und irrationalem Denken zu unterstellen, was zumindest in Steiners Fall durchaus zutreffend sein dürfte. Steiner schimpfte wie viele über die »Fehler des Atomismus und der modernen Naturwissenschaft überhaupt«[29]. In seinen Memoiren schilderte er, wie er in der Hofbibliothek oder in der Bibliothek der Technischen Hochschule saß und seine naturwissenschaftliche Pflicht und seine geisteswissenschaftliche Kür in Einklang zu bringen versuchte.

Dieser Abschnitt in Steiners Selbstzeugnis ist eine Auseinandersetzung mit dem, was damals als »Materialismus« bezeichnet wurde und in Kunst und Wissenschaft wütende Gegenreaktionen und Überwindungsversuche provozierte. Steiner bezeichnete den Materialismus gar als »Verbrechen an unserem Volk« und schrieb: »Ich hasse den Materialismus im Leben, in der Kunst und in der Wissenschaft. Er ist der Hemmschuh aller Vertiefung und alles geistigen Aufschwungs.«[30] Der erkenntnistheoretische Materialismus wollte alle Phänomene der Welt auf Materie zurückführen. Auch Gedanken und Ideen seien nichts anderes als Erscheinungsformen der Materie, sprich pure Hirnphysiologie. Alles, was sich nicht durch das methodische Experiment überprüfen ließ, war für ihn nicht verhandelbar. Dem konnte Steiner nicht folgen. Nach seinem idealistischen Dafürhalten durfte der Geist nicht aus der Welt vertrieben werden. Mit Friedrich Schiller glaubte er, dass die eigentliche Qualität der Welt, ihre Schönheit, nur mithilfe eines entsprechenden Bewusstseinszustands erkennbar sei. Der Mensch »habe« nicht nur

Gedanken, um die äußeren Vorgänge abzubilden, er »denke« auf eine bewusste Weise, die er selbst erleben und beobachten könne. Mit ein bisschen Übung stoße er zu einer tieferen Naturerkenntnis vor als jene, welche die objektiven Wissenschaften vermitteln könnten.

Die Suche nach über das bloß Messbare hinausgehenden Erklärungen spielte in jener Zeit in Literatur, Psychologie, Philosophie, aber auch im Recht an den Wiener Universitäten eine große Rolle. Steiner besuchte Vorlesungen über Philosophie und Psychologie bei Franz Brentano, über Goethe bei Karl Julius Schröer, über Herbart bei Robert Zimmermann. Schnittmenge all dessen, was er hörte, war eine spezifische Ausformung der Kritik des positivistischen Wissenschaftsideals. Zu Franz Brentanos berühmten Schülern zählten außer Steiner auch Edmund Husserl, Alexius Meinong und Christian von Ehrenfels. Auf seinen Einfluss gehen Impulse für Freuds Psychoanalyse und für die Formulierung der Gestaltpsychologie zurück. Brentano, ein abtrünniger Priester, der infolge des 1870 vom Vatikan erlassenen Unfehlbarkeitsdogmas aus der katholischen Kirche ausgetreten war, beschäftigte sich mit mentalen Phänomenen. Sein berühmtester Satz lautete: »Wahrnehmung ist Falschnehmung«, womit er zum Ausdruck brachte, dass es keine Wirklichkeit außerhalb unseres Bewusstseins gebe. Das war natürlich ein Angriff auf die Naturwissenschaften, denn nach Brentanos Worten hält die Sinneswahrnehmung genauso wie die exakte Wissenschaft nur Hypothesen über die Wirklichkeit der Welt bereit, absolut gewiss könne sich der Mensch lediglich über die Tatsache seiner eigenen inneren Wahrnehmung sein; eine Position, die Husserl mit der Phänomenologie ausbauen würde. Karl Julius Schröer ging auf dem Gebiet der Sprach- und Literaturwissenschaften über die exakte philologische Methode hinaus, indem er sich am Beispiel donauschwäbischer Heimatdichtung über die sich darin artikulierende »Volksseele«

Gedanken machte. Der österreichische Philosoph und Herbartianer Robert Zimmermann, Schöpfer der »philosophischen Propädeutik«, war ein weiterer Stichwortgeber für Steiner. Von ihm hat Steiner den freilich schon älteren Begriff »Anthroposophie« übernommen. Zimmermann wollte eine »Philosophie des Menschenwissens« formulieren, die von der menschlichen Erfahrung ausgeht, aber über diese hinausreicht. Später hat sich Steiner von Zimmermann distanziert, was mit seiner Absicht zu erklären ist, die Spuren der intellektuellen Leihgaben, die er nutzte, zu verwischen. »Das Wort [Anthroposophie] ist schon einmal gebraucht worden. Robert Zimmermann hat eine Anthroposophie geschrieben, aber er unternahm sie mit höchst unzulänglichen Mitteln … . Er hat sie herausgesponnen mit den ausgesogensten, abstraktesten Begriffen, und dieses Gespinst war dann seine Anthroposophie.«[31]

Der Hausbiograph der Anthroposophen, Christoph Lindenberg, hat viel Mühe darauf verwandt, Steiner rückwirkend nicht nur in diesem Fall zum eingefleischten Wissenschaftsgegner zu machen. Der Student habe seine Jahre an der Hochschule als Zeitverschwendung empfunden, er habe vergeblich Antworten auf die großen Zeitfragen gesucht, was er erlebte, sei »biederes geistiges Handwerkertum, Überlieferung von längst abgestandenen Kenntnissen und Methoden« gewesen.[32] Abgesehen davon, dass sich diese faustische Attitüde auch aus dem späteren Scheitern des Akademikers erklären ließe – Steiner beendete seine Studien nicht, seine Doktorarbeit war ein Reinfall –, bleibt festzuhalten, dass seine intellektuelle Entwicklung in den Wiener Studienjahren nicht auf einer Ablehnung von Wissenschaft als solcher basierte, sondern auf einer komplizierten Beziehung zum naturwissenschaftlichen Positivismus. Auch Steiner konnte das naturwissenschaftliche Paradigma nicht einfach ignorieren, sondern musste es in die Logik der eigenen Überlegungen mit einbeziehen. Sowohl für sein als auch zum

Beispiel für Sigmund Freuds Gedankengebäude war deshalb charakteristisch, dass sie von ihren Vordenkern als »noch nicht« wissenschaftlich begründbar dargestellt wurden. Weder die Psychoanalyse noch die Anthroposophie wollten als rein weltanschauliche und spekulative Unternehmungen gelten. In beiden Fällen liehen sich die Begründer die Sprache und Argumente bei den Naturwissenschaften aus. So beharrte Steiner darauf, dass seine Erkenntnisse nicht nur auf einem »mystischen Gefühl« beruhten. Sie kämen ihm vielmehr »in einer geistigen Betätigung, die an Durchsichtigkeit dem mathematischen Denken sich voll vergleichen ließ. Ich näherte mich der Seelenverfassung, in der ich glauben konnte, ich dürfe die Anschauung von der Geistwelt, die ich in mir trug, auch vor dem Forum des naturwissenschaftlichen Denkens für gerechtfertigt halten.«[33] Die argumentativen Leerstellen füllte Steiner ebenso wie Freud mit dem zukunftsoptimistischen Hinweis auf die spätere Einlösung der Belege durch den zu erwartenden wissenschaftlichen Fortschritt.

Seinen Mitmenschen erschien Steiner damals schon als ernsthafter geistiger Arbeiter. Man sah ihn täglich mit einem grauen Handkoffer im Zug sitzen, in dem er Bücher von Hegel, Fichte, Kant, Schopenhauer, Nietzsche transportierte. An der Technischen Universität engagierte er sich zunächst als Bibliothekar, dann als Vorsitzender der Lesehalle. Das Amt bestand darin, möglichst viel Literatur zu beschaffen. Dafür machte Steiner Autoren ausfindig und bat sie um ihre Neuerscheinungen. Pro Woche schrieb er an die hundert Bittbriefe, er selbst war der erste Leser seiner Erwerbungen. Entsprechend konzentriert und im Eilverfahren eignete er sich in großem Umfang die wissenschaftlichen, künstlerischen und politischen Texte seiner Zeit an, wovon er später als universal gebildeter Vortragskünstler zehren konnte.

## Nachsozialisation im Kaffeehaus

Trotzdem wäre die Vermutung falsch, Steiners Neigungen als junger Mann seien damals rein intellektueller Natur gewesen. Sein Leben war auch von einem Nachholbedürfnis anderer Art bestimmt, nämlich dem nach Freundschaft und Austausch. Nachdem er sich selbst als menschenscheues Kind porträtiert hat, verwandelte er sich als junger Mann offenbar in ein Gesellschaftstier. Das spiegelt sich in den ausführlichen, wenn auch anonymen Würdigungen enger Freundschaften aus jener Zeit, aber ebenso in den Erinnerungen von Zeitgenossen.

Der österreichische Schriftsteller Fritz Lemmermeyer war einer der Freunde, die mit ihm in jener Zeit manchen Abend über Literatur, Kunst und Philosophie und vor allem über Goethe diskutierten. Er beschrieb den jungen Steiner als mittelgroße, schlanke und elastische Gestalt mit leichtem Gang, sonorer Stimme, getragener Sprechart, durchdrungen vom Wert der Sprache, von der Wucht und Wichtigkeit der Rede, mit tiefschwarzem, glänzendem Haar, glatt gekämmt um den feinen und kleinen Kopf. »Die Gesichtsfarbe war nicht rosig, zumeist von studierstubenhafter Blässe, von der sich die Brauen abhoben, dunkle und dichte Brauen, seitwärts nach rechts und links stark abfallend. Dunkel waren auch die Augen, aber ein Licht glühte in ihnen, mir unvergesslich, aus der Ewigkeit stammend. Diese Augen konnten tief blicken und sich forschend einsenken in das Antlitz der Menschen. Als wollte Rudolf Steiner lesen im verhüllten Seelengrunde. Und er konnte es, denn er verstand die Hieroglyphen der menschlichen Psyche.... Rudolf Steiner, zu jener Zeit einsam, sehnte sich nach Verkehr. Er war eine gesellige Natur. Er wollte lehren und lernen. Er begehrte Anregung und gab reiche Anregung.«[34]

Die Charakterisierung, die schon mit dem Wissen der späteren Entwicklung Steiners geschrieben worden ist, spricht eine Seite Steiners an, die er auch selbst für sich beansprucht hat, nämlich eine besondere Empathiefähigkeit. Er sei immer wieder aus der »eigenen Wesenheit« herausgeschlüpft und »in eine andere Haut hinübergesprungen«. Diese Begabung, sich auf andere Menschen einzulassen, scheint ihm damals bei seinen ersten Gehversuchen auf dem gesellschaftlichen Parkett geholfen, ihn aber auch belastet zu haben. Sie war womöglich eine Mitgift seiner familiären Situation, in der er frühzeitig auf die Belange des behinderten Bruders eingehen und wohl auch viel Zeit allein mit seiner Mutter verbringen musste. Das psychologische Geschick führte aber ebenfalls dazu, dass sich Steiner in seinen Kontakten einsam fühlte, denn er erhielt selbst »wenig mittätigen Anteil«, wie das für besonders empathische Zuhörer nicht ungewöhnlich ist.[35]

Eine Hauptperson im Umfeld Steiners war der legendäre Kräutermann Felix Koguzki. Er ist eine der Figuren, die Steiners metaphysische Suchbewegungen in jener Zeit symbolisieren. Der »Dürrkräutler«, damals Ende vierzig, sammelte verschiedenste Pflanzen, um sie an Wiener Apotheker als Heilmittel zu verkaufen. Kennengelernt hat ihn Steiner im Zug. Bei gemeinsamen Wanderungen erfuhr er durch ihn alles über das Wesen und Wirken von Pflanzen »aus ihren okkulten Tiefen«. Steiner verarbeitete diese Wanderungen später in einem Mysteriendrama, in dem es heißt: »… wie sie ihn führten an verborgene Stelle, wo auf harter Felsenplatte, im Boden, den kaum Erdreich deckte, sprossten seltsame Pflanzenformen; und wie in wildem Sturme dort Donner und Blitze sich entluden, doch anders als sie sonst die Menschen sehen. Wie der Elemente geheime Offenbarung ertönte in ferner Felsenhöhe.«[36] Bei der Schilderung seiner Bekanntschaft mit dem Kräutermann legte Steiner Wert auf die Feststellung, dass dessen Wissen nicht aus dem etablierten wissenschaftlichen Fundus, nicht aus dem Intellekt komme, sondern aus einem vorbewussten Wissensschatz. Der Mann sei ihm vorgekommen wie eine »Seele aus ganz alten Zeiten«, wie ein »Sprachorgan« für den Geistesinhalt aus verborgenen Welten. Dieser Aspekt, die Favorisierung von Wissen aus angeblich okkulten oder volkstümlichen Quellen, wird für die Reformbewegungen der Jahrhundertwende, von denen Steiner später getragen wird, eine wesentliche Inspiration sein.

Eine andere wichtige Figur, die ihm die Tür nicht nur beruflich, sondern langfristig auch spirituell öffnen sollte, war der schon erwähnte Germanist Karl Julius Schröer. Durch ihn fand Steiner zu Goethe, und über Goethe drang Steiner in die Welt des Okkultismus vor. »Wenn ich zu Besuchen in die kleine Bibliothek Schröers kam, die zugleich sein Arbeitszimmer war, fühlte ich mich in einer geistigen Atmosphäre, die meinem Seelenleben in starkem Maße wohltat. Ich durfte stundenlang an seiner Seite sitzen.«[37] Schröer gab ihm Bücher mit und ließ ihn so die in der Realschule verpassten Literaturkenntnisse nachholen. Der 1825 in Bratislava (Pressburg) geborene Sprach- und Literaturwissenschaftler war außerdem ein Experte auf dem Gebiet der Erforschung der deutschen Minderheitenkultur in Ungarn. In diesem Zusammenhang entdeckte er die volkstümlichen »Weihnachtsspiele von Oberufer«. Er sammelte Handschriften, stellte textkritische Vergleiche an und veröffentlichte 1857/58 das Buch *Deutsche Weihnachtsspiele aus Ungarn*. In dieser Arbeit schürfte Rudolf Steiner später für seine kultischen Feste in der Waldorfpädagogik. Das Oberuferer Weihnachtsspiel ist Teil eines Zyklus von sehr volkstümlichen, in Reimen im donauschwäbischen Dialekt abgefassten Spielen um biblische Ereignisse, sogenannte Mysterienspiele, die Steiner später zu Weihnachten an den Waldorfschulen aufführen ließ – eine bis heute gepflegte Tradition, an der Schüler, Lehrer, manchmal auch Eltern mitwirken.

Während Steiners Studienzeit in Wien war Schröer aber vor allem als Goetheforscher aktiv. »Ich hatte wirklich immer, wenn ich so allein mit Schröer saß, das Gefühl, dass noch ein

## Nachsozialisation im Kaffeehaus

Dritter anwesend war: Goethes Geist.«[38] Schröer war 1878 Mitbegründer des »Wiener Goethevereins«, dessen Chronik er 1886 herausgab. Er kommentierte Goethes Werke und legte eine zweibändige *Faust*-Ausgabe vor. Schließlich initiierte er die Errichtung eines Goethedenkmals in Wien; der monumentale Goethe auf dem Thron am Opernring Ecke Goethegasse wurde einen Tag vor seinem Tod, am 15. Dezember 1900, enthüllt. Auf Schröer ging schlussendlich Steiners 15jährige Beschäftigung mit Goethe maßgeblich zurück, denn er war es, der den jungen Studenten als Herausgeber und Kommentator der naturwissenschaftlichen Schriften Goethes in Kürschners 221 Bände umfassenden *Deutschen National-Litteratur* empfahl, eine Tätigkeit, der sich die Mitarbeit an der sogenannten Sophienausgabe, einer Goethegesamtausgabe, mit siebenjährigem Aufenthalt in Weimar anschließen sollte.

Seine wichtigste Nachsozialisation erhielt Rudolf Steiner jedoch im Wiener Kaffeehaus. Hier kam er auch zum ersten Mal mit dem Okkultismus in Berührung. Alle Wiener Künstler und Schriftsteller, Wissenschaftler und Philosophen trafen sich zu jener Zeit im Kaffeehaus. Das hatte nicht zuletzt ganz prosaische Gründe: Wenn die Wohnverhältnisse alles andere als komfortabel waren, bot sich die Flucht in den öffentlichen und beheizten Raum an. So wurde neben dem eher weiblich geprägten Salon das Café zum wichtigsten Ort männlicher intellektueller Vergesellschaftung. Das Café Griensteidl, in dem sich Steiner zumeist aufhielt und wohin er sogar seine Post schicken ließ, ist geradezu Symbol der Wiener Moderne geworden, ein soziologisches Phänomen, das der ästhetischen und intellektuellen Abgrenzung und Selbstverstärkung diente. Es war weit mehr als nur ein Ort, in dem man sich »nicht zu Hause, aber doch nicht an der frischen Luft« fühlen durfte, es war mit seiner animierenden Diskussionsoffenheit ein Katalysator der Großstadtmoderne, eine Gegenöffentlichkeit, die sich in den 1880er Jahren konstituierte und die Institutionalisierung avantgardistischer Kreise vorantrieb. Hier bildeten vor allem in seiner Blütezeit, den 1890er Jahren, Theodor Herzls Zionisten, die radikalen Architekten rund um Otto Wagner, Viktor Adlers Sozialdemokraten, Sigmund Freuds Psychoanalytische Vereinigung und Arthur Schnitzlers Literaten ihre eigenen Kreise, die sich durch Mehrfachmitgliedschaften untereinander mischten und gegenseitig befruchteten. Bei der Schließung des Kaffeehauses im Jahr 1897 schrieb die *Neue Freie Presse:* »Seit mehr als vierzig Jahren gaben sich in dem weder durch besondere Eleganz noch Weitläufigkeit ausgezeichneten Café die Mitglieder dieser vielgestaltigen Colonie Rendezvous: in dem einen zur Straßenseite gekehrten Raume die Maler, Bildhauer und Architekten, in dem anderen die Helden der Bühne, Schauspieler, Sänger und Musiker. Als das vermittelnde und bindende Glied zwischen den Insassen der beiden Gemächer bewährten sich die Vertreter der Wiener Schriftsteller- und Journalistenwelt.«[39]

Eine Art Lokalmatador und für Steiners weiteres Leben wichtige Kaffeehausbekanntschaft war Friedrich Eckstein. Der gleichaltrige Jude kam aus großbürgerlichen Verhältnissen und wurde bereits im Alter von zwanzig Jahren Fabrikdirektor. Schon frühzeitig interessierte er sich für lebensreformerische Themen wie den Vegetarismus. Mit seiner Frau Bertha, die als berühmte Patientin von Wilhelm Fließ und Sigmund Freud in die Geschichte der Psychoanalyse eingegangen ist, führte er im St.-Genois-Schlössl in Baden bei Wien einen Salon, zu dem unter anderem Peter Altenberg, Arthur Schnitzler, Karl Kraus und Adolf Loos gehörten. Eckstein war ein Bindeglied diverser literarischer Kreise um Rainer Maria Rilke, Franz Werfel, Hugo von Hofmannsthal, Felix Salten und Karl Kraus. Für Anton Bruckner führte er die Bücher. René Fülöp Miller, der Schriftsteller und Soziologe österreichisch-ungarischer Abstammung, beschrieb »Mac Eck« als Universalgenie und Adabei – als Mitglied der Wiener Schickeria: »Wenn Hugo von

Hofmannsthal, Werfel und Rilke über ein Gedicht in Zweifel waren, so pilgerten sie zu Mac Eck. Architekten legten ihm ihre Baupläne, Mathematiker ihre Gleichungen, Physiker ihre Formeln, Komponisten ihre Partituren zur Begutachtung vor. Juristen und Psychoanalytiker besprachen ihre Fälle mit ihm. Schauspieler befragten ihn über ihre Rollen und Historiker über ihre Geschichtstheorien. Selbst der kaiserliche Hofzeremonienmeister erschien eines Tages, um Mac Eck über eine strittige Frage der spanischen Hofetiquette zu konsultieren… Der Spötter Karl Kraus, der im Imperial am Nebentisch seinen Sitz aufgeschlagen hatte, wagte als einziger, sich über Mac Ecks Allwissen lustig zu machen. ›Ich hatte heute Nacht einen Alptraum‹, erzählte er einmal. ›Ein Band Brockhaus stieg aus dem Regal herab, um in Mac Eck etwas nachzuschlagen.‹«[40] Eckstein war zudem ein großer Esoteriker. Nicht nur pilgerte er zu Fuß zu Wagner nach Bayreuth, auf Reisen nach Indien soll er auch östliche Meditationswege kennengelernt haben. Im Juni 1886 erhielt er von der legendären Helena Petrovna Blavatsky, der Mutterfigur der okkultistischen theosophischen Bewegung, eine persönlich unterzeichnete Stiftungsurkunde für die Wiener Loge der Theosophischen Gesellschaft, mit der er 1887 die erste offizielle Loge dieser Gesellschaft in Österreich gründete. Im Wiener Schloss Bellevue versammelte er Musiker, Dichter und Spiritisten in einer Künstlerkolonie.

Mit von der Partie waren Marie Lang und ihr Mann Edmund, eine weitere wichtige Bekanntschaft Steiners aus Wiener Tagen. Lang war ebenfalls ein gesellschaftlicher Mittelpunkt der Wiener Szene. Sie wurde als Marie Wisgrill 1858 in Wien geboren, ihr Vater war Zimmermeister, die Mutter Schauspielerin. In erster Ehe war sie mit dem berühmten Hofjuwelier Köchert verheiratet. Nach der Scheidung heiratete sie den Rechtsanwalt Edmund Lang und bekam mit ihm zwei Söhne. Über Rosa Mayreder, ebenfalls eine enge Bekannte Rudolf Steiners, stieß Marie Lang Ende der 1880er Jahre zur Frauenbewegung. Dank ihrer rhetorischen Begabung und ihres Charismas wurde sie zur Mitbegründerin des Allgemeinen Österreichischen Frauenvereins. Ihr Engagement galt vor allem dem Mutterschutz und den Rechten unehelicher Kinder, jedoch bekämpfte sie auch Prostitution und das Heiratsverbot für Lehrerinnen.

In dieser Runde aus Feministinnen, Theosophen, fanatischen Wagneranhängern, Vegetariern und Spiritisten erhielt Steiner einen ersten Vorgeschmack auf die esoterischen Bedürfnisse seiner Zeitgenossen, die Rosa Mayreder spöttisch eine Vermählung von deutschem Wald und orientalischen Geheimnissen nannte. Friedrich Eckstein schrieb über sein Zusammentreffen mit Rudolf Steiner in jenen Jahren: Eines Tages habe sich ihm ein völlig bartloser und blasser Jüngling mit langem Haar, scharfer Brille, stechendem Blick, langem Rock, hochgeschlossener Weste und altmodischem Zylinder vorgestellt, dem ersten Eindruck nach ein »schlecht genährter Theologiekandidat«.[41] Er habe ihm erklärt, dass ihm daran liege, mehr über die Theosophie zu erfahren. So ergab sich ein viele Jahre währender Austausch über Theosophie, aus dem heraus Steiner seine eigenen anthroposophischen Gedanken entwickelte.

In Steiners Lesart stellte sich die Geschichte freilich anders dar. Er habe die Theosophie distanziert betrachtet und sei mehr durch das Charisma der Akteure angezogen gewesen als durch das, was sie ihm näherbrachten. Die Bedeutung seiner Beziehungen zu Lang und Eckstein spielte er später herunter. Der Widerspruch zu Ecksteins Darstellung wird jedoch deutlich, wenn man weiß, dass Steiner in seinen Briefen an Eckstein ihre Bekanntschaft als eine der »allerwichtigsten« seines Lebens bezeichnet hat. Wenn sein Eintauchen in die Wiener Literaten- und Intellektuellenszene auch nicht die einzige Quelle seiner geistigen Entwicklung war, so prägte sie seinen persönlichen Werdegang doch insofern, als er hier eine für ihn selbst stilbildende moderne soziale Figur kennenlernte – den öffentlichen Intellektuellen. Die späteren kritischen Einlassungen über seine Wiener Ausflüge in die Esoterik können deshalb nur vor dem Hintergrund von Steiners Versuch verstanden werden, seinen Flirt mit der Wiener Theosophie nachträglich als Jugendsünde abzutun, um die Eigenständigkeit seiner eigenen Entwicklung zum Anthroposophen hervorzukehren. Es mag auch die Enttäuschung darüber aus ihm gesprochen haben, dass seine damaligen Freunde später auf seine Karriere als Anthroposoph unterkühlt reagierten.

## Steiner und die Juden

Doch noch verdiente Steiner sein Auskommen nicht als Prophet, sondern als Haus- und Nachhilfelehrer. 1884 trat der Langzeitstudent eine feste Stellung als »Hofmeister« bei der Familie Specht an, was ihm ermöglichte, in Wien zu wohnen. Die fünfjährige Tätigkeit als Hauslehrer wird in der anthroposophischen Literatur immer unter zwei Aspekten abgehandelt. Zum einen habe sich Steiner als unwiderstehlicher Pädagoge hervorgetan – einem der Kinder, das an Enzephalitis (an einem »Wasserkopf«) gelitten haben soll und deshalb keine Förderung erhielt, habe er zu einer sensationellen geistigen Entwicklung bis hin zur Matura und zum Medizinstudium verholfen. Die intensive Förderung durch Steiner, der auf diesem Weg selbst den Gymnasialstoff, vor allem Latein, nachholen konnte, war offenbar ein Glücksfall. Es war allerdings auch für ihn selbst eine gewinnbringende Zeit. Immerhin lebte er sechs Jahre in einem großbürgerlichem Haus, wurde wie ein Teil der Familie behandelt, reiste mit in die Sommerfrische an den Attersee und korrespondierte noch Jahre später mit allen Familienmitgliedern, was zusammengenommen auch seine eigene Sozialisation als junger Mann beeinflusst haben dürfte.

Zum anderen wird die enge Freundschaft mit der jüdischen Familie implizit als Argument gegen den immer wieder erhobenen Antisemitismusverdacht gegen Steiner beziehungsweise einen Teil seiner Lehren aufgeführt. Die Familie Specht stammte aus Vöslau und zog zur Hauptzeit der jüdischen Einwanderung nach Wien in die Kolingasse 18. Sie gehörte zum liberalen Judentum jener Zeit, das mit seiner Betonung von Bildung und persönlicher Verantwortung den bürgerlichen Habitus mit ausgebildet hatte und nun in dieser (kleinen) gesellschaftlichen Schicht zahlenmäßig und kulturell tonangebend geworden war. Die jüdischen Familien Wiens stellten damals fast ein Drittel der Kinder auf Gymnasien. Sie waren maßgebend in den Gebieten Literatur, Feuilleton, Journalistik, Drama, Medizin, aber auch Musik und Philosophie. Die Familie Specht führte einen typischen großbürgerlichen Haushalt, in dem unter anderen die Komponisten Johannes Brahms, Gustav Mahler und Richard Strauss verkehrten. Alle Kinder lernten verschiedene Instrumente zu spielen. Josef Breuer, einer der Gründerväter der Psychoanalyse, war ihr Hausarzt. Mutter Pauline, geboren am 23. März 1846 in Prossnitz/Mähren, entstammte einer musikalischen Familie, ein Verwandter von ihr war Ignaz Brüll, ein von Johannes Brahms für Uraufführungen geschätzter Pianist. Im Jahr 1866 heiratete sie den Baumwollagenten Ladislaus Specht, der 1834 in Werschetz/Südungarn geboren worden und eines von siebzehn Kindern war. Sein Vater, ein typischer Selfmademan dieser Generation, der 105 Jahre alt wurde, hatte die Baumwollagentur gegründet. Mir ihr sollte Ladislaus Specht zweimal ein Vermögen erwirtschaften – das erste verlor er während des Börsenkrachs im Jahr 1873. Von den vier Söhnen, die Steiner zu betreuen hatte, brachte es der 1870 geborene älteste Sohn Richard als Literat und Musikjournalist zur größten Bekanntheit. Der kranke zweite Sohn, Otto, wurde Hautarzt. Arthur Specht, der dritte Bruder, sollte sich nach dem »Anschluss« Österreichs an Hitlerdeutschland in seiner Notlage als Verfolgter an Marie Steiner, Rudolf Steiners zweite Frau, wenden. Sie konnte ihm offensichtlich mit einem Kontakt nach Italien weiterhelfen.

Steiner war von 1884 bis 1890 Mitglied dieser Familie. Er wurde nach eigenen Worten in einer ungewöhnlich liebevollen Art aufgenommen. Besonders mit der Mutter Pauline fühlte er eine Seelenverwandtschaft, sie war seine erste Zuhörerin, wenn er seine Gedanken über Philosophie, Politik oder Literatur zu artikulieren und in Aufsätze zu gießen versuchte. Noch Jahre später sehnte er sich nach diesen Zwiegesprächen zurück. Das innige Verhältnis hielt er bis zu seinem Tod aufrecht. Gemessen an der Korrespondenz waren die Spechts für Steiner zu seiner Ersatzfamilie geworden. Wenn er in Wien war, wohnte er immer bei ihnen.

Richard Specht, der älteste Sohn, schrieb auf seinen ehemaligen Hauslehrer einen in mancher Hinsicht aufschlussreichen Nachruf. Rudolf Steiner habe sich auf Empfehlung des Schulrektors in der Familie vorgestellt, damals 24 Jahre alt, »das blasse, ein wenig faltige Asketengesicht mit den braunen Augen hinter scharfen Brillengläsern. Das lange, straffe schwarze Haar, den hageren Hals mit dem großen Adamsapfel, die hochgewachsene, vom langen Schoßrock umflatterte Erscheinung, in der etwas vom Geistlichen, etwas vom Philosophischen und etwas vom rechthaberischen Pedanten war.« Schon damals habe er seine charakteristische schwach tönende, predigerhaft dozierende und etwas kindlich fragende Stimme gehabt – »eine seltsame Mischung von Gelehrtenernst, von Knabenhaftigkeit und von Rodomontade [Aufschneiderei] in ihm, dazu etwas unerhört willensstarkes, etwas Pedantisches und zeitweilig sogar etwas Lässig-bequemes, das freilich immer wieder in einen Fanatismus der Arbeit umschlug. Körperlich war er so schwächlich, dass er sofort zu Boden stürzte, wenn einer von uns Buben sich in einem Anfall von Liebe oder von Übermut an seinen Hals hängen wollte. Geistig aber war er von größter Energie.« Richard Specht habe den Lehrer oft nachmittags mit dem Schlaf kämpfen, aber nie dem Schlafbedürfnis nachgeben sehen, stattdessen habe er schwarzen Kaffee getrunken und sich mit mechanischem Abschreiben von Grammatikseiten wach gehalten. Steiners soziale Situation empfand Specht als prekär. Als Sohn eines Kleinbürgers habe er sich »durchgehungert«. Bei seinem neuen Dienstherrn sei er förmlich aufgelebt und habe bis zu seinem Tod keinen Hehl aus seiner Dankbarkeit für die förderliche Atmosphäre im Hause Specht gemacht.

Specht berichtete indes auch weniger Schmeichelhaftes über seinen früheren Lehrer. So habe dieser schon als Student seine Ideen fanatisch vertreten, auch um den Preis der Faktenverbiegung. »Sicher war das Endglied der Kette sein primärer Einfall; dann aber wurde alles herbeigeholt und zurechtgestutzt, was bestätigend, alles eliminiert, was widerlegend sein mochte. Er war ein Fanatiker seiner Ideen. Damals schon.« Im Übrigen habe er ihn als »total unmusikalisch« und zeichnerisch unbegabt kennengelernt, weshalb seine späteren künstlerischen Ambitionen beim Bau des »Goetheanums« umso erstaunlicher gewesen seien. Als jung habe er ihn auch nie empfunden, er sei immer »irgendwie abseits« gewesen, »auch mit Frauen hatte er im erotischen Sinn nie zu schaffen.... ich glaube, er hat in seinem Leben kein Weib berührt.«[42] Dieses ambivalente Bild hängt sicherlich mit der Tatsache zusammen, dass Richard Specht, wie so manche Bekanntschaft aus frühen Jahren, mit der Entwicklung Steiners zum Anthroposophen nichts anfangen konnte. Ihre Freundschaft zerbrach darüber. Die Entfremdung hing offenbar nicht mit Steiners Haltung zum Judentum zusammen, was denkbar gewesen wäre, führte sie doch immerhin einmal zu einer Verstimmung mit Richard Spechts Vater Ladislaus, die jedoch verziehen wurde. Es ist wahrscheinlich, dass Richard Specht, der die NS-Herrschaft nicht mehr erlebte, sich zum Zeitpunkt des Nachrufs auf Steiner nicht stark mit dem Judentum identifizierte – die Spechts waren assimiliert – und er deshalb nicht besonders sensibilisiert für dieses Thema war. Ein Verweis auf Steiners langjährige und herzliche Freundschaft mit einer jüdischen Familie reicht trotzdem bei weitem nicht aus, um das Problem, das Steiner mit dem Judentum hatte, aus der Welt zu schaffen.

Die Verstimmung mit dem alten Specht ging auf Steiners Tätigkeit als Literaturkritiker zurück. Für die deutschnationale *Deutsche Wochenschrift* rezensierte er auch den Roman *Homunculus. Modernes Epos in 10 Gesängen* des für seinen Antisemitismus berüchtigten, kulturpessimistischen österreichischen Schriftstellers Robert Hamerling aus dem Jahr 1888. *Homunculus* ist eine Satire auf den jüdischen Golem. Der von einem Professor erzeugte Retortenmensch arbeitet als Geschäftsmann mit unsauberen Methoden, so gründet er eine Zeitschrift, die für den Abdruck von Gedichten kein Honorar zahlt, sondern von den Autoren ein Honorar fordert. Mit dem Verkauf dieser Zeitschrift wird der Homunculus reich, verliert sein Geld jedoch wieder in einem Börsencrash. Nach einem Suizidversuch baut er eine Schule für Affen auf, die das Ziel hat, bessere Menschen zu züchten. Er fordert die Juden auf, nach Palästina zu emigrieren. Sie sind jedoch unfähig, einen eigenen Staat zu führen, und kehren nach Europa zurück. Homunculus wird als König des Volkes Israel ans Kreuz genagelt, verbündet sich mit seinem Retter Ahasverus, dem ewigen Juden, und ist bis in alle Ewigkeit zur Wanderschaft verdammt.

Steiner beurteilte die antisemitische Satire Hamerlings positiv, denn sie beschreibe den modernen Menschen, der hier mit einem Juden gleichgesetzt wird, zutreffend. Die Geschichte des Homunculus kommentierte Steiner folgendermaßen: »Der seelenlose Mensch kann nicht glücklich werden. Nur aus dem eigenen Selbst kommt unser Glück. Ein tiefes, gehaltvolles Inneres allein vermag Befriedigung zu geben. Wer ein solches nicht hat, ist im höheren menschlichen Sinne nicht wahrhaft entstanden. Wo dieser Urquell fehlt, erscheint das Leben als eine Irrfahrt ohne Ziel und Zweck.« Und damit kam er in der nächsten Passage zu folgender Einschätzung des Judentums: »Es ist gewiss nicht zu leugnen, dass heute das Judentum noch immer als geschlossenes Ganzes auftritt und als solches in die Entwicklung unserer gegenwärtigen Zustände vielfach eingegriffen hat, und das in einer Weise, die den abendländischen Kulturideen nichts weniger als günstig war. Das Judentum als solches hat sich aber längst ausgelebt, hat keine Berechtigung innerhalb des modernen Völkerlebens, und dass es sich dennoch erhalten hat, ist ein Fehler der Weltgeschichte, dessen Folgen nicht ausbleiben konnten. Wir meinen hier nicht die Formen der jüdischen Religion allein, wir meinen vorzüglich den Geist des Judentums, die jüdische Denkweise. ... Juden, die sich in den abendländischen Kulturprozess eingelebt haben, sollten doch am besten die Fehler einsehen, die ein aus dem grauen Altertum in die Neuzeit hereinverpflanztes und hier ganz unbrauchbares sittliches Ideal hat. Den Juden selbst muss ja zuallererst die Erkenntnis aufleuchten, dass alle ihre Sonderbestrebungen aufgesogen werden müssen durch den Geist der modernen Zeit.«[43]

Steiner machte mit diesen Worten deutlich, dass er der im 19. Jahrhundert weit verbreiteten Meinung anhing, die Juden sollten ihr Judentum aufgeben, und zwar nicht nur aus religiösen Gründen, aus Einsicht in die Überlegenheit des Christentums, wie das die christliche Auslegung definierte, sondern auch aus kulturellen Gründen. Damit zielte er sowohl auf den zu seiner Wiener Zeit aufblühenden Zionismus, über den sich Hamerlings Buch lustig machte, als auch grundsätzlich auf jedes jüdische Selbstverständnis. Was sich hinter Steiners Formulierung vom »Geist des Judentums« verbirgt, musste er nicht ausbuchstabieren, zu seiner Zeit wurden damit alle möglichen Zeitprobleme assoziiert. Dergleichen Andeutungen gehörten zu einem »kulturellen Code« (Shulamith Volkov) in weiten Teilen der Gesellschaft, im Deutschen Reich ebenso wie in der Donaumonarchie.

Auf diese Weise schrieb man allen Juden, egal welcher Couleur, eine besondere berufliche Zusammensetzung und eine spezifische Denkweise zu und machte sie zum Urheber aller abzulehnenden Zeiterscheinungen. Der Historiker Ralf Sonnenberg vermutet hinter Steiners Äußerung eine pauschale Ablehnung des Judentums. Das genuin »Jüdische« werde als antiquiert und somit historisch überholt abgetan – zugleich aber auch im Kontext moderner zivilisatorischer »Dekadenzerscheinungen« wie Materialismus, Utilitarismus und Hedonismus verortet. Die antimodernistischen Zuschreibungen an die Juden dienten Steiner zudem als Kritik am normativen Denken, das dem traditionellen, »orthodoxen« Judentum angeblich zu eigen sei. Mit seiner Äußerung konnte er also gleich mehrere Fliegen mit einer Klappe schlagen: die normativen Offenbarungsreligionen, die zeitgenössischen nationalistischen Bestrebungen sowie Probleme, die im Zusammenhang mit der Moderne gesehen wurden.[44]

In diesem Punkt blieb Steiner bis zu seinem Lebensende unbeirrt. Auch noch in seinen kurz vor seinem Tod entstandenen Memoiren bemerkte er positiv, die Familie Specht sei »völlig frei von jeder konfessionellen und Rassenbeschränktheit« gewesen; und negativ, »der Mann, in dessen Haus« er gelebt habe, gemeint ist Ladislaus Specht, sei leider »empfindlich« gewesen gegen alle Äußerungen, die von einem Nichtjuden über Juden getan wurden. Dabei hielt er sich selbst für »völlig objektiv« bezüglich des Judentums. Auf die enttäuschte Vorhaltung des Dienstherrn, er habe sich mit seiner Hamerlingrezension nicht gerade als Judenfreund gezeigt, was umso betrüblicher sei, da er seine Erfahrungen mit Juden durch das Zusammenleben in seinem Haus gesammelt habe, erwiderte Steiner in seiner Autobiographie, seine Haltung zum Judentum sei »ganz aus der geistig-historischen Überschau heraus geurteilt«[45].

Diese Überschau führt zum zweiten, zum strukturellen Problem in Steiners Haltung zur »jüdischen Frage«, auf das wir hier vorgreifen wollen. Möchte man für die Rezension in den 1880er Jahren noch gelten lassen, dass er einfach auf der Welle eines virulenten bildungsbürgerlichen Antijudaismus mitschwamm – es störte ihn nicht einmal, dass »viele ... Freunde aus den damaligen nationalen Kämpfen heraus in ihrer Auffassung des Judentums eine antisemitische Nuance angenommen hatten« –, so erzeugte seine spätere Entwicklung zum Anthroposophen hausgemachte Probleme, die viel größer sind, weil sie bis in die Gegenwart nachwirken, wenn sie von unkritischen Anhängern zusammen mit den Grundideen Steiners »mitgekauft« werden. Denn in der Tradition der Theosophie, die Steiner anthroposophisch erweiterte, hat er die Vorstellung von einer hierarchischen Abfolge von Menschheitskulturen oder »Rassen« entwickelt. Grundlage dieses Denkens war die Vorstellung einer Menschheitsevolution, die Steiner vor allem von Ernst Haeckel übernommen hatte und nach seiner Bekehrung zum theosophischen Denken auf höchst eigenwillige Weise neu interpretierte. Danach stand in Steiners evolutionistischem Weltbild der Mensch nicht als höchstentwickeltes Glied an der Spitze der Entwicklungskette, wie es die darwinistische Sicht nahelegte, sondern am Anfang der Entwicklung, und zwar deshalb, weil nicht biologische Gesetzmäßigkeiten wie die Auslese oder die Mutation die treibenden Kräfte seien, sondern der menschliche Geist. Steiner glaubte, der Mensch sei älter als alle anderen Lebewesen, die er lediglich als Durchgangsprodukte der Menschwerdung betrachtete. Tiere waren demnach »Abfälle der menschlichen Entwicklung; nicht etwas, aus dem er hervorgegangen ist, sondern etwas, das er zurückgelassen«[46]. Diesen Evolutionsprozess schilderte Steiner in seinen Büchern *Aus der Akasha-Chronik* und *Geheimwissenschaft im Umriss*. Auf eine Kurzform gebracht, stellte er sich die Menschheitsentwicklung folgendermaßen vor: Die Vergangenheit und die Zukunft sind eine Abfolge von Weltensystemen, für die Planeten und deren Bewohner stehen. Die Erde als gegenwärtiges Weltsystem folgte dem Saturn, der Sonne und dem Mond, nach uns sind Jupiter, Venus und Vulkan an der Reihe, jeweils durch kosmische Zwischenzustände voneinander getrennt. Jeder planetarische Zustand hat spezifische Qualitäten, der Saturn ist feinstofflich, die Sonne luftig, der Mond wässrig, die Erde mineralisch. Mit den planetarischen Zeitaltern sind menschliche Entwicklungsstufen verbunden. Auf dem Saturn erhielt der Mensch den physischen Körper, im Sonnenzustand seinen »Ätherleib«, auf dem Mond den »Astralleib« (Gefühle, Triebe), auf der Erde das Ich, die Individualität. Die Erdenzeit ist in sieben Erdzeitalter unterteilt, in der polarischen Zeit waren Sonne, Mond und Erde verbunden und der Mensch bekam die Anlagen für eine Seele, in der hyperboräischen Zeit, in der sich Sonne und Erde trennten, lag der Beginn des Bewusstseins, in der lemurischen Zeit stieß die Erde den Mond aus, Pflanzen und Tiere entstanden, und der Mensch erhielt sein kollektives Bewusstsein. In dieser Phase führte Luzifer den Sündenfall herbei, der Mensch verlor die Herrschaft über sein Ich und wurde zum triebgesteuerten Materialisten, erreichte aber auch die Freiheit des Denkens. Zur Strafe wurden die Menschen in zwei Geschlechter getrennt und lernten Krankheit und Tod kennen. In der atlantischen Zeit lebten die Menschen nahe an der Natur, ohne Logik, und beteten zum Sonnenorakel. Damals zogen sie aus Zentraleuropa nach Asien, ihr Ursprungsort Atlantis ging unter. Heute leben wir in der nachatlantischen Epoche, die mit dem Untergang von Atlantis und der Sendung von sieben Orakelführern im Jahr 7227 vor Christus begann: zuerst mit der altindischen Epoche und einer stark ausgebildeten Fähigkeit des Hellsehens, dann mit der altpersischen und Zarathustra, dann folgte die ägyptisch-chaldäisch-babylonische, in der Astrologie und Geometrie und die Empfindungsseele entstanden, dann die griechisch-lateinische mit der Verstandesseele und dem erwachenden Ichbewusstsein. Seit 1413 leben wir im Zeitalter der Individualisierung. Der Mensch ist ganz gefangen vom materiellen Denken. Hier kommt die Anthroposophie ins Spiel. Sie ist die Siegelbewahrerin der alten esoterischen Traditionen und soll den Weg frei machen für eine Überwindung des Materialismus, damit der Mensch in die geistige Welt aufsteigen kann. Durch die Arbeit an sich selbst wird sich das Individuum seiner früheren Entwicklungsstufen bewusst werden, alle kulturellen, »rassischen« oder religiösen Unterschiede werden fallen. Nach weiteren zwei Erdenzeitaltern wird sich die Erde verabschieden, dann verschwinden das Mineralreich und das Pflanzenreich. Der Endpunkt der Entwicklung ist erreicht, wenn sich der Mensch aus einem physischen Erscheinungsbild in einen reinen Geisteszustand verwandelt hat und Teil der göttlichen Schöpfung wird.

Die ganze Geschichte ist bei Steiner von Menschheitsführern, Engeln, Geistern begleitet, die punktuell wie Katalysatoren der kosmischen Evolution wirken. An dieser Stelle kommen die Weltreligionen ins Spiel. Denn die Geister sind in Steiners Weltbild ebenfalls hierarchisch geordnet: Sie sind Rassen- und Volksgeister. Der höchste Geist ist der christliche Michael. Er hilft seit dem Jahr 1879 den Menschen dabei, zu ihrer geistigen Dimension zurückzukehren. Das bedeutet ausbuchstabiert, dass frühere Kulturepochen, die jeweils von einer »Wurzelrasse« getragen wurden, nur Vorstufen und Übergangsstadien auf dem Weg der Menschheitsentwicklung waren. Die polarische und die hyperboräische Wurzelrasse waren Menschen, die hauptsächlich aus Gehör und Fortpflanzungsorganen bestanden. Die Lemurier waren zwitterhafte Traumwesen, nach ihrer Spaltung in zwei Geschlechter entwickelten sich die (nicht sehr überraschenden) Geschlechtscharaktere – starke und harte männliche Wesen auf der einen Seite, mit somnambulen und gefühligen Qualitäten ausgestattete weibliche Wesen auf der anderen Seite. In dieser Logik fiel schlussendlich auch dem Judentum nur eine transistorische und untergeordnete Rolle zu. Denn bei den Atlantiern gab es verschiedene Unterrassen, unter anderem eine »arische« eingeweihte, die zu den Führern der Menschheit werden sollte. Das alttestamentarische Judentum sei noch in einem Volksbewusstsein verfangen gewesen und nicht, wie das Christentum, in einem Ichbewusstsein angekommen. In Steiners anthroposophischem Geschichtsepos ist es – analog zu christlich-bürgerlichen Geschichtsbildern jener Zeit – deshalb notwendig, dass sich das jüdische Volk gänzlich mit der übrigen Menschheit vermische, »so dass das Judentum als Volk einfach aufhören würde«[47].

Mit dieser Ansicht befand sich Steiner im bürgerlichen Mainstream des 19. Jahrhunderts. Die Idee einer Überwindung des partikularistischen oder normativen Judentums durch das universalistische Christentum war Teil eines weit verbreiteten teleologischen Geschichtsbilds. Dass er sich gleichzeitig gegen den zu seinen Lebzeiten aufblühenden Antisemitismus äußerte, ist nicht weiter verwunderlich. Unter diesen Begriff gehörten im damaligen Sprachgebrauch nicht die heute hochproblematisch klingenden christlichen Stereotype über das angeblich normative alttestamentarische jüdische Volk oder Ressentiments gegen den jüdischen Nationalismus, die Steiner im Grunde nur anthroposophisch umgedeutet hat, sondern als Antisemitismus wurden in erster Linie auf Biologie rekurrierende und mit Gewalt drohende Argumente gewertet, von denen man sich damals noch leicht distanzieren konnte. Deshalb konnte Steiner damals trotz seiner unübersehbaren Vorurteile als Feind des Antisemitismus gelten.

Der Historiker und Theologe Helmut Zander hat als intensiver Kenner des anthroposophischen Universums nachgewiesen, dass Steiners Rassenmodell eine Anleihe bei älteren Vorstellungen vor allem aus der theosophischen Richtung darstellte und diese mit zeitgenössischen Wissensfeldern wie der Anthropologie und dem Darwinismus, gewandelt in einen

Sozialdarwinismus, sowie mit früheren, zum Teil antiken Vorstellungen anreicherte.[48] Die Brisanz dieses Modells liegt darin, dass er die Rassen in eine teleologische, also fortschrittsorientierte Menschheitsgeschichte eingebunden hat, eine Ideologie, die ins Extrem gewendet zur Vernichtung der Juden im Nationalsozialismus geführt hat. Auch andere Ethnien sind im Übrigen in der anthroposophischen Lehre auf diese Weise diskreditiert worden. Die Indianer bezeichnete Steiner als »degeneriert« und im Aussterben begriffen, die schwarzen Afrikaner als triebhaft und zurückgeblieben, wohingegen die überlegenen Weißen das stärkste Persönlichkeitsbewusstsein ausgebildet hätten. Insofern hing Steiner einem rassischen, wenn auch nicht unbedingt einem rassistischen Denken an. Steiners Haltung zum Judentum als Religion und als Ethnie war, darauf wird immer wieder apologetisch hingewiesen, alles andere als originell zu seiner Zeit. Das taugt jedoch nur zur Erklärung, nicht zur Rechtfertigung. Genauso wenig sinnvoll erscheint es, auf seine persönlichen Verbindungen mit Juden hinzuweisen. Die antijüdischen Topoi, die er mit seiner christlichen Sozialisation in der damaligen Zeit verinnerlicht hat, richteten sich nicht gegen einzelne Personen. Außerdem waren auch Juden in der Zeit vor dem Nationalsozialismus vom hegelianischen Fortschrittsdenken überzeugt und konnten sich deshalb mit den anthroposophischen Lehren identifizieren.

Die Diskussionen über Steiners Haltung zum Judentum sind noch offen. Dabei werden sich am Ende wohl beide Parteien, die Apologeten genauso wie die Ankläger, mit einem höchst ambivalenten Ergebnis begnügen müssen, nämlich dass Steiner zwischen christlichem Antijudaismus und modernem rassischem Denken vagabundierte, ohne dass man ihn deshalb aus der heutigen Perspektive als Antisemiten und Rassisten im Sinne eines Vernichtungswillens einordnen kann. Positiv zu vermerken ist, dass sich seit einigen Jahren die Bereitschaft der offiziellen Anthroposophie in Deutschland erhöht hat, sich mit dem Problem zu beschäftigen. Schon zu lange stand der Vorwurf im Raum, antisemitisches oder gar rassistisches Gedankengut habe sich über Steiners Lehren an Waldorfschulen verbreiten können. Auch im Rahmen des anthroposophischen Publikationswesens setzt man sich mittlerweile kritisch-historisch mit Steiners Haltung zum Judentum auseinander.[49]

# TEIL II
## SIGNALE

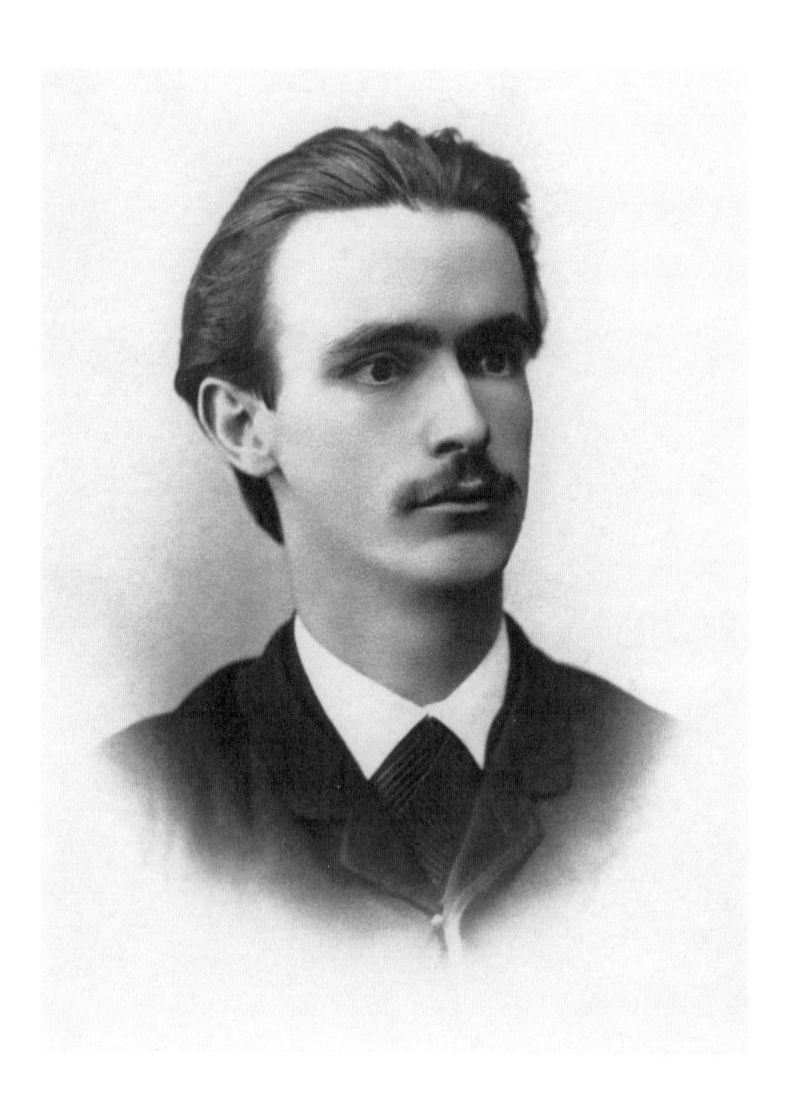

Okkultismus in Zeiten der Eisenbahn

Wie aber wurde aus einem Studenten der k. u. k. Technischen Hochschule Wien, der offensichtlich begabt war für Naturwissenschaften und Philosophie, ein Okkultist? Was Steiner und seine orthodoxen Anhänger als notwendige Entwicklung darzustellen versuchen, ist dennoch erklärungsbedürftig, selbst wenn wir eine persönliche Logik der immer wieder zitierten Initiationsereignisse akzeptieren: Die frühe Hellsichtigkeit des Knaben, die ihm die übersinnliche Welt öffnete, die Begegnung mit dem Kräutermann Felix Koguzki, die Kaffeehausbekanntschaften mit Esoterikern, schließlich die Eingebung in einer schlaflosen Nacht, als er, bis nach Mitternacht mit philosophischen Fragen ringend, plötzlich von der Schelling'schen Erkenntnis ereilt wurde, dass »uns allen ... ein geheimes, wunderbares Vermögen beiwohnt, uns aus dem Wechsel der Zeit in unser innerstes, von allem, was von außen hinzukam, entkleidetes Selbst zurückzuziehen und da unter der Form der Unwandelbarkeit das Ewige in uns anzuschauen«. Dieses Vermögen hat Steiner in jener Nacht ganz klar bei sich selbst entdeckt.[1]

Wahrscheinlich durchlebte der junge Mann zu diesem Zeitpunkt eine Krise – mit den exakten Wissenschaften und im Allgemeinen. In einem Brief klagte er, die Wissenschaften seien voll von Schnörkeleien und Pedanterien, die einen gesunden Geist abstießen. Bücher würden oft nicht aus Wahrheitsliebe geschrieben, dennoch müsse man sich mit ihnen beschäftigen und das Spiel mitspielen. Mag sein, dass auf ihn selbst zutraf, was er bei anderen immer wieder forderte, nämlich dass die Beschäftigung mit den Wissenschaften ihn auf innere

Widersprüche brachte, dass er diese Widersprüche »durchlebte«, es sich also nicht leichtgemacht hat. Dazu kam eine persönliche Krise, in der Steiner Probleme privater Art auf anderen, abstrakten Gebieten generalisierte. Er erlebte seine Hauslehrertätigkeit bei den Spechts zwar nicht als Frondienst und genoss besonders die Gesellschaft der gebildeten und einfühlsamen Hausdame, die ihn zu verstehen schien, aber er empfand seine soziale Lage als misslich. »Steiner war in jenen [Wiener] Jahren in ziemlich bedrängten Verhältnissen, oft geradezu am Verhungern, so dass er meine Einladungen immer gern annahm«, beschrieb Friedrich Eckstein die Situation.[2] Was schlimmer ist: Die Finanznot, in der er sich befand, musste ihm als notorisch vorkommen. Realschullehrer wollte er nicht mehr werden, und für die akademische Philosophie, die ihn am meisten reizte, fehlte ihm der bildungs- oder großbürgerliche Hintergrund, der gelassen macht angesichts des damals schon äußerst steinigen Weges an die Universität.

Von seinen persönlichen Motiven abgesehen, muss Rudolf Steiners Hinwendung zum Okkultismus jedoch auch im Kontext einer großen Zeitströmung gesehen werden. Seine Entdeckung des Okkulten war kein individueller Ausnahmefall, sondern ein weit verbreitetes gesellschaftliches Phänomen. Um diesen Sachverhalt zu verstehen, wollen wir an dieser Stelle eine Erkundungstour machen in die okkultistische Szene des späten 19. und frühen 20. Jahrhunderts und unterwegs einige Personen und Ideen kennenlernen. Gegen Ende des 19. Jahrhunderts hatte die Kirche ihre Normierungskraft über die individuelle Lebensführung verloren, sie musste sich aus den sie nicht direkt betreffenden Lebensfragen, etwa der Kindererziehung, der Ehe, dem Verhältnis zu Vorgesetzten, mehr und mehr heraushalten und sich auf ihre genuine Zuständigkeit für Glaubensfragen konzentrieren. Gleichzeitig wurde die Kluft größer zwischen verschiedenen Formen von Religiosität, und es tat sich eine große Zahl von religiösen Ersatzangeboten auf. Dazu müssen neben pseudoreligiösen

Riten wie der sozialistischen Jugendweihe oder der Aufwertung von lebensgeschichtlichen Feieranlässen (Geburtstagen etwa) auch säkulare Kultformen und nicht zuletzt Steiners Anthroposophie gezählt werden. Am offensichtlichsten wird das bei der Eurythmie.

Die christlichen Feiertage wie Weihnachten oder Ostern waren ihrer eindeutig religiösen Bedeutung verlustig gegangen, Ungläubige betrachteten sie nurmehr als allfällige Alltagsrituale, oder sie entdeckten in ihnen angeblich säkulare und naturgebundene Restbestände wieder wie etwa die Feier der Sonnwende und verbanden sie mit politischen Symbolen. Der Historiker Lucian Hölscher hat darauf aufmerksam gemacht, dass damals vermutlich schon in der kindlichen Sozialisation wissenschaftliche Trends mit religiösen Weltanschauungen vermischt wurden. Das trifft besonders auf die für Rudolf Steiner wichtigen Wissensgebiete zu wie die Astronomie und die Evolutionstheorie. »Bilder von der unendlichen Weite des Weltalls und der Entwicklung der Arten auf Erden, von der Erhaltung und Fortpflanzung des Lebens, vom Wechsel der Hochkulturen usw. förderten eine pantheistische Religiosität, die sich auf die Vorstellung von der ewigen Harmonie des Weltalls und des ewigen Wechsels aller Dinge richtete und ethisch die Ehrfurcht vor dem Leben und den Glauben an den Fortschritt der Menschheit förderte.«[3] Nicht nur Rudolf Steiner, auch dem Psychoanalytiker Carl Gustav Jung zum Beispiel kam als Kind die Welt von geheimnisvollen Kräften beherrscht vor, die nur von Gott selbst und dem Teufel gelenkt sein konnten.

An die Seite eines traditionellen Gottesglaubens traten andere religionsähnliche Phänomene wie die kultische Klassikerverehrung. Der um 1860 geborene Untertan des deutschen Kaisers oder der an der deutschen Kultur ausgerichtete Bürger des Habsburger Reiches identifizierte sich mit seinem Goethe in einem heute nicht mehr nachvollziehbaren Maße. Mit Goethe übernahmen Teile des kirchenkritischen Bürgertums die pantheistische Verehrung der Natur und den Schönheits- und Harmoniekult, der die weltanschaulichen Reformbewegungen um 1900 und insbesondere die Steiner'sche Anthroposophie charakterisieren sollte.

Die spätere Anthroposophie, in Deutschland bis heute die wirkungsmächtigste okkultistische Reformbewegung aus der Zeit der Jahrhundertwende, ist selbst das Produkt einer Abspaltung von einer größeren und weltweit aktiven Bewegung, die schon früher entstanden war und die veränderten religiösen Bedürfnisse im 19. Jahrhundert repräsentierte – der Theosophie. Die grundlegenden anthroposophischen Texte schrieb Steiner in seiner Zeit als aktiver Theosoph, und es erschien ihm später auch ausreichend, in seinen Texten das Wort theosophisch streichen und durch das Wort anthroposophisch ersetzen zu lassen. Die Anthroposophie wurde eine Erweiterung der Theosophie und blieb mit dieser historisch so eng verbunden wie etwa die Jung'sche Analytische Psychologie mit der klassischen Freud'schen Psychoanalyse. Die Theosophie selbst war wiederum eine Antwort auf den Spiritismus; gewissermaßen die intellektualisierte oder systematisierte Ausformung des Versuchs, das Jenseits zu greifen; sie war keine randständige Idee versprengter Spinner, sondern ein zutiefst ernsthaftes Anliegen – das müssen wir uns an dieser Stelle klarmachen.

Im Dezember 1877 nahm das bekannte Medium Henry Slade in Anwesenheit der Crème-de-la-crème der deutschen Wissenschaft in mehreren Sitzungen Kontakt mit dem Jenseits auf. Anwesend waren Karl Friedrich Zöllner, ein Astrophysiker von der Universität Leipzig, die Physiker William Edward Weber und Gustav Theodor Fechner, der Mathematiker Wilhelm Scheibner, der Psychologe Wilhelm Wundt. Slade führte verschiedene Beweisformen für die Existenz des Unsichtbaren vor: die willentliche Beeinflussung einer Kompassnadel ohne Magnet, Klopfgeräusche von Kaffeetischchen, Geisterschrift auf einer versiegelten Tafel und ein fliegendes

Messer. Die gelehrten Zeugen waren tief beeindruckt und beschlossen, über Wochen die Sitzungen zu begleiten und mit technischen Mitteln zu überprüfen. Zöllner berichtete im April 1878 in wissenschaftlichen Abhandlungen unter anderem über eine erfolgreiche Versuchsanordnung, bei der Slade eine fest verbundene Schnur von Geisterhand vierfach verknoten ließ. Die Zeitungsberichte über diese Versuche lösten ein Riesenecho aus. Trancesprechen und Hellsehen waren früher im 19. Jahrhundert als Aberglaube und Mystizismus geächtet worden. Die Experimente der renommierten Wissenschaftler öffneten wieder eine Tür zu dem verborgenen Raum, luden das Übersinnliche zur Rückkehr in die moderne Weltsicht ein.

Zwei Jahrzehnte später, um 1900 herum, war ganz Deutschland vom Okkultismusfieber angesteckt. Spiritisten, Theosophen, Astrologen, Psychologen, Graphologen, Geistheiler und Wahrsager versammelten sich in hunderten von okkulten Vereinen, Geschäften, Instituten, brachten Zeitschriften heraus, boten okkultistische Dienstleistungen feil.

Warum nur setzten plötzlich auch stocknüchterne Wissenschaftler aufs Tischerücken, Wahrsagen und Sprechen mit Toten, und warum wurde daraus ein Erfolg, mit dem nicht zuletzt Rudolf Steiners Wirken eng verbunden ist? Die Bedeutung der Experimente mit Medien, Wahrsagern, Materialisationen, Wünschelrutengängern ist, so die Historikerin Corinna Treitel, ein ganz charakteristisches Element eines Zeitalters, das einerseits von den modernen Wissenschaften und ihren experimentellen Methoden begeistert war, andererseits traurig wurde angesichts der Veränderungen des Lebens, die mit all den großen Fortschritten einhergingen.[4] Es war dies – nicht der letzte – Versuch, das Metaphysische vor der Verbannung ins Spekulative zu schützen. Es ging um den Status des Nichtmateriellen, um Gott und Seele in Zeiten der Eisenbahn. Zöllner und seine Kollegen hofften, auf empirischer Grundlage den Glauben an eine »vierte Dimension« retten zu können. Sie beabsichtigten eine Revision des zeitgenössischen »materialistischen« Denkens, wonach Wirklichkeit immer etwas Dingfestes zu sein hatte. Es war ein Kampf gegen diejenigen, die glaubten, jede Emotion und Wahrnehmung gehe ursächlich auf hirnphysiologische Vorgänge zurück. Dieser Wettbewerb konnte nur mit empirischen Mitteln gewonnen werden. Mit großer Sorgfalt und technischer Finesse versuchten deshalb etliche Wissenschaftler das Unfassbare zu fassen. Rudolf Steiner sollte sich später über die wissenschaftsgläubigen Versuchsanordnungen der Spiritisten lustig machen. Er und schon vor ihm die Theosophen würden das Vertrauen in eine naturwissenschaftliche Beweisführung für das Übersinnliche aufgeben und stattdessen auf die hermeneutische oder geisteswissenschaftliche Methode setzen. Deshalb wird Steiner später seine Erkenntnisse auch »Geisteswissenschaften« nennen.

Wenn vom Okkultismus des späten 19. Jahrhunderts die Rede ist, reiben wir uns heute verdutzt die Augen, weil wir uns selbst gerne einen viel aufgeklärteren und nüchterneren Blick zugutehalten. Dabei spielen auch Missverständnisse eine Rolle, zum Beispiel dass es sich damals um geheime Machenschaften dubioser Gesellen gehandelt hätte. Zwar verweist der Ausdruck Okkultismus auf eine Lehre im Verborgenen, aber tatsächlich war diese Strömung alles andere als versteckt, sondern vielmehr sehr öffentlich. Die überregionalen Zeitungen beschäftigten sich damit, und die Okkultisten selbst nutzten alle modernen Kommunikationsmittel, reisten zu großen Kongressen, verkauften ihre Dienstleistungen auf der Straße, füllten Vortragssäle, hielten sich eigene Bibliotheken und Buchhandlungen, gaben Zeitschriften heraus. Die für den Jenseitskontakt begabten Medien waren frühe Stars. Okkultismus war nicht nur ein Phänomen der deutschen Wissenschaftsszene, sondern eines des öffentlichen Diskurses und der modernen Konsumkultur. Hauptstädte dieser Bewegung waren Berlin und München, wo im Jahr 1923 angeblich mehr als zehntausend Privathaushalte spiritistische Sitzungen abhielten und wo okkulte Meister in Bierhallen, Bahnhöfen und Hotels auftraten.[5] Das Publikum beziehungsweise die Kundschaft beiderlei Geschlechts kam aus allen sozialen Schichten, bei den Akteuren selbst, den Medien, waren Damen aus dem Bürgertum sehr aktiv. Frauen gründeten oft ihre eigenen Interessengruppen und beschäftigten sich beispielsweise mit der Bedeutung der Astrologie für die Kindererziehung, für die Partnerwahl, die Gesundheit und das Frauenwahlrecht. Es gab sogar eine Verkopplung der ersten Frauenbewegung mit dem Okkultismus.

Ein wichtiger Name, der in die Geschichte des psychologischen Okkultismus, einem wesentlichen Versatzstück der Anthroposophie, gehört, ist Albert von Schrenck-Notzing, ein 1862 geborenen Arzt und Psychotherapeut, der mit Hypnose und Medien arbeitete. 1886 gründete er zusammen mit Carl du Prel die Psychische Gesellschaft in München. Seine Experimente waren weltweit hoch angesehen, 1889 trat er auf dem Internationalen Kongress der Physiologischen Psychologie auf und gründete gemeinsam mit dem amerikanischen Philosophen William James einen Arbeitskreis zur statistischen Erforschung von Halluzinationen.[6] Der Münchner Adelige war einer der Prominenten, die den Okkultismus nicht nur in München in den höchsten Kreisen salonfähig machte. Er entstammte einer der ältesten Familien der Stadt, dem Patriziergeschlecht der Schrenck von Notzing. Nach seinem Medizinstudium, das er 1888 beendet hatte, ließ er sich in München als praktischer Arzt nieder und wurde der erste moderne Psychotherapeut im süddeutschen Raum. Andere prominente Mitglieder der nationalen okkultistischen Szene waren Eliza von Moltke, die Generalsgattin, die Gräfin Caroline von Spreti, ja sogar die engsten Kreise um Kaiser Wilhelm II. waren infiziert, aber auch der Schriftsteller Karl May pflegte in seiner Villa in Radebeul spiritistische Sitzungen abzuhalten. Die Szene war international vernetzt, Italien, Österreich und die USA schickten ihre Medien nach Deutschland auf Tournee und umgekehrt.

Ein Missverständnis wäre es auch, den Okkultismus ganz außerhalb der seriösen Wissenschaften anzusiedeln. Er bot Antworten auf wichtige akademische Fragen wie die nach der Beziehung von Geist und Materie, von Körper, Geist und Seele, und diese Fragen beschäftigten Psychologen, Physiologen, Philosophen genauso wie Physiker und Biologen. Das Reizvolle an den spiritistischen Experimenten war für sie, dass sie ihre Begeisterung für streng wissenschaftliche Methoden, insbesondere das regelkonforme Experiment, mit den Untiefen menschlicher psychischer Erfahrung verbinden konnten.

Das Okkulte half dabei, Wissenschaft und Psyche miteinander ins Gespräch zu bringen und ermöglichte damit die um 1900 aufblühende psychologische Moderne.[7] Überall wohnten Respektpersonen wie Ärzte, Lehrer, aber auch Geschäftsleute und vor allem Künstler den spiritistischen Sitzungen bei, und der scheinbare Erfolg der Seancen überzeugte nicht wenige von der Tatsache übersinnlicher Realitäten. Die Erklärungen dafür fielen allerdings unterschiedlich aus: Während Skeptiker darauf beharrten, dass es für von Geisterhand bewegte Tische, für Botschaften durch automatisch schreibende Medien und Vorhersagen von Hellseherinnen und Kartenlegern immer eine natürliche Erklärung geben müsse, glaubte eine andere Fraktion an die Gegenwart von Geistern, die mit den Teilnehmern der Sitzungen kommunizierten. Eine dritte Partei sah darin das Wirken des menschlichen Unbewussten.[8]

Was auch immer wir von den jeweiligen Ausprägungen des Spiritismus heute halten, das weit verbreitete Interesse daran muss als ein alternativer Ansatz im Umgang mit der Moderne ernst genommen werden. Modern daran war, dass viele Okkultisten eine psychologische Lösung für die allfälligen Probleme suchten. Sie stellten das Subjekt in den Mittelpunkt ihrer Ansätze und sprachen ihm Fähigkeiten zu, die letztlich zu einer spirituellen Rettung der Welt beitragen würden. Auf diese Weise war der Okkultismus letztlich eine notwendige Entwicklung für die Psychologisierung des 20. Jahrhunderts. Er trug zum »Kult der Selbstentwicklung und individuellen Erfahrung« bei.[9]

Es wäre natürlich nicht korrekt, alle okkultistischen Strömungen im 19. und frühen 20. Jahrhundert über einen Kamm zu scheren. Unter Okkultes fiel, wie die Ethnologin Sabine Döring-Manteuffel gezeigt hat, um die Zeit der Jahrhundertwende alles, was mit Traum, Vision, Halluzination, Hypnose, Schlaf, Wahnsinn, Somnambulismus und Hellseherei, Prophetie, Geister, Seele, Jenseits, Zauberei, Handlesen, Kartenlegen oder Astrologie zu tun hatte. Ein Antiquariatskatalog einer Münchner Buchhandlung listete kurz vor dem Ersten Weltkrieg unter dem Titel *Okkultes* mehr als 1700 Titel auf. Das großstädtische Bürgertum, die Hauptzielgruppe, konnte sich aus einem umfänglichen Ratgeberangebot bedienen.[10] Bei aller Disparität gab es jedoch gemeinsame Ausgangshypothesen. Zunächst die Kritik an Kants Erkenntniskritik. Kant hatte behauptet, zuverlässiges Wissen sei nur über Objekte in der sinnlichen Welt möglich, über das transzendente Ding an sich werde man sich niemals objektiv verständigen können. Damit wollten sich die Okkultismusanhänger nicht zufriedengeben. Sie wollten unter anderem durch wissenschaftlich angeleitete Seancen das von der Aufklärung gestohlenen Gebiet des Übersinnlichen zurückerobern. Sie wollten beweisen, dass es mehr gibt zwischen Himmel und Erde als das, was die exakten Wissenschaften anzuerkennen bereit waren, mehr als schiere Materie.

Was das Mehr sein sollte, darüber gab es keinen Konsens. Für einen Teil der okkulten Szene waren die übersinnlichen Phänomene schon allein Beweis für die Existenz unsterblicher und für den Dialog mit den Lebenden bereiter Seelen, für die anderen bewiesen sie die Existenz eines Unbewussten. Dabei ging es um eine Neuverortung der Seele, die dem Zuständigkeitsbereich der Kirche entwachsen war. Die spirituelle Psychologie stand als eine neue Wissenschaft mit eigenen Konzepten, Methoden und professionell ausgebildeten Praktikern bereit, allerdings war noch nicht entschieden, ob sie sich mehr an philosophischen Fragen, an der Rolle des Individuums in der Welt oder an der Biologie des Gehirns, der Kognition und Wahrnehmung orientieren würde. Für kurze Zeit interessierten sich ganz unterschiedliche Ausprägungen der Psychologie für okkultistische Seancen. Sigmund Freud in Wien, der Entwicklungspsychologe G. Stanley Hall von der Clark University in Massachusetts, der Hypnoseexperte Hippolyte Bernheim in Nancy, der Psychoanalysevordenker Pierre Janet in Paris und C. G. Jung in Küsnacht waren fasziniert von Sitzungen mit Medien und versuchten auf ihre Art, die auftretenden Phänomene zu erklären.

Eine Gruppe von Münchner Psychologen errichtete auf ihren Erfahrungen mit Medien die »Transzendentalpsychologie«. Sie baute auf Carl du Prels Verständnis auf, wonach das menschliche Bewusstsein sowohl eine wache Seite in der taghellen Wirklichkeit habe als auch eine Nachtseite, die sich im Traum, in der Trance, in Hellsichtigkeit und Telepathie manifestiere.[11]

Der Philosoph und Schriftsteller Freiherr du Prel, geboren 1839 in Landshut in Niederbayern, war nicht nur für die heute als Parapsychologie bezeichnete Richtung maßgeblich. Er machte das menschliche Unbewusste zum Objekt wissenschaftlicher Untersuchung und arbeitete damit gleichzeitig am »Welträtsel« der Herkunft, Natur und Bedeutung menschlicher Existenz. Du Prel suchte nach neuen Wissensformen, die aus einer Vereinigung von Religion und Wissenschaft, Metaphysik und Naturwissenschaften resultieren sollten. Damit beackerte er dasselbe Gebiet wie die Theosophie und Rudolf Steiners Anthroposophie. Du Prels Einfluss reichte tief in die zeitgenössische Kultur hinein. Er inspirierte zum Beispiel die Schriftsteller Rainer Maria Rilke, Alfred Döblin und Thomas Mann, Michael Georg Conrad, Lou Andreas-Salomé, Henrik Ibsen oder Émile Zola. Ein weiterer bekannter Anhänger sowohl du Prels auch als später Rudolf Steiners war Wassily Kandinsky. In seiner berühmten kunsttheoretischen Schrift *Über das Geistige in der Kunst* aus dem Jahr 1911, die als Schlüsseltext der modernen Kunst gilt, konstatierte er, dass immer mehr Menschen wie er selbst an die Dinge zu glauben bereit seien, die sie noch bis vor kurzem als Schwindel bezeichnet hätten. Mit Beginn des deutschen Modernismus werde nicht nur ein neues spirituelles Zeitalter heraufziehen. Man habe nun auch die Erklärung dafür gefunden, warum Kunstwerke nicht allein als Produkte rationaler Willensanstrengung entstünden, sondern auch als Niederschlag unbewusster Quellen. Die Idee eines klingenden Kosmos, übernommen von der Theosophie, begründete bei Kandinsky die Vorstellung eines Mediums, das Künstlerseelen empfangen und auf Leinwand bannen könnte.

Um den Aufbau des geistigen Lebens zu veranschaulichen, wählte Kandinsky die Form eines Dreiecks, an dessen Spitze wenige Menschen stünden, die ganz neue Wege zu gehen bereit seien. Zu ihnen zählten die Theosophen. Außerdem behauptete Kandinsky eine direkte Einwirkung der Farbe auf die menschliche Seele. Die Farbenharmonie beruhe auf dem Prinzip der »zweckmäßigen Berührung der menschlichen Seele«. Im Kapitel »Formen- und Farbensprache« erklärte er, Form beeinflusse Farbe. Eine Form habe immer den ihr eigenen Charakter. Dagegen verändere eine Farbe ihren Charakter, je nachdem, welche Form sie ausfülle; zum Beispiel verstärke sich der Charakter einer »spitzen Farbe« wie Gelb in der spitzen Form eines Dreiecks. Auf solche Gedanken stoßen wir auch in Rudolf Steiners künstlerischem Werk. Nicht nur für ihn, auch für viele seiner Zeitgenossen lagen sie auf der Hand. Kandinskys Manifest wurde innerhalb eines Jahres dreimal neu aufgelegt.

Die Wissenschaften, die Kunst, aber auch andere Akteure, die nach Bewältigungsstrategien für die Zeitprobleme suchten, waren am Okkultismus interessiert. Die Ausstrahlungskraft dieser Bewegung war Ausdruck der Ambivalenz vieler Deutscher in ihrem Verhältnis zum modernen Leben, aber auch ganz konkreter materieller Sorgen besonders während des Ersten Weltkriegs. So gab es die Strategien der Kulturprotestanten, die versuchten, scheinbare Widersprüche der christlichen Tradition und der modernen wissenschaftlichen Kultur unter einen Hut zu bringen. Die berühmtesten Namen in diesem Kontext waren der Philosoph Ernst Troeltsch, der Theologe Adolf Harnack und der Soziologe Max Weber. Politiker wie Adolf Damaschke und Gertrud Bäumer oder Ökonomen wie Werner Sombart bemühten sich um einen Ausgleich der Folgen der Moderne auf die soziale Frage, Zivilisationskritiker wie der Politiker und Industrielle Walter Rathenau oder der Philosoph Ludwig Klages wiesen auf die Gefahren des modernen Industriekapitalismus und des technischen Fortschritts für Mensch und Umwelt hin. Ziel ihrer ganz unterschiedlichen Ansätze war es, den Menschen zu helfen, sich an die Moderne zu gewöhnen. Die Methoden reichten vom Vegetarismus bis zum Horoskop. Überzeugungen und Anhängerschaften überschnitten sich, okkultistische Zirkel richteten sich an dieselbe überwiegend bildungsbürgerliche Zielgruppe und verbanden Themen wie Vegetarismus, Selbstentfaltung, Weltfrieden und Naturanbetung.

Eine gemeinsame Grundannahme der esoterischen Szene war nicht nur der Glaube an höhere Wesen, an Geister und Bewohner anderer, unsichtbarer Welten, die unter bestimmten Bedingungen sichtbar würden und zwischen den Menschen und dem Übersinnlichen vermittelten. Man glaubte auch an ein dem Universum zugrundeliegendes einheitliches Prinzip. Es galt, dieses zu erkennen, und die Menschheit wäre am Ziel. Diese Art zu denken, an die Steiners Anthroposophie nahtlos anknüpfen wird, war offensichtlich eine Reaktion auf die von den sich ausdifferenzierenden Wissenschaften erzeugte neue Unübersichtlichkeit mit immer spezielleren und für die Laien nicht mehr nachvollziehbaren kleinteiligen Erkenntnissen. Der Wissensgesellschaft des 19. Jahrhunderts war der allumfassende Erklärungsansatz verlorengegangen, die Okkultisten und Esoteriker belebten ihn aufs Neue mit so bildhaften und eingängigen Vorstellungen wie dem alten »Äther« oder dem »Astralleib«, in dem sowohl religiöse als auch naturwissenschaftliche Vorstellungen mitschwangen. Das gemeinsame Projekt war eine historische Verlängerung des naturphilosophischen Verständnisses der »Weltseele« in das späte 19. Jahrhundert. Die Weltseele beruhte auf der Vorstellung einer Analogie zwischen der Gesamtheit des Kosmos und dem einzelnen Lebewesen, speziell dem Menschen. Mensch und Universum wären demzufolge nach demselben Prinzip strukturiert. Verbindendes Element sei die Seele beziehungsweise der Äther oder irgendein Fluidum, das allen Lebewesen eigen sei. Eine Ausformung dieser Idee war der Neuplatonismus, der die Weltseele als ein Strukturelement der geistigen Welt identifizierte. Plotin, der Begründer der neuplatonischen Tradition, erklärte die Weltseele zu einer göttlichen Konstanten, an der sich die Einzelseelen der Menschen ausrichteten.

Das gemeinsame Grundprinzip Weltseele oder Äther war für den Okkultismus und später auch für die Anthroposophie deshalb wichtig, weil so ein Zusammenhang geschaffen wurde für die Selbstkultivierungstechniken und die Suche nach dem großen Sinn. Durch den Äther oder das Astrallicht (oder wie auch immer man diese Materie/Energie nannte) war der Mensch mit dem Universum verbunden, und zwar nicht nur auf geistige oder spirituelle, sondern auch auf körperliche Weise. Die ominöse Energie oder Materie war das gemeinsame Medium zwischen Individuum und Kosmos, das es überhaupt ermöglichte, einerseits mit den Geistern und der übersinnlichen Welt im Allgemeinen in Verbindung zu treten und andererseits im Individuum selbstheilende Impulse zu setzen. »Man kann sich damit aufladen, es speichern und konzentrieren beziehungsweise sein Strömen in verschiedenen Richtungen dirigieren und ausstrahlen. Auf dem Wirken des Fluidums beruhen Kontemplation und Trance und Ekstasezustände und die so genannten okkulten Kräfte, wie Gedankenlesen, Präkognition, Telemetrie.«[12] Darin lag der Weg des praktischen Okkultismus für die Zeitgenossen: Das gemeinsame Medium wahrzunehmen und zu aktivieren zum Zwecke der Vereinigung der Seele mit dem Kosmos.

Für diesen Weg brauchte es Experten. Früher im 19. Jahrhundert waren das Einzelne gewesen, Heilkundige, Hypnotiseure, Seher, doch im späten 19. und frühen 20. Jahrhundert demokratisierte sich der Zugang zum Okkulten, die Zirkel wurden zu Bewegungen und Laien zu Experten.

Spiritismus wurde zur religiösen Massenbewegung. Und Rudolf Steiner einer der Führer auf dem Pfad der Erleuchtung, dessen besondere Qualität nicht in seiner Originalität, sondern in der Anschlussfähigkeit seiner Lehre an die modernen Bedürfnisse der Menschen bestand – und bis heute besteht.

Der Religionswissenschaftler Karl Baier hat sich mit den Grundlagen des Spiritismus genauer beschäftigt. Danach lässt sich, wie das auch für die Anthroposophie grundlegend sein wird, folgendes gemeinsame Menschenbild freilegen: Der Mensch sei von drei Dimensionen definiert, seinem äußeren Körper, einem ätherischen Lichtkörper und dem Geist. Das alte Bild der menschlichen Seele als einem göttlichen Funken konnte in dieser Vorstellung weiterleben. Der Äther wäre dabei das verbindende Element zwischen Leib und Geist. Besondere Aufmerksamkeit galt, wie auch in Steiners Anthroposophie, den »inneren Körpern«. Während die aufblühende Sportkultur des späten 19. Jahrhunderts mit allen möglichen physischen Übungssystemen wie Turnen oder Fußball mit dem äußeren Körper beschäftigt war, richteten die Okkultisten das Augenmerk auf den unsichtbaren Körper. Sie sahen darin nicht nur einen Quell körperlicher, psychischer und spiritueller Gesundheit, sondern sie glaubten gleichzeitig, dass sich das allumfassende Prinzip in ihm manifestiere. Steiner wird in Rückgriff auf die Theosophie und antike Körperkonzepte zum Beispiel vom unsichtbaren Ätherleib und Astralleib reden, die einerseits Sitz der Seele, andererseits Medium für die makrokosmischen Gesetzmäßigkeiten seien. Krankheiten wären demnach Manifestationen eines nur mit geistigen Mitteln zugänglichen Störungsfelds im Bereich des unsichtbaren, den Leib wie Hüllen umgebenden Körpers. Sichtbar wurde die göttliche oder allumfassende Essenz auch in der Körperästhetik, die man in der anmutigen Bewegung, in der künstlerischen Ausdrucksfähigkeit wie Stimmbildung, Pantomime und Schauspielkunst oder in Yoga und Meditationstechniken entdeckte und kultivierte. Mit entsprechendem Training gelänge es, sich mit der Natur und dem Göttlichen körperlich zu vereinigen. Revolutionäre Neuerungen im Tanz verbanden sich mit Okkultismus.[13] Eine Mischung, für die bekanntlich auch das Programm der Anthroposophie steht, insbesondere mit der Bewegungslehre Eurythmie, die bis heute Pflichtfach in allen Waldorfschulen ist. Ähnlich wie in Kandinskys Vorstellung im künstlerischen Ausdruck eine spirituelle Wahrheit lag, so bewegte die zeitgenössische Tanzphilosophie die Idee, eine einfache Bewegung könne mehr ausdrücken als hundert Seiten Text. Denn in jeder Geste walte ganz unmittelbar der kosmische Geist. Im Veranstaltungsprogramm der berühmten lebensreformerischen Künstlerkolonie Monte Verità am Lago Maggiore zum Beispiel gehörten tänzerische Bewegungsformen zum festen Programm: »Es beginnt abends, während die Sonne langsam hinter den Bergkuppen am Lago Maggiore versinkt, mit einem ›Weihespiel‹ unter dem Titel ›Die sinkende Sonne‹ ... Daran anschließend, um 23 Uhr, hebt ein ›pantomimisches Tanzspiel‹ über die ›Dämonen der Nacht‹ an, als dessen gespenstischer Höhepunkt die Tänzerinnen und Tänzer der Laban-Schule zwischen den Bäumen des nächtlichen Monte Verità einen feierlichen Fackelreigen schreiten. Die mystischen Aktivitäten, zu denen sich auch recht weltliche Lustbarkreiten am Lagerfeuer gesellen, dauerten die ganz Nacht an, und um sechs Uhr morgens wird der Sonnenaufgang über den Alpen mit dem festlichen Spiel ›Die siegende Sonne‹ begrüßt.«[14]

Eine der vielen Teilnehmerinnen dieser künstlerischen Selbsterfahrungshappenings war Käthe Kruse, die Erfinderin der gleichnamigen Puppe. Ihr Beispiel wirft ein Schlaglicht auf die persönlichen Erfahrungen, die in der okkultistischen Bewegung gemacht werden konnten. Kruses Liebhaber und späterer Mann Max Kruse, ein bedeutender Berliner Bildhauer, hatte die ihn mit unehelichen Geburten kompromittierende Gefährtin in die alternative Schweizer Enklave verbannt, wo sie in einer kostengünstigen, aber unbeheizbaren »Lufthütte« leben sollte. Regelmäßig bot sie ihren Gastgebern und Mitbewohnern durch improvisierten Tanz einen Einblick in ihr Innenleben. »Sie versuchte sich ganz auf sich selbst zu konzentrieren, ganz tief in sich hineinzuhören. Sie wollte ankommen, sie wollte ganz bei sich sein, die Konflikte, die Angst, die Tränen, das alles lag hinter ihr, sie würde in Gedanken bei Max sein, wenn sie tanzte. Sie würde ihm zeigen, wie ruhig sie geworden war, wie sicher. Vorsichtig schob sie den nackten Fuß nach vorne über den rauen Fußboden hinweg, atmete tief ein, hob die Schultern an, ließ die Arme nach vorne gleiten und teilte den schweren dunklen Vorhang. Schnell glitt sie mit geschlossenen Augen hindurch, lief ein paar schwerelose Schritte in die Mitte des Raumes und kauerte sich mit gesenktem Kopf auf den Boden, die Arme fest um den Oberkörper geschlungen.«[15] Hintergedanke war eine

Art Bewegungsoffenbarung, denn genauso wie das »automatische« Schreiben, die Trance oder der künstlerische Farbstrich eine willensunabhängige heilsame Erkenntnisquelle zutage treten lassen würde, genauso schien beim Tanz die befreiende Kraft einer unabhängig von Willen und Bewusstsein wirkenden Macht zu walten.

## Steiners Flaschengeister

Die wichtigste okkultistische Bewegung, mit der Rudolf Steiner frühzeitig in seinen Wiener Jahren in Berührung kam und die ihn auf seinem eigenen Weg zu einer okkultistischen Karriere führte, war die Theosophie. Im Kontext der kulturellen Erneuerung durch okkulte Reformbewegungen aller Art kam ihr eine zentrale Stellung im 19. Jahrhundert zu. Theosophie war ein demokratisierter, sozusagen konsensfähiger Spiritismus. Sie war an der sozialen Verbreitung derjenigen Zielgruppe beteiligt, die das Jenseits trotz des angeblichen Sieges der naturwissenschaftlichen Weltsicht nicht aufgeben wollten. Dabei setzte die Theosophie nicht mehr auf Medien und deren Unterbewusstes, sondern auf die Förderung der Intuition und Hellsichtigkeit jedes einzelnen Individuums.

Das Wort Theosophie ist griechischen Ursprungs und bedeutet göttliche Weisheit. Es will hinweisen auf eine zeitlose Wahrheit, die durch die Jahrtausende hinweg der Menschheit erhalten geblieben sei, weitergereicht von reinkarnierten Weltenführern wie Buddha, Christus oder Krishnamurthi. Theosophie versteht sich als Synthese aller großen Religionen, sozusagen als deren Quintessenz, und sie erhebt den Anspruch, von jedem Menschen intuitiv verstanden werden zu können. Die Grundlage der theosophischen »Bruderschaft« bildet, wie bei allen Okkultisten, die Annahme einer Einheit, die alle Menschen miteinander verbinde. Ihr Ziel hat sich seit der Zeit der vereinsmäßigen Gründungen in Deutschland in den

1880er Jahren nicht wesentlich verändert. Sie will den Kern einer »geistigen Bruderschaft« bilden, die über alle Grenzen der Nationalität, der Ethnie, des Glaubensbekenntnisses und des Geschlechts hinausreiche, sie will zum vergleichenden Studium der Religionen, Philosophie und der Wissenschaften anregen (in den älteren Programmen hieß das noch: Studium der arischen und anderer orientalischer Literaturen), und sie will »noch ungeklärte Naturgesetze und die naturgemäße Entfaltung und Pflege der im Menschen noch schlummernden Geisteskräfte zum Wohle aller Wesen fördern«[16].

Hinter der theosophischen Weltanschauung steckt ein universaler Erklärungsanspruch. Sie bietet Einsicht in die Natur des Menschen, die Ursachen seines Schicksals, Überblick über Sinn und Ziel seiner Inkarnationen und seine Beziehung zum Kosmos. Anfangs noch in kleinen, freimaurerartigen Zirkeln aktiv, bot die organisierte Theosophie mit der Zeit einer wachsenden Zahl von Interessenten eine systematische Einweihung. Die für Rudolf Steiner maßgebliche Ausrichtung, die sogenannte Adyar-Theosophie, benannt nach einem spiritistischen Zentrum in Indien, wurde 1875 in New York ins Leben gerufen.

Gründungsfiguren waren die in der Ukraine geborene Helena Petrowna Blavatsky und der amerikanische Publizist Henry Steel Olcott. Um das Leben Blavatskys ranken sich, wie sich das für Okkultisten gehört, die buntesten Geschichten. Als entsprungene Ehefrau eines 23 Jahre älteren armenischen Vizegouverneurs soll sie mit Drogen experimentiert, aufseiten der Truppen Garibaldis in Italien gekämpft und die halbe Welt bereist haben, um hier und da ein bisschen Buddhismus, ein bisschen Freimaurerei und ein bisschen Spiritismus zusammenzuklauben. Olcott war ein aus einem presbyterianischen Pfarrhaus stammender Offizier, Anwalt und Agrarfachmann. Die beiden lernten sich bei spiritistischen Sitzungen kennen, die in den USA schon Mitte des 19. Jahrhunderts zum Massenphänomen geworden waren. Nach 1874 hatten Blavatsky und Olcott jedoch von den Versuchen Abstand genommen, in kontrollierten Experimenten Kontakt zum Jenseits aufzunehmen, was Blavatsky nicht abhielt, immer wieder ihre seherischen Kräfte zu testen. So »fand« sie ganz nebenbei verschwundene Geschirrserviceteile oder verlorene Broschen wieder. Mit der Gründung einer Gesellschaft für okkulte Recherchen favorisierten sie nun den Jenseitszugang über schriftliche Quellen religionsgeschichtlicher Traditionen.

Mit nicht minder wissenschaftlichem Anspruch wie zuvor bei den spiritistischen Experimenten ging man daran, sich mittels echtem oder erfundenem »altem Wissen« über das Göttliche zu verständigen. Blavatsky selbst war Medium und »schaute« Teile ihres einflussreichen Werkes, unter anderem die Abhandlungen *Isis entschleiert* und *Geheimlehre*. Darin versuchte sie, moderne Wissenschaft und okkulte Tradition zu verquicken. Informationsquelle dafür sei für sie das Astrallicht gewesen. Obwohl alsbald die weit irdischere, nämlich zusammengeklaute Herkunft ihrer Texte nachgewiesen wurde, konnte das ihrem Nimbus nichts anhaben, genauso wenig wie wiederholte Betrugsvorwürfe, zum Beispiel als die Seherin bei einer Handmaterialisation mit einem ausgestopften Handschuh erwischt worden war. Olcott und sie flohen daraufhin aus Indien, wohin es die beiden nach ihrer Konversion zum Buddhismus verschlagen hatte. Bis zum Höhepunkt ihres Schaffens sollte es immer wieder zu spektakulären Betrugsprozessen kommen. Trotzdem wurde ihr Werk zur Grundlage der Steiner'schen Anthroposophie, und nicht nur das: Teile daraus, in denen es um die Hierarchie der »Rassen« ging, wurden sowohl von völkischen Kreisen als auch von Esoterikern rezipiert. Von Blavatsky ging die Renaissance des platonischen Atlantismythos aus, einer Ursprungsgeschichte der Menschheit, die Steiner ebenfalls erzählen sollte.

In der Theosophie und Anthroposophie wurden die »Atlantier« als Repräsentanten einer von sieben Menschheitsepochen angesehen. Vor allem für die stärker völkischen und die nationalsozialistischen Esoteriker war Atlantis ein wichtiger historischer Ort, nach dessen Untergang sich eine »arische« Elite unter den Völkern herausgebildet habe. Die Internationale Theosophische Gesellschaft kündete durch das Medium Blavatsky von einer Gemeinschaft hoch entwickelter Wesen, die als Mahatmas oder Meister galten und die sich als große weiße Brüderschaft verstanden. Ihr Auftrag war die spirituelle Aufklärung der Menschheit. Als Beweisgrundlage diente ihnen gleich eine Reihung von Mythen: Atlantis, Artussage, Heiliger Gral und Doktor Faustus.

Die theosophischen Lehren waren trotzdem, für uns heute überraschend, extrem anschlussfähig für alle möglichen Richtungen wie die erste Frauenbewegung, die Friedensbewegung, die Kleiderreform, Gefängnisreform, die Anti-Tierversuch-Bewegung, den Vegetarismus oder den Sozialismus. Der politische Facettenreichtum dieser Bewegung zeigte sich auch daran, dass sie so unterschiedliche Figuren anzog wie Kurt Eisner, den ersten sozialdemokratischen Ministerpräsidenten von Bayern und den antisemitischen Philosophen Paul de Lagarde sowie zahlreiche Liberale, darunter nicht wenige Juden. Diese Anschlussfähigkeit lag in ihrem universalistischen Anspruch begründet, der freilich in Deutschland und anderswo durch den Nationalismus zeitweilig überdeckt wurde. Denn auch Theosophen wollten ihren gemischten Gefühlen gegenüber modernen Zeiterscheinungen und gegenüber anderen, angeblich minderen »Rassen« oder Nationen freien Lauf lassen. In Deutschland endete die internationale Brüderlichkeit der Theosophen mit dem Ersten Weltkrieg.

Die Grundidee der Theosophie war eine Synthese verschiedener religiöser Traditionen, was besonders Menschen anzog, die ihre religiösen Bezüge nicht kappen, geschweige denn durch eine Konversion ändern wollten, die sich aber auch nicht mehr allein von ihrer Tradition getragen fühlten. Es war eine Möglichkeit, seiner Herkunft treu zu bleiben, weil man sich nicht allzu stark an neue und inkompatible Dogmen oder Vorschriften binden musste. Das passte gut in eine Zeit, in der ein in der Tradition verwurzeltes Leben als hinderlich betrachtet werden konnte.

Das Besondere, das die Theosophie im westlichen Gewand ausmachte, war aber die Betonung des Individuums. Durch die Schulung der eigenen spirituellen Entwicklung, durch das vertiefte Verständnis des transzendentalen Charakters der Natur und der Menschen sollte eine gesellschaftliche Erneuerung erreicht werden.[17] Um den Ersten Weltkrieg herum führte die gesamtgesellschaftliche Zeiterscheinung der Individualisierung auch in der Theosophie zu einer besonderen individualistischen Ausprägung. Immer mehr Menschen zogen Werte wie Selbstentfaltung, Selbstständigkeit und Privatheit einem Leben auf der Basis traditioneller Bindungen und Konventionen vor. Selbst entscheiden können, ein ausgefülltes Leben führen, selbst gesteckte Ziele anstreben, nicht die Vorgaben einer Familientradition erfüllen müssen, das Leben genießen – kurz, das eigene Lebensglück suchen, das alles wurde in einem langen historischen Prozess, der bereits viel früher eingesetzt hatte, aber um 1900 einen Höhepunkt fand, immer wichtiger und führte dazu, dass entsprechende Kulturtechniken der Innenschau und der Selbstreflexion, angefangen von der Psychotherapie bis hin zu weltanschaulichen Selbstverbesserungspraktiken wie Diäthalten, Sport oder Tagebuchschreiben, Konjunktur bekamen. Die Idee der »Pflege des eigenen Selbst« legte es nahe, auch die eigenen »okkulten« Kräfte zu stärken. In diese Marktlücke sprang die Theosophie.

Der individualistische Ansatz hat sich bis heute gehalten. Immer noch verspricht das theosophische Programm Denkanstöße, die helfen sollen, den individuellen Weg spiritueller Entfaltung und Bewusstseinserweiterung zum Wohl des Ganzen zu finden. Dogmen waren streng verpönt, was Macht- und Meinungskämpfe unter den theosophischen Führern allerdings nicht verhinderte, wie die folgenschwere Abspaltung der Steiner'schen Anthroposophie dokumentieren wird.

Als ein deutscher Vertreter dieser individualisierten Sinnsuche durch Theosophie und als wichtiger Impulsgeber für Rudolf Steiner wurde Franz Hartmann bekannt. Geboren 1838 in Donauwörth hatte auch er im Kindesalter ein Erweckungserlebnis. Nach dem Abitur meldete er sich freiwillig in die bayerische Armee, danach studierte er Medizin und ging im Jahr 1865 als Schiffsarzt nach Amerika, wo er sein persönliches Glück zuerst bei verschiedenen christlichen Sekten suchte, dann im Zusammenleben mit einem Rabbiner und dessen Familie, später bei verschiedenen indianischen Stämmen, um endlich beim amerikanischen Spiritualismus zu landen, der ihm die Augen öffnete und den Kontakt mit den Seelen von Toten ermöglichte. Nicht einmal der Reinfall mit einem Wahrsager, der ihm einen Goldfund prophezeite, wo keiner war, hielt ihn vom Kontakt mit dem Jenseits ab. Seine subjektiven Erfahrungen wogen für ihn stärker als der objektive Blick seiner wissenschaftlichen Ausbildung. Schließlich brachte ihm die Bekanntschaft mit Olcott und Blavatsky die erhoffte Erleuchtung. Nach mehreren fehlgeschlagenen Versuchen gründete er im Jahr 1897 in Leipzig die Theosophische Gesellschaft in Deutschland, die bis heute existiert. Mit Vorträgen über Persönlichkeitsentwicklung, über die Barrieren der Selbsterkenntnis und die Kunst des Lebens war Hartmanns theosophische Ausrichtung ein Vorgriff auf die Psychologisierung im 20. Jahrhundert. Sie vereinigte kommerzielle Unternehmungen, die mit Werbebroschüren für Angebote in den Bereichen Astrologie, Handlesen, Graphologie und Traumdeutung sowie für das »Erkenne-Dich-Selbst«-Trainingsprogramm warben. Die Theosophie, so argumentiert Corinna Treitel, konnte sich auf diese Art perfekt an die modernen Zeiten anpassen.[18] Auf der anderen Seite bedienten sich auch völkische Gruppen bei der Theosophie, jedoch ohne die individualistische Komponente ernst zu nehmen. Sie konnten vor allem von den Konzepten einer idealisierten Vergangenheit sowie dem hierarchischen Werden und Vergehen von »Rassen« und Nationen zehren.

Bei aller kritischen Distanz zu den Auswüchsen, den obskuranten Methoden, den hierarchischen Organisations- und Führungsstrukturen auf Grundlage von Initiation und Führung durch »Meister« ist festzuhalten, dass die Theosophie ein modernes Hauptthema erfolgreich besetzen konnte: die individuelle Gesundheit in spiritueller und physischer Hinsicht. Der Nationalsozialismus würde in diesen okkulten Kräften eine Bedrohung sehen. Historiker vermuten, er befürchtete eine Konkurrenz bei der Manipulation der Bevölkerung.[19] Aber es ist auch wahrscheinlich, dass die Betonung der persönlichen Sinnsuche der kollektivistischen Ideologie des Nationalsozialismus im Wege stand. Es gab einzelne Anhänger unter den Naziprominenten wie Hess und Himmler, aber die Feindschaft des Regimes insgesamt gegen den Okkultismus war größer. Entsprechende Aktivitäten konnten mit Gefängnis, Konzentrationslager oder Ermordung enden wie im Fall des Bühnenhypnotiseurs Knut Hanussen. So bleibt bei der Bewertung der okkultistischen Bewegung eine ambivalente Bilanz: Viele Menschen wandten sich am Ende des 19. Jahrhunderts dem Okkultismus zu, um im Umgang mit der Moderne ihre mentalen Kräfte zu trainieren. Sie wollten ein oft als kalt, materialistisch und bedeutungslos empfundenes Universum, in das sie die wissenschaftliche Weltsicht befördert hatte, symbolisch aufladen. Gleichzeitig hatten die Zeitgenossen das Gefühl, durch die Belebung ihrer okkulten oder psychischen Ressourcen ihr eigenes Leben verbessern zu können. In Deutschland und in vielen anderen Ländern versprachen der Spiritismus und die daraus hervorgegangene Theosophie Trost angesichts der scheinbaren Deutungsmacht des rationalen Blickes auf die großen Lebensfragen. Die rettende Idee war, dass sich jedermann individuell ein Verfahren zulege, um die Seele eines verstorbenen Angehörigen zu treffen, die innere künstlerische Stimme zu wecken, das eigene Unbewusste zu erforschen, einen vom Schicksal bestimmten Partner zu finden oder seine wahre Identität zu entdecken.

Außerdem half der Okkultismus über die ernüchternde Erkenntnis hinweg, dass jedes Wissen zeitlich begrenzt und schon morgen überholt sein könnte. Dagegen stellte besonders die Theosophie, und mit ihr Steiners Anthroposophie, Wahrheiten, die alle Menschen vereinen und sie mit den Ursprüngen der Welt verbinden sollten. Dieser Traum besaß so große Anziehungskraft, dass weder skeptische Wissenschaftler, protestierende Kirchenleute noch Staatsanwälte, die regelmäßig den Schiedsrichter spielten bei der Unterscheidung von Heilsversprechen und Hokuspokus, gegen diese Strömung eine Chance hatten. Für Rudolf Steiner war das Versprechen eines alles verbindenden, unsichtbaren Glücksquells nicht nur Fluchtpunkt des eigenen Unbehagens in der Kultur, sondern auch Geschäftsgrundlage seiner Karriere als okkultistischer Prophet. Am Ende seines Lebens, als er seine Leistung in seiner Autobiographie bilanzierte, wird er den gesamtgesellschaftlichen Trend allerdings unterschlagen. Die okkultistische Geisteslandschaft wird ihm nicht einmal als Folie dienen, vor der er die eigene Leistung hätte positionieren können. Als radikaler Individualist, der er nun einmal war, wird der Seher die Augen vor den kulturellen und historischen Einflusskräften, die ihn an seine Position gebracht haben, verschließen – und seine treuen Anhänger tun es ihm bis heute gleich.

## Anna in Weimar

Als Rudolf Steiner im Herbst 1890 für sieben Jahre nach Weimar zog, war er 29 Jahre alt. Auf Vermittlung seines Mentors Karl Julius Schröer, seines Germanistikprofessors an der Technischen Universität Wien, war er in eine Arbeitsgruppe berufen worden, die im Auftrag der Großherzogin Sophie von Sachsen an der ersten kritischen Goethegesamtausgabe, der sogenannten Sophienausgabe, arbeiten sollte. Er überzeugte den Direktor des Goethe- und Schillerarchivs, Bernhard Suphan, davon, dass er trotz seines jugendlichen Alters und seiner schwer nachweisbaren Expertise der geeignete Mann dafür sei, die naturwissenschaftlichen Schriften Goethes herauszugeben und zu kommentieren. Neben der Arbeit an der Sophienausgabe verfasste Steiner in jenen Jahren eine Studie über die *Grundlinien einer Erkenntnistheorie der Goetheschen Weltanschauung* (1886) sowie eine Reihe von Artikeln zu Goethe. 1897 erschien sein Buch *Goethes Weltanschauung.* In dieser insgesamt über 15 Jahre andauernden Auseinandersetzung mit dem klassischen Heroen stellte Steiner auch wichtige Weichen für seine Anthroposophie.

Im ersten Sommer in Weimar war er wie entrückt. Die Stadt war ruhig, und er konnte sich ganz den Originaltexten seines verehrten Meisters hingeben. Er war beeindruckt vom deutschen Geistesleben, wie es sich hier in freilich nicht mehr ganz zeitgemäßer Gestalt zeigte, besuchte die üblichen bildungsbürgerlichen Pilgerstätten wie das Doppelstandbild für Goethe und Schiller, das Goethe'sche Gartenhaus, die Schlossanlagen von Tiefurt, Belvedere und Ettersburg sowie das Lutherzimmer in der nahe gelegenen Wartburg. Als Bearbeiter von Goethetexten in Weimar geriet er geradezu ins Auge des Orkans spätbürgerlicher Goetheverehrung. »Ich gestehe Dir, es ist ein Gefühl ganz eigener Art, wenn man auf dem Boden Weimars herumwandelt. Es ist, als ob sich plötzlich alles, was wir über die größten Geister unserer Nation gedacht und gefühlt, tiefer empfänden. Als ich Goethes Gartenhaus betrat, mit seiner lieblichen Umgebung, als ich Tiefurts Anlagen und sein einziges Schlösschen durchwanderte, weiters da ich Belvedere, Ettersburg und so vieles andere kennenlernte, da war mir, als ob ein ganz frischer Hauch durch jenes Gebiet meiner Seele zöge, wo die Goethe- und Schillergedanken wohnen«, schrieb er einem Freund nach Wien.[20]

Goethe wurde Steiners intellektueller Fixstern. Das Problem, das ihn aktuell beschäftigte, in welchem Verhältnis die menschliche Erkenntnis zur sinnlichen Welt stehe, schien ihm bei Goethe in seinem Sinne beantwortet: Die Seele schöpfe nicht direkt aus der realen Welt, sondern über den Umweg des entfalteten Bewusstseins. Es gebe ein »sinnlichkeitsfreies Denken«, mit dem die Seele direkt den geistigen Kern, die Essenz der Welt, verstehen könne. Dadurch sei eine bewusste, wirklichkeitsabbildende Erkenntnis möglich. Mit dieser Meinung stand Steiner mit Goethe im Widerspruch zu denjenigen Philosophen, allen voran Kant, die eine unvermittelte Erkenntnis der Wirklichkeit für unmöglich hielten. Für Steiner wie für Goethe hatte das »Reden von Erkenntnisgrenzen … keinen Sinn«. Erkennen war für ihn das Widerfinden der durch die Seele erlebten Geistesinhalte in der wahrgenommenen Welt. »Wenn jemand von Erkenntnisgrenzen sprach, so sah ich darinnen das Zugeständnis, dass er die wahre Wirklichkeit nicht geistig in sich erleben und sie deshalb auch in der wahrgenommenen Welt nicht wieder finden könne.« Von demselben Erkenntnisproblem sollte dann auch Steiners Doktorarbeit handeln, die er während seiner Weimarer Zeit schrieb. Kurz gesagt, verortete Steiner darin die wahre Wirklichkeit im Inneren des Menschen und nicht im Außen. Die Beobachtung der Welt mit den Sinnesorganen sei nur eine Vorstufe der Erkenntnis. Ihr Ergebnis eine Illusion. Erst durch die Hinzunahme des »sinnlichkeitsfremden Denkens« in der Erkenntnis treffe der Mensch auf den wahren Geist der Welt. »Ich wollte zum Ausdrucke bringen, dass die Natur in Wahrheit geistig ist.«[21] Damit griff Steiner auf Goethes Vorstellung zurück, wonach jede Naturerscheinung eine übersinnliche Dimension, eine Urform, habe, die sich dem Betrachter nur durch geistige Teilnahme erschließe. Dem gewöhnlichen Naturwissenschaftler erscheine die Natur in sinnlich erfahrbaren Dimensionen; aber erst durch ein bewusstes und gleichzeitig intuitives Anschauen werde sie in ihrer okkulten Idee, in ihrer Ganzheit erkennbar.

Ein zweites Problem, das Steiner in Weimar umtrieb, war die individuelle Freiheit: Lasse sich der Mensch von seinen Impulsen lenken, die ihn aus der äußeren Welt erreichen, werde er unfrei. Damit zielte er auf die in der Wiener Moderne so überdeterminierte Leiblichkeit. Sicherlich war auch Steiner von der sexualisierten Atmosphäre Wiens nicht unberührt geblieben, und die konnte, wie der Fall Otto Weininger gezeigt hat, zu einer hysterischen Ablehnung des Geschlechtlichen führen. Sexualität war damals in den wissenschaftlichen und populären Diskursen gleichbedeutend mit Krankheit. Sie schien allen möglichen körperlichen, seelischen und kollektiven Deformationen Tür und Tor zu öffnen. Die berühmte *Psychopathia sexualis* von Richard von Krafft-Ebing wurde allein zwischen 1886 und 1902 zwölfmal neu aufgelegt, so fasziniert war das gebildete Publikum von der Sexualität und vor allem von den »Perversionen«, die man insbesondere dem »übersexualisierten Weib«, dem Homosexuellen, dem Juden und dem enthemmten Proletarier zuschrieb. Eine derartige Lektüre blieb nicht folgenlos, wie Krafft-Ebing selbst einmal feststellen musste. Über einen 28jährigen »verweiblichten« Patienten notierte der bekannte Psychiater und Sexualwissenschaftler: »Seit der Lektüre der Psychopathia sexualis erschrak er vor sich selbst, vor etwaiger gerichtlicher Bestrafung und gewann es über sich, den sexuellen Verkehr mit Männern zu meiden. Diese Abstinenz vermittelte ihm massenhaft Pollutionen und Neurasthenie. Deshalb suchte er ärztliche Hilfe auf.«[22]

Der Historiker Franz X. Eder meint, das Körperliche, insbesondere das Geschlechtliche, sei in der Wiener Moderne, in der sich die Geschlechterordnung allmählich aufzulösen begann, der letzte feste Anker gewesen. Sexualität habe man als rein körperliche, von der Natur präfigurierte Angelegenheit betrachtet. Hier hätten die jungen Männer ihre »wahre« Heimstatt gesucht und doch nur männliche Phantasmen über das Antimännliche gefunden: frigide, nymphomane und vermännlichte Frauen, entmännlichte Homosexuelle und Juden, die sie als pervers betrachteten. »Aber auch das Versprechen, höchste Authentizität und entgrenzende Unordnung zu erleben – in der orgastischen Auflösung und Neuerschaffung des Ichs.«[23] In dieser aufgeladenen Atmosphäre setzte Steiner einen kräftigen Kontrapunkt, wenn er auf die Option einer Transzendierung der prekären und kontrollbedürftigen Sexualität hinwies – wie übrigens auch andere Lebensreformer, zum Beispiel der 1888 geborene Schriftsteller und Philosoph Hans Blüher, eine der Gründerfiguren der Wandervogelbewegung.

Ein Mensch, der von seinen Instinkten, Trieben und Leidenschaften gesteuert werde, agiere nicht auf seinem Niveau, sondern auf dem von Tieren, behauptete Steiner. Sein Ideal war geistiges Handeln, geleitet von sinnlichkeitsfreiem Denken. Nur so werde der Mensch frei, meinte Steiner. Noch hatte er seine anthroposophischen Lehren zwar nicht entwickelt, dennoch wurde schon in Weimar eine Spur dahin gelegt, wo Körperlichkeit und vor allem Sexualität als eine dem Geistigen weit unterlegene Sache enden sollten. Was das für seine damalige Lebenspraxis bedeutete, können wir nur erahnen. Er sprach niemals, weder in seinen privaten Briefen noch in seiner Lebenserinnerung, über erotische Anziehung. Dennoch haben ihm weniger wohlmeinende Zeitgenossen immer wieder unterstellt, vor allem beim weiblichen Publikum viele Verehrerinnen zu haben. Umgekehrt begegneten ihm mehrere Frauen, die ihn begeisterten, angefangen bei Pauline Specht, der Mutter seiner Zöglinge in Wien, über Rosa Mayreder, der österreichischen Feministin, bis hin zu Gabriele Reuter, mit der er sich in Weimar anfreundete. Die Unterhaltungen mit der feministischen Literatin, die damals ihren bedeutendsten Roman *Aus gutem Hause* schrieb, rechnete Steiner zu den schönsten Stunden seines Lebens: »Unermesslich reizvoll konnten die Gespräche sein, die man mit ihr führen durfte. Ich denke zurück und sehe mich mit ihr an einer Straßenecke stehen bei glühendster Sonnenhitze diskutierend mehr als eine Stunde über Fragen, die sie bewegten.«[24] Was er an ihr besonders schätzte, war ihre Leidenschaftlichkeit für die politische Sache, die Sache der Frauen. Von romantischen Gefühlen ist jedoch nie die Rede.

Später, als Steiner bereits okkultistischer Meister war, stand ihm nach eigener Auffassung das Recht auf sexuelle Askese zu. Die Meisterschaft befreite ihn sozusagen von der Pflicht zur Fortpflanzung: »Die Askese in sexueller Beziehung erleichtert den okkulten Pfad, macht ihn in einer gewissen Beziehung bequemer. Wer also aus reinem Egoismus der Erkenntnis heraus vor allem ›schauen‹ will, der kann sich versprechen, bald zu einem gewissen Ziele zu kommen durch eine gewisse Askese nach dieser Richtung. Es kann aber keine Verpflichtung zu einer solchen Askese geben, sondern nur eine Berechtigung, die man sich erst erwerben muss. Sie besteht einzig darinnen, dass man die Möglichkeit erlangt, der Menschheit einen vollgültigen Ersatz dafür zu geben, wenn man sich der sonst vorliegenden Verpflichtung entzieht, Gelegenheit zur Verkörperung von Seelen zu geben. Sie sehen also, dass Askese in dieser Richtung nicht Regel sein darf, sondern nur unter gewissen Voraussetzungen manchem Okkultisten zugestanden werden kann.«[25]

Es wäre aber trotzdem ein Fehler, Steiners Einstellung zur Sexualität nur im Zusammenhang mit der Anthroposophie zu sehen. Schon als zwanzigjähriger Student, noch weit entfernt von seiner Vorbildrolle als esoterischer Führer, schrieb er einem Freund mit Liebeskummer, er verstehe dessen Enttäuschung nicht, könne nichts Nachteiliges am Verzicht erkennen. »Du hast genug, hast Cyane in Dein Herz aufgenommen; da lebt sie drinnen fort, ihr Bild genügt Dir und das kannst du mit dem Freunde sogar teilen; das ist echte Liebe, wo man mit dem Bilde zufrieden ist und das Fleisch nicht braucht, ja es unterdrückt.«[26]

Zu Steiners Lebensumständen in Weimar passten solche Gedanken. Er fühlte sich auch mitten unter Menschen oft einsam. Im Archiv hatte er nur sporadische Kontakte zu Personen wie Hermann Grimm, dem berühmten Sohn von Wilhelm Grimm, Kunsthistoriker und Mitinitiator der Goethegesellschaft, mit dem er sich über Epochen der Geistesgeschichte unterhielt, Erich Schmidt, dem Germanisten, der ihm menschlich und mit seiner akribischen philologischen Methode auf die Nerven ging, dem Großherzog Carl Alexander, dem Mentor des Archivs, oder der Großherzogin Sophie, die zu feierlichen Anlässen ihre Aufwartung machte. Die professionellen Kontakte scheinen frühzeitig unter fachlichen Meinungsverschiedenheiten gelitten zu haben. Steiner hatte nicht nur keinen Sinn und vermutlich auch kein Verständnis für rein philologische Arbeit, die von ihm als Herausgeber der naturwissenschaftlichen Schriften Goethes gefordert wurde. Er war auch überzeugt, den Meister besser zu verstehen als die Goetheclique vor Ort. Nicht ohne Selbstbewusstsein schrieb er seinem früheren Arbeitgeber Ladislaus Specht, erst durch seine Arbeiten würden Goethes wissenschaftliche Schriften zu einer Einheit werden. »Nach meiner Überzeugung müssen diese Teile des Nachlasses in ganz anderer Art verarbeitet werden, als das bisher bei den erschienenen zwanzig Bänden der Ausgabe der Fall war. Meine Sachen bringen also in gewisser Hinsicht eine Unebenheit in die Ausgabe.«[27] Offenbar kam es darüber zum Konflikt mit dem Herausgeberkomitee, in dem zu unterliegen Steiner fürchtete.

Zwischen Weimarer Hofgesellschaft, wissenschaftlichem Milieu und Künstlerkreisen führte er zwar ein »in vieler Beziehung anregendes Leben«, allerdings war ihm diese Gesellschaft offenbar zwischendurch so unangenehm, dass er »einen unbeschreiblichen Ekel vor den hölzernen Menschen ohne Kern und Seele« empfand, wie er Pauline Specht schrieb.[28] Er nahm Teil an den intellektuellen Zirkeln Weimars, war Gast zum Beispiel im Haus von Grete und Hans Olden, dem Dramatiker. Manche Verbindungen waren ihm lieb wie die mit dem Philosophen Eduard von Hartmann oder dem Goetheforscher Otto Harnack, dennoch fühlte er sich unverstanden. In seinem autobiographischen Rückblick beschrieb Steiner seine Situation in Weimar als die eines Außenseiters. Er habe sich auf alle möglichen Begegnungen und Verbindungen eingelassen, doch immer nur mit dem Gefühl des Besuchers in einer fremden Welt. Er begründete das retrospektiv mit dem Unwillen seiner damaligen Umgebung, sich in seine esoterische Denkweise zu versetzen. Immer wieder sei er mit seinen Fragen nach dem »geistigen« Leben abgeprallt, da die anderen nur an die natürliche Welt gedacht hätten. Diese Unvereinbarkeiten erlebte er auch, als er seine Doktorarbeit Eduard von Hartmann zu lesen gab. »Ich wollte zeigen, wie im subjektiv Erlebten das objektiv Geistige aufleuchtet und wahrer Bewusstseinsinhalt wird; Eduard von Hartmann hielt mir entgegen, wer solches darstellt, der bleibt innerhalb des Sinnenscheins stecken und redet gar nicht von einer objektiven Wirklichkeit.«[29] Steiner glaubte, durch Bewusstseinserweiterung sei ein moralisches Erkennen der Wirklichkeit möglich, doch damit stand er in der Weimarer Gesellschaft tatsächlich alleine da.

Neben dieser intellektuellen Einsamkeit war die emotionale Diaspora belastend. In einem Brief an Rosa Mayreder schrieb er: »Hier in Weimar, der Stadt der klassischen Mumien, stehe ich allem Leben und Treiben fremd gegenüber. Ich habe niemanden, demgegenüber ich mich aussprechen könnte, der mir auch nur im geringsten Verständnis entgegenbrächte.«[30] Das Alleinsein war jedoch nicht nur ein psychisches Problem. Im Kaiserreich konnte sich ein Mann erst dann zur ordentlichen Gesellschaft zählen, wenn er einer Familie vorstand. Das hing mit seiner sogenannten Respektabilität zusammen und mit ganz praktischen Dingen, denn man brauchte einen eigenen Haushalt, um Gäste empfangen und am sozialen Leben und an Diskursen teilnehmen zu können. Bei Rudolf Steiner dauerte es lange, bis er diesen Schritt tat. Es war zwar nicht unüblich, dass Männer spät heirateten, denn sie mussten warten, bis sie beruflich in der Lage waren, einen aufwändigen bürgerlichen Haushalt zu finanzieren, aber in diesem Punkt hatte Steiner auch in den 1890er Jahren nichts zu erwarten. Er war arm, seine ganze Existenz prekär. Richard Specht, sein ehemaliger Zögling in Wien, spekulierte sogar, Steiner habe in dieser Zeit gehungert und deshalb Halluzinationen bekommen, »die ihm dann als ›geistige Erfahrungen‹ galten, und die ihn zur Theosophie gebracht haben«[31].

Die Bekanntschaft mit der acht Jahre älteren Witwe Anna Eunike kam deshalb wie gerufen. Sie war der Steigbügel in das respektable wilhelminische Bürgerleben. Steiner verbrämte seine Motivlage für diese Verbindung in seiner Autobiographie allerdings mit einer okkulten Erfahrung. Als Steiner Anna Eunike im Jahr 1891 kennenlernte, war deren Mann kurz zuvor gestorben, und Steiner nahm nicht nur Kontakt mit dessen Seele auf, sondern erkannte, dass dessen »materialistisches« Erdenleben zu einem ebenso materialistischen Nachleben geführt hätte. Angeblich begegnete er Eunikes Seele nach dem Tode in einer »herrlich-leuchtenden Geistgestalt«, die angefüllt war mit naturwissenschaftlichem Wissen. Zu diesem Wissen erhielt Steiner nach eigenen Worten direkten Zugang.[32] Die retrospektive Ausschmückung der Beziehungsgeschichte mit Anna Eunike verrät jedoch vor allem eines, nämlich dass auch Steiner zu jener Zeit spiritistische Erfahrungen sammelte. Kontakt zur Welt der Toten aufzunehmen, war, wie gesagt, en vogue, insofern ist kaum bemerkenswert, dass auch er sich dieser Beschäftigung widmete. Er praktizierte Geisterbeschwörung und schwamm damit im Mainstream der zeitgenössischen Intelligenz, auch wenn er später als Anthroposoph versuchen sollte, sich davon zu distanzieren und seine eigenen Episoden als »geistmäßige Anschauungen« umzudeuten.

Als Goetheforscher brauchte Steiner jedenfalls ein gutbürgerliches Leben. In einem Brief an Richard Specht, den er übrigens »mit esoterischem Händedruck« schloss, beschwerte er sich im Jahr 1890 über die Verhältnisse, in denen er lebte. »Mein Aufwärtermädchen räumt so ›gründlich‹ zusammen, dass ich oft lange suchen muss, bis ich etwas finde. Die Bücher ordnet sie natürlich sorgfältig nach Größe. Ich darf aber gegen diese Ordnung gar nichts haben, denn hier in Weimar geht alles in strengster Ordnung, und es wird mir ›ordnungsgemäß‹ jeder Besuch erwidert, den ich mache. Und sollte ich denn auch hier als ›der schlampigste Mensch‹ gelten, ›den es gibt?‹«[33] Nicht nur die äußeren Verhältnisse waren nicht zu seiner Zufriedenheit. Dazu kam die mangelnde Anerkennung als akademischer Philosoph und als Goetheforscher.

Steiner kränkelte, verlor öfter seine Stimme und musste sich »elektrisieren« lassen, um wieder sprechen zu können. Es gibt auch Hinweise darauf, dass er trank, schon in Wien zu trinken begonnen hatte, in Weimar trank und auch noch auf seiner nächsten Lebensstation in Berlin. Friedrich Eckstein schrieb: »Rosa Mayreder, die ... ihm ihre Arbeiten vor der Veröffentlichung einzuschicken pflegte, erzählte mir dass sie ihn in Weimar oder Berlin aufsuchte, da er ihr auf wiederholte Schreiben hin ein großes Manuskript, das sie ihm wieder einmal gesendet hatte, nicht zu haben antwortete. Dabei habe sie das vermisste Manuskript gefunden. Er sei damals Alkoholiker gewesen, wenn auch nicht in jenem Übermaß, wie man es bei Mystikern oft findet. Erst ab der Jahrhundertwende habe Rudolf Steiner sich ganz fest in die Hand genommen und sei der geworden, als den ihn die Welt heute kennt.«[34] Auch ein anderer Freund, Otto Hartleben, berichtete von exzessivem Alkoholgenuss und einem unsteten Lebenswandel. In einem Brief an eine Freundin schreibt er: »S[teiner] hatte seine Schlüssel vergessen, ist mit W... noch ins Café gegangen, ist Sonntag betrunken ›heimgekommen‹, hat Dein Telegramm nicht mal liegen

sehn (Sonntag Nachmittag 3 Uhr ist er ›heimgekommen‹!).«
Ein Augenzeuge berichtete Ähnliches: »Otto Erich Hartleben
und Rudolf Steiner betreten tief in der Nacht ein Berliner
Nachtcafé, in dem eine Zigeunerkapelle fiedelt. Beide hatten wacker gezecht und waren in eifriger Diskussion über
ein literarisches Thema.«[35] Auf seine Trunksucht der jungen
Jahre wurde später, als Steiner schon berühmt war, auch in
der Presse immer wieder angespielt.[36]

Im Haus der Witwe Eunike fand Steiner nun endlich ein solides Heim. Anna Eunike war praktisch veranlagt, fürsorglich
und finanziell gut ausgestattet. Im Jahr 1892 zog er bei ihr
ein. Ein Geschäft auf Gegenseitigkeit: Sie stellte ihm großzügige Räumlichkeiten zur Verfügung, versorgte ihn und
organisierte seine Gesellschaften. Aber besonders schätzte
er an seiner »innigen Freundin«, dass sie immer den rechten Moment fand, sich unsichtbar zu machen, wenn er sich
ernsthaft unterhalten wollte. »Frau Anna Eunike, mit der
ich bald innig befreundet wurde, besorgte für mich in aufopferndster Weise, was zu besorgen war. Sie legte einen großen Wert darauf, dass ich ihr in ihren schweren Aufgaben bei
der Erziehung der Kinder zur Seite stand.« Er gab ihr dafür
den Außenminister und Familienpatriarchen. Die Kinder sah
er, wie damals im Bürgertum üblich, zu festen Tageszeiten.
Aufgabe der Väter war es, Kontrolle auszuüben über das
Erziehungsgeschäft, das in erster Linie den von den Müttern
angeleiteten Kindermädchen oblag. Die Marschroute gaben
jedoch die Männer vor, insofern war das Arrangement zwischen Steiner und Anna Eunike in beiderlei Interesse. Fünf
Jahre lebte das ungleiche Paar so zusammen. Glücklich war
die Liaison wohl für beide Seiten nicht, sonst hätte Steiner
nicht in einem beschwichtigenden Ton Anna seiner Gefühle
versichern müssen: »Meine Verstimmungen sind immer seelisch. Ich leide viel weniger körperlich als geistig. Und was
mich ganz allein seelisch beruhigen kann, meine geliebteste

Anna, das bist Du. Und nur Du allein. Ich glaube, das weißt Du nicht, und daran, dass Du das nicht weißt, hast Du oft gelitten. Ich kann Dir aber nur sagen: wenn Du oft meintest, ich wäre mit Dir unzufrieden, das war für mich so schmerzlich, dass ich recht grässlich wurde, weil ich in mir fühlte: Du solltest nicht dergleichen glauben.«[37]

Der »schöne Familienanschluss« überdauerte sogar noch die Weimarer Zeit. Wäre das auch der Fall gewesen, wenn sich Steiner früher beruflich hätte etablieren können? Fünf Jahre nach Beginn seiner Archivarbeiten gab Steiner seine Stelle in Weimar auf und zog nach Berlin. Seine Arbeit als Goetheforscher hatte wenig Anerkennung gefunden, seine akademischen Leistungen noch weniger. Mit einem knappen »rite« (bestanden) für die Dissertation musste er sich die Universitätslaufbahn aus dem Kopf schlagen. In Berlin blieb ihm nichts anderes übrig, als die Weichen für sein Leben neu zu stellen. Er heuerte als Lehrer, ausgerechnet für Naturwissenschaften und Geschichte, bei der Arbeiterbildungsschule von Karl Liebknecht an. Daneben schrieb er Artikel für die *Deutsche Wochenschrift*. Ein sehr bescheidenes Einkommen brachte ihm auch die Herausgabe des *Magazins für Litteratur* ein und die Mitarbeit an den *Dramatischen Blättern,* dem Organ des Deutschen Bühnenvereins. Anna und ihre fünf Kinder ließ er nachkommen. Wieder baute sie ihm ein Nest und unterstützte ihn. Was ihn zumindest zeitweise zufriedenstellte: »Mein äußeres Privatleben wurde mir dadurch zu einem äußerst befriedigenden gemacht, dass die Familie Eunike nach Berlin gezogen ist und ich bei ihr unter bester Pflege wohnen konnte, nachdem ich kurze Zeit das ganze Elend des Wohnens in einer eigenen Wohnung durchgemacht hatte. Die Freundschaft zu Frau Eunike wird bald darauf in eine bürgerliche Ehe umgewandelt«, heißt es in seiner Autobiographie.

Nach insgesamt sieben gemeinsamen Jahren, im Oktober 1899, heirateten die beiden. Es ist anzunehmen, aus gesellschaftlichen Gründen. Dauer brachte die eheliche Legitimierung nicht. Der Bruch seiner privaten Lebensverhältnisse kam mit Steiners neuer Tätigkeit als Generalsekretär der Theosophischen Gesellschaft. Sein Leben änderte sich dadurch noch einmal so drastisch, dass es mit Anna Eunikes Vorstellungen nicht mehr kompatibel war. Steiner wurde zum Handlungsreisenden in Sachen Theosophie. Ehefrau und Kinder sahen ihn kaum noch. Wenn er einmal zu Hause war, konnte sie in der »Geistatmosphäre« des bekehrten Theosophen »nicht atmen«. Dazu kam die Eifersucht. Schon ein Jahr nach ihrer Heirat hatte Steiner Marie von Sivers kennengelernt: eine Frau von ganz anderem Schlag, 14 Jahre jünger und dem »Meister« völlig ergeben. Für Anna mehr als ein Grund für Eifersucht. In einem Brief an sie ging Steiner auf das Problem ein. »Ich weiß, dass Du allerlei siehst, was gar nicht vorhanden ist. Und ich weiß auch, dass es mir jetzt nicht viel hilft, wenn ich Dich zu beruhigen versuche. Das wird gewiss in kurzer Zeit wieder anders werden. Du wirst einsehen, dass ich Dich lieb, sehr lieb habe, wie früher.«[38] Im Sommer 1902 verreisten Rudolf Steiner und Marie von Sivers zum ersten Mal gemeinsam. Sie fuhren zum Theosophenkongress nach London. Auf dieser Reise hat sich angeblich Steiners Berufung zum Propheten verfestigt. Einer seiner Bekannten fand nach dem Kongress einen völlig veränderten Steiner vor: »Nun war schon das Äußere ein anderes. Der schmale spärliche schwarze Haarwuchs auf der Oberlippe war abgetan. Ein noch immer schwarzer Anzug hatte einen anderen Zuschnitt, einen, den man sonst nicht sah. Der weiche, eigentlich formlose Hut war einem steifen Halbzylinder gewichen, wie ihn sonst überhaupt niemand trug. ... Frau Steiner war merkwürdig verschlossen.«[39] Die Schilderung verdeutlicht, dass Steiner ganz bewusst bei der eigenen Inszenierung ansetzte, als er sich in den Jahren nach 1900 zum Guru entwickelte. Er wechselte sein Äußeres, so wie er das Milieu wechselte – von der Berliner Boheme zur europäischen großbürgerlichen und adeligen Theosophenclique. Alles in allem zu viel Veränderung für viele in seinem Umfeld, nicht nur für seine Frau Anna. Im Jahr 1904 trennte sie sich von ihm, im selben Jahr, als Steiner seinen Broterwerb an der Arbeiterschule aufgab, um sich ganz der Theosophie zu widmen. Sie wollte sich scheiden lassen, dazu kam es jedoch nicht, wohl aus Rücksichtnahme auf seinen Status in der Öffentlichkeit. So blieben die beiden bis zu Annas Tod im Jahr 1911 formal verbunden. Freunde glaubten, sie starb an gebrochenem Herzen.[40]

## Der bewegte Mann

Bislang haben die Biographen versucht, die losen Enden in Steiners Leben auf zwei verschiedene Weisen zu verknüpfen: Entweder durch Harmonisierung, das heißt, die fehlenden Verbindungsstücke zwischen Steiners Lebensabschnitten wurden sauber vernäht mit dem Argument, seine »wahre« Persönlichkeit habe eben noch geschlummert oder sich noch nicht richtig ausleben können. Oder man hob die Dissonanzen hervor und warf die Frage auf, welche »Krise« oder welche Initiationsereignisse zu seinem Wandel vom braven Goetheforscher hin zum individualistischen Anarchisten und schließlich zum erfolgreichsten okkultistischen Propheten des 20. Jahrhunderts geführt haben könnten – mit dem ernüchternden Befund, dass eine derartig entscheidende Erfahrung, die ihn zur »Konversion« gebracht hat, bislang nicht auffindbar war.

Beide Erklärungsstrategien lassen eine Möglichkeit außer Betracht, nämlich die, dass sich Steiner auch als erwachsener Mann noch entwickeln konnte. Die letzten zwei Jahrzehnte des 19. Jahrhunderts brachten nicht nur äußerliche und politische Veränderungen, die in unsere Gegenwart hineinreichen, sondern auch psychische. Was als Zeit der Reformbewegungen beschrieben wird, in der Menschen begannen, ihren Lebensstil radikal umzumodeln, war zugleich auch eine Zeit der Neuausrichtung des Individuums. Es wurden verschiedene Alternativen zum alten, seit dem späten 18. Jahrhundert als idealtypisch gezeichneten bürgerlichen Subjekt entworfen, das als pflicht- und arbeitsorientiert, religiös, rational, innengeleitet, familiengebunden, diszipliniert beschrieben werden kann und das einigen Individuen nicht länger als erstrebenswert erschien. Gegen Ende des 19. Jahrhunderts bildeten sich neue Lebensstiloptionen heraus und alternative biographische Entwürfe. Eine Variante der Neuausrichtung des bürgerlichen Ichs war das expressive und flexible Subjekt. Es sollte sich nicht mehr so leicht von den Zwängen der sozialen Kontrolle, der Kirche, Arbeitswelt oder anderen lebensweltlichen Instanzen einengen lassen und beanspruchte eine größere Wahlfreiheit bei den Lebensentscheidungen. Dazu gehörte nicht nur die empirische Freiheit in allen Fragen der Lebensführung, sondern auch eine innere, psychische Freiheit, die sich auf unterschiedliche Art und Weise ausdrücken konnte.

Eine prominente Rolle spielte dabei das Milieu der großstädtischen Boheme, das sich mit ganz unterschiedlichen neuen Themen wie der Psychoanalyse, dem Ausdruckstanz, der sexuellen Befreiung, bestimmten Spielarten des Feminismus, aber auch mit Spiritismus und Okkultismus beschäftigte. Jemanden wie Rudolf Steiner in diesem Kontext zu sehen, ist nicht allzu schwierig. Als Guru für Glaubens- und Lebensstilfragen profitierte er in seiner Karriere ganz eindeutig von einer derartigen Nachfrage. Was in der Rudolf-Steiner-Forschung jedoch bislang zu kurz gekommen ist, ist die Tatsache, dass er selbst Teil dieses kulturellen Phänomens war.

Ob Steiners unkonventioneller Lebensstil einer inneren Notwendigkeit entsprach oder doch eher Zufall war, ist nicht klar. Fest steht jedoch, dass es ihm nie gelang, eine ordentliche bürgerliche Existenz zu führen. Seine eigenen, unter Rechtfertigungsdruck entstandenen Bemerkungen zu diesem

Thema sind sicherlich mit Vorsicht zu genießen. »Um das Vermächtnis Goethes zu gestalten, durfte man in keinem Beruf darinnen stehen«, meinte er. Außerdem wäre es, hätte er sich auf einen ordentlichen Beruf festgelegt, nie zur Gründung der anthroposophischen Bewegung gekommen. »Soll ich denn aber ein in einen Philister-Vogelkäfig eingesperrter Philister sein, der mit Philistern über Philister spricht? Wenn das je in mir gelegen hätte, dann kämpfte ich nicht heute noch um jedes Stückchen Brot, sondern ich hätte irgendein philiströses Amt und könnte glücklich sein«, schrieb er seiner ersten Frau Anna, die von seiner Lebensführung wohl nicht allzu begeistert war.

Rudolf Steiner heiratete zweimal, beide Male aus durchaus unromantischen, um nicht zu sagen opportunistischen Gründen. Die erste Frau, Anna Steiner-Eunike, war acht Jahre älter, verwitwet und Mutter von fünf Kindern. Ihre Rolle war es, Steiner ein bequemeres Gelehrtenleben zu ermöglichen, das er so lange hatte vermissen müssen. In dem Moment allerdings, als er selbst seinen Lebensunterhalt als Okkultist bestreiten konnte, war die Ehe beendet. Ob aus diesem Grund oder weil eine neue Frau in sein Leben getreten war, ist nicht klar. Marie von Sivers jedenfalls, vermögend, kosmopolitisch, höhere Tochter, wurde mit Anna Eunikes Abgang offiziell seine engste Mitstreiterin, Dolmetscherin, Agentin, schließlich auch Ehefrau. Auf emotionaler Ebene war ihr Verhältnis allerdings eher das des Gurus und der Lieblingsschülerin. Ob die beiden Verbindungen überhaupt über das »Geistige« hinausgingen, bezweifelte nicht nur sein ehemaliger Schüler Richard Specht. Noch heute wird gemunkelt, der Prophet selbst habe womöglich keinerlei sexuelle Erfahrung gesammelt, sondern sich nur rein geistig mit Frauen ausgetauscht.[41] Das Liebesleben des Meisters löst jedenfalls bis heute in der Fangemeinde Unbehagen aus. Nicht nur blieben die Ehen kinderlos – was nicht im Sinne einer Wiedergeburtslehre ist, denn Fortpflanzung ermöglicht Reinkarnation –, eine

Beschäftigung mit Steiners Intimleben führt auch in ein besonders sperriges Gebiet der Anthroposophie.

Denn selbst auf unvoreingenommene Beobachter wirkt die Anthroposophie recht asexuell. Das wird augenfällig bei den skulpturalen Bewegungen der Eurythmie, das setzt sich in der Waldorfpädagogik fort, die sich gegen Sexualkundeunterricht spreizt. Und das ist ganz deutlich in den von Kritikern mit Lust zitierten Passagen aus Steiners Texten, die sich mit der körperlichen Liebe beschäftigen. Der Prophet verkündete nämlich, ursprünglich hätten sich die Erdenbewohner ungeschlechtlich vermehrt. In Zukunft, irgendwann nach dem Jahr 5000, würden sie das wieder tun. Die Fortpflanzung geschehe dann über den Kehlkopf. »Denn man kann es herausfinden durch okkulte Forschung, dass im Laufe des sechsten Jahrtausends die Menschenfrauen, wie sie heute organisiert sind, unfruchtbar sein werden, keine Kinder mehr gebären werden.«[42]

Beim gegenwärtigen Menschen befindet sich, laut Steiner, der Triebapparat ganz unten in der Hierarchie der Körperregionen; oben das Sinnessystem, in der Mitte das Atmungssystem und zuunterst, als das »geistloseste«, das Sexualsystem.[43] Eine zum Zeitgeist konträr stehende Körperlosigkeit, denken wir an seine philosophischen Vorbilder wie Nietzsche und Schopenhauer, ganz zu schweigen von seinem Wiener Zeitgenossen Freud, dessen Menschenbild weniger von Geist oder Ratio als vom Körper und von irrationalen Trieben bestimmt war. Für Rudolf Steiners Geschmack ein Unding: »Denn was tut die Psychoanalyse? Sie sagt: Alles, was der Mensch tut, selbst die Erlebnisse des Mystikers, sind umgewandelte sexuelle Kräfte. Das heißt, der Psychoanalytiker oder der Materialist überhaupt, können wir in diesem Falle sagen, geht von der Sexualität aus und erklärt alles, was sonst am Menschen ist, als umgewandelte, umgeformte Sexualität.«

Die Vorstellung einer kindlichen Sexualität fand Steiner besonders abstoßend. Die Mitschrift eines Vortrags aus dem

Jahr 1915 dokumentiert, wie sich der Anthroposoph wand bei dieser Vorstellung: »Nehmen wir, weil wir uns schon einmal mit diesen Dingen beschäftigen müssen, eine der grauenhaftesten Behauptungen des Psychoanalytikers, nämlich die Behauptung – man muss eben schon solche grauenhaften Dinge erwähnen, meine lieben Freunde, man muss es, weil sie eben in unserer heutigen Zeit auftreten –, also die Behauptung, dass das Verhältnis des Sohnes zur Mutter, der Tochter zum Vater, wie es in der Kindheit als Liebe zur Mutter, als Liebe zum Vater auftritt, ein sexuelles Verhältnis sei.« Steiners Position stand dagegen in der Tradition eines christlich-romantischen Kinderbilds, das von der Unschuld und Reinheit des Menschen am Lebensbeginn ausging. Kinder wären danach geistige Wesen, die erst auf Erden ihren allmählichen Abstieg in die physischen Niederungen antreten müssen. Jede Erklärung menschlichen Verhaltens aus der Sexualität heraus gehe den falschen Weg, es sei genau umgekehrt und die Sexualität eine Umwandlung, ein Abfallprodukt der höheren geistigen Aktivitäten.[44] Folgerichtig sei die körperliche Liebe auch nur eine Vorstufe »zu einer viel umfassenderen Form der Liebe, die im höchsten Sinn nur mehr von den reinen Kräften der Sympathie getragen wird«[45].

Ob es stimmt, ob sich seine theoretischen Gedanken zur Fortpflanzung und Sexualität mit seiner eigenen Praxisferne erklären lassen oder ob sich Steiner frühzeitig als rein geistiges Wesen empfand, lässt sich nicht mehr klären. In der Kulturgeschichte des frühen 20. Jahrhunderts ist Steiners ungefähre Körperlichkeit, die im Laufe seines Lebens sogar phänotypisch sichtbar wurde – seine Gestalt bekam einen femininen Anklang –, nicht so verwunderlich. Um 1900 herum wechselten nicht nur die intellektuellen Moden schnell, sondern auch die Lebensstile. Beispiele gibt es viele: Der schon genannte Hans Blüher begehrte früh gegen Kirche und Schule auf, beschäftigte sich mit der Homoerotik in der Wandervogelbewegung, wurde aber dann zum Gegner der

Republik, bekannte sich zum Protestantismus und zur Monarchie, arbeitete als Psychologe und stand eine Zeitlang dem Nationalsozialismus nahe. Ein anderes bekanntes Beispiel war der jugendbewegte, idealistische Schriftsteller und Philosoph Walter Benjamin, der während seines kurzen Lebens dem jüdischen Glauben, dem Zionismus und dem Kommunismus anhing. Verglichen mit anderen sprunghaften Zeitgenossen war Steiners Leben immerhin davon gekennzeichnet, dass er Aspekte seiner Biographie zu einem Weltbild zu verbinden trachtete. Was seine Identität als Mann anbelangt, könnte man ihn als einen femininen Propheten bezeichnen. Nicht nur gab er seinen »Kindern«, der pharmazeutischen und der landwirtschaftlichen Firma Frauennamen: Weleda und Demeter. Sein ganzes Denken war auf Synthese ausgerichtet, auf die Vereinigung von Religion und Philosophie oder Glauben und Denken und von Natur und Kultur, seine Medien waren eine Vermählung von Mündlichkeit und Schriftlichkeit. Mag sein, dass diese »weibliche« Seite seiner Prophetie auch ein Anlass für die Anfeindungen war, denen er sich stellen musste. Man könnte sie aber ebenso als einen Aspekt seines damaligen Erfolgs bei der weiblichen Anhängerschaft und seines langfristigen Einflusses im 20. Jahrhundert begreifen.

Steiner selbst würde derartigen Kontextualisierungen seines antibürgerlichen Habitus wohl nicht zustimmen, da er jede historische Einordnung und damit Relativierung seiner Persönlichkeit und seines Werkes vehement ablehnte. Für ihn musste gelten, dass in ihm schon immer ein Prophet gesteckt habe, ja, er ging sogar so weit, zu behaupten, sein geistiger Werdegang sei »ganz und gar unabhängig von allen Privatverhältnissen [gewesen]. Ich habe das Bewusstsein, er wäre der ganz gleiche gewesen bei ganz anderer Gestaltung meines Privatlebens.«[46] Dass er sich erst nach Ablauf seines vierzigsten Lebensjahrs als okkulter Meister zu erkennen gab, führte er auf die Regel zurück, dass vorher »im Sinne der

Meister niemand öffentlich als Lehrer des Okkultismus auftreten darf«[47]. Weggefährten, die einen solchen Zusammenhang bezweifelten, nahmen ihm allerdings die Entwicklung krumm. Für beide Standpunkte gab es gute Gründe. Für den Guru war es wichtig, als esoterischer Meister glaubwürdig zu wirken, davon hing sein Erfolg ab. Da konnte der Eindruck einer wechselhaften Biographie nur schaden. Für seine Umgebung, die seinen Weg nicht mitgehen konnte, war die Persönlichkeitsveränderung wiederum befremdend. Jene, die ihn schon lange kannten, konnten nicht glauben, dass es ihm mit seinen neu gewonnenen Überzeugungen wirklich ernst war. Trotzdem – es hat für die heutigen Biographen wenig Sinn, einer Figur wie Rudolf Steiner mangelnde Konsequenz bei der Gestaltung des eigenen Lebens vorzuwerfen. Und über ihn zu triumphieren mit dem Argument, dass er nicht schon als Kind darauf hingearbeitet habe, als Mann mittleren Alters die Anthroposophie zu erfinden. Das geht an der damaligen Lebenswirklichkeit vorbei. Viel sinnvoller ist es, den Mann dabei zu beobachten, wie er sich situativ verhalten hat, wie er zu bestimmten Momenten an bestimmten Orten seine Verhaltensoptionen ausschöpfte und wie er dadurch seine Persönlichkeit mehrfach erweiterte und damit einem in bestimmten Kreisen der Gesellschaft verbreiteten Bedürfnis nachkam, den hergebrachten linearen bürgerlichen Lebensentwurf zu überwinden.

Anstatt Rudolf Steiner als gebrochene oder als lange Zeit im Dornröschenschlaf ruhende Persönlichkeit zu interpretieren, halte ich es für plausibler, in ihm ein modernes, ein »transgressives« Subjekt zu sehen. Damit hat die historische Soziologie eine Subjektform beschrieben, die sich um die Jahrhundertwende herum selbst mittels der Überschreitung von bürgerlichen Identitätsgrenzen identifiziert hat.[48] Es war dies geradezu ein Merkmal der Moderne, dass die hergebrachten Lebensstiloptionen um 1900 in größerem Maße unattraktiver geworden waren und Alternativen, man könnte auch sagen Weiterentwicklungen, in einem kleinen bürgerlichen Segment der Gesellschaft durchgespielt wurden. Einer der sozialen Hintergründe dieses Phänomens war der Generationenkonflikt, der sich seit den 1880er Jahren zunehmend bemerkbar machte. Er äußerte sich unter anderem darin, dass Söhne aus den von ihren Vätern vorbestimmten Berufslaufbahnen ausscherten und zum Beispiel von der Bank ins Atelier wechselten. Oder von der Eisenbahn ins Studierzimmer wie im Fall Rudolf Steiners. Ein anderes Spielfeld für den Generationenkonflikt konnte eben der Ausbruch aus dem bürgerlichen Familienmodell und aus den darin vorgesehenen Geschlechterrollen sein.

In der Literatur haben sich diese generationellen Umbrüche in zahllosen Texten niedergeschlagen – berühmte Beispiele aus dem Habsburger Reich sind die Werke von Arthur Schnitzler und Franz Kafka. Im selben Kontext steht auch die Jugendbewegung, die sich im Widerspruch zu Phänomenen formierte, die als typisch bürgerlich und kapitalistisch wahrgenommen wurden wie Materialismus, Zweckrationalität und Entfremdung. Die Familie galt in diesem Denken als eine überholte, patriarchale und gefühlskalte Institution. Junge Menschen, die daraus ihre Konsequenzen zogen, brachen radikal mit dem hergebrachten Lebensmodell, gründeten Künstlerkolonien, nähten sich Reformkleider und reisten zum Meditieren nach Indien.

In Rudolf Steiners Umfeld müssen wir nicht lange suchen, um typische Beispiele für diesen Lebensstilumbruch zu finden. Rosa Mayreder etwa, die in den 1880er und 1890er Jahren zu seinen engsten Vertrauten gehörte und großen Einfluss auf seine Haltung zur Frauenfrage ausübte, demonstrierte, wie die Transgression bürgerlicher Geschlechterrollen aussehen konnte. Sie wurde 1858 in Wien geboren und wuchs mit sieben leiblichen und fünf Stiefgeschwistern auf. Ihr Vater war Wirt einer Bierhalle, in der auch Künstler und Dichter verkehrten. Das Leben ihrer Mutter war noch in ganz traditionellen Bahnen verlaufen, »und so gebar sie ihr letztes Kind mit dem vollen Bewusstsein, dass sie sterben müsse. Bei meinem Vater hingegen scheint niemals der leiseste Vorwurf gegen sich über den Tod seiner Frau aufgetaucht zu sein.«[49] Mit zwölf Jahren, nach dem Tod ihrer Mutter im Kindbett, beschließt das Mädchen, nicht mehr an Gott zu glauben. Sie fühlt sich plötzlich freier, ohne Schuldgefühle. An einem privaten Mädcheninstitut lernt sie alte Sprachen, außerdem erhält sie Klavier- und Französischunterricht, ganz wie es einem bürgerlichen Mädchen ansteht. Mit siebzehn Jahren entdeckt sie ihre Schreibbegabung und verfasst Gedichte, mit denen sie ihren Seelenzustand ausloten will. Worunter sie leidet, ist vor allem die für sie vorgesehene Frauenrolle. Zunächst wünscht sie sich, ein Mann zu sein, da sie sich verstandesmäßig von ihrer Mitwelt unterfordert fühlt. Dann lernt sie Karl Mayreder kennen, der an der Technischen Hochschule in Wien studiert und Professor für Baukunst wird. Sie heiraten 1881. Nach einer Totgeburt stellt sich heraus, dass das Paar keine Kinder mehr bekommen kann. Karl Mayreder erkrankt schwer an Depressionen und wird unter anderem von Sigmund Freud behandelt. Die Schuld daran gibt man seiner Ehefrau Rosa, da sie sich nicht richtig in die Ehefrauenrolle füge. Sie nimmt nach der Heirat ihre Kunst wieder auf, stellt aus und verkauft ihre Bilder.

Durch Friedrich Eckstein kommt sie in Kontakt mit der Theosophie, wird bekannt mit Rudolf Steiner und mit der Theosophin und Feministin Marie Lang, zwei wichtigen Bezugspersonen, die Rosa Mayreder darin ermutigen, sich dem professionellen Schreiben zuzuwenden. Als sichtbares Zeichen ihrer Emanzipation legt sie das Korsett ab: »… mein Groll gegen das Mieder als einem Werkzeug der Beschränkung stieg im Laufe der Zeit so weit, dass ich es mit achtzehn Jahren einfach ablegte – zum Ärger meiner Umgebung, die darin einen Mangel an Sittsamkeit erblickte und meine Erscheinung plump, ja geradezu unanständig fand.«[50] Ihr Hauptgegner wird Otto Weininger, der Misogynist par excellence seiner Zeit, der im Weib »nichts als Sexualität« sah. Nach ihrem Dafürhalten war nicht das (biologische) Geschlecht, sondern die Individualität des Menschen der maßgebliche Faktor. Rosa Mayreder wurde Vizepräsidentin des Allgemeinen Österreichischen Frauenvereins. Daneben schrieb sie Sonette, Essays, Mysterienspiele, Aphorismen, autobiographische Texte und sogar ein Opernlibretto für Hugo Wolf. Sie führte eine freie Ehe. Im und nach dem Ersten Weltkrieg war sie eine engagierte Friedensbewegte. Mit unbestechlichem Blick durchschaute sie auch frühzeitig das Wesen des Nationalsozialismus. Sie starb noch vor dem »Anschluss« Österreichs am 19. Januar 1938 in Wien.

Rudolf Steiner bewunderte Rosa Mayreder und gab dem auch Ausdruck: »Diese Frau machte auf mich den Eindruck, als habe sie jede der einzelnen menschlichen Seelengaben in einem solchen Maße, dass diese in ihrem harmonischen Zusammenwirken den rechten Ausdruck des Menschlichen formten.«[51] Er war vor allem von ihrer Unabhängigkeit beeindruckt und beglückwünschte sie zu ihrer Freiheit, sich über die Grenzen der bürgerlichen Geschlechterordnung hinweggesetzt zu haben. Er hegte größte Hoffnung für ihre geistige und persönliche Entfaltung, ihre große Begabung sei ihm tief sympathisch, schrieb er ihr; dem können wir entnehmen, dass er selbst diese Eigenschaften für sich anstrebte.[52] Steiner wird sich in seinen Äußerungen über die Geschlechterproblematik an den Ideen Mayreders orientieren. Er ist begeistert von ihrer »Kritik der Weiblichkeit«, in der sie die normierten bürgerlichen Frauentugenden kritisierte und für eine Überwindung des von ihren Zeitgenossen biologisch begründeten Weiblichkeitsbilds plädierte.

Rosa Mayreder konnte sich hingegen mit der Entwicklung Steiners zum Okkultisten nicht anfreunden. In jungen Jahren schätzte sie in ihm den Gleichgesinnten, der, wie sie, nach Freiheit und Gerechtigkeit strebte. Umso mehr er sich jedoch zum anthroposophischen Führer entwickelte, umso weniger Gefallen fand sie an ihm. In ihren Tagebüchern schrieb sie: »Das Beisammensein mit ihm erinnert mich immer an jene Geschichte von dem Besucher einer Irrenanstalt, der durch einen sehr versierten, sehr gescheiten, sehr angenehmen Menschen herumgeführt wird, weshalb er ihn für den Arzt der Anstalt hält. Zum Schluss stellt derselbe ihm noch einen Patienten vor, indem er sagt: ›Die Krankheit dieses Menschen besteht darin, dass er sich für den Kaiser von China hält – und das bin doch ich, wie Sie sehen!‹«[53] Im Laufe der Jahre entfremdeten sich Steiner und Mayreder immer mehr. Bei einem Kongress im Jahr 1922 hörte sie einen seiner Vorträge und fand seine Wirkung auf die Zuhörer völlig unerklärlich. »Er erscheint in pastoraler Kleidung, schwarz, hochgeschlossen; der dichtgefüllte Saal empfängt ihn mit frenetischem Applaus. Er redet mit klangvoller Stimme, eintönig pathetisch salbungsvoll nach Art der Kanzelredner. Was er sagt, lässt sich in drei Kategorien fassen: geistreiche Aphorismen aus vielseitigem Wissen, leeres Gerede in vorrätigen Phrasen und unverständliche Andeutungen übersinnlicher Fähigkeiten aus einem Gebiete, in dem die Kontrolle des wissenschaftlichen Denkens, auf das er sich beruft, völlig versagt. Ich halte es für ausgeschlossen, dass die große Mehrzahl seiner Zuhörer diesen Ausführungen folgen kann. Vielleicht ist es das Versprechen, ohne den umständlichen Bildungsgang der modernen Wissenschaft durch meditative Übung zu einer überragenden ›Geistesschau, wie ich sagen möchte‹, zu gelangen und dadurch Vergangenheit und Zukunft in sich lebendig zu erfahren, was die Leute zur Anthroposophie zieht; vielleicht liegt die Erklärung für Steiners Wirkung aber nur in dem pastoralen Tonfall, mit dem er die Leute hypnotisiert. … Was für ein armer Narr ist doch der Mensch mit seinem metaphysischen Bedürfnis! Dass er den Gedanken des Todes als eines Endes nicht erträgt, macht ihn zur Beute aller Geistespfaffen, die, eine Art Raubtier des Intellektes, sich von der Dummheit der Gläubigen nähren.«[54] Als Rosa Mayreder von Rudolf Steiners Tod erfuhr, schmerzte sie der Verlust des früheren engen Freundes und Freigeistes dennoch.[55]

Freiheit war auch für Rudolf Steiner ein wichtiges Thema, das ihn vor allem in seinen Weimarer philosophischen Jahren umtrieb. Auf dem Gebiet seines eigenen philosophischen Schaffens hielt er es mit einem ethischen Individualismus. Das heißt, seiner Meinung nach konnte der Mensch nur ethisch handeln, wenn er sich ganz frei dafür entschieden hatte. Jede normative Ethik sei demgegenüber unterlegen. In seiner Dissertation *Wahrheit und Wissenschaft*, in der er sich mit dem kantianischen Moralbegriff auseinandersetzte, formulierte er: »Leben in der Liebe zum Handeln und Lebenlassen im Verständnisse des fremden Wollens ist die Grundmaxime der freien Menschen. Sie kennen kein anderes Sollen als dasjenige, mit dem sich ihr Wollen in intuitiven Einklang versetzt.«[56]

Da, wo bei Kant das Wort »Pflicht« stehe, stehe in seiner Philosophie das Wort »Freiheit«. Sein erstes philosophisches Werk, das er noch ganz im Einklang mit den wissenschaftlichen Spielregeln schrieb, also mit korrekten Zitaten und Fußnoten, orientierte sich an der Tradition des deutschen Idealismus, welche er erweiterte um zeitgenössische philosophische Positionen eines Eduard von Hartmann, des Philosophen des »Unbewussten«, und eines Friedrich Nietzsche, den er glühend verehrte, an dessen Nachlass er mitarbeitete und dem er ein Buch widmete. In einem Brief an Rosa Mayreder schrieb er, die Philosophie interessiere ihn nur noch in ihrer individuellen Dimension, »als Erlebnis des Einzelnen«.[57] In Nietzsche vermeinte er einen kongenialen Mitstreiter gefunden zu haben, der wie er gegen den christlichen Gott und für ein souveränes Individuum streite, das »nur aus seiner Natur« heraus leben könne. Er pilgerte zu Nietzsches Haus, um sich vor den schon geistig umnachteten Philosophen führen zu lassen. Seine Bewunderung war so groß, dass er Elisabeth Förster-Nietzsche Privatstunden in der Philosophie ihres Bruders erteilte. Eine Zeitlang sah es so aus, als würde er die Stellung eines Nachlassverwalters im Nietzschearchiv antreten, jedoch scheiterte das Projekt an den Intrigen der berüchtigten Schwester.

Als sein philosophisches Hauptwerk betrachtete Steiner indes seine *Philosophie der Freiheit,* in der er noch weiterging, und die Existenz sittlicher Normen, welche die Gesellschaft setzt, gänzlich bestritt. Sämtliche Ziele des menschlichen Zusammenlebens würden letztlich auf den Intuitionen freier Individuen basieren. Gott oder irgendeine übersinnliche Welt war für ihn zu diesem Zeitpunkt keine Kategorie. »Die Welt ist Gott«, schrieb er, und »der persönliche Gott ist nur der in ein Jenseits versetzte Mensch«. Damit blieb der Mensch in seinem Denken Letztinstanz – eine Haltung, die er nach seiner Wandlung zum Theosophen und Anthroposophen würde ändern müssen. Die entsprechenden Passagen in seiner *Philosophie der Freiheit,* die ihn als ehemals radikalindividualistischen und atheistischen Denker überführten, ließ er in einer Neuauflage im Jahr 1918 streichen oder schrieb sie um.

Mit diesem zugespitzten Standpunkt geriet Steiner in die Nähe des von ihm geschätzten Max Stirner, einem Klassiker des Atheismus und eines radikalindividualistischen »Amoralismus«. Von da war es nicht weit in die anarchistische Szene des Kaiserreichs, zu der Steiner in seinen »wilden«, freiheitsstrebenden Jahren über den Kontakt zu John Mackay stieß. Der Berliner wurde mit dem Buch *Die Anarchisten. Kulturgemälde aus dem Ende des 19. Jahrhunderts* bekannt. Anders als die Anarchisten Bakunin, Kropotkin und Proudhon war sein Credo nicht die Durchsetzung des Kommunismus über den Weg der Anarchie, sondern es ging in seiner Variante des Anarchismus, die der amerikanischen Richtung ähnelte, um das Individuum im Gegensatz zum Staat. Auch wandte die Mackay'sche Spielart sich gegen anarchistische Gewaltausübung, der zu jener Zeit etliche bekannte und unbekannte Personen zum Opfer fielen, unter anderem die österreichische Kaiserin Elisabeth, der italienische König Umberto I. und der amerikanische Präsident William McKinley. Steiner war seit 1898 mit Mackay befreundet und verbrachte viele Abende mit Benjamin Tucker, einem berühmten amerikanischen Anarchisten. Nach der Ermordung der österreichischen Kaiserin unterstützte Steiner die Publikation eines offenen Briefes von Mackay, in dem sich dieser von der Gewalttat distanzierte. Steiner bezeichnete sich zu jener Zeit selbst als »individueller Anarchist«, der das Gewaltmonopol des Staates nicht akzeptieren könne. Als Alternative schwebte ihm der völlig freie Konkurrenzkampf der Individuen vor. Die Nähe zu Mackay war im Jahr 1899, als Steiner heiratete und den aus Schottland gebürtigen Schriftsteller zu seinem Trauzeugen bestimmte, so eng wie nie. Doch bereits wenige Monate später, als Steiner sich aktiv der Theosophie zuwandte, nahm die Freundschaft ein abruptes Ende. Die Verwandlung vom idealistischen Goetheforscher zum Anarchisten war das eine, die Rückbesinnung auf Glauben und Übersinnliches war eine Volte zu viel, nicht nur für John Mackay.

Auch wenn sich Steiner als Anthroposoph von seinen früheren philosophischen Idolen Nietzsche, Hartmann und Stirner später offiziell distanziert hat, bleibt dennoch festzuhalten, dass der Standpunkt des radikalen ethischen Individualismus für seine intellektuelle Entwicklung über ein bis zwei Lebensjahrzehnte hinweg maßgeblich war. Hier liegt auch eine Ursache für die anhaltende Erfolgsgeschichte seiner Anthroposophie – ohne den individualistischen Zuschnitt, der auf Steiners bewegte Jahre als Philosoph rückbezogen werden muss, wäre sie nicht denkbar gewesen.

Aber nicht nur in der Theorie, sondern auch in der eigenen Lebenspraxis suchte Steiner nach freieren Formen. Das begann bei der Selbstdarstellung. Immer wieder haben Zeitgenossen über Steiners eigentümliche Erscheinung geschrieben, mit der er sich offenbar deutlich vom Rest seiner Mitmenschen absetzte. Es ist offensichtlich, dass er als erwachsener Mann begonnen hat, sich selbst durch einen eigenen, wiedererkennbaren Stil zu inszenieren. Der Zylinder, der Zwicker, die übergroße Schleife, der schwarze Gehrock, die in das Gesicht fallende schwarze Tolle symbolisierten einen aus der Zeit und aus der Mode Gefallenen und wurden zu seinem Markenzeichen ähnlich wie Charlie Chaplins Aufzug als Tramp. »Man hätte ihn für einen deutschen Professor oder einen Gesundheitsprediger halten können«, bemerkte der englische Autor William Loftus Hare in einem Bericht über Steiners Vorträge in Oxford und London im Jahr 1922. Zur gekonnten Selbstdarstellung gehörte Rudolf Steiners Intonation beim Sprechen, die jedem auch noch so kritischen Zuhörer auffiel und einen Kommentar abnötigte. So bemerkte der erwähnte englischsprachige Zuhörer »die Vielzahl der schönen Vokale, die in so perfekt ausgesprochene, scharfe Konsonanten eingefasst waren«. Als Redner, »der seiner Stimme, seinem Kopf, seinen Händen, seiner ganzen Gestalt eine natürliche Freiheit des Ausdrucks verleiht«, sei er ihm sowohl kultiviert als auch spontan und geschult erschienen.[58] Steiners persönliche Darstellungsmittel waren natürlich Strategien der Selbstvermarktung. Aber es war auch typisch für die Avantgarde jener Zeit, zunehmend bewusst auf ihre expressiven und demonstrativen Ressourcen zu setzen. Das markanteste Beispiel dafür war der Dandy.

Doch will man Rudolf Steiners Modernität in Sachen Lebensstil abwägen, wiegt die Unkonventionalität seines Lebenszuschnitts wohl am stärksten. Nie hat er sich irgendwo niedergelassen und eine Familie gegründet, was für seine Zeit sehr ungewöhnlich war, selbst für einen Propheten. Als Anthroposoph könnte man sagen, Steiner musste sich nicht durch eine Familiengründung transzendieren. Aber Steiner war ja nicht immer Anthroposoph. Dass er sich in einer schwierigen Lebenssituation von einem Gutteil seiner bisherigen Überzeugungen lossagte, die Gelegenheit beim Schopf ergriff, in ein ganz anderes Milieu zu wechseln und, nicht zuletzt, damit sein Geld zu verdienen, das ist der wesentliche Aspekt der modernen Lebensführung Rudolf Steiners.

## Höllenfahrt

Die ersten Jahre in Berlin, wohin er 1897 zog, sind die verwirrendste Phase in Rudolf Steiners Leben, nicht nur aus dem Blickwinkel der geplagten Biographen heraus, die nicht wissen, wann sie seine Geburt als moderner Prophet ansetzen sollen. Ein Weggefährte, der Kunstkritiker John Schikowski vom sozialdemokratischen *Vorwärts,* schrieb über jene Zeit: »Der Weltanschauung nach war er Haeckelianer, Materialist und Atheist, politisch nannte er sich Anarchist und wir Sozialdemokraten galten ihm als Bourgeois. Was ihn übrigens nicht hinderte, im Rahmen sozialdemokratischer Bildungsorganisationen Vorträge über literarische Themen zu halten. In seiner Lebensführung war er durchaus Libertin, voller Lust am irdischen Dasein und recht hemmungslos im ausgiebigen Genuss dieses Daseins.« Kurze Zeit später präsentierte sich ihm ein gewandelter Steiner: »Der frühere Haeckelianer wurde ein Art Gesundbeter und als solcher fand der Anarchist Eingang in höchste und allerhöchste Kreise.«[59] Auch sich selbst war Steiner ein Rätsel. »Ich schaue auf die Jahre von 1897 bis 1900 zurück als auf etwas, in dem ich meine intensivste geistige Prüfung durchgemacht habe.« Mit dem Ergebnis, dass er eine Art christliches Erweckungserlebnis hatte, das er mit der Formulierung »geistig Gestanden-Haben vor dem Mysterium von Golgatha in innerster, ernstester Erkenntnis-Feier« umschrieb. Welcher Art diese Erfahrung war, hat er nie preisgegeben. In seinen Erinnerungen heißt es dazu nur, er habe nach einigen Seelenkämpfen das Christen-

## Höllenfahrt

tum in sich selber gefunden. Er bezeichnete diese Zeit selbst als »Höllenfahrt«.[60] Gerade noch Individualist und Atheist, der den Glauben an Gott für ein Zeichen von Schwäche hielt, jetzt entrückter Guru, der, nach einem nicht näher bezeichneten Erweckungserlebnis, die Christusgestalt neben Goethe auf dem Thron sitzen sah.

Dazwischen eine kurze Zeit als Bohemien. Steiner war vorübergehend Mitglied der Berliner Literatengruppe »Die Kommenden« und des Giordano-Bruno-Bundes. Gemeinsam mit Otto von Hartleben gab er das *Magazin für Litteratur* heraus, wobei Hartleben meistens durch Abwesenheit glänzte, aber dafür die Kontakte herstellte zu den Literaten, die sich um seinen »Verbrechertisch«, einen Stammtisch in der Gaststätte »Zum strammen Hund« in der Dorotheenstraße, versammelten. Berlin war zu dieser Zeit neben Wien die Hauptstadt der Literatur. Wir verbinden damit den Symbolismus, den Steiner verabscheute, den Naturalismus, der ihm näherlag, und den beginnenden Expressionismus. Die junge Viermillionenstadt erlebte eine kulturelle Hegemonie der Texte und der Sprache, versinnbildlicht vor allem durch den Journalismus. Zeitungskioske, Zeitungsverkäufer, Zeitungsleser prägten das Straßenbild. Über neunzig Blätter kamen täglich auf den Markt. Steiner lebte nun in der boomenden Industriestadt nicht nur an dem Ort der klassischen Moderne schlechthin, er arbeitete als Journalist und Publizist auch in der neben der Werbung modernsten Branche. Da er noch nach seiner »Konversion« versuchte, bei einer Wiener Zeitschrift eine feste Redakteursstelle zu bekommen, ist anzunehmen, dass ihn dieser Beruf ernsthaft interessierte. Seinen Mitteilungsdrang, der sich schon in jungen Jahren in Wien bemerkbar gemacht hatte, befriedigte er dadurch, dass er das Blatt mit eigenen Texten füllte. In einem äußerte er seine Hoffnung, um 1900 werde ein neues Geschlecht geboren, das ohne Christentum und ohne Ausblick auf das Jenseits leben könne. Nur zwei Jahre später trat der Nietzscheaner geläutert vor Theosophen auf und sprach über die »mystische Tatsache des Christentums«.

Dass er im Verlauf dieses halsbrecherischen Richtungswechsels seine alten Gewährsmänner verraten musste, liegt in der Logik des gewaltsamen Zurechtbiegens seiner Biographie. Im Nachhinein wollte er weder Nietzscheanhänger noch Anarchist gewesen sein. »Mein ethischer Individualismus war als reines Innen-Erlebnis des Menschen empfunden. Mir lag ganz fern, als ich ihn ausbildete, ihn zur Grundlage einer politischen Anschauung zu machen. Damals nun, um 1898 herum, sollte meine Seele mit dem rein ethischen Individualismus in eine Art Abgrund gerissen werden.« Stirner stempelte er rückwirkend zum Symbol der untergehenden bürgerlichen Welt und Nietzsches *Antichrist*, von dem er Rosa Mayreder gerade noch in Briefen vorgeschwärmt hatte, wurde zu einem Buch mit »teuflischen Inhalt«.

Wenn wir nicht irgendwelche schwer zu ermittelnden inneren Beweggründe als Ausgangspunkt für Steiners Wandlung betrachten, sondern seine äußeren Lebensumstände, dann können wir annehmen, dass nicht zuletzt seine berufliche Situation den Ausschlag gab für seine neue Karriere. Denn das *Magazin für Litteratur* war ökonomisch erfolglos, und Steiner als Herausgeber trug dazu wesentlich bei, dass es so blieb. Durch seine eigenwillige Themenmischung und sein originelles Verständnis davon, wie Theaterkritiken zu schreiben seien, verprellte er die ohnehin schon nicht zahlreichen Abonnenten. Steiner schrieb über die aufregenden Entwicklungen am Theater – unter anderem über Wedekinds Premieren – ohne Wertung und Urteil, was seine Leser genauso verdrossen haben mag wie die Tatsache, dass er das Magazin für anarchistische Stellungnahmen, für Pamphlete gegen das »Philistertum« oder für eine Verteidigung von Émile Zola in der Dreyfusaffäre einsetzte. Das konnte nicht lange gutgehen. Das Blatt wurde eingestellt.

## Höllenfahrt

Eine vorübergehende finanzielle Besserung brachte seine Arbeit als Lehrer an der Berliner Arbeiterbildungsschule. Rückblickend behauptet Steiner, ihn habe die sozialistische Ausrichtung der Institution nie interessiert. Es sei eine schöne Aufgabe gewesen, Erwachsene zu unterrichten. Außerdem habe er sich bei der Anwerbung ausbedungen, keine marxistischen Inhalte lehren zu müssen. Die Schule war von Karl Liebknecht, dem Sohn der Gründerfigur der deutschen Sozialdemokratie, Wilhelm Liebknecht, und von Rosa Luxemburg gegründet worden. Steiner berichtet in seiner Autobiographie, er habe von den Arbeitern, die er unterrichtete, gelernt, sich in die Welt der kleinen Leute hineinzuversetzen und deren Sprache zu sprechen. Das muss ihm gelungen sein, denn nach Aussagen ehemaliger Schüler war Steiner als Lehrer sehr beliebt. Emil Unger-Winkelried erinnerte sich gern an den ehemaligen Lehrer im langen schwarzen Gehrock mit schwarzer Schmetterlingsschleife um den Hals. »Über die freie Denkerstirn aber fiel eine lange, kühne Geniesträhne, die er in kurzen Zeitabständen mit einem vehementen Schwung des Hauptes zurückschleuderte. O, wir liebten ihn abgöttisch, und ich bin überzeugt, dass diese widerspenstige Haarsträhne, die uns äußerst imponierte, ein nicht geringes Verdienst an dieser Zuneigung hatte.« Auch dieser Zeitzeuge ging übrigens auf den frappierenden äußerlichen Wandel ein, den Steiner mit seiner theosophischen Konversion durchmachte. Ein Duzfreund von ihm, der ihn nach längerer Zeit wiedersah, habe ausgerufen: »Was ist denn mit Dir geschehen, Du siehst ja aus wie ein Heiliger!«[61]

Steiner unterrichtete fünf Jahre an der Schule, nach Auskunft des Schülers bemühte er sich dabei um eine verdünnte Fassung des Sozialismus, was ihm bei der Schulleitung nicht schadete, da er als hingebungsvoller und mitreißender Didakt geschätzt worden sei. Erst als die Vorgesetzten auf die neuen esoterischen Ausflüge ihres Mitarbeiters aufmerksam wurden, musste Steiner den Hut nehmen. Abgesehen von der

Inkompatibilität einer materialistischen Ideologie mit Steiners übersinnlichen Lehren dürfte dabei auch eine Rolle gespielt haben, dass sich der Arbeiterlehrer nunmehr mit dem Milieu des Klassenfeinds mischte.

Schon Zeitgenossen haben Steiners Wandlung mit seinen persönlichen Lebensumständen in Zusammenhang gebracht. Richard Specht erinnerte sich, dass nach der langen »Hungerzeit« in Wien, Weimar und in Berlin nun ein ganz anderer Steiner zu Besuch kam. Plötzlich sei er im Auto vorgefahren und habe einen kostbaren Pelz getragen. Der Schriftsteller Max Osborn bemerkte in einem Nachruf auf Steiner, der Anthroposophenmeister sei nicht immer ein schwärmerischer Mystiker gewesen. Quasi über Nacht sei aus dem respektlosen und lebensfrohen Mann ein »verzückter Dorfschullehrer« geworden, der adeligen Damen in Vortragskursen von übersinnlichen Dingen erzählte. Stefan Zweig, der ihn ebenfalls in dieser Transitionsphase kennengelernt hatte, betonte einen anderen Aspekt der Steiner'schen Verwandlung. »Hier, in Rudolf Steiner, ... begegnete ich nach Theodor Herzl zum ersten Mal wieder einem Mann, dem vom Schicksal die Mission zugeteilt werden sollte, Millionen Menschen Wegweiser zu werden. Persönlich wirkte er nicht so führerhaft wie Herzl, aber mehr verführerisch. In seinen dunklen Augen wohnte eine hypnotische Kraft, und ich hörte ihm besser und kritischer zu, wenn ich nicht auf ihn blickte, denn sein asketisch-hageres, von geistiger Leidenschaft gezeichnetes Antlitz war wohl angetan, nicht nur auf Frauen überzeugend zu wirken. Rudolf Steiner war in jener Zeit noch nicht seiner eigenen Lehre nahegekommen, sondern selber noch ein Suchender und Lernender; gelegentlich trug er uns Kommentare zur Farbenlehre Goethes vor, dessen Bild in seiner Darstellung faustischer, paracelsischer wurde. Es war aufregend ihm zuzuhören, denn seine Bildung war stupend und vor allem gegenüber der unseren, die sich allein auf Literatur beschränkte, großartig vielseitig; von seinen Vorträgen und manchem guten privaten Gespräch kehrte ich immer zugleich begeistert und etwas niedergedrückt nach Hause zurück. ... einem Mann solcher magnetischer Kraft gerade auf jener frühen Stufe zu begegnen, wo er noch freundschaftlich undogmatisch sich Jüngeren mitteilte, war für mich ein unschätzbarer Gewinn.«[62]

Was aus dieser und anderen Zeitzeugenbeobachtungen herausklingt und was jedem Leser seiner Texte sofort offenkundig wird, ist die Tatsache, dass Rudolf Steiner viel mehr ein Mann des gesprochenen Wortes als des geschriebenen war. Wo seine Prosa oftmals schwerfällig, verblasen, verschraubt daherkommt, war seine mündliche Rede offenbar dazu angetan, die Zuhörer zu fesseln. Wie wir gesehen haben, hatte er schon als junger Student begonnen, an seiner Rhetorik zu feilen. Es gab also eine durchaus irdische Disposition für seine Karriere als Prophet der Anthroposophie: die Rednerbegabung, die er, vermutlich angetrieben von seinen dürftigen Lebensverhältnissen, im rechten Augenblick zu nutzen wusste.

## TEIL III
## IM STELLWERK

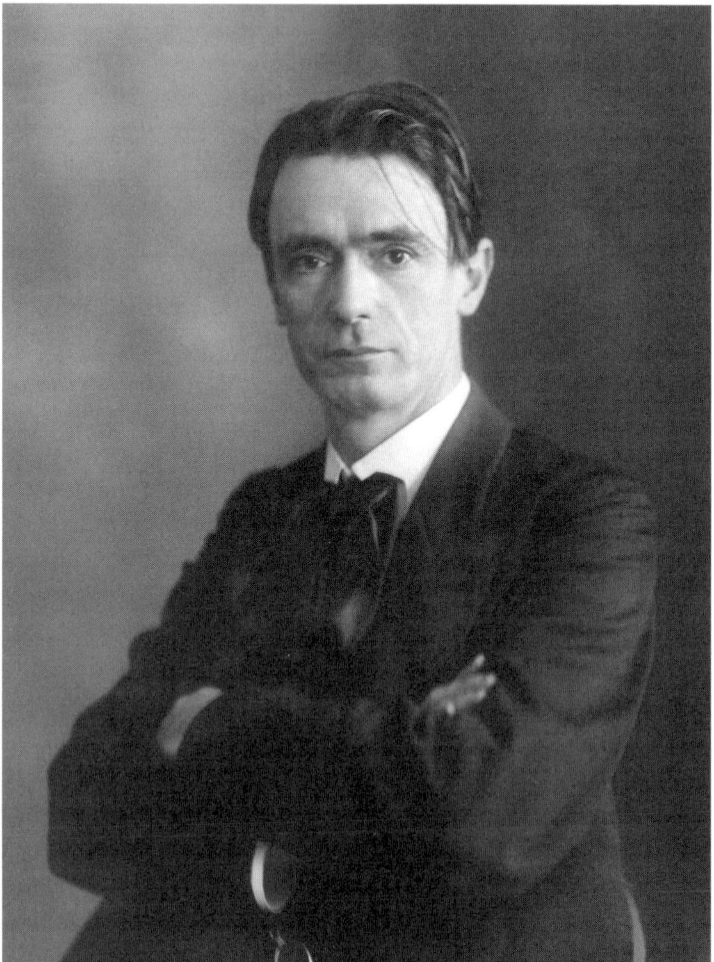

## Du verstehst mich

Wenn behauptet wird, hinter jedem erfolgreichen Mann stehe eine starke Frau, ist das oft eine Plattitüde. Im Fall Rudolf Steiners stimmt es. Neben seinem Goethestudium und seinem Sendungsbewusstsein – »ich wollte so viel sagen, als zu sagen möglich« – war die Zusammenarbeit mit Marie von Sivers die dritte Voraussetzung für seine Karriere als Prophet der Anthroposophie. Sie war seine Entdeckerin, Förderin und Mitarbeiterin und, man muss wohl den damaligen Modebegriff im Wortsinn verstehen, Seelengefährtin. Ohne sie wäre die anthroposophische Bewegung vielleicht gar nicht entstanden.

Dass ausgerechnet eine Frau diesen wichtigen Part gespielt hat, ist gar nicht so erstaunlich. Frauen fühlten sich generell zum Okkultismus hingezogen, vor allem zur Theosophie, der nicht zu Unrecht der Ruf anhaftete, besonders viele weibliche Anhängerinnen anzuziehen. Nicht nur, weil Frauen im 19. Jahrhundert im Allgemeinen religiöser waren als Männer und daher nach dem grundsätzlichen Bedeutungsverlust der Kirchen einen größeren spirituellen Bedarf hatten, sondern auch, weil der gesellschaftliche Gestaltungsraum in diesem Bereich für Frauen attraktiv war. Das typische bürgerliche Frauenleben spielte sich ganz überwiegend im familiären, kirchlichen und karitativen Bereich ab. Studium und wissenschaftliche Karriere, im Fall der Marie von Sivers durchaus denkbar, waren dieser Generation von Frauen noch verschlossen. In Deutschland bestand die Möglichkeit dafür erst ab dem ersten Jahrzehnt des 20. Jahrhunderts. So betätigten sich im 19. Jahrhundert nicht wenige gebildete und ehrgeizige

Frauen, die außerhalb des bürgerlichen Spektrums, das heißt abseits der Wohlfahrt und des eigenen Lebensumfelds, aktiv werden wollten, in der okkultistischen Szene. Dort konnten sie Karriere machen. Marie von Sivers' Lebensgeschichte ist ein gutes Beispiel, welche Möglichkeiten Frauen mit dem entsprechenden familiären und finanziellen Hintergrund in der okkultistischen Bewegung offenstanden.

Marie war keine schöne Frau, mit schmalen Lippen, strengem Dutt, spitzer Nase, großen blauen, hervorquellenden Augen. In den zeitgenössischen ästhetischen Kategorien eher apollonisch als dionysisch, wie ihr Freund, der französische Dramatiker Édouard Schuré, höflich meinte. Er äußerte sich sehr diplomatisch über die Atelieraufnahmen, die sie extra für ihn hatte anfertigen lassen, damit er eine Vorstellung vom Aussehen seiner Übersetzerin und Brieffreundin bekäme. »Ich hatte Sie mir eher als englischen oder slawischen Typus vorgestellt. Nun sehen Sie wie eine Deutsche aus, aber von seltener Verfeinerung, gestählt wie eine Stahlklinge. Das ist eine absolut moderne Physiognomie, die durchaus nichts präraffaelitisches haben kann … . Denn wenn es vielleicht auch Träume in diesen Augen gibt: das exakte Denken herrscht vor. Und ich bin beeindruckt von dem Durchdringenden und Treffenden in Ihrem Blick, wie auch von der Willenskraft und Festigkeit ihres feinen Mundes. Er kann wohl Pfeile der Ironie entsenden, er tut es aber nur, wenn die Augen es ihm erlauben. Und diese schauen weit. … Ein wenig bedaure ich die Italiener, die Ihrer ›Stahlklinge‹ begegnen werden. Diese wird sie erstaunen und etwas verwirren – aber für Sie habe ich keine Angst. Die Klinge wird nur stumpf werden, wenn sie es will.«[1]

Als drittes Kind einer deutsch-baltischen Familie kam Marie von Sivers am 14. März 1867 in der polnischen Stadt Wlotzlawek im Gouvernement Warschau auf die Welt. Ihr Vater war der kaiserlich-russische Generalleutnant Jakob von Sivers,

Garnisonskommandant und evangelisch getauft. Den Adelstitel verdankte die Familie dem Vorfahren Peter von Sivers (1674 bis 1740), Admiral im russischen Seedienst, der den ersten russischen Militärhafen unter Peter dem Großen erbauen ließ. Mütterlicherseits entstammte sie einer rheinländischen Ärzte- und Pastorenfamilie. Marie wurde von einer russisch-jüdischen Kinderfrau großgezogen. Das mag sie später mit dazu bewogen haben, Mitgliedern der jüdischen Familie Specht, in der Steiner als Hauslehrer tätig gewesen war, bei ihrer Flucht vor den Nazis zu helfen. Sie wuchs mehrsprachig auf, besuchte zunächst eine deutsche Schule, dann ein russisches Gymnasium und erwarb schließlich ein Hauslehrerinnendiplom. Mit 21 Jahren zog sie zu ihrem Bruder aufs Land. Nach einer karitativen Phase, in der sie sich um Kranke und Schulkinder in der armen Landbevölkerung kümmerte, kehrte sie Ende der 1880er Jahre nach St. Petersburg zurück. Ihre Eltern erlaubten ihr nicht, Schauspielerin zu werden. Stattdessen reiste sie durch Westeuropa, nahm in Paris Sprechunterricht, lernte Rezitation, unterrichtete an einer deutschen Schule, was ihrer Stimme jedoch so zusetzte, dass sie sich einer Stimmbandoperation unterziehen musste. Später wertete sie das als schicksalhaft, Steiner habe ihr geholfen, die Sprache »organfrei« zu gestalten.

Wie ihre Schwester Olga, die sich ebenfalls der anthroposophischen Bewegung anschloss, verbrachte Marie vor dem Ersten Weltkrieg viel Zeit in Berlin.[2] Sie beschäftigte sich mit Goethe und Nietzsche und dem Einfluss weiblicher Musen auf die großen deutschen Denker. Ein Interesse, das wohl auch ihr eigenes war. Ende der 1890er Jahre lernte sie einen solchen großen Mann kennen, Édouard Schuré, den in Straßburg geborenen symbolistischen Autor, der unter anderem über Geheimreligionen schrieb und Dramen schuf, durch die er hoffte, die sinnliche Welt mit der übersinnlichen zu verbinden. Sein Ideal war das Theater der Seele, das nicht Abbild der Gesellschaft, sondern Tempel der Ideen und der frei schöpferischen Seele sei. Steiner sollte in späteren Jahren Schurés Mysterienspiele in München aufführen.

Über den Dramatiker bekam die finanziell unabhängige Adelige Zutritt zur Theosophischen Gesellschaft. Der Sinn stand ihr, wie so vielen damals, nach einer Verbindung von humanistischer Bildung, Religion und Wissenschaft. Im nach ihrer Meinung »materialistischen« Berlin fänden sich zwar viele hervorragende Fachgelehrte, denen aber das Gespür für das »geistige« Leben fehle. Man klammere sich an das Wäg- und Zählbare und lehne ab, in kühnem Gedankenflug darüber hinauszugleiten, kritisierte sie. Auf ihrer Suche nach Sinngebung war Marie von Sivers auch auf Johannes Müller gestoßen, den kulturprotestantischen Lebensberater und späteren Steinerkonkurrenten in Bayern, doch war sie von seinem Wirken nicht überzeugt. Genauso wenig gefiel ihr das Angebot der Spiritisten. Der Verkehr mit dem Jenseits bewies ihrer Meinung nach geistige Abstumpfung und mangelnde Kritikfähigkeit. Auch die christliche Heils- und die *New-Thought*-Bewegung aus Amerika, die jedes körperliche Leiden auf einer geistig-spirituellen Ebene heilen wollten, vermochten sie nicht zu überzeugen. Letzteren unterstellte sie, es gehe ihnen nur um Alltagstauglichkeit und Effizienz des Menschen. Dann fand die 33jährige alleinstehende Frau zur Theosophie.

Der Kontakt entstand im Jahr 1900 in Berlin, wo damals Graf und Gräfin von Brockdorff die deutsche Sektion leiteten. Sophie Gräfin von Brockdorff (1848 bis 1906) war eine unkonventionelle dänisch-deutsche Theosophin, die zweimal denselben Mann heiratete, Cay Lorenz Graf von Brockdorff (zwischendurch zeugte er mit einer anderen Frau ein Kind). Gemeinsam war das Ehepaar 1893 in die Theosophische Gesellschaft eingetreten. Um 1900 wurde Brockdorff Sekretär der Berliner Loge, sie seine rechte Hand. Das Paar lud regelmäßig in seine private Bibliothek zu Vorträgen ein, die sich im weitesten Sinne mit okkultistischen Themen befassten. Man muss sich diese Treffen als verschworene Zirkel vorstellen und es kamen oft nicht mehr als sieben Zuhörer zusammen. Die Brockdorffs wurden auf den Neuberliner Akademiker Rudolf Steiner aufmerksam. Im November 1900 luden sie den frei flottierenden Intellektuellen zu einem Vortrag ein, dem in den nächsten Wochen mehrere folgen sollten, unter anderem zu Nietzsche und Goethes *Märchen von der grünen Schlange und der schönen Lilie*. Im selben Monat trat Marie von Sivers der Loge bei.

Das Aufeinandertreffen der beiden war ein Schlüsselmoment in der Geschichte der Anthroposophie. Sie erkannte sein charismatisches Kapital und die Chance, die darin für sie selbst lag. Erst durch Marie von Sivers begann Steiner, sich ernsthafter mit der Theosophie zu beschäftigen. Im September 1900 hatte er seine Arbeit beim *Magazin für Litteratur* verloren. Im Oktober bewarb er sich um eine Dozentur an der Berliner Humboldtakademie für Erwachsenenbildung, im Sommer 1902 um eine Redakteursstelle bei der Wiener Zeitschrift *Die Zeit*. Noch bis 1905 unterrichtete er an der Berliner Arbeiterbildungsschule. Daraus wird ersichtlich, wie wichtig die Überzeugungsarbeit Maries war, denn noch hatte er eine professionelle Arbeit in der okkultistischen Bewegung nicht im Blick. Steiner war in jenen Jahren auf der Suche nach Arbeit und Brot, und der Okkultismus als Beruf war nicht sein Herzenswunsch.

Allerdings interessierte er sich neuerdings für Mystik. Er schrieb in jener Zeit ein Buch über die *Mystik im Aufgang des neuzeitlichen Geisteslebens und ihr Verhältnis zur modernen Weltanschauung*, in dem es unter anderem um die christlichen Mystiker Meister Eckhart, Seuse, Paracelsus und Giordano Bruno ging; eine Rückkehr also zu einem okkultistischen Weltbild, dem er schon einmal vor Jahren in Wien über den Kreis von Friedrich Eckstein nähergekommen war. In der Studie ging es um eine übersinnliche Welt, die sich nur dem Geist zeige, und über die Erweckung des Selbsts die zur geistigen Wiedergeburt aller Dinge führe. Steiner glaubte zu diesem Zeitpunkt also wieder, und zwar an die Erkenntnis der Welt und des Übersinnlichen durch die Erkenntnis des eigenen Selbst. Er griff damit frühere Positionen seiner philosophischen Laufbahn wieder auf – die Vorstellung einer Entsprechung des Individuums und des Kosmos (der Mensch ist ein Mikrokosmos) – und seinen Idealismus aus den Wiener und Weimarer Tagen, wonach es ein dem Verstand überlegenes Erkenntnisvermögen gebe, die Selbsterkenntnis, der sich die Ideen hinter allem Sichtbaren und allen menschlichen Handlungen erschließen. Man kann diese Schrift Steiners als einen Zwischenschritt zu seiner Konversion zum Theosophen interpretieren.[3] Marie von Sivers soll es gewesen sein, die ihn anregte, in diese Richtung weiterzudenken und – in Abgrenzung zur buddhistisch und hinduistisch dominierten Theosophie – eine stärker christlich-abendländisch geprägte Geistesbewegung zu gründen. Außerdem führte sie Steiner in die englischsprachigen theosophischen Netzwerke ein. Wie hilfreich eine mehrsprachige und viel gereiste Mitarbeiterin wie Marie von Sivers sein konnte, wurde Rudolf Steiner frühzeitig bewusst. Deshalb bat er darum, als er im Oktober 1902 aufgefordert wurde, als blutiger Neueinsteiger die eben erst gegründete deutsche Sektion der Theosophischen Gesellschaft zu leiten, die baltische Adelige an seine Seite zu stellen.

Dass die Figur der Marie von Sivers heute in der Erinnerung der offiziellen Anthroposophie dennoch verblasst ist, hat verschiedene Gründe. Für die an männliche Führerschaft und weibliche Gefolgschaft gewöhnten Zeitgenossen spielte sie keine prominente Rolle in der Frühgeschichte dieser Bewegung. Das hängt nicht nur mit den damaligen Geschlechterbildern zusammen (Frauen in Führungspositionen waren seinerzeit in Deutschland anders als in der internationalen okkultistischen Bewegung nicht denkbar), sondern auch damit, dass die Anthroposophie ganz auf die Eingebungen des

Propheten Steiner zugeschnitten ist. Weil es nach dem Tod der Symbolfigur Steiner keine klare Nachfolgeregelung gab, kam es außerdem zu Erbstreitigkeiten mit Marie von Sivers, die ihren Nachruf zusätzlich beschädigt haben mögen. Ein Schicksal, das sie bis heute mit vielen Witwen von berühmten Männern teilt.

Außerdem unterminierte sie selbst eine realistische Einschätzung ihres Beitrags, indem sie sich in ihren schriftlichen Äußerungen übertrieben aufopferungsvoll und voller Anbetung für ihren »Meister« dargestellt hat, wahrscheinlich aus strategischen Gründen und aus Überzeugung. Sie habe »den Weg der Schülerschaft und des vollständigen Opfers der irdischen Persönlichkeit« eingeschlagen. Sie bezeichnete Steiner als ihren Freund und Führer, als »Lehrer im Okkultismus«. Ihr Respekt vor seiner spirituellen Autorität scheint grenzenlos gewesen zu sein. »Sein inneres Schauen und seine kristallklare Wissenschaft umfassen Welten, an welche der Gedanke nur mit Schrecken von ferne anrührt, so hoch sind sie. Sein Wissen hat keine Lücken und seine Kraft ist ebenso groß wie seine Güte.... Das Unbegreiflichste ist vielleicht, dass jemand von einer so zerbrechlichen Menschlichkeit wie ich, von ihm gewählt wurde, um ihm in Arbeit und Muße Gefährtin zu sein. Es gibt Leute, die das irritiert. Man wird in ihm das Allzumenschliche suchen. Nun, er wird wohl wissen, was er tut. Er hat eben auch einen Willen, welcher über das Persönliche hinausgeht«, schrieb sie im Jahr 1905 an ihren Freund Schuré. Dieser zollte ihr Respekt für den »erhabenen Pakt«, den sie mit Steiner auf der Basis geschlossen hätte, auf die »niederen Freuden« zu verzichten, und sich dem anderen hinzugeben, sodass er eine »weitere Individualität« hinzugewänne.[4] Vielleicht eine Anspielung auf den rein platonischen Charakter dieser Verbindung?

Heute ist es angemessen, Marie von Sivers aus Steiners Schatten hervorzuholen. An seiner Seite wurde sie schnell die eigentliche Geschäftsführerin der Berliner Loge, sie organisierte seine Vortragstätigkeit, schrieb seine Briefe und begleitete seine Reisen, trug aber auch eigenständige Leistungen bei vor allem in der Eurythmie. Ihre darstellerischen und rezitativen Fähigkeiten dürften Steiner als Vortragskünstler geholfen haben. Später gründete Marie von Sivers den Philosophisch-Anthroposophischen Verlag, gab Steiners Schriften heraus, verwaltete das Vermögen, die Immobilien und Betriebe. Sie war weit mehr als ein Mädchen für alles geworden und konnte auf eine für Frauen damals ganz unübliche Weise selbstständig wirksam werden. In etablierten und konventionelleren Organisationen wäre ihr eine vergleichbare Karriere kaum möglich gewesen. Marie von Sivers deutete das selbst in einer vagen Formulierung an, indem sie von neuen Lehren sprach, an deren Verwirklichung »sich die Frau beteiligen dürfe« – »hier lag, wenn sie wollte, wenn sie sich dazu würdig machte, ihr neues Wirkungsfeld.«[5] Vor ihrer Begegnung mit Steiner hatte sie sich mit der Frauenemanzipation identifiziert. »Ich träumte den Traum der Befreiung der Frau vom Joche der alten Vorurteile, der einengenden Konventionen, der vorgeschriebenen Verschrumpfung, der auferlegten Verdummung. Ich spürte an mir selbst die abgeschlagenen Glieder, und ich zog hinaus, um mit dazu beizutragen, dass den andern Frauen dies erspart bleibe, um mithelfen zu können am Schaffen von Bedingungen, die den Frauen das Auswachsen ihrer Glieder gestattete, die volle Entwicklung ihrer Fähigkeiten.«[6] Marie von Sivers war also eine weitere starke Frau in Steiners Leben. Anstatt an eine eigene soziale Bewegung zu denken, wie das Rosa Mayreder und Marie Lang getan hatten, verabschiedete sie sich jedoch wie so viele Menschen um die Jahrhundertwende von dem Traum einer kollektiven Besserung der Gesellschaft und wandte sich stattdessen der eigenen Verbesserung und der anderer Individuen zu.

Ihr übergroßes Engagement für Steiner und seine Anthroposophie ging nicht spurlos an ihr vorbei. Während der folgenden Jahre, die restlos angefüllt waren mit Reisen und Arbeit, erkrankte sie immer wieder ernsthaft. Selbst ihr Äußeres änderte sich so, dass ihre Freundin sich erst an den neuen Anblick gewöhnen musste: »Selten hat sich eines Menschen körperliche Erscheinung in wenigen Jahren so verändert, und nur wenn Du im gewohnten Familienkreis wieder lebst, treten auch die unbestimmten wechselnden Linien mit ihrem weichen Liebreiz bisweilen wieder auf.«[7] Dasselbe konnte man, wie wir gesehen haben, von Rudolf Steiner sagen. Was diese sichtbare Veränderung ausgelöst hat, lässt sich erahnen, wenn man folgende Schilderung eines Vortrags liest, bei dem Rudolf Steiner vor dem Giordano-Bruno-Bund zum ersten Mal über seine neuen höheren Einsichten sprach. »Die eisige Benommenheit hielt nach dem Schlusse noch an. Keine Hand rührte sich. Kaum bewegte sich jemand. Nicht ein geflüstertes Wort fiel. Wie mit einer Last behaftet, erhob sich der Leiter der Versammlung, fragte, ob das Wort gewünscht werde – es meldete sich niemand, ohne den üblichen Dank an den Redner leerte sich der Saal.«[8]

Nicht nur die ehemaligen Schüler, auch Kollegen und Freunde von Rudolf Steiner fragten sich, wohin nach seinem ersten Theosophenkongress in London im Jahr 1902 der schöne junge Mann aus Weimarer Tagen mit den harmonisch proportionierten Gesichtszügen und dem modischen Victor-Emanuel-Bart verschwunden war? Nicht einmal seine Frau wollte ihn in seinem neuen Prophetengewand wiedererkennen. Auch nicht, als er beteuerte, der Theosoph habe eigentlich immer schon in ihm geschlummert. Da verwundert es nicht, dass sich die Arbeitsverbindung zwischen Steiner und von Sivers zum Bündnis zweier Verschworener vertiefte. Die Wir-gegen-den-Rest-der-Welt-Beziehung wurde noch enger zusammengeschweißt, als auch die theosophischen Kreise bald begannen, gegen Steiners Auslegungen zu opponieren. Die Konversion zum Theosophen und die eigene Weiterentwicklung der Lehre zur Anthroposophie musste gegen vielfache Widerstände durchgesetzt werden, dadurch scheint die äußerliche Veränderung Steiners erklärlich, ohne dass wir ihr eine okkulte Bedeutung zuschreiben müssen. In Marie von Sivers' Worten drückt sich immer wieder eine entsprechend leidgeprüfte Hingabe aus. Ihr Preis, den sie für die Ehre, mit ihm zusammenarbeiten und zusammenleben zu dürfen, zahlen musste, sei hoch: »Man erkannte mit Schmerzen sogar, dass man abzuschließen haben würde mit all dem, was der Willkür im Leben Raum lässt, dass man mit eiserner Notwendigkeit den Weg würde zu Ende gehen müssen, den man jetzt betreten hatte.«[9]

Steiner bekannte in jener Zeit, dass er sich nur von Marie richtig verstanden fühle und dass der gemeinsame Glaube an die Sache für ihn eine Voraussetzung für seine Arbeit sei. »Für uns ist ja das gemeinsame Ziel eine der Meister-Kräfte, denen gegenüber wir beide ›lenksam‹ sein müssen in treuer fester Waffenbrüderschaft. Der Mit-Glaube ist eine positive Kraft, die magnetisch für uns wirkt, und diese Mit-Glauben-Kraft hast Du mir durch Dein Verständnis gebracht; und wir müssen sie uns gegenseitig geben.«[10] Der treffendste Ausdruck, der das Wesen der Verbindung Steiner–von Sivers charakterisiert, ist wohl tatsächlich Waffenbrüderschaft. Dass die beiden darüber hinaus ein Ehepaar werden wollten, verstörte ihre Umgebung zutiefst. Selbst die enge Freundin Maria von Strauch schrieb Marie von Sivers, wie überrascht sie sei von den Heiratsplänen, da sie die Verbindung mit Steiner als »feinste Geistliebe« verstanden habe und nie auf eine derartige Idee gekommen sei.

Die Eheschließung, die erst am 24. Dezember 1914 vollzogen wurde (Anna Steiner, die erste Frau, war bereits 1911 gestorben), löste denn auch eine für die Anhängerschaft eines Gurus nicht untypische Krise aus. Mehrere Frauen waren düpiert, vor allem eine Anhängerin aus München hatte sich offenbar als wahre Muse Steiners betrachtet. Da er sie mit einer Hauptrolle in einem seiner Mysteriendramen besetzt hatte, fühlte sie sich als vom Meister erwählt. Es kam zum Aufruhr, ein Anhänger bezichtigte ihn des Wortbruchs. Steiner musste sich rechtfertigen: Es gebe wohl Verwechslungen zwischen der Lehre und dem Meister. Das war auch ein Grund für die Ehe mit Marie von Sivers. Sie heirateten, um den Phantasien der Neider und Verehrerinnen des Gurus die Nahrung zu entziehen.

Nicht zuletzt als Reisebegleiterin war Marie von Sivers für Steiner unersetzlich. Wenn sie vor Erschöpfung nicht mehr weiterkonnte, verschob er seine Vortragstermine. Sie war sein Impresario, stimmte die Programme ab, buchte Züge, suchte Ortschaften, zahlte Saalmieten, erfüllte Extrawünsche. Nicht nur körperlich ein anstrengendes Leben. Im Mai 1905 schrieb sie an Schuré: »Sie haben recht, er erlahmt nie, aber es ist wie immer in solchen Fällen, wenn eine so starke Persönlichkeit auftritt: es gibt eine absolute Hingabe, die grenzenlose Begeisterung und – maßlose Feindschaften. Berge von Haß werden sich erheben – ja, sie erheben sich bereits.«

Trotz dieser Hingabe an das gemeinsame Projekt scheint die Verbindung bis zum Ende nicht von sonderlicher Intimität geprägt gewesen zu sein. Zwei Tage nach Steiners schwerem Krankheitsausbruch im September 1924, von dem er sich nicht mehr erholen sollte, trat die Ehefrau eine Reise durch Deutschland an. In dieser Zeit zog Steiner aus dem gemeinsamen Wohnhaus in sein Atelier. Damit sollte die Pflege des Patienten durch seine neue enge Gefährtin, die Ärztin Ita Wegmann, erleichtert werden. Marie von Sivers, jetzt Marie Steiner, war das offenbar ein Dorn im Auge. Anders als die Ärztin Wegmann durfte sie den Meister nur einmal am Tag zur festgelegten Stunde besuchen. Das war nicht nach ihren Vorstellungen. In einem Brief an seine Frau schrieb Rudolf Steiner am 27. Februar 1925: »Dass Karma auch andere Personen in meine Nähe bringt, ist eben Karma. Aber Du hast Dich zum Verständnis durchgerungen; das ist ein Segen für mich.«[11] Bis zum Schluss blieb die Ehe distanziert und auf die geistige Verbundenheit beschränkt. Im seinen letzten Briefen an seine Frau schrieb er, wie sehr er ihre Kommentare zu seinen Schriften vermisse und wie froh er sei, dass sie sich so für die Sache einsetze: »Denn innere Kompetenz gestehe ich für mich doch nur *Deinem* Urteil zu.«[12]

Marie Steiner überlebte ihren Mann um 23 Jahre und arbeitete bis zum Schluss unermüdlich an seiner Hinterlassenschaft. Seine Nachfolge konnte sie jedoch nicht antreten. Da sich Steiner zu dieser Frage nicht geäußert hatte, geriet die anthroposophische Bewegung nach seinem Tod in einen zehnjährigen Diadochenkrieg, der in der Agonie der Gesellschaft endete. 1935 drängten Marie Steiner, Albert Steffen und Günther Wachsmut die beiden anderen engen Weggefährtinnen Steiners, Ita Wegmann und Elisabeth Vreede, aus dem Vorstand. Ein paar Jahre später überwarfen sich auch Marie Steiner und Albert Steffen. Mitte der vierziger Jahre wurde die Witwe selbst kaltgestellt. Im Jahr 1947 zog sich Marie ins Berner Oberland zurück, arbeitete aber weiterhin an der Herausgabe von Steiners Werken. Sie starb am 27. Dezember 1948.

## Höhere Einsichten

In seiner Rolle als Funktionär der Theosophischen Gesellschaft, also von 1902 bis zum Jahreswechsel 1912/1913, als er zusammen mit fast allen Mitgliedern aus der Vereinigung austrat und seine eigene Anthroposophische Gesellschaft gründete, schrieb Steiner die für die Bewegung wichtigsten Werke. Sie sind bis heute Grundlage der anthroposophischen Bewegung und ihrer Tätigkeitsgebiete. Anders als etwa die

Psychoanalyse hat sich die Steiner'sche Lehre theoretisch nicht weiterentwickelt; neue Themen, die sich zu Lebzeiten des Gurus noch nicht stellten, werden von den Nachfolgern noch immer dadurch beantwortet, dass gefragt wird: Was hätte Steiner dazu gesagt? Deshalb ist es für das heutige Verständnis der Anthroposophie wichtig, sich mit diesen frühen Schriften auseinanderzusetzen und sie in ihrer Zeitgebundenheit zu sehen.

Im September 1902 veröffentlichte Steiner seine Vorträge über *Das Christentum als mystische Thatsache,* in denen er Jesus in eine lange Reihe von Eingeweihten stellte. Damit bewegte er sich noch im Rahmen einer populären Religionssicht um die Jahrhundertwende. Gleichzeitig beschäftigte er sich jedoch auch mit der fernöstlichen Idee des Karmas, die von den Theosophen Ende des 19. Jahrhunderts nach Europa gebracht worden war. Steiner interpretierte sie neu, indem er sie mit der Idee der Evolution verband.

Wie näherte sich jemand, der gerade noch die individuelle Freiheit zum höchsten Gut erhoben hatte, der Idee der Wiedergeburt? Steiner griff die theosophische Vorstellung auf, wonach der Mensch in diesem Leben die Auswirkungen seiner früheren Verkörperungen zu spüren bekommt. Um das verständlich zu machen, benutzte er als Vergleich den Schlaf. So wie der Mensch morgens nicht sein Leben neu erfinden müsse, sondern da anknüpfen könne, wo er vor der nächtlichen Unterbrechung aufgehört hat, so hätten die früheren Leben Vorbedingungen für die heutige Existenz geschaffen: »Meine Taten von gestern sind mein Schicksal von heute.«[13] Steiner verstand diese Ursache-Wirkung-Beziehung psychologisch. Die Vergangenheit lebe in der Gegenwart fort. Sein radikal individualistisches Denken äußerte sich darin, dass Steiner von einer selbst gemachten Vergangenheit spricht. »Ich habe mir durch meine Vergangenheit die Lage geschaffen, in der ich mich gegenwärtig befinde.«[14] So wie bestimmte Tiere, die in lichtlose Höhlen gezogen seien und dort ihr

Augenlicht verloren, nicht an einem anderen Ort leben könnten, so hätten sich die Menschen durch ihre früheren Taten die Bedingungen ihres Selbst erschaffen: »Die Schicksal gewordene Tätigkeit ist Karma.«[15] Das verbindende Element zwischen dem schlafenden und dem wachen Menschen, also zwischen den früheren Leben und dem gegenwärtigen, ist das Gedächtnis. Mit dieser Idee knüpfte Steiner an zeitgenössische lebensphilosophische Vorstellungen an, beispielsweise an den deutschen Philosophen und Psychologen Wilhelm Dilthey, aber auch an die psychoanalytische Denkungsart des Österreichers Freud. Dilthey und Freud machten die Erinnerung zum Ausgangspunkt des Individuums. Sie führten alle gegenwärtigen psychischen Erscheinungen des Menschen auf die Summe seiner vergangenen Zustände zurück. Über die Rückschau erkenne sich das Individuum selbst. Dabei wird ihm die Erinnerung nicht von einer kollektiven Vergangenheit zugewiesen, etwa dem Schicksal seiner Nation oder seiner Ethnie, sondern es ist in der Lage, sich selbst seine Vergangenheit klärend zu ordnen.

»So finde ich mich wirklich am Morgen als eine dreifache Wesenheit. Ich finde meinen Körper wieder, der während meines Schlafes seinen bloß physischen Gesetzen gehorcht hat. Ich finde mich selbst, meinen Menschgeist, wieder, der heute derselbe ist wie gestern, und der heute die Gabe vernünftigen Handelns hat, wie gestern. Und ich finde alles dasjenige bewahrt im Gedächtnisse, was der gestrige Tag – was meine ganze Vergangenheit – aus mir gemacht hat.«[16] In jeder neuen Verkörperung wache der Mensch in einem neuen physischen Organismus wieder auf (Leib), aber mit seinem alten, unsterblichen Geist. Das »Gedächtnis« ist die Seele. Sie bewahre die Taten aus den früheren Leben. Steiner sprach hier von einem »unbewussten Gedächtnis«, also einer Idee, die zu seiner Zeit verschiedentlich aufgegriffen wurde, unter anderem von C. G. Jung mit seiner Archetypenlehre oder in der Rekapitulationslehre Ernst Haeckels, die Steiner als Kronzeugin heranzieht. Ernst Haeckel (1834 bis 1919) war ein bedeutender Biologe und Philosoph, der nicht nur tausende von neuen Arten beschrieben und klassifiziert hat, sondern auch maßgeblich an der Verbreitung der Evolutionstheorie beteiligt war und die Behauptung aufstellte, dass jeder Organismus die Entwicklung der gesamten Evolution wiederholen müsse. Als Goetheaner und naturwissenschaftlicher Monist ging er davon aus, dass Materie und Geist ein und dasselbe seien und über ein Zellgedächtnis verfügten. Steiner hatte in seinen Weimarer Jahren ein Buch über Haeckel geschrieben, von dem er sich freilich, als er sich selbst einen Namen als naturwissenschaftlicher Monist machen wollte, distanzierte.

Auf diesem Weg kam Steiner zu einem Menschenbild, das dem Drei-Instanzen-Modell von Freud nicht unähnlich war, außer dass es ein Drei-Hüllen-Modell war. Allerdings mit einem großen Unterschied: Freud glaubte nicht, dass eine der Instanzen überwunden werden könne oder solle. Das Ich oder die Vernunft muss bei dem Gründer der Psychoanalyse für immer um seine Position ringen. Steiner favorisierte hingegen die Gedächtnisseele; für ihn waren menschheitsgeschichtlich betrachtet sowohl der triebhafte Körper als auch der vernünftige Geist vorübergehende Erscheinungen. Er stellte sich einen auf Fortschritt gerichteten Prozess vor, in dem der einzelne Mensch genauso wie die Menschheit die Entwicklungsstufen hinter sich lassen müssten. Die frühen Verkörperungen, die »primitiven Menschen«, seien noch ganz von ihren Begierden angetrieben gewesen. Es habe vieler Reinkarnationen bedurft, bis der Mensch auf dem moralischen Kulturniveau eines Kant oder Goethe angekommen sei. Je häufiger der Mensch wiedergeboren wird, desto höher steht er. Durch den Erfahrungszuwachs werde er immer bewusster, durchschaue die Welt immer besser, werde immer selbstbestimmter, immer mehr »Herr seines Schicksals«. Der Zielpunkt der Reise ist die volle Freiheit auf Grundlage geistiger Bewusstheit. Hier ähnelte Steiners Denken wiederum dem Freud'schen Aufklärungsversprechen.

Der individualistische Zugriff Steiners auf den Karmabegriff war allerdings zugleich sein Problem. Denn damit wies er das Individuum auf seine eigene Verantwortung zurück. Unverschuldete Not, etwa durch politische Verfolgung oder ungünstige Umweltbedingungen, in die der Mensch geraten kann, waren in Steiners Auslegung nie Zufall, sondern »Schicksalsgesetz«. »So kann man sagen, dass den Menschen im Leben nichts treffen kann, wozu er nicht selbst die Bedingungen geschaffen hat. Durch die Einsicht in das Schicksalsgesetz – ins Karma – wird erst begreiflich, warum ›der Gute oft leiden muss und der Böse glücklich sein kann‹. Diese scheinbare Disharmonie des einen Lebens verschwindet, wenn der Blick erweitert wird auf die vielen [früheren] Leben.«[17] Hier war Steiner das Kind einer ins Extrem getriebenen bürgerlichen Verantwortungsethik. Sinnloses Geschehen konnte der Anthroposoph nicht akzeptieren, genauso wenig übrigens wie die von ihm gescholtenen »Materialisten«. Ziel war die Kontrolle und Beherrschung von Kontingenz durch den Willen zur Einsicht in die höheren Zusammenhänge. Dieses Grundmotiv machte Steiner ebenfalls zu einem ganz typischen Denker einer Zeit, die hoffte, durch Selbstbestimmung und Willenskraft das Gefühl von Unwägbarkeit und Kontrollverlust kompensieren zu können.

Zwischen 1902 und 1906 formulierte Steiner auch seine Kosmologie, eigentlich eine Geschichte des menschlichen Bewusstseins. Das Thema ist in einem früheren Kapitel, in dem es um Steiners Rassenvorstellungen ging, bereits angerissen worden. Der systematische Zusammenhang mit der Karmaidee bestand darin, dass auch die Erdengeschichte eine Höherentwicklung durchlaufen habe. Als Beweis für seine Entwicklungsgeschichte berief sich Steiner einerseits auf die »Geheimwissenschaften«, womit die Theosophie gemeint war, andererseits auf eigene mediale Einsichten. Denn ein Medium – und Steiner betrachtete sich selbst als ein solches – könne lernen, in Trance in frühere Menschheits- und Bewusstseinsformen zurückzugehen. Freilich müsse es dabei, und das ist das Eigenwillige an Steiners Lehre, streng systematisch vorgehen.

Das eigentlich Moderne an Steiners Beiträgen aus dieser Zeit im Verhältnis zu dem, was er an theosophischem Gedankengut übernommen hat, war diese Systematik – der Anspruch auf eine Selbstermächtigung des Individuums gegenüber dem Übersinnlichen, sprich: Unwägbaren. Modern war außerdem, dass er ein System für alle erdachte. Seine anthroposophisch gewendete Theosophie (Anthroposophie heißt: Weisheit vom Menschen) sollte ein demokratisierter Schulungs- und Erkenntnisweg für alle sein, und zwar unabhängig von Geschlecht, sozialer Herkunft, Nationalität oder ethnischer Zugehörigkeit. Mit seinen Esoterikratgebern *Wie erlangt man Erkenntnisse der höheren Welten?*, den *Geheimwissenschaften* oder *Theosophie*, die vor 1904 entstanden, beendete Steiner die Zeit, in der die Theosophie ein exklusiver Club nur für einige wenige Erleuchtete war.

Steiner gab in diesen Jahren in verschiedenen Veröffentlichungen, unter anderem in Aufsatzreihen – der von ihm herausgegebenen Zeitschrift *Luzifer Gnosis*, konkrete Anleitungen zum meditativen Üben, durch das sich jeder Einzelne in seiner okkulten Entwicklung selbst befördern könne. Denn das erklärte er zum Sinn der von ihm neu interpretierten Theosophie: Sie sollte ein Erkenntnisweg sein, der jeden einzelnen Menschen geistig perfektioniere; Anthroposophie ist also der demokratische Türsteher zu einer übersinnlichen Welt, im Gegensatz zur Theosophie, die nur einen kleinen Kreis von Auserwählten durchließ. Durch Anthroposophie hätten alle Menschen die Möglichkeit, in *unmittelbarer* Weise mit der unsichtbaren Welt in Beziehung zu treten, also nicht nur über Eingeweihte oder Medien, wie das im Spiritismus der Fall war. »Jeder kann dieses Wissen erwerben; in jedem liegen die Fähigkeiten, selbst zu erkennen, selbst zu schauen, was echte Mystik, Geisteswissenschaft, Anthroposophie und Gnosis lehren.«[18] In modernen Psychojargon übersetzt lautete Steiners Botschaft: Jeder Einzelne trägt die Ressourcen zu seinem Heil in sich. Die muss er sich allerdings hart erarbeiten: durch Wissenserwerb und tägliche Praxis.

Steiner bot Psychotechniken an, die möglichst vielen Menschen diesen Zugang eröffnen sollten. Dafür machte er Anleihen bei Meditationspraktiken, die seit dem 19. Jahrhundert sowohl aus der romantischen Tradition des Mesmerismus als auch aus der Übersetzung buddhistischer Quellen in Europa bekannt waren. Ein Sechs-Monats-Fahrplan zur Vorbereitung der Erkenntnissuche sah beispielsweise so aus: Der erste Schritt wäre die Gedankenkontrolle; ein vollständiges Entleeren des Geistes von allen tagesaktuellen und banalen Gedanken. Dies geschehe durch die Konzentration auf einen spezifischen Gedanken, eine Übung, die täglich einen Monat lang durchgeführt wird. Im zweiten Schritt soll man sich täglich zur festgesetzten Stunde eine bestimmte ungewohnte Handlung vornehmen, zum Beispiel Blumengießen, und sich dabei des inneren »Tätigkeitsantriebs« bewusst werden. Im dritten Trainingsmonat geht es um Gefühlskontrolle: Ziel ist es, sich weder von Freude, Schmerz, Zorn, Ärger oder Angst mitreißen zu lassen. Der vierte Monat ist dem positiven Denken gewidmet. Der esoterische Schüler soll lernen, in jedem Ereignis einen positiven Aspekt zu erkennen – eine Vorwegnahme des *positive thinking* der kalifornischen Psychokultur der 1970er Jahre. Im fünften Monat wird Unvoreingenommenheit geübt, die Gabe, für alles Denkbare offen zu sein. Im sechsten Monat werden die gelernten Fähigkeiten wiederholt, es soll sich eine »versöhnliche Stimmung« einstellen. Nicht unüblich ist, so der Lehrmeister, dass sich nun Gang und Gebärde und sogar die Handschrift des Suchenden änderten.[19]

Was am Ziel winkt, konnte Steiner – verständlicherweise – nur andeuten. Der Geistesmensch findet eine neue Heimat, er wird »bewusster Einheimischer in der übersinnlichen Welt«. Der Quell geistiger Einsicht strömt ihm nunmehr von einem höheren Ort zu. Das Licht der Erkenntnis leuchtet jetzt in ihm. Fortan werde er mit dem gestaltenden Geist selbst reden. Zweifel an dem Geist, die vorher noch bestanden haben, verschwänden. Eingeweihte haben jeden Aberglauben hinter sich gelassen. Sie sind frei von persönlichen Vorurteilen, Zweifel und Aberglauben. Die Persönlichkeit löst sich jedoch nicht im »Allgeist« auf, wie das in fernöstlichen Meditationsschulen angestrebt wird, sondern bleibt gewahrt. Nicht Überwindung, sondern höhere Ausgestaltung der Persönlichkeit ist das Ziel. Damit blieb Steiner dem klassischen bürgerlichen Erziehungsideal treu.

Durch Rudolf Steiners esoterische Führung sollten seine Anhänger also über die bisher gängigen Erkenntnisgrenzen hinweg vorstoßen in eine geistig-göttliche Welt. Dafür bot Steiner eine »Bewusstseinsschulung« an. Der Schulungsweg führte über sieben Stufen (die Obsession mit der Zahl sieben war nicht nur Steiners okkultistische Marotte): Die erste Stufe ist die Aufnahme von Wissen aus eingeweihter Quelle, sprich: Vorträge und Aufsätze von Rudolf Steiner. Der durchaus selbstbewusste Anspruch des Gurus, nur über ihn selbst oder seinesgleichen sei der Weg des Heils zu beschreiben, wurde dadurch etwas abgeschwächt, dass Steiner strikt auf die kognitive Einsicht der Aspiranten setzte. Der Mensch sei schließlich ein »Gedankenwesen« und könne seinen Erkenntnispfad nur finden, wenn er vom Denken ausgehe. Von rein gefühlsmäßigen Erfahrungen übersinnlicher Art, wie sie der Spiritismus seiner Meinung nach kultivierte, von »wesenlosem Hin- und Herflackern von Bildern«, hielt er nichts. »Es ist tausendmal besser, die spirituellen Vorstellungen erst denkerisch erfasst zu haben und dann, je nach seinem Karma später oder früher, selber hinaufsteigen zu können in die geistigen Welten, als zunächst zu sehen und nicht denkerisch erfasst zu haben.«[20] Kein blinder Glaube, sondern die Aufnahme der geisteswissenschaftlichen Gedankenwelt sei bei der Erschließung der höheren Sinne Voraussetzung. Der Geistesforscher konfrontiere seine Schülerinnen und Schüler mit der Zumutung: Nicht glauben sollt ihr, was ich euch sage, sondern es denken.

Die zweite Stufe der geistigen Erkenntnis ist die Initiation. Der Schüler unterstellt sich der Führung durch geistige Wesen. Er wird »Bürger der geistigen Welt«. Das bedeutet, er tritt aus dem gewöhnlichen Zustand des Tagesbewusstseins »in eine solche Seelentätigkeit hinein, durch welche er sich geistiger Beobachtungswerkzeuge bedient«. Diese Werkzeuge seien wie Keime in jeder Seele vorhanden, man müsse sie nur pflegen. Das geschieht – auf der dritten Stufe – mittels Konzentrationsübungen und auf der vierten Stufe mittels Meditation. Ein Beispiel für Meditationsübungen, die eines Tages zur höheren Erkenntnis führen sollen, sei hier zitiert:

Man stelle sich eine Pflanze vor, wie sie im Boden wurzelt, wie sie Blatt nach Blatt treibt, wie sie sich zur Blüte entfaltet. Und nun denke man sich neben diese Pflanze einen Menschen hingestellt. Man mache den Gedanken in seiner Seele lebendig, wie der Mensch Eigenschaften und Fähigkeiten hat, welche denen der Pflanze gegenüber vollkommener genannt werden können. Man bedenke, wie er sich seinen Gefühlen und seinem Willen gemäß da und dorthin begeben kann, während die Pflanze an den Boden gefesselt ist. Nun aber sage man sich auch: ja, gewiss ist der Mensch vollkommener als die Pflanze; aber mir treten dafür auch an ihm Eigenschaften entgegen, welche ich an der Pflanze nicht wahrnehme, und durch deren Nichtvorhandensein sie mir in gewisser Hinsicht vollkommener als der Mensch erscheinen kann. Der Mensch ist erfüllt von Begierden und Leidenschaften; diesen folgt er bei seinem Verhalten. Ich kann bei ihm von Verirrungen durch seine Triebe und Leidenschaften sprechen. Bei der Pflanze sehe ich, wie sie den reinen Gesetzen des Wachstums folgt von Blatt zu Blatt, wie sie die Blüte leidenschaftslos dem keuschen Sonnenstrahl öffnet. Ich kann mir sagen: der Mensch hat eine gewisse Vollkommenheit vor der Pflanze voraus; aber er hat diese Vollkommenheit dadurch erkauft, dass er zu den mir rein erscheinenden Kräften der Pflanze in seinem Wesen hat hinzutreten lassen Triebe, Begierden und Leidenschaften. Ich stelle mir nun vor, dass der grüne Farbensaft durch die Pflanze fließt und dass dieser der Ausdruck ist für die reinen leidenschaftslosen Wachstumsgesetze. Und dann stelle ich mir vor, wie das rote Blut durch die Adern des Menschen fließt und wie dieses der Ausdruck ist für die Triebe, Begierden und Leidenschaften. Das alles lasse ich als einen lebhaften Gedanken in meiner Seele erstehen. Dann stelle ich mir weiter vor, wie der Mensch entwicklungsfähig ist; wie er seine Triebe und Leidenschaften durch seine höheren Seelenfähigkeiten läutern und reinigen kann.... Ich versuche nun, solche Gedanken nicht nur in meinem Verstande zu verarbeiten, sondern in meiner Empfindung lebendig werden zu lassen.... und dann kann ein Gefühl eines befreienden Glückes in mir sich regen, wenn ich mich hingebe dem Gedanken an das rote Blut, das Träger werden kann von innerlich reinen Erlebnissen, wie der rote Saft der Rose.[21]

Steiner nennt diese Meditationsübung Erkenntnis durch Imagination. Auf der nächsten Stufe folgt die Erkenntnis durch Inspiration. Während die Imagination die Einsicht in die Verwandlung eines Vorgangs vermitteln soll, bringt die Inspiration die inneren Eigenschaften aller Wesen und deren Zusammenhang zum Vorschein. Man entdeckt nun die

Wesensverwandtschaft aller weltlichen Erscheinungen, ein beliebtes Thema des Okkultismus, wie wir gesehen haben. Die Erscheinungen wirkten auf den inspirierten Betrachter wie lesbare Schriftzeichen, die ihm die Verbindungen aller Dinge verrieten. Auf der nächsten Stufe folgt die »Intuition«: Sie ermögliche, »Wesenheiten« in ihrem Innern selbst zu erkennen. Jetzt ist man endlich so weit, sein eigenes Karma und seine Reinkarnationen kennenzulernen und die Evolution der Erde zu begreifen.

Der Erkenntnisweg, an sich schon nicht unkompliziert, wird noch dadurch erschwert, dass sich Widerstände in den Weg stellen. Den Schülern erscheinen als Prüfungen »Hüter der Schwelle«, teuflische Täuschungsmanöver, zum Beispiel in Gestalt von Selbstzweifeln. Obsiege der »Schüler der Weisheit«, dann wird er sein »neugeborenes Ich« wie ein anderes Wesen vor sich erkennen. Umso weiter die Entwicklung schreitet, umso sichtbarer werde das eigene »höhere Selbst« und welche Last es an seinem alltäglichen Selbst trage. Die Devise ist jetzt: immer weiter arbeiten. Ein Doppelgänger seines Selbst werde einem erscheinen und alle Eigenschaften vorführen, die der Mensch den Kräften des Luzifer verdanke. Darunter vor allem die Kraft Ahrimans, einer Art Teufel, die ihn an der Oberfläche seines physisch-sinnlichen Daseins festhalte und ihn hindere, unter der Oberfläche des Sinnlichen liegende geistig-seelische Wesenheiten zu sehen – Anthroposophen sprechen noch heute von ahrimanischen Kräften, wenn sie beispielsweise die schädlichen Folgen der Unterhaltungsindustrie meinen, und bedienen sich damit eines nicht nur zu Steiners Zeiten beliebten Intellektuellentopos, wonach sich die Menschen nicht von den Oberflächlichkeiten, die ihnen begegnen mögen, ablenken und täuschen lassen dürften.

Wer entsprechend vorbereitet auch diese Hürde überwindet, wird bald eine andere Gestalt erkennen, den »großen Hüter der Schwelle«. Dieser teilt den Geistesschülern mit, dass sie nicht stehenzubleiben hätten auf dieser Stufe, son-

## Höhere Einsichten

dern immer noch energisch weiterarbeiten müssten. Das Wort »Arbeit« taucht in diesem Zusammenhang auffallend oft auf. Steiner war, selbst wenn es um die Erkenntnis der höchsten Wahrheiten ging, ein Mann des bürgerlichen Zeitalters, für den das Credo galt: ohne Fleiß kein Preis.

Die beschriebene Entwicklung befähige die okkulten Lehrlinge, so Steiners Versprechen, in der seelisch-geistigen Umwelt zu unterscheiden, was sie selbst sind, von dem, was außerhalb von ihnen ist. Sie würden dann erkennen, wie der Weltprozess mit der geistigen Evolution der Menschen zusammenhängt, wie sich der menschliche Körper gebildet hat im Lauf der Saturn-, Sonnen-, Monden- und Erdenentwicklung. Sie verstünden, »wie sich alles nach und nach entfaltet hat«; wie alles zusammenhängt. Jedes Glied am Menschen stehe in einem Verhältnis zu der ganzen übrigen Welt. Seine Organe: das Herz, die Lunge, das Gehirn, hätten sich während der Sonnen-, Monden- und Erdenzeit herausgebildet. Entsprechend sei es mit den Gliedern des Ätherleibs, des Empfindungsleibs, der Empfindungsseele.

Steiner selbst hat das ganze Procedere auf eine Kurzform gebracht. Der Weg zur höheren Einsicht benötigt:
1. Das Studium der Geisteswissenschaft, wobei man sich zunächst der Urteilskraft bedient, welche man in der physisch-sinnlichen Welt gewonnen hat.
2. Das Erwerben der imaginativen Erkenntnis.
3. Das Lesen der verborgenen Schrift (entsprechend der Inspiration).
4. Das Sicheinleben in die geistige Umgebung (entsprechend der Intuition).
5. Die Erkenntnis der Verhältnisse von Mikrokosmos und Makrokosmos.
6. Das Einswerden mit dem Makrokosmos.
7. Das Gesamterleben der vorherigen Erfahrungen als eine Grundseelenstimmung.

Der anthroposophische Erkenntnisweg steht mit den wesentlichen Grundanschauungen der okkultistischen Bewegungen seiner Zeit im Einklang: Er unterstellt einen Urgrund, der die Basis des Universums bildet und der das Heilsziel des Menschen darstellt. Durch Konzentrations- und Kontemplationsübungen ähnlich der Meditation oder dem Yoga ist es möglich, sich als Teil des kosmischen Prinzips zu erkennen. Modern an Steiners Ansatz ist jedoch, dass sich jeder Einzelne an die Arbeit an seinem individuellen Selbst machen sollte. Und bemerkenswert, dass es nicht um eine große Sache geht, sondern um das persönliche Glück des Einzelnen. Dafür bedarf es keiner Lehre oder Gemeinschaft und auch nicht notgedrungen einer Führung. Analog dem zu diesem Zeitpunkt einsetzenden psychotherapeutischen Denken, das mit der Selbsterkenntnis und Überwindung alter Hypotheken argumentierte, begann Steiner eine Art karmische Psychotherapie zu propagieren. Der zweite wesentliche Unterschied gegenüber den bestehenden theosophischen Lehren, besonders der Adyar-Ausrichtung, der er selbst angehörte, war, dass Steiner sich im Laufe der nächsten Jahre immer mehr auf die Figur Jesus Christus kaprizierte. In einer Überarbeitung seines Erkenntniswegs wird Jesus zum »großen Hüter der Schwelle«. Dem Geistesschüler werde sich Christus als das »große menschliche Erdenvorbild« zeigen. Erlösen muss sich der moderne Mensch aber dennoch selbst.

Die demokratisierbare Variante der höheren Erkenntnis ist also nach Steiner harte Arbeit, sowohl physischer Art, denn sie ist mit Askese verbunden, als auch moralischer Art; ein »Schüler der Weisheit« wird automatisch nur noch moralisch handeln. Die Weisheit ist ein Ergebnis der Beschäftigung mit sich selbst und der Selbstverantwortung. Jeder Mensch ist gezwungen, sich an seiner eigenen Individualität zu orientieren, um am Ende das Große und Ganze zu verstehen. Sie ist verbunden mit dem allgemeinen Menschheitsfortschritt.

Steiner hat den Gedanken der Evolution auf die menschliche Bewusstseinsentwicklung übertragen. Und sie soll für jeden Einzelnen machbar sein – kein Gedanke daran, dass es kontingentes Geschehen gibt.

## Ein charismatischer Redner

Mit seinen theoretischen Erklärungsmodellen und praktischen Anleitungen allein hätte Steiner kaum die Bedeutung erlangt, die ihn bald nicht nur in Deutschland zu einem Publikumsmagneten machte. Wesentlich für seinen Erfolg war die institutionelle Absicherung des Wissens über sein Wirken in der theosophischen und später in der anthroposophischen Gesellschaft und die Vernetzung mit vorhandenen Strukturen der Bewegung. Eine erste Erfahrung mit dem Potenzial, das eine Führungsrolle im theosophischen Spektrum entwickeln konnte, sammelte Steiner auf dem für ihn ersten Theosophenkongress in London im Jahr 1902. Dort begegnete er der charismatischen Führerin Annie Besant, ein Treffen, das ihn tief erschütterte. Die 1847 in Clapham bei London geborene britische Theosophin prägte als »chief secretary« die Gesellschaft nach dem Tod der Führungsgestalt Blavatsky und wurde als okkultistische Prophetin zum direkten Vorbild Steiners. Ihre Ausstrahlung muss den noch in seinen theosophischen Anfangsgründen steckenden Steiner sehr beeindruckt haben, und er schwor anlässlich seiner Bestätigung als Funktionär der Theosophie, immer im Sinne ihrer Intentionen zu handeln.

Annie Besant war von einer Calvinistin adoptiert und erzogen worden. Nach ihrer Trennung von einem anglikanischen Geistlichen wurde sie Freidenkerin und Feministin, kämpfte aufseiten der Suffragetten für die Legalisierung von Verhütung und Abtreibung, erwarb an der Londoner Universität einen Bachelor of Science in Biologie und agitierte für die sozialistische Arbeiterbewegung. In den 1870er und 1880er Jahren trainierte sie in verschiedenen Londoner Debattierclubs ihr Vortragstalent, galt bald als brillante Rednerin und verdiente damit – ebenso wie Steiner in seinen Berliner Jahren – ihr Geld. 1875 lernte sie George Bernard Shaw kennen, mit dem sie eine zweijährige Beziehung verband, von der es heißt, dass sie platonisch geblieben sei. Auch hier ergibt sich eine Parallele zu Rudolf Steiner. Zwölf Jahre lang war Annie Besant Agnostikerin, dann begann sie sich, vermutlich aufgrund eines Todesfalls in ihrer nächsten Umgebung, mit dem Spiritismus zu beschäftigen. 1889 drehte sich ihr Leben noch einmal um 180 Grad. Sie las *Die Geheimlehre* von Helena Blavatsky, schrieb eine Rezension des Werkes und wurde Mitglied der Theosophischen Gesellschaft. 1893 wurde sie als deren Vertreterin ins Weltparlament der Religionen nach Chicago gesandt. Sie reiste in die USA und nach Indien und trat dort mehrere Jahre lang als Rednerin auf. Bei der Spaltung der Gesellschaft in einen amerikanischen und einen indischen Strang blieb sie bei der indischen Adyar-Ausrichtung. 1898 gründete sie das Central Hindu College in Benares, der heiligen Stadt am Ganges, und verfasste eine Einführung in den Hinduismus. 1907 übernahm sie die Präsidentschaft über die Adyar-Theosophie. Nach zwei Jahren geriet ihre Gesellschaft in schwere Turbulenzen: Erst musste ihr Stellvertreter wegen eines Sexskandals zurücktreten – er hatte Jungen zum Masturbieren angeleitet –, dann entdeckte man einen jungen Inder namens Jiddu Krishnamurti und erklärte ihn zum neuen Messias, was in der übrigen theosophischen Welt auf wenig Gegenliebe stieß. Annie Besant berief sich auf ihre eigenen übersinnlichen Kräfte und überging die Kritik aus Deutschland, was ein Grund dafür gewesen sein mag, dass sich Steiner mit der Mehrzahl der deutschen Theosophen von der Adyar-Gesellschaft absetzte. Später wurde Besant eine Führungsfigur der indischen Nationalbewegung, die eine autonome Selbstverwaltung Indiens anstrebte. Jedoch

## Ein charismatischer Redner

bekämpfte sie Gandhis Politik des zivilen Ungehorsams. Bis zu ihrem Tod im Jahr 1933 blieb sie Präsidentin der Adyar-Theosophie in Indien.

In Annie Besant fand Rudolf Steiner seine Meisterin. Ihr gab er das Versprechen, alle Kräfte einzusetzen, um die Sache der Theosophie auch in Deutschland voranzubringen, wozu er ausdrücklich ihren Segen erhielt. Zwischen den beiden gab es viele biographische Parallelen, wenngleich Steiners Leben vergleichsweise ereignislos erscheint: die Abfolge von religiösen und agnostischen Phasen, das Engagement für die Arbeiterbewegung, die Sympathie für die Frauenfrage. Annie Besant war es auch, die ihm persönlich am Tag nach seiner Ernennung zum Generalsekretär der neu gegründeten deutschen Sektion am 19. Oktober 1902 die Gründungscharta überreichte und ihn aufforderte, in die Esoterische Schule einzutreten, dem spirituellen und machtpolitischen Zentrum der Gesellschaft. In der Charta wurden die Zwecke der Theosophischen Gesellschaft folgendermaßen festgelegt: 1. Den Kern einer allgemeinen Brüderschaft der Menschheit zu bilden, ohne Unterschied der Rasse, des Glaubens, des Geschlechts, der Kaste oder Hautfarben. 2. Anzuregen zum Vergleich der Religionssysteme und zum Studium der Philosophie und Wissenschaft. 3. Die noch ungeklärten Naturgesetze und die im Menschen schlummernden Kräfte zu erforschen. Außerdem sollte die Gesellschaft weder politische noch soziale Interessen verfolgen, keine Sekte sein und ihren Mitgliedern keinen dogmatischen Glauben abverlangen.

Am Abend des Londoner Kongresses referierte Annie Besant vor 400 Gästen über »Theosophy, its meaning and objects«. Steiner trug danach wie ein Schüler dasselbe auf Deutsch vor. Warum ihre Wahl auf Rudolf Steiner fiel, ist nicht klar. Helmut Zander, der die institutionelle Geschichte der Anthroposophie minuziös aufgearbeitet hat, meint, Steiner sei schlicht im richtigen Moment am richtigen Ort gewesen. Da er keine theosophische Vorgeschichte hatte, konnten

sich die verschiedenen Fraktionen leicht auf ihn als einen
»neutralen« Kandidaten einigen. Die eigentliche Frage ist
jedoch, wie es ihm gelang, aus dieser zufälligen Konstellation,
aus dieser Chance, so viel Kapital zu schlagen.

Eine offensichtliche Begabung Steiners war es, neues Wissen gleichzeitig aufnehmen und weitergeben zu können. In
dem Moment, in dem er sich Schlüsseltexte der Theosophie
aneignete, beispielsweise *Die Geheimlehre* von Helena Blavatsky, begann er auch schon, darüber zu reden. Er redete
meist samstags vor dem Berliner Zweig der Theosophischen
Gesellschaft, und dienstags hielt er ein »theosophisches
Konversatorium« ab, oftmals mit nicht mehr als fünf oder
sechs Teilnehmern. Durch diese Methode konnte er sich in
unglaublichem Tempo in Neues einarbeiten und es sogleich
für den eigenen Gebrauch umarbeiten. Der Wissensgenerator
lief von Anfang an auf Hochtouren. Sein Schmiermittel war
der öffentliche Vortrag: Zwischen 1902 und 1910 hielt Steiner
1300 Reden, die meisten davon vor einem theosophischen
Publikum. Nur 13 Prozent waren für eine allgemeine Öffentlichkeit bestimmt.[22] Bis zu seinem Tod wurden es geschätzte
6000 Vorträge, das heißt, im Jahresdurchschnitt kam er auf
an die 300 Auftritte. Zwei Drittel des Jahres war er unterwegs.
Damit war die Rede das bei weitem wichtigste Medium der
anthroposophischen Bewegung. Die meisten Texte Steiners,
die heute überliefert sind, waren Mitschriften seiner Vorträge,
also verschriftlichte mündliche Rede. Was bedeutet dieser
Tatbestand für seine Leistung im Namen der Bewegung?

Bei einer Rede stehen nonverbale Inhalte immer im Vordergrund. Das Wie des Vortrags überlagert das Was. Die Performance als Ganzes wirkt auf die Zuhörer, deshalb legte Steiner
abgesehen von seinem rhetorischen Ehrgeiz auch viel Wert
auf die Inszenierung. Das war zweifellos eines seiner Geheimnisse. Um seine Worte so wirken zu lassen, als entsprängen
sie Offenbarungen einer anderen Welt, gab er seinen Auftrit-

ten den Anstrich von pseudosakralen Handlungen. Da er auf seinen Reisen alle möglichen Lokalitäten als Bühne vorfand, konnte er sich dabei nicht immer auf beeindruckende Kulissen verlassen – manchmal musste es auch ein Vorhang tun. Er sah sich daher genötigt, sich ganz auf den eigenen Auftritt zu konzentrieren. Dass er dabei nichts dem Zufall überließ und auf seine Erfahrung als Lehrer an der Arbeiterbildungsschule, aber auch auf dramaturgische und rezitatorische Kenntnisse zurückgriff, steht außer Frage. Ein Instrument, das er offenbar beherrschte, war die anschauliche Erzählung. Édouard Schuré, der schon erwähnte symbolistische Dramatiker und enge Freund von Marie von Sivers, beschrieb, wie Steiner mit der Sprache arbeitete: »Zunächst war es deren plastische Kraft. Wenn er von den Erscheinungen und Geschehnissen der übersinnlichen Welt sprach, war es, als wäre er darin wie bei sich zu Hause. Er erzählte in familiärer Sprache, was sich in diesen unbekannten Regionen zuträgt, sowohl mit den verblüffenden Details als auch mit den ihm ganz gewöhnlich erscheinenden Vorgängen. Er beschrieb nicht, er schaute die Dinge und Szenen und ließ sie mich schauen, wobei einem die kosmischen Erscheinungen wie wirkliche Dinge des physischen Planes vorkamen.«[23] Steiner konnte, indem er viel in Metaphern und Beispielen sprach, seinem Publikum Abstraktes in konkret Erfahrbares verwandeln.

Eine ausführliche Schilderung seines Auftritts bei einer großen Tagung in Stuttgart im Jahr 1921 lässt erahnen, wie routiniert Steiner nach einigen Jahren in seinen besten Momenten die Effekte inszenierte und dabei auf ein Publikum zählen konnte, das bereit war, sich mitreißen zu lassen. Ein junger Student und »Wandervogel« erlebte den Auftritt des Gurus folgendermaßen: »Kurz vor Beginn des Vortrags wurde auf die Bühne rechts ein Zuhörer im Rollstuhl hereingefahren.... Eine erwartungsvolle, ehrfürchtige Stille breitete sich über die fast 2000 Menschen aus. Pünktlich zur festgesetzten Zeit betrat dann auch Rudolf Steiner, von rechts kommend, die

Bühne. Er wandte sich zunächst an den Herrn im Rollstuhl und verneigte sich ehrfürchtig vor ihm, indem er ihn mit Handschlag begrüßte. Herzlich applaudierend erhoben sich sämtliche Anwesenden, und Rudolf Steiner, lächelnd, winkte mit geöffneten Händen, während er auf das Pult auf der linken Seite der Bühne mit festen, elastischen Schritten zuging. Es war, als würde durch diese von Herzen kommenden Gesten nicht nur die Verbindung zu alten Freunden aufs Neue geknüpft, sondern als ob auch jeder Neuhinzugekommene augenblicklich in die durch ihn getragene Geistgemeinschaft hereingebeten würde.« Nach der Begrüßung legte Steiner bewusst eine Zäsur ein, indem er in aller Ruhe ein großes Stofftaschentuch vor sich auf dem Rednerpult ausbreitete. Damit sammelte er die Aufmerksamkeit des Publikums. Dann erst hob er zu sprechen an, mit einer warmen, volltönenden Stimme und lebendigen Gesten, die eingestreute humorvolle Passagen untermalten – alles das beeindruckte unseren jungen Wandervogel so sehr, »dass ich nach dem Vortrag kaum in der Lage gewesen wäre, etwas vom Inhalt wiederzugeben«. Jedenfalls hatte er an der Universität in Jena noch keine derart packende Vorlesung gehört. »Der Sturm der Begeisterung am Ende des Vortrags nahm auch mich voll mit. Immer wieder grüßte Steiner dankend, bis er ging.«[24]

Manche Zeugen dieser Selbstinszenierungen sind einen Schritt weiter gegangen und haben Rudolf Steiner als einen modernen Rattenfänger porträtiert: »die wogenden Menschenmassen vor dem noch leeren Rednerpult, im Hintergrund ein vom Boden bis zur Decke reichender, auf der Hälfte geteilter Vorhang – und unter diesem Vorhang, gerade in der Mitte, reglos, wartend, zwei auf das leere Podium vorragende Füße in schwarzen Halbschuhen, die da unbeweglich standen und des Augenblicks harrten, in dem sie sich in Bewegung setzen konnten. Sie mussten eine ganze Weile warten, bis auf einmal der Vorhang, der bisher vor dem Manne, dem diese Füße gehörten, zusammengegangen war, hinter der

## Ein charismatischer Redner

schmalen, schlanken, schwarzen Gestalt im langen Gehrock zusammenschlug, so dass Rudolf Steiner plötzlich wie aus der Erde aufgetaucht am Rande des Saales stand, reglos mit hängenden Armen und langem, schmalem, leicht abwärts geneigtem Gesicht unter dem dichten schwarzen Haar. Er stand und wartete, bis das Sprechen und Lachen im Saal ganz von selbst immer mehr abgeebbt und verstummt war.« Dann erst schritt er langsam zum Rednerpult und begann, bedächtig und halblaut, wie für sich selbst, zu sprechen. Ein alter Rednertrick, um sich im Folgenden der vollen Aufmerksamkeit zu versichern. »An jenem Abend lautete dieser Satz der Suggestion, knapp und kurz, klanglos, beinahe auch atemlos über die Hörermassen hingeworfen: ›Das ist der Tod!‹ – Durch den Saal glitt ein zitterndes Atmen: der große Rattenfänger hatte die Schar der Kinder nun fest in der Hand.«[25]

Die Szene, die uns hier beschrieben wird, stellt ein wahrhaft beunruhigendes Bild einer Massensuggestion vor Augen. Immerhin war das damalige Publikum wohl wesentlich aufnahmefähiger und leichter zu beeindrucken, als das heute der Fall ist, da die Seh- und Wahrnehmungsgewohnheiten noch nicht durch Film und Fernsehen vorgeformt waren. Bevor wir uns Rudolf Steiner jedoch als Nosferatu der Theosophie vorstellen, muss der Eindruck der Schilderung etwas relativiert werden. Unser Gewährsmann Paul Fechter, ein deutscher Journalist, der im Jahr 1941 Hitlers *Mein Kampf* in einer deutschen Literaturgeschichte zu einem literarischen Kunstwerk geadelt hat, ist sicherlich kein besonders verlässlicher Kronzeuge für die These, Rudolf Steiner habe als »Rattenfänger« sein Publikum mit Suggestionen geködert. Da diese Beschreibung aus dem Rückblick nach 1945 entstanden ist, dürften hier einige Motive durcheinandergeraten sein. Der Topos einer leicht verführbaren Menschenmenge, die durch einen dämonischen Propheten manipuliert wird, war nicht nur ein Modethema in den ersten Jahrzehnten des 20. Jahrhunderts, er wurde auch zur Erklärungsfolie für den deutschen Nationalsozialismus, die dem Journalisten wohl zupass kam. Darüber hinaus gibt es andere Beschreibungen von Steiners Auftritten, die deutlich machen, dass jede seiner Reden ein Ringen um Aufmerksamkeit war und ihr Erfolg stark von der Erwartungshaltung des jeweiligen Publikums abhing. Sein Wirkungsspektrum ging von anödender Langeweile bis hin zu hysterischen Ohnmachten. Ein eher genervter Zuhörer war beispielsweise Kurt Tucholsky. Seine Eindrücke schilderte er in der *Weltbühne* vom 3. Juli 1924:

> Rudolf Steiner, der Jesus Christus des kleinen Mannes, ist in Paris gewesen und hat einen Vortrag gehalten. ... Ich habe so etwas von einem unüberzeugten Menschen überhaupt noch nicht gesehen. Die ganze Dauer des Vortrages hindurch ging mir das nicht aus dem Kopf: Aber der glaubt sich ja kein Wort von dem, was er da spricht! (Und da tut er auch recht daran.) ... Wenns mulmig wurde, rettete sich Steiner in diese unendlichen Kopula, über die schon Schopenhauer so wettern konnte: das Fühlen, das Denken, das Wollen – das ›Seelisch-Geistige‹, das Sein. Je größer der Begriff, desto kleiner bekanntlich sein Inhalt – und er hantierte mit Riesenbegriffen. Man sagt, Herr Steiner sei Autodidakt. Als man dem sehr witzigen Professor Bonhoeffer in Berlin das einmal von einem Kollegen berichtete, sagte er: ›Dann hat er einen sehr schlechten Lehrer gehabt!‹ Und der Dreigegliederte redete und redete. Und [der bekannte Journalist Jules] Sauerwein übersetzte und übersetzte. Aber es half ihnen nichts. Dieses wolkige Zeug ist nun gar nichts für die raisonablen Franzosen. ... Die Zuhörer schliefen reihenweise ein; dass sie nicht an Langeweile zugrunde gingen, lag wohl an den wohltätigen Folgen weißer Magie. Immer wenn übersetzt wurde, dachte ich über diesen Menschen nach. Was für eine Zeit! Ein Kerl etwa wie ein armer Schauspieler ..., Alles

aus zweiter Hand, ärmlich, schlecht stilisiert ... Und das hat Anhänger! ... Der Redner eilte zum Schluss und schwoll mächtig an. Wenns auf der Operettenbühne laut wird, weiß man: Das Finale naht. Auch hier nahte es mit gar mächtigem Getön und einer falsch psalmodierenden Predigerstimme, die keinen Komödianten lehren konnte. Man war versucht zu rufen: Danke – ich kaufe nichts.

Bei aller Vorsicht, die gegenüber sämtlichen Äußerungen zu Steiners Wirkung als Redner geboten ist, scheint er die Gabe besessen zu haben, bei einigen seiner Anhänger direkt und buchstäblich ins Unterbewusstsein vorzudringen. Auch wenn er das nicht so ausgedrückt hätte, ist klar, dass Steiner selbst um die Notwendigkeit und die Wirkung seiner Rede wusste. In einem Text über »Vortragskunst« aus dem Jahr 1898 führte er dazu aus: »Bei der Gestalt, welche unser öffentliches Leben angenommen hat, kommt gegenwärtig fast jeder in die Lage, öfter öffentlich sprechen zu müssen... Die Erhebung der gewöhnlichen Rede zum Kunstwerk ist eine Seltenheit. Es fehlt uns fast ganz das Gefühl für die Schönheit des Sprechens und noch mehr für das charakteristische Sprechen.«[26] Der erwähnte Student hatte jedenfalls den Eindruck, »als ob unsere Seelen damals direkt angesprochen worden seien«. Schwer beeindruckt von der Bandbreite und Variabilität der Steiner'schen Rede war auch der russische Schriftsteller Andrej Belyj, ein glühender Anhänger des Meisters: »Steiner spricht zornig, trocken, im Bass, manchmal fängt er an zu schreien, manchmal samtig zu singen, doch spricht er so, dass sich jedes Wort wie ein unauslöschliches Zeichen in deiner Seele eingräbt. Alle, die ich je gehört habe, sind Säuglinge im Vergleich zu Steiner, was die rein äußerliche Fähigkeit, wirkungsvoll zu sprechen, betrifft; manchmal führt er die Handflächen heftig gegen die Zuhörer, und die Geste der Handflächen ist ein beinahe physischer Schlag ins Gesicht.

Auf seinem Gesicht zerreißt das Gesicht; von dort blickt ein anderes, um seinerseits zu zerreißen und ein drittes Gesicht freizusetzen. Im Verlauf des Vortrags passierten vor mir zehn Steiner, einer aus dem anderen hervorgehend...«[27] Bei aller charismatischen Redekunst – die Erwartungshaltung seines Publikums war, wie die zwiespältigen Zeugenbeschreibungen demonstrieren, der eigentliche Vater seines Erfolgs.

## Ein reformsüchtiges Publikum

Steiner (und andere Propheten) galten im historischen Rückblick lange Zeit als irrationale und gefährliche Vorboten einer katastrophalen historischen Entwicklung in Deutschland. Diese Leute lehnten die offizielle Kultur des Kaiserreichs ab und predigten ein anderes Leben im Gegenentwurf zum rationalen, zweckorientierten, von allen möglichen äußeren und internalisierten Zwängen bestimmten bürgerlichen Habitus. Der antibürgerlichen Rhetorik zu viel Glauben schenkend, werteten zeitgenössische Kritiker und Historiker diese Gruppe deshalb als Feinde des Fortschritts, Gefahr für die Demokratie und letztlich als Wegbereiter des Nationalsozialismus. Mittlerweile haben wir jedoch realisiert, dass sich viele der damals empfundenen Sehnsüchte und formulierten Alternativen im heutigen demokratischen Mainstream wiederfinden und man sie deshalb nicht als vorübergehende Phase der Irrationalität abtun kann. Die Suche nach einem naturverbundenen, ganzheitlichen Leben und einem dritten Weg zwischen Kapitalismus und Kommunismus sowie die Betonung eines individuellen, ästhetischen und freieren Lebensstils traten in den 1970er Jahren wieder vehement auf den Plan und haben sich, etwa in Gestalt der Partei Die Grünen in der Mitte der Gesellschaft etabliert.

Historisch kann die Entwicklung, die unter dem Namen Lebensreformbewegung bekannt wurde und von der Steiner profitierte, als eine Fortführung der Ideologie der Selbstverbesserung interpretiert werden, die ihren Ursprung in den Abstinenz-, Diät-, Vegetarismus-, Natürlichkeits-und Homöopathiebewegungen in der zweiten Hälfte des 19. Jahrhundert hatte. Eine Erklärung dieses Phänomens ist der Einfluss der Reformation und des deutschen Idealismus, wodurch die übergroße Betonung der Perfektibilität des Individuums in die Welt trat, die dann durch die Evolutionstheorie zusätzlich Zündstoff erhielt. Die Lebensstilreform war in erster Linie eine Reform des Selbst – jeder Einzelne sollte mit dem eigenen Körper und dem eigenen Heim beginnen. Die Mode war nicht auf Deutschland begrenzt. Berühmte Lebensreformer waren etwa der russische Schriftsteller und Asket Leo Tolstoi, der britische Sozialist Edward Carpenter, der deutsche Komponist Richard Wagner (eines der ersten vegetarischen Restaurants gab es in Bayreuth) oder der Schweizer Max Bircher-Brenner (der Erfinder des Bircher-Muesli). Grundidee war, dass durch fleischloses Essen/Alkoholverzicht/Wassertreten/Vollwertprodukte/Kampf gegen Tierversuche/Turnen/Wollkleidung/natürliches Wohnen/frische Luft/Häuser ohne Ecken/Straßen ohne Prostituierte/Meditation und so weiter ein verbessertes, selbstdiszipliniertes und ethisches Leben möglich sei. Die Betonung lag auf dem Selbstmanagement. Gleichzeitig – und das ist bis heute so geblieben – war die Lebensreform eine Strategie der sozialen Selbstidentifizierung. Denn Strategien der Selbstdisziplin und Selbstkultivierung waren (und sind) ein zutiefst bürgerliches Phänomen.

Schon im Jahr 1889 wurde der erste Versandhandel für organisches Essen und Pflanzenöl in Berlin gegründet, ein Vorgänger des Reformhauses. 1925 gab es davon bereits über zweihundert. 1893 machte das vegetarische Restaurant Ceres in Berlin auf. Von der Vegetarischen Obstbau-Kolonie Eden in Oranienburg versprachen sich die Bewohner ein gesünderes Leben. 1901 eröffnete Karl Mann in Berlin ein Licht-

und Luftsportbad. Im Magazin *Kraft und Schönheit* wurden die Vorteile der – reinen – Nacktheit und die Gefahren der Pornographie und der Prostitution diskutiert. Karl Wilhelm Diefenbach, Maler in München, und sein Schüler Fidus, der als Eremit in einer Butze am Isarhang in Höllriegelskreuth hauste und dem Nudismus wie dem Vegetarismus anhing, wurden wegen unmoralischen Verhaltens zu sechs und drei Monaten Gefängnis verurteilt – und dafür in der Boheme gefeiert.

Die Reformideen betrafen den ganzen Menschen von Kopf bis Fuß. In der Männerbekleidung wurden der Frack, der Stehkragen und der Zylinder aus dem Alltag verbannt, in der Frauenkleidung das Korsett, das Beweglichkeit und Atmung beeinträchtigt hatte – so das Argument der Reformer. Jugendstilkünstler entwarfen sogenannte Reformkleider, die auch der Tatsache Rechnung tragen sollten, dass immer mehr Frauen berufstätig wurden, sich gesellschaftlich engagierten und Sport trieben. Es entstanden alternative Wohnkolonien abseits städtischer Zentren wie der schon erwähnte Monte Verità am Lago Maggiore, wo sich ein Gustav Landauer, ein Erich Mühsam, Henri Oedenkoven, Hermann Hesse, D. H. Lawrence, C. G. Jung und eine Else Lasker-Schüler, eine Käthe Kruse oder Ida Hofmann begegnen konnten, um ihrer gemeinsamen Ablehnung des Materialismus und der Konsumgesellschaft und ihrer Sehnsucht nach einem einfachen ländlichen Leben in der Gemeinschaft nachzugehen.

Das Spektrum der Laienbewegungen, die mit den hochgeachteten bürgerlichen Wissenschaften eng zusammenarbeiteten, ging vom ökologischen Landbau über die Gartenstadtbewegung bis hin zum künstlerischen Tanz. Die Motive waren weder konsequent fortschrittlich noch durchgängig reaktionär. Eugenik und Technikfeindschaft schlossen sich nicht aus, genauso wenig wie Rassendünkel und soziales Engagement. In den großen Linien veränderten sich die

## Ein reformsüchtiges Publikum

Schwerpunkte allerdings zwischen Kaiserreich und Weimarer Republik.

Vor dem Ersten Weltkrieg war das angestrebte Ideal ein anderes Leben, weniger steif und förmlich, ein paradiesisches Dasein, die romantische Steigerung des Lebensgefühls, in dem Mensch und Natur zu einem harmonischen Ganzen verschmelzen sollten. Ein Lebensreformer um 1900 formulierte: »Die Garantie des Glückes ist Gesundheit, vollkommene Kerngesundheit nach jeder Richtung hin: gesunder Leib, gesunde Sittlichkeit, gesunder Geist, gesunde wirtschaftliche und soziale Verhältnisse und gesunde politische Verhältnisse. Das alles haben wir nicht. Wir haben keine Garantien für ein glückliches Leben. Unser Volk ist krank nach jeder Richtung hin. Geistig, wirtschaftlich, sozial und politisch, Schwindsüchtige, Prostituierte, Irrsinnige, Vagabunden und Bettler...« [28] Die Lebensreformer empfanden sich als Avantgarde, die sowohl die Welt als auch das konkrete Leben verbessern wollten. Die Gesundheit des Individuums, seine Sorge um sich, hatten zwar Priorität, die Reformer wollten aber langfristig auch die Gesellschaft voranbringen. Den Ausbruch des Ersten Weltkriegs empfanden viele Intellektuelle, Künstler und Reformbewegte im In- und Ausland dann auch als reinigende Kraft, die dem schlaff gewordenen und überfütterten Volk neue Spannkraft verleihen sollte.

Nach dem Krieg setzte sich manches avantgardistische Denken in einem breiteren gesellschaftlichen Konsens ab. Die demokratische und pluralistische Gesellschaft erlaubte Reformprojekte in viel größerem Maßstab. Überall wurde jetzt »gegen den allzu reinen Intellektualismus, den nachtvergessenen Tages- und Verstandeskult abgelaufener Jahrzehnte« (Thomas Mann) polemisiert. Und es ging zunehmend um die Steigerung des Lebenswerts. »Das Leben selbst wurde immer mehr zu einer Größe eigener Art, erhielt einen zusätzlichen Akzent, der über die einfache Bedeutung der Lebensweise hinausging: das Leben sollte vitaler werden«, wie die Historikerin Florentine Fritzen feststellt.²⁹ Nun stand die innere Natur des Menschen immer mehr im Vordergrund, sein Körper, sein Geist, sein Blut, seine Rasse. Die Arbeit am Selbst, zu der die Einnahme der neu entdeckten Vitamine genauso gehörte wie eine Redekur bei Dr. Freud, wurde nach dem Ersten Weltkrieg zunehmend in den Dienst der Allgemeinheit gestellt. Im Artikel 163 Absatz 1 der Weimarer Reichsverfassung vom 11. August 1919 hieß es: »Jeder Deutsche hat, unbeschadet seiner persönlichen Freiheit, die sittliche Pflicht, seine körperlichen und geistigen Kräfte so zu betätigen, wie es das Wohl der Gesamtheit erfordert.« Gesundheit war nicht mehr Geschmackssache, sondern Pflicht gegenüber sich selbst, seiner Familie und dem Staat. Die Sorge um die angebliche Degeneration des Volkes trieb dabei nicht nur völkische Kreise um, sondern auch linke Gruppierungen und christliche Reformer.

Gesundheit wurde zum Richtwert der Menschen. Krankheit akzeptierte man nur, wenn der Kranke einen »Willen zur Gesundheit« signalisierte. Denn diese galt als machbar. Die Lebensreform trat in die Zwischenzone zwischen Gesundheit und Krankheit. Nicht Medizin, nur eine reformerische Lebensweise konnte das Idealziel absoluter Gesundheit gewährleisten.

Ein prominenter Kunde der Lebensreformbewegung war Franz Kafka. Er besuchte im Juli 1912 das Sanatorium des Adolf Just im Harz, wo zweihundert Gäste in Licht- und Lufthäuschen lebten, morgens und abends ihr Sitzbad nahmen, Lehmumschläge trugen und nackt lustwandelten. In sein Reisetagebuch notierte er verwirrt: »Hie und da bekomme ich leichte, oberflächliche Übelkeiten, wenn ich, meistens allerdings in einiger Entfernung, diese gänzlich Nackten langsam zwischen den Bäumen sich vorbeibewegen sehe. Ihr Laufen macht es nicht besser. Jetzt ist an meiner Tür ein ganz fremder Nackter stehen geblieben und hat mich langsam und freundlich gefragt, ob ich hier in meinem Hause wohne, woran doch kein Zweifel ist. Sie kommen auch so unhörbar heran. Plötzlich steht einer da, man weiß nicht, woher er gekommen ist. Auch alte Herren, die nackt über Heuhaufen springen, gefallen mir nicht.«[30]

Rudolf Steiner hatte, wie viele andere »Kohlrabi-Apostel« seiner Zeit, genaue Vorstellungen, wie ein gesundes Leben aussehen müsse. Auch er plädierte für die vegetarische Ernährung. In seinem System waren Pflanzen, Tiere und Menschen lebendige Organismen und miteinander verbunden. Es handele sich im Prinzip nur um jeweils höhere Organisationsformen. Eine Pflanze hat es bis zu einem gewissen Entwicklungsstadium gebracht, ein Tier eine Stufe weiter, der Mensch ist noch höher entwickelt. Isst ein Mensch eine Pflanze, so muss er Kräfte mobilisieren, die gewissermaßen die Entwicklungsdistanz zur Pflanze überwinden. Spart er sich diesen Energieaufwand, indem er gleich etwas Höherentwickeltes isst, nämlich Tiere, verschwendet er in Steiners Sicht Kräfte, die infolgedessen im menschlichen Körper ungenutzt bleiben und »verhärten«: »So bindet der Mensch, wenn er Tiere isst, innere Kräfte an, die er sonst aufrufen würde, wenn er nur Pflanzen äße. Er verurteilt also eine gewisse Summe von Kräften in sich zur Untätigkeit. Alles, was so zur Untätigkeit im menschlichen Organismus verurteilt wird, bewirkt zugleich, dass die betreffenden Organisationen, welche sonst tätig wären, brachgelegt werden, gelähmt, verhärtet werden. So dass der Mensch einen Teil seines Organismus tötet oder wenigstens lähmt, wenn er das Tier genießt. Diesen Teil seines Organismus, den der Mensch so in sich verhärtet, den trägt er dann mit durch das Leben wie einen Fremdkörper. Diesen Fremdkörper fühlt er im normalen Leben nicht. Wenn aber der Organismus so innerlich beweglich wird und seine Organsysteme voneinander unabhängiger werden, so wie es im anthroposophischen Leben geschieht, dann beginnt der physische Leib, der ohnedies schon, wie wir charakterisiert haben, sich unbehaglich fühlt, sich noch unbehaglicher zu fühlen, weil er ja jetzt einen Fremdkörper in sich hat.« Kurz gesagt, ein Anthroposoph, dem es um die Beweglichkeit seiner inneren Organe gehe, werde von ganz allein zum Vegetarier. Steiner hielt seiner eigenen okkulten Sichtweise der Ernährung zugute, dass es ihm nicht »nur« ums Prinzip gehe – wie das offenbar bei manchem lebensreformerischem Kollegen der Fall war. In seiner Lehre kam der Mensch über ein »ganz gesund fortschreitendes Instinktleben« automatisch zum Vegetarismus.

Pflanzliche Ernährung hieß für ihn, kosmische Energie, Sonnenlicht aufnehmen. Damit der Mensch nicht ganz abhebe, brauche er dann noch etwas Erdenschwere aus tierischer Produktion in Form von Milch und Milchprodukten. »Damit wir nicht gar zu sehr seelische Entwicklung anstrebende Sonderlinge werden, damit wir nicht entfremdet werden menschlichem Fühlen, menschlichem Treiben auf der Erde, ist es gut, wenn wir uns als Wanderer auf der Erde in einer gewissen Weise beschweren lassen durch den Milchgenuss und durch den Genuss von Milchprodukten.« Es versteht sich, dass Steiner selbst zum Vegetarier wurde. Seinem Freund Moritz Zitter sagte er, der Gedanke, »Viecher« zu essen, grause ihn. Früchte im Korb sähen einfach schöner aus als Fleisch.

Interessant ist auch Steiners Einstellung zu Zucker. Seiner Meinung nach täten sich Menschen, die ab und zu Süßes essen, leichter damit, auf moralischem Gebiet zu entsagen, sprich, sie brauchten weniger Sex. Die körperliche Belohnung mache die geistige Askese leichter. Damit nicht genug: Als jemand, der aus dem Zuckerbäckerland Österreich kam, baute Steiner darauf eine ganze Völkerpsychologie auf. Je mehr Zucker in einer Kultur gegessen würde, desto mehr Persönlichkeit sei den Menschen zu eigen: »In Ländern, wo nach der Statistik wenig Zucker genossen wird, sind die Menschen weniger mit Persönlichkeitscharakter ausgestattet als in Ländern, wo mehr Zucker genossen wird.« Das Gegenteil gilt offenbar für den Alkoholkonsum. Alkohol ist Steiner ein Analogon zum Geist. Wer Alkohol trinke, nehme ein »Gegen-Ich« in seinen Körper auf, »daher empfindet derjenige, welcher Anthroposophie zu seinem Lebenselement macht, die Arbeit des Alkohols im Blute als direkten Kampf gegen sein Ich, und es ist daher nur natürlich, dass eine wirkliche geistige Entwicklung nur leicht vor sich gehen kann, wenn man ihr nicht diese Widerlage schafft.«[31] So ritt Steiners Anthroposophie von Analogie zu Analogie: Kaffeegenuss macht Menschen stabiler und konzentrierter, Teegenuss inspirierter und ein bisschen versponnen…[32]

Die Begründungen, die Steiner und seine Reformkollegen ihrem veränderungswilligen Publikum kredenzten, konnten sehr unterschiedlich und bisweilen bizarr sein. Wenn sie jedoch nur überzeugend genug vorgetragen wurden, fanden die charismatischen Lebensreformer großen Zuspruch für ihre Lösungen, die da lauteten: Einfachheit, Hygiene, Erholung und Ruhe, Hautpflege, Bewegung, natürliches Heilen, Licht, Luft, Wasser, Diät, Gemeinschaft. »Der Weg zum nächsten neuen Menschheitsfrühling geht durch den Einzelnen«, das war das große Versprechen.[33] Ob dabei mehr am Körper oder mehr am Geist und an der Psyche angesetzt wurde, war Auslegungssache oder Laune des Moments, denn die Lebensreformer waren (damals schon) Eklektizisten und wechselten ihre Überzeugungen so behände wie ihre Reformleibchen. Der im Kaiserreich neu entdeckten Körperlichkeit, für die zum Beispiel die Massenorganisation der Turner stand, entging jedoch niemand. Das allgemeine Credo war, wie auch bei Steiner, dass sich im einzelnen Körper das Große und Ganze widerspiegele. Der Mensch als Natur unterliege Naturgesetzen, sei Teil eines größeren Systems. Dabei berief sich nicht nur Steiner auf das biogenetische Grundgesetz des Biologen Ernst Haeckel, der postuliert hatte, die Ontogenese wiederhole die Phylogenese; der Mensch müsse in seiner körperlichen Entwicklung noch einmal die Evolution des Lebens durchlaufen. Als lebendiger Organismus im Sonnensystem sei er genauso den jahreszeitlichen und astronomischen Rhythmen unterworfen wie alle anderen Lebewesen auch. Dieser Prämisse begegnen wir sowohl in Steiners medizinischen und landwirtschaftlichen als auch in seinen pädagogischen Ideen – bis heute.

Viele Ansätze der Lebensreformbewegung klingen deshalb auch in unseren Ohren noch immer vertraut. Sie war eben keine historische Verirrung, sondern ein aus der Gesellschaft erwachsenes Phänomen, das mit utopischen Ideen auf die als problematisch wahrgenommenen Zeiterscheinungen reagierte. Die Historiker streiten sich noch darüber, ob sie eher eine Folge von Modernisierungsprozessen oder sogar ein Motor derselben war; auf jeden Fall war die programmatische Beschäftigung mit der Gesundheit an Leib und Seele Ausdruck der kritischen und oftmals pessimistischen Selbstwahrnehmung in der Moderne. Sie ankerte fest in der bürgerlichen Gesellschaft. Auch wenn einzelne Gestalten herausragten wie die nackten Tänzer auf dem Monte Verità, der bärtige Eremit am Isarhochufer oder der ganz in schwarz gehüllte Prophet der Anthroposophie – der Traum von einem fernen Utopia, in dem alle Menschen gesund und bewusst und mit sich und der Natur im Reinen sein würden, war ein lang anhaltender, bis in die Gegenwart für viele Menschen erstrebenswerter. Als das zivilisationskritische Milieu mit den späten sechziger Jahren des 20. Jahrhunderts erneut anwuchs und sich gegen die Kosten der kapitalistischen Wirtschaftsweise, der allgemeinen Fortschrittsgläubigkeit und der Vorstellung einer allumfassenden Machbarkeit in allen Lebensfragen wehrte, wurden Ideen der Reformbewegungen aus der Kaiserzeit und der Weimarer Republik wieder hochgespült. Für die Anthroposophie, die vor 1945 nur eine kleine und elitäre Gefolgschaft gefunden hatte, brach damit ebenfalls ein neuer Frühling an.

## Konkurrenten

Welche Übereinstimmungen, aber auch welche Unterschiede zwischen den verschiedenen Lebensreformern bestanden, erhellt der Blick auf Rudolf Steiners Konkurrenz. Er war zu seiner Zeit ja nicht als einziger Prophet unterwegs, sondern nur einer unter vielen. In denselben lebensreformerischen Kontext gehören die Propheten aus dem kirchenkritischen Lager, das sich der traditionellen text- und ritusabhängigen Religiosität entfremdet hatte. Eine zeitweilig sehr erfolgreiche Figur und direkter Konkurrent Rudolf Steiners war Johannes Müller, der sich ebenfalls als Prophet und Seelenführer, allerdings auf der Grundlage eines völkisch-naturfrommen Protestantismus, verstand. Auch seine Weltauffassung war von der okkultistischen Annahme einer Totalität des Lebens geprägt, wonach es gelte, die Trennung von Geist und Körper zu transzendieren. Er teilte außerdem die naturphilosophische Weltanschauung vieler seiner Kollegen. Anders als die Anthroposophie, die sich über einen Umweg über buddhistische und hinduistische Glaubenselemente zurück zum Christentum bewegen sollte, und anders als die Spiritisten, die über Geistererscheinungen mit dem Jenseits Verbindung aufnahmen, ging Johannes Müller von einer vitalistischen, also den Begriff des Lebens betonenden Ausprägung des Evangeliums aus. Weil er zu den wichtigsten Konkurrenten Steiners gehörte, lohnt es, seinen Fall etwas näher zu betrachten.

Ähnlich wie Rudolf Steiner führte Johannes Müller seinen Werdegang auf innere Erfahrungen, nicht auf Prägungen oder Wissen zurück. Müller fühlte frühzeitig eine Sendung – die Vorsehung haben ihn über alle Widerstände hinweggeführt. Sein Initiationserlebnis war eine Erkrankung an Kinderlähmung mit sieben Jahren, während der er Kontakt mit dem Jenseits gehabt habe: »Diese Verzückung und Entrückung des kindlichen Sinns in das himmlische Reich verging wieder.…

## Im Stellwerk

Aber das Jenseits entschwand mir nicht mehr. Nur trat später an die Stelle des Jenseits nach dem Tode das Jenseits im Diesseits, je mehr ich auf der Erde im Leben Wurzeln schlug und hier in der Tiefe der Wirklichkeit das Grundwasser der Ewigkeit entdeckte.«[34]

Johannes Müller wurde 1864, drei Jahre später als Steiner, in der sächsischen Kleinstadt Riesa an der Elbe geboren. Sein Vater war Schulmeister, Kantor und Organist, seine Mutter kam aus einer Familie von Kleinbauern. Die Familie gehörte einer pietistischen Gemeinschaft an. Wie in diesem Milieu typisch, verhinderten die ärmlichen materiellen Verhältnisse der Familie nicht, dass die Söhne Gymnasium und Universität besuchen konnten. Ebenso wie sein Habsburger Pendant profitierte Johannes Müller vom Aufstiegswillen der unteren Mittelschichten jener Zeit. Nach dem Abitur studierte er Theologie in Leipzig und Erlangen und promovierte zum Doktor der Philosophie. Er wurde, genauso wie Steiner, nach abgebrochener akademischer Laufbahn ein reisender Vortragskünstler. In schneller Folge eroberte er ab dem Jahr 1897 Städte wie Berlin, Barmen, Elberfeld, Köln, Düsseldorf, Hannover, Stuttgart und Hamburg. Die Säle wurden immer voller, für die bessere Gesellschaft waren seine Vortragszyklen ein Muss. Zu den enthusiastischen Müller-Anhängern gehörte beispielsweise Prinz Max von Baden (1867 bis 1929), der am 9. November 1918 die Abdankung des Kaisers verkündete und deshalb manchem als »Totengräber der Monarchie« galt, und der später das Eliteinternat Salem gründete.

Rudolf Steiner, abgefallener Philosoph, und Johannes Müller, Theologe auf Abwegen, verband also manche biographische Erfahrung. Nicht nur waren sie fast gleichaltrig, nicht nur kamen beide aus ländlich-kleinstädtischen und kleinbürgerlichen Verhältnissen und schafften durch eine akademische Ausbildung den sozialen Aufstieg. Beide Reformer berichten davon, dass sie in der Latenzphase ihrer Kindheit Erweckungserlebnisse hatten. Beide waren in einem streng gläubigen oder zumindest observanten Christentum sozialisiert worden und suchten einen Ausweg aus vermeintlich erstarrten Glaubens- beziehungsweise Denksystemen: Müller aus der pietistischen Theologie, Steiner aus der akademischen Philosophie. Beide erfüllten ihre Rolle als *public intellectuals* mit einem ungeheuer breiten und aktuellen Themenspektrum. Beide glaubten an das unmittelbare Erleben von Wahrheit mehr als an kopflastigen Intellektualismus. Typisch für die Lebensläufe reformorientierter Kulturkritiker und Propheten des ausgehenden 19. Jahrhunderts war auch, dass sie außerhalb der etablierten Institutionen Kirche und Universität ihren Weg gingen und dabei zu Wohlstand und Ansehen kamen, und zwar mithilfe reicher Gönner, die sich zur Bereitstellung großer Summen für den Bau eines Tempels für ihre Schützlinge überreden ließen.[35] Müller konnte erst auf Schloss Mainberg bei Schweinfurt und danach auf dem eigens für ihn gebauten Schloss Elmau seine Ideen für eine »Freistätte persönlichen Lebens« verwirklichen, während Steiner durch die finanzielle Hilfe eines reichen Schweizer Ehepaars in Dornach seiner Anhängerschaft ein spirituelles Zentrum und sich ein Denkmal, das Goetheanum, errichten konnte. Beide, Steiner und Müller, waren große Redner und konnten Säle mit tausend Zuhörern und mehr begeistern. Dabei verließen sie sich auf ihr Improvisationstalent. Wenn es gelang, dann waren sie mitreißend, oder es ging schief, dann war ihre Performance schwerfällig und äußerst langatmig, worunter Müller sehr litt, Steiner weniger.[36]

Mit den Frauen hatten beide Männer ihre Probleme. Johannes Müllers erste Frau weigerte sich, mit ihm zu schlafen, und wurde erst schwanger, nachdem sie einen anderen Mann kennengelernt hatte. Daraufhin heiratete er wieder. Bei Rudolf Steiner steht zu vermuten, dass sein Interesse an Frauen vor allem pragmatischer Natur war. Soweit zu den rein äußerlichen, biographischen Parallelen.

Johannes Müller war nur einer von mehreren, meist aus pietistischen Elternhäusern kommenden Theologen seiner Zeit, die von der modernen Theologie beeinflusst, aber enttäuscht waren. Andere Namen waren Heinrich Lhotzky, Arthur Bonus, Karl König, die drei wegen Irrlehren amtsenthobenen Pfarrer Christoph Schrempf, Carl Jatho und Gottfried Traub sowie Friedrich Rittelmeyer, der zum engen Anhänger und Mitarbeiter Rudolf Steiners wurde. Sie teilten mit vielen Zeitgenossen ein Gefühl der sozialen und spirituellen Gegenwartskrise. Müller diagnostizierte eine Kulturwende, in der zwar die materiellen Grundlagen einer humanen Kultur geschaffen worden seien, aber um den Preis materialistischer und intellektualistischer Einseitigkeit, die eine ruhelose Suche nach dem Selbst und einem gemeinschaftlich erfüllten Leben nach sich zögen. Diese Lücke wollte er mit seinem vitalistisch umgedeuteten Evangelium füllen.

In seinem Denken war Gott in jeder Erscheinung der Natur gegenwärtig und konnte mit der menschlichen Seele von jedermann und jederzeit erspürt werden, ohne dazwischengeschaltetes, systematisches Training durch religiöse Textquellen oder kirchlichen Ritus. Der Theologe kündete von der Rückkehr zur Natur, wofür er ganz praktische Hilfestellung bot. Wie C. G. Jung hielt Johannes Müller die moralischen Gebote im Anschluss an religiöse Normen für hemmend, eine Bewusstseinshybris. Er stellte dem eine unmittelbare, lebensbejahende Haltung entgegen, möglichst frei von Zwängen und moralischen Geboten, die es der Seele ermöglichen sollte, aus sich heraus ihre heilsame göttliche Kraft zu entfalten.

Im Unterschied zu Rudolf Steiner war Johannes Müllers Denken stark gemeinschaftsorientiert. Das von Steiner in den Mittelpunkt gestellte Ichbewusstsein war für Müller hochproblematisch, er sah darin ein Hindernis auf dem Weg zum Seelenheil. Er prangerte die sogenannte Bewusstseinskultur an, das zersetzende Theoretisieren, den Materialismus und Egoismus, Äußerlichkeit, Lebensangst und

## Konkurrenten

das Unvermögen, in Gemeinschaften zusammenzuleben. Bewusstseinskultur und Ichbewusstsein müssten zerstört werden, damit die Seele ins wahre Leben zurückkehren könne. Dann füge sich der Mensch als Gemeinschaftswesen von allein in die ihm bestimmten Vergemeinschaftungsformen Ehe, Familie und Volk ein.[37]

Im Gegensatz zu Steiners körperloser Anthroposophie spielte bei Müller die Körperlichkeit eine entscheidende Rolle. In der bürgerlich-pietistischen Moral, in der er sozialisiert worden war, stand die menschliche Natur für Sünde, sie war eine Bedrohung für das Seelenheil, weshalb die Menschen durch strenge Konventionen geschützt werden mussten. Johannes Müller wollte die leibliche Dimension rehabilitieren. Die als Degeneration empfundenen Ärgernisse der Zeit, der Rückgang der Geburten, die vermeintlich hohe Zahl von Geschlechts-, Geistes- und Nervenkranken, waren für ihn aber keine Folge von Moralverlust, sondern von abgehobenem Denken und naturverachtendem Lebensstil. Auch die veränderten Geschlechterrollen machten ihm Sorgen, wenn sie gegen die angeblich naturgewollte Rolle der Frau verstießen und den Geburtenrückgang verstärkten.

Die Frage der Fortpflanzung war für Müller eine Obsession und in Anbetracht seiner eigenen Kinderschar – elf! – scheint es, er wollte im Alleingang das Aussterben der Deutschen verhindern. In seiner pronatalistischen Einstellung ging Müller so weit, dass er für eine naturhafte Sexualität auch außerhalb der Ehe plädierte, Hauptsache, sie trüge zur Volksvermehrung bei. Am Status der Ehe als einzig legitimem, Unterhalt und Erziehung des Nachwuchses gewährleistendem Ort und an den hergebrachten bürgerlichen Geschlechterrollen wollte der Nietzscheaner im oberbayerischen Naturidyll trotzdem nicht rütteln, was für manchen lebensreformerischen Zeitgenossen enttäuschend war.

Es gab also einige Schnittmengen, aber auch grundsätzliche Unterschiede zu Steiner. Beide waren geläuterte Nietzscheanhänger, prangerten erstarrte moralische Normen an und durchlebten stark kirchenkritische Phasen. Sie sahen in gewissen modernen Zeiterscheinungen, vor allem dem »Materialismus«, den Dämon und propagierten einen Heilsweg durch unmittelbare Seelentätigkeit, sei es durch Meditation oder durch Naturerleben und Gemeinschaftsgefühl.

Mit ihrer Ausstrahlung schöpften sie aus derselben Klientel: der bürgerlichen, großstädtischen Schicht und dem Adel. Johannes Müller begeisterte laut einem spöttischen Zeitgenossen vor allem ein Publikum, das aus Diakonissen, Offizieren, jungen Leuten mit Entwicklungskrisen und älteren, alleinstehenden Damen bestand. Besonders in den größeren, von Industrie und Handel geprägten Städten hatten der Ausbau des Bildungswesens, Verlage und Kultureinrichtungen wie Theater ein Milieu genährt, das für die sich verbreitenden pseudowissenschaftlichen und alternativ-religiösen Botschaften offen war. Das reformorientierte Publikum war zum großen Teil noch in einem einheitlichen Weltbild sozialisiert worden und hatte Probleme damit, die in der Kaiserzeit exponentiell gewachsenen Lebensstiloptionen, die nachlassende Verbindlichkeit von Beziehungen einschließlich Ehe und Familie zu verkraften. Dagegen stellte Müllers Versprechen einer natur- und gottnahen Lebensweise und einer gemeinschaftlichen Sozialordnung auf der Grundlage »natürlicher« vitaler Bedürfnisbefriedung ein lohnendes Ziel dar.

Die gelockerten Familienbande trugen dazu bei, dass die hergebrachte Frömmigkeit als nicht mehr zeitgemäß abgelehnt wurde und man in Figuren wie Steiner und Müller modernere Sinnstifter sah, deren spirituelle Aufmunterung man nicht entbehren konnte, besonders wenn man sich gerade in schwierigen Lebensumständen befand. Vor allem das zweite Schloss in der Elmau, einem abgeschiedenen oberbayerischen Tal bei Mittenwald, bot inmitten unberührter Natur den idealen Ort, wo sich Mensch und Natur, Individuum und Gemeinschaft versöhnen konnten. Hier ließen die aus dem nahe gelegenen München und anderen Städten herbeiströmenden ermüdeten Zeitgenossen alle Zwänge hinter sich und fanden in stiller Einkehr, in der Natur und in der Gemeinschaft zu einem unmittelbaren Leben aus Gott zurück. Das Müller'sche Lebensreformprojekt verhieß nicht nur eine naturfromme, antiintellektuelle Haltung, sondern einen alternativen Lebensstil, man trug Sandalen, helle Seiden- oder Leinenstoffe, Hemden mit Schillerkragen, die Frauen weite, locker fallende Kleider ohne Mieder und Korsett und Blümchen im Haar. Der Tagesablauf der Schlossbewohner war angefüllt von Bewegung an der frischen Luft, Tanz, Meditation und gelehrter Instruktion durch den Meister. Den von der beschleunigten Warenproduktion, den Konsumoptionen und dem nervenaufreibenden Verkehr Ermüdeten, den durch die soziale Frage Beunruhigten, den von Zivilisationserscheinungen Erschreckten, den um die deutsche Nation Bangenden war Müller praktischer Lebensratgeber und Sinnstifter in einem. Er bastelte ihnen aus Elementen der modernen Theologie, der pietistischen Naturmystik und der völkisch-lebensreformerischen Kulturkritik eine Erweckungsbotschaft zusammen, während Steiner mit seinem meditativen Karmatraining eine Langzeitperspektive auf das Seelenheil anbot.

Müller und Steiner waren beide das, was man heute als Coach bezeichnen würde – beide versprachen Heilung der Zeitkrankheiten Nervosität, Schlaflosigkeit, Überaktivität, Verdauungsprobleme oder sexuelle Funktionsstörung, die in ihren jeweiligen Denksystemen der »Bewusstseinskultur« beziehungsweise dem individuellen spirituellen Bewusstsein zugeschrieben wurden. In Müllers zeitgenössischem okkultistischem Verständnis setzte die Bewusstseinskultur den Menschen Reizen aus, die sein Unterbewusstsein überforderten und ihn dadurch krank machten. Genauso wie Steiner empfahl er dagegen eine über die Lösungsangebote der naturwissenschaftlichen Medizin hinausgehende spirituelle Kur. Deren Erfolgsgeheimnis war, dass sie hinter den psychischen Schwierigkeiten der Zeitgenossen eine Ressource ansprechen wollte, eine spirituelle Begabung für das ganzheitliche, einfache und unmittelbare Leben. Dieses nicht gerade neue Versprechen verstand vor allem Müller auf wortgewaltige Art und Weise unter die Leute zu bringen.

Dass er sich gleichzeitig tief auf völkisches Gedankengut einließ, war Folge seines vitalistischen, antiintellektuellen und gemeinschaftslastigen Menschenbilds. Müllers Überzeugung, dass Kultur und Politik von der Fortpflanzung des deutschen Volkes abhingen, sowie seine heilsgeschichtlich hergeleitete antisemitische Überzeugung führten letztendlich auch zu einer Verehrung Adolf Hitlers, die seine zahlreichen jüdischen Anhänger vor den Kopf stieß und für die er sich nach 1945 in einem Entnazifizierungsverfahren rechtfertigen musste.[38]

Interessant ist, dass die beiden Propheten trotz ihrer sichtlichen Übereinstimmungen so wenig miteinander anfangen konnten. Der wesentliche Meinungsunterschied dürfte sich an der unterschiedlichen Stellung des Individuums in ihren Lehren festmachen lassen. Denn Steiner lag vor allem das Schicksal des Einzelnen am Herzen. »Es kommt darauf an, dass sein Platz innerhalb seines Volkes ein solcher ist, dass er die Macht seiner Individualität voll zur Geltung bringen kann. Das ist nur möglich, wenn der einzelne den Ort finden kann, wo er seinen Hebel anzusetzen vermag«, glaubte Steiner um die Jahrhundertwende. Die starke Stellung des Individuums war dem Steiner'schen anthroposophischen Denken immanent. Trotzdem zeigte er sich für Müllers Gedanken aufgeschlossen und wollte sich mit ihm im Elmauer Schlossidyll austauschen. Daraus wurde nichts: Müller hatte kein Interesse. Er war weit weniger pluralistisch als sein Konkurrent. Das fand vor allem ihr Mittelsmann enttäuschend, Pfarrer Friedrich Rittelmeyer, der eine Weile beide Helden gleichermaßen verehrt hatte und sich von deren Zusammenarbeit die größten Erfolge versprach.

Rittelmeyer, der Steiners kirchlicher Gewährsmann bei der Gründung einer eigenen »Christengemeinschaft« werden sollte, war selbst ein weiterer Anbieter auf dem Reformmarkt. Nach einem Vikariat in Würzburg promovierte er über Friedrich Nietzsche und das Erkenntnisproblem, verfolgte jedoch keine akademische Karriere. Von Depressionen und Einsamkeit geplagt, war er eine Ausnahmeerscheinung als Prediger, bis er zwischen 1909 und 1913 zur zentralen Figur kircheninterner Kontroversen wurde. Rittelmeyer wird als eine zwischen moderner Theologie und todessehnsüchtiger, vom Okkultismus geprägter Frömmigkeit zerrissene Figur geschildert. Als hochgradig kopflastiger Intellektueller träumte er von einer kongenialen, über alle Entfremdung hinweg gelingenden Erfahrung Jesu und beklagte die religiöse Kraftlosigkeit der modernen Theologie. Ihr fehle das starke Erleben, das die innere Leere des modernen Menschen ausfüllen könne.[39] Sein 1929 erschienenes Buch *Meditation. Zwölf Briefe über die Selbsterziehung* ist bis heute ein besonders in anthroposophischen Kreisen viel gelesenes Werk. Auch Rittelmeyer propagierte die Umkehr aus einem zu stark vom Verstand gelenkten Dasein in die angeblich gesündere Unmittelbarkeit des Lebens.[40]

Ein weiterer Konkurrent Steiners auf dem Markt der Lebensreformen war die heute ebenfalls weitgehend vergessene Figur des Schäfers Joseph Weißenberg. Der 1855 geborene Religionsstifter, Sohn eines kinderreichen Tagelöhnerehepaars, begann seine Karriere wenige Kilometer von Hamburg entfernt in einem noch traditionell volksfrommen Milieu. Weißenberg gelang es, Elemente daraus für die moderne Großstadtbevölkerung nutzbar zu machen. Er war ein Heiler und kurierte sowohl mit Hausmittelchen, die er als Schäfer aus dem Riesengebirge kannte, als auch mit seiner puren Präsenz durch Handauflegen, Körperbestreichen, Anpusten und Gesundbeten, aber auch durch Schläge und Anschreien, wenn es nötig war. Im Laufe der Zeit perfektionierte er sein Können dermaßen, dass er Helferinnen damit beschäftigte, an seiner Stelle Hand aufzulegen. Die Krankheitsursachen erkannte er durch Hellsehen – eine Fähigkeit, die sich auch Rudolf Steiner zuschrieb. Damit war Weißenberg so erfolgreich, dass seine Vereinigung auf 10 000 Mitglieder anwuchs – so viele Anhänger sollte Rudolf Steiner zu Lebzeiten nie um sich scharen. Weißenberg gründete bei Friedenstadt, südlich von Berlin, eine Siedlung, die ein neues Jerusalem auf Erden sein sollte. 500 Menschen lebten in der Kommune, die teilweise ihren Beruf in Berlin oder in eigenen Betrieben vor Ort ausübten. Daraus erwuchs die Urkirche Christi Waldfrieden. 1932 zog der Heilmagnetiseur, der sich mittlerweile als inkarnierter Christus sah, selbst in seine Siedlung. Zu seinen Treffen versammelten sich zwischen 10 000 und 20 000 Anhänger. 1932 galt seine Anhängerschaft als größte Sekte Deutschlands mit mehr als 200 000 Mitgliedern, fast 400 Gemeinden gehörten ihr an. Die Weißenbergkirche existiert noch heute. Seit 1990 hat sie den Status einer Körperschaft des öffentlichen Rechts. Die Gründerfigur, die von im Jenseits lebenden Seelen predigte, die sich mit guten und bösen Absichten in das irdische Leben einmischten, beackerte dieselben Felder wie Rudolf Steiner: Er stellte seinen Zeitgenossen eine ökologische Erneuerung in Aussicht, eine Gesundheitslehre, eine »natürliche« Medizin und – nicht zuletzt – die Unsterblichkeit.

Wie die historischen Parallelen zeigen, stieß die Beschäftigung mit Gesundheit, Krankheit, Tod, Wiedergeburt – dem Kerngeschäft der Propheten des frühen 20. Jahrhunderts – auf große Nachfrage. Statistiker des Reichsgesundheitsamts zählten in der späten Weimarer Republik allein 12 098 Laienbehandler, darunter 2803 weibliche. Angeblich misstrauten fünfzig Prozent der Bevölkerung der akademischen Medizin. Männer wie Steiner und Weißenberg als großstädtische Heiler im weitesten Sinne boten eine Alternative. Sie griffen auf romantische volksmedizinische Vorstellungen zurück, die in der Bevölkerung noch nicht vergessen waren und in Notsituationen hervorgeholt werden konnten. Dazu gehörten der Magnetismus wie im Fall Weißenbergs, die Ätherlehre wie im Fall Steiner oder die Wiedergeburt, eine Idee, der beide anhingen. Eine weitere Übereinstimmung zwischen Steiner und Weißenberg war die freireligiöse Ausrichtung, beide vermittelten abseits der eingefahrenen Bahnen einen individualisierten religiösen Sinn. Es gab aber auch Unterschiede, die nicht übersehen werden dürfen: Rudolf Steiner war ungleich intellektueller als Weißenberg, er nannte seine Technik eine »Geisteswissenschaft«. Diesem Sachverhalt verdankte er eine andere Zielgruppe als die des Schäfers aus dem Riesengebirge, namentlich eine bürgerliche, während Weißenberg vor allem Kleinbürger und Arbeiter anzog. Doch die Verwandtschaft überwog: Beide gehörten einer Spezies von modernen Propheten an, die Alternativen anboten zur etablierten Kirche, zur professionalisierten Medizin und Psychiatrie – die dem drohenden Auseinanderbrechen von Seele und Intellekt entgegenarbeiteten, die Seelsorge betrieben in einem individualisierten Arrangement.[41] Sie waren, wie Steiner bei der Gründungsversammlung der deutschen Sektion der Theosophischen Gesellschaft verkündete, die Nutznießer eines allgemeinen Gefühls der Ausweglosigkeit, in welches das materialistische Denken und der relativierte religiöse Glaube geführt hätten. Nur eine neue Entfaltung und Vertiefung der »Geisteskräfte« der Menschen werde die Agonie überwinden.

Rudolf Steiner war indes, das legt die geschilderte gesellschaftliche Bedürfnislage nahe, mit seinem propagierten Erkenntnisweg zur individuellen Erleuchtung noch lange nicht am Ende mit seiner Weisheit. Noch vor dem Ausbruch des Ersten Weltkriegs wird auch er damit beginnen, vom »Mikrokosmos« auf das Große und Ganze aufzublenden.

# TEIL IV
MIT VOLLDAMPF

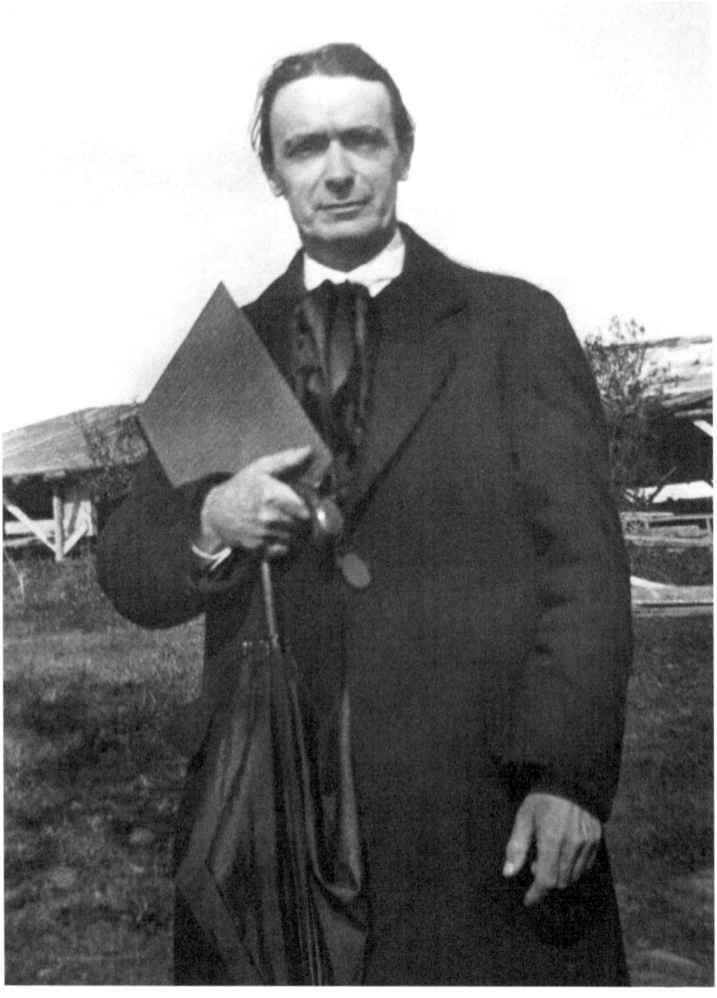

»Das ist er!«

Nachdem Steiner Vorsitzender der deutschen Sektion der Theosophischen Gesellschaft mit ihren sage und schreibe 130 Mitgliedern geworden war, nahm er mit seiner Frau zunächst für einige Monate ein Häuschen in Berlin-Schlachtensee, um dann in das Miethaus Motzstraße 17 umzusiedeln, das bis 1913 die Zentrale der Gesellschaft werden sollte. Es lag in der Nähe des damaligen Zentrums von Berlin zwischen Nollendorf- und Prager Platz. Marie von Sivers zog gleich mit ein, was für Steiners damalige Ehefrau Anna eine Zumutung war. Steiner tröstete sie vergebens mit dem Hinweis, er habe nun eben eine Lebensaufgabe zu erfüllen. Ein Jahr später suchte Anna das Weite.

Laut Beschreibungen von Besuchern des Berliner Hinterhauses wurde Steiner von dieser Zeit an ein Anhänger ambulanter Wohnverhältnisse. Seine Räume waren »zufällig aufgeschlagene Zelte«, »ohne Anzeichen von Sesshaftigkeit«, »ohne die geringste Tendenz zum Komfort«, nichts Überflüssiges. Es hieß, er brauche nichts weiter als einen Tisch, einen Stuhl, Bücher und einen Koffer, wenn er irgendwo zu Gast war, ein Bett: Das war alles! Allenfalls noch einen Vorhang vor der Tür. »Äußerste Einfachheit, äußerste Genügsamkeit.« Das bürgerliche Leben, von dem er in Weimar noch geträumt hatte, scheint Steiner als erweckter Theosoph nicht mehr gesucht zu haben. Es gab Wichtigeres zu tun. Nachdem er so lange auf seine Berufung gewartet hatte, arbeitete er in den nächsten Jahren unter Volldampf, als müsse er den zeitlichen Rückstand wieder einholen.

Viel Gelegenheit zum Wohnen gab es deshalb nicht. Steiner und von Sivers reisten zwei Drittel des Jahres von

Vortragsort zu Vortragsort. Das Programm eines beliebigen Monats, des Januars 1906, sah zum Beispiel so aus: 7.1. St. Gallen, 8.1. Zürich, 9.1. Lugano, 10.1. Lugano, 11.1. Basel, 12.1. Strassburg, 13.1. Colmar, 14.1. Stuttgart, 15.1. Stuttgart, 16.1. Stuttgart, 17.1. München, 18.1. München, 19.1. Frankfurt, 20.1. Marburg, 22.1. Kassel, 23.1. Weimar. Folgende Themen arbeitete Steiner in diesem kurzen Zeitraum ab: die Weisheitslehren des Christentums, Geist, Seele und Körper, die Vergänglichkeit und das Ewige, Darwinismus und Theosophie, die Entwicklung und Abstammung des Menschen, Theosophie und bildende Kunst, Theosophie und tönende Kunst, der Begriff des Geistes in der deutschen Philosophie.

Die Anzahl der Zuhörer schwankte. Zu Beginn seiner Vortragskarriere konnte sie unter zehn liegen. In späteren Jahren füllte Steiner große Konzertsäle. Auf dem Höhepunkt seiner Popularität wurden seine Vortragsreisen von einer Berliner Konzertagentur organisiert. Die Besucherströme zu den Sälen mussten polizeilich geregelt werden. Einer Pressemeldung zufolge kam es zu »minutenlangen Beifallsklatschen und Trampeln« in restlos ausverkauften Sälen.

Es dauerte nicht lange, und das erfolgreiche Paar beackerte nicht nur den deutschsprachigen Raum, sondern ganz Europa. Die Organisation der Reisen wurde immer komplexer, wie ein Brief Marie von Sivers' an Édouard Schuré vom Oktober 1904 zeigt: »Wir stehen im Zeichen der Generalversammlungen, Kongresse usw., es gibt viel Bewegung, hervorgerufen durch die alles überragende Persönlichkeit von Herrn Steiner in theosophischen und spiritistischen Kreisen in Deutschland; Freunde und Feinde sind aufgescheucht, alles das wirft seine Wellen zu uns herauf. Mir ist es schwer, meinen Gleichmut zu bewahren, der mir in diesen Turbulenzen die Ruhepausen ersetzen muss. Wenn ich nach England nicht über Paris fahre, so ist das deswegen, weil ich auf Reisen mit den Stunden und nicht mit den Tagen rechnen muss. Ich verkürze so weit wie

## »Das ist er!«

möglich die Zeit für den Schlaf, befinde mich aber doch in einem Zustande dauernder Hast. Dies ist der Preis, den ich für die ungeheuren Wohltaten bezahlen muss, mit denen ich überhäuft werde.«[1]

Innerhalb kürzester Zeit war Steiner von einem suchenden Akademiker zum gesuchten Guru geworden. Mitglieder und Aspiranten sahen in ihm nun die maßgebliche Instanz für höhere Erkenntnis. Als spirituelles Oberhaupt schwebte über ihm nur noch eine Autorität, die der internationalen Präsidentin Annie Besant. Im Sommer 1904 erlaubte sie ihm, eine eigene Esoterische Schule zu gründen, was Steiner zusätzlich Renommee verschaffte. Ein späterer enger Mitarbeiter, der an der ersten Waldorfschule in Stuttgart lehrende Alexander Strakosch, ist ein typischer Vertreter jener Sinnsuchenden, die sich in diesen Anfangsjahren um Steiner zu scharen begannen. Der 1879 in Wien geborene Ingenieur, der Wasserkraftanlagen und Bergbahnen entwarf, also einen hochmodernen Beruf ausübte, war gemeinsam mit seiner Frau Maria Giesler, einer Kandinskyschülerin, schon längere Zeit auf der Suche nach einer »wirklich sinnvollen Lebensführung« gewesen. Unter anderem mit Johannes Müller hatte er es versucht, doch dieser habe ihm nicht vermitteln können, wie man »über das Persönliche« hinauskomme. Auch der evangelische Theologe und Begründer der karitativen Einrichtung »Bethel« bei Bielefeld, Friedrich von Bodelschwingh, gefiel ihm zwar als tatkräftiger Christ, jedoch nicht als geistiger Führer. Dann wurden der jüdischstämmige Strakosch und seine Frau Zeugen eines Vortrags Steiners: »Der Redner sprach so, dass es uns sofort klar war: Ihm liegt nicht daran, auf den Zuhörer Eindruck zu machen. Er sprach von Dingen, die weit über jener Sphäre liegen, wo es so etwas noch gibt. ... Als er geendet hatte, blickten wir uns gegenseitig an und sagten: ›Das ist er.‹ Wir nahmen uns bei der Hand und gingen zum Rednerpult hin.« Am folgenden Tag besuchten sie den Propheten zu Hause, dort überreichte er ihnen jeweils ein Blatt Papier mit Meditationsanleitungen mit den Worten: »Das habe ich für Sie vorbereitet. Es wird das Richtige sein.« In der nächsten Zeit hörte das Paar Einführungskurse und las Bücher, unter anderem Steiners Werk *Theosophie*, und seine Zeitschrift *Luzifer-Gnosis*. Und selbstverständlich fehlten sie bei keinem seiner Vorträge. Dabei hätten sie sich nach eigenen Aussagen immer frei gefühlt in ihren Entscheidungen. Sie fanden Steiner, nicht umgekehrt, darauf legte Strakosch in seiner Erinnerung wert. Ihr unklares Suchen habe durch ihn Ordnung und Richtung gefunden: »Es entfaltete sich immer mehr ein gewaltiges Weltbild, in welches sich der einzelne in seinem Streben im Einklang mit dem großen Geschehen und doch als ein Selbständiger einfügen kann.« Strakosch empfand sich vor seiner Begegnung mit Steiner als leicht erregbares und durch Lebenserfahrungen beunruhigtes Temperament. Im Laufe der Zeit habe er immer mehr inneren Halt gefunden: »Ich hatte im rechten Augenblick gefunden, wessen ich für meinen Lebensweg bedurfte, ich lernte nach und nach Illusion von Lebenswirklichkeit zu unterscheiden, mich an das Wesentliche zu halten und mich in das Leben der Mitmenschen helfend hineinzustellen, indem ich immer mehr von mir loskam und zu erfassen vermochte, wessen die anderen bedurften.«[2]

Das Berliner Wohnhaus Steiners wurde zur Wallfahrtsstätte für Menschen, die sich, wie Alexander Strakosch, Hilfe bei persönlichen Problemen und bei der Beantwortung ihrer Sinnfragen erhofften. Noch bevor Steiner tief eingearbeitet war in die Theosophie, hatte er bereits die Ausstrahlung eines Mannes, der wusste, was anderen Menschen guttat, der empathisch war. Diese Gabe musste er offenbar nicht erst entwickeln, sondern er brachte sie mit in sein neues Leben als Guru und Prophet. Das Haus in der Motzstraße hatte viele kleine Zimmer, die entweder der Arbeit an Steiners Vorträgen und Publikationen oder dem Empfang von Gästen gewidmet waren. In einem Raum vermittelte die auf einer Remington

»Das ist er!«

klappernde Sekretärin den Eindruck hektischer Produktivität, auf den Fluren hasteten Mitarbeiter von Stockwerk zu Stockwerk, trugen Papiere und Durchschläge von einem Ort zum anderen, korrigierten, gaben Bücher aus, verkauften Eintrittskarten. »Und an diesen verflochtenen, aufgeschreckten Wohnungen vorbei, die atemlosen jungen Damen bei der Arbeit aufhaltend, strömen, strömen und strömen all jene, die sich zu einem Gespräch mit Steiner angemeldet haben, Menschen, die diesem brodelnden Leben eigentlich fremd sind. Aber jeder von ihnen kommt mit einer Frage, die ihm wichtiger als alles ist: manche kommen zum ersten Mal; sie kommen wie zur Beichte, in höchster Aufregung, und die meisten sind überrascht: statt der erwarteten Feierlichkeit empfängt sie lautes brodelndes Leben, das ihnen zeremoniellwidrig vorkommt; sie klingeln mit Herzklopfen – aber die Tür steht offen; sie werden nicht von dem Hausmädchen empfangen, es gibt überhaupt kein Hausmädchen, sondern von jemand, der zufällig da ist. Sie werden in ein kleines Wartezimmer geführt, wo sämtliche Polsterstühle von Wartenden besetzt sind.«[3]

Rudolf Steiners Anliegen in den ersten Jahren seiner Tätigkeit als Theosoph war die Verbreitung eines individuellen Verbesserungsprogramms. Er wollte »›Geistesschüler‹ auf die Bahn der Entwicklung bringen«, wie er es selbst ausdrückte.[4] Die Einweihung in das geheime Wissen ging, wie wir gesehen haben, auf dreierlei Weise vor: Die Kandidaten und Mitglieder kamen zu Vorträgen, für die sie Eintritt zahlen mussten, sie kauften die Zeitschrift *Luzifer-Gnosis* und andere Publikationen für das Selbststudium, und sie erhielten eine persönliche Schulung in Gruppen oder unter vier Augen. Dafür mussten sie nicht direkt bezahlen, aber es gehörte sich, für Steiners Bewegung zu spenden oder selbst aktiv zu werden. In der schriftlichen Unterweisung durch ihn selbst spielten Unterrichtsbriefe, die Regeln und Übungstexte enthielten eine wichtige Rolle. Das alles war systematisiert und sehr exklusiv – wer »Gewissheiten des Lebens« wollte und dafür um eine esoterische Schulung beim Meister persönlich ersuchte, musste sein eigenes Unterrichtsmaterial streng vertraulich behandeln und eine Verpflichtung zur Geheimhaltung unterschreiben, die an Annie Besant weiterzuschicken war. Bis 1907 war auch ein Gelöbnis üblich, in dem die Aspiranten versprachen, die Regeln der Esoterischen Schule sorgfältig zu lesen und genau einzuhalten und sie vor Nichtmitgliedern geheim zu halten – einer der freimaurerischen Restbestände.

Der erste Schritt der Ausbildung zum »wahren Theosophen« und Eingeweihten bestand aus einem Einführungskurs, in dem es unter anderem um Reinkarnation und andere »Gewissheiten des Lebens« ging. Dazu gehörten praktische Übungen für zu Hause, Konzentrationsübungen etwa mithilfe von Meditationssprüchen und Körperpraktiken mit dem Ziel der Beherrschung der »niederen« Bedürfnisse des Menschen. Wie in vielen Ansätzen der Reformbewegungen waren auch in Steiners Bekenntnis sinnenfrohe Körperlichkeit und Sexualität ein Hindernis auf dem Weg zur Selbstkultivierung. Seine frühe Lehre war teilweise auch eine Anleitung zur Askese: »1. Ertöte den Ehrgeiz. 2. Ertöte die Liebe zum Leben. 3. Ertöte den Wunsch nach Behagen.«[5] Die Regeln mussten von den Schülern abgeschrieben und täglich praktiziert werden. Die Konzentrations- und Meditationsübungen sollten sie am besten morgens ausführen, es genügten fünf Minuten am Tag. Ziel war die Ausbildung von Selbstbeherrschung, Wahrhaftigkeit, Güte und Freundlichkeit. »Jeder Tag muss mich vorwärts bringen; jeder Tag muss für mich eine Stufe der Entwicklung sein«, lautete ein Mantra.

Darüber hinaus gab es den persönlichen Unterricht. Steiner empfing, wenn er in Berlin war, die Kandidaten in einem kleinen Zimmer in der Motzstraße, ausgestattet mit einem Tisch, einem kleinen Schrank, Stühlen und zwei durch

»Das ist er!«

braune Vorhänge verdeckte Türen. Die eine Tür führte in den Gang, von da ging es in ein kleines Esszimmer und ein noch kleineres, etwa drei Schritte im Quadrat messendes Nebenzimmerchen mit einem großen Sofa, wo private Besucher empfangen werden konnten. Hinter der anderen Tür befand sich Steiners »Salon«. Von den Sprechstunden, die Steiner abhielt, vermittelt die Beschreibung des russischen Schriftstellers Andrej Belyi einen Eindruck: »Man stellt sich den persönlichen Empfang bei dem ›Lehrer‹ in einem gewissen feierlichen Rahmen vor; aber hier herrscht Einfachheit und eine dieses Lehrers und des beichtenden Schülers fast unwürdig alltägliche Atmosphäre intensiver Arbeit, wo für Feierlichkeiten kein Raum ist; in einem der Hinterzimmer stehen wahrscheinlich die offenen unausgepackten Koffer herum – er kam gestern aus der Schweiz zurück und fährt morgen nach Hannover – und irgend jemand richtet sein Gepäck für eine neue Reise. Und plötzlich, direkt vor der Nase, wird die Tür dieses geheimnisvoll einfachen Zimmers blitzschnell geöffnet, völlig geheimnislos; und es erscheint der Doktor, ein wenig zerzaust, mit müdem und blassem Gesicht, und geleitet, vollendeter Kavalier, charmant und weltmännisch, eine Dame – ›Nun ja‹, ›es wird schon gehen‹, oder ›Auf Wiedersehen‹ grüßt mit erhobener Hand von der Schwelle des Zimmers, falls er sie nicht persönlich in den Flur geleitet, wo er das Licht anknipst, ihr in den Mantel hilft und eigenhändig die Tür hinter der Dame schließt; und dann geht er schnell über den Korridor am Wartezimmer vorbei, steckt den Kopf durch die Portieren, mit einem lächelnden ›einen Moment‹, und geht, statt zu den Besuchern, weiter ins Esszimmer: vielleicht um eine Tasse Kaffee zu trinken – seine Sprechstunden dauern stundenlang, er kommt weder zum Essen noch zum Trinken.«[6]

Die stilisierte Schilderung aus der Feder eines Steinerianers verrät die Absicht, den Meister möglichst informell und leutselig erscheinen zu lassen. Sie war auch ein Beitrag in der damaligen Diskussion um die Frage, wie autoritär und abgehoben beziehungsweise wie persönlich und offen der Habitus des Propheten sei. Kritiker vermuteten immer eine geheime Verschwörung, was nicht weiter verwunderlich ist, wenn sich eine Unternehmung auf eine »Geheimlehre« stützt, freimaurerische Rituale pflegt und sich mit der Esoterischen Schule einen inneren Zirkel hält, in den nur »Eingeweihte« aufgenommen werden, die ihre schriftlichen Mantras und Meditationsanleitungen und ihre Mitschriften von Steiners Reden nach der Lektüre vernichten sollten. Begründet hat Steiner die Heimlichkeit damit, dass okkultes Wissen außerhalb seiner Esoterischen Schule seine Wirkung verlöre und dass die Menschheit noch nicht reif dafür sei – was sie dann allerdings doch bald wurde, als sämtliche mitstenographierten Vorträge im eigenen Verlag publiziert wurden.

Aus der anfänglichen Zurückhaltung leitete man ab, der Zugang zur Theosophischen Gesellschaft und vor allem zu ihren Schaltstellen sei intransparent und die direkten Schulungen dienten der Gehirnwäsche. Skeptiker beriefen sich auch auf Formulierungen Steiners, der für den Weg der höheren Erkenntnis von seinen Anhängern forderte, dass sie den »Pfad der Verehrung« und der »Devotion« einschlügen. Die bekam er auch gelegentlich, wie der Brief einer Schülerin deutlich macht: »Alles, was ich brauche, geben Sie mir und wird mir gegeben, und das ist so viel, dass ich nur mit ehrfurchtsvollem Staunen den Blick erheben kann zu dem, was kommt.«[7] Ein häufig zitierter Satz aus *Wie erlangt man Erkenntnisse der höheren Welten* lautete, dass es Kinder gebe, die besonders gerne zu verehrten Menschen aufblickten, und unter diesen Kindern fänden sich besonders viele künftige »Geheimschüler«. Innere Opposition und Kritik störten nur die Erkenntniskraft der Seele.

Man hat das als autoritäre Ansage an die Anhängerschaft ausgelegt, als Kritikverbot gegenüber Steiners Erkenntnissen.

»Das ist er!«

Für den Vorwurf des institutionellen Autoritarismus unter Steiners Führung gibt es dennoch keine stichfesten Beweise. Die einschlägigen Passagen in seinen Texten sind, wie immer, vieldeutig. Er betonte zwar Demut und Devotion als Voraussetzungen der Erkenntnissuche, aber dies gelte genauso für Eingeweihte. Steiner wünschte sich keinen naiven Glauben seiner Anhänger, sondern »unbefangene Aufnahme«, abergläubische Tischerücker waren ihm ein Gräuel: »Der wahre Geistesforscher spricht niemals mit der Erwartung, dass ihm blinder Glaube entgegengebracht werde. Er meint immer nur: dies habe ich erlebt in den geistigen Gebieten des Daseins, und ich erzähle von diesen meinen Erlebnissen.« Die Haltung des Schülers verglich Steiner mit der eines Kindes, das sich wie ein »völlig leeres Gefäß«, unbeeinflusst von Sympathie und Antipathie, in die fremde Welt begebe. Erkenntnismomente seien nur möglich, wo jedes Urteil, jede Kritik schweige. Wenn Steiner von »rückhaltloser Hingabe« redete, so verlangte er nicht die Abscheidung des eigenen Urteils, sondern eher ein dem fernöstlichen Kulturkreis abgeschautes Schülerideal, das persönlichen Respekt und konkrete geistige Unvoreingenommenheit und Offenheit dem »Meister« gegenüber forderte, aber nicht kritiklose Gefolgschaft. Verglichen mit anderen Meistern und Propheten seiner Zeit, etwa dem hoch narzisstischen und autokratischen Zeitgenossen Stefan George, war Rudolf Steiner geradezu Demokrat. Von George ist überliefert, dass er seinen Hofstaat nicht nur nach ganz eigenen persönlichen Vorlieben auswählte, sondern auch Riten erfand, mit welchen er die neuen Jünger an sich band, unter anderem mit von ihm erdachten Namen, durch die sie ihre neue Identität auch in der Öffentlichkeit anzeigen sollten. Zu den Zugehörigkeitsritualen im Georgekreis gehörte auch das Tragen gewisser Gewänder und Kränze, die Veranstaltungsräume mussten wie heilige Tempel ohne Schuhe betreten werden, der Meister entschied, wann eine Mahlzeit begann und wann sie vorbei war, und wem er eine Gunst erweisen wollte, den küsste er.

## Mit Volldampf

Der Vorwurf der Geheimbündelei ist im Falle Steiners eher zu relativieren. Tatsächlich hat sich herausgestellt, dass zwischen den intern kursierenden Erkenntnissen und dem nach außen Vermittelten kaum ein Unterschied bestand. Die Geheimhaltungspflicht hatte wohl eher eine soziale Funktion, diente der Belohnung eifrigen Studiums und tätiger (Finanz-) Hilfe der Mitglieder. Steiner lockerte außerdem die von den Theosophen überkommenen Gepflogenheiten, Neuzugänge zum Schweigen zu verdonnern. Dazu war er selbst viel zu sehr an der Verbreitung seiner höheren Einsichten interessiert, von der er sich schließlich versprach, dass sie dem Vergleich mit den konventionellen Naturwissenschaften standhalten würden. Deshalb trug der Guru in öffentlicher Rede und in schriftlicher Form seine Erkenntnisse zu Markte und machte sich dadurch jederzeit überprüfbar und angreifbar. Gerade weil er immer die »Wissenschaftlichkeit« seiner Methode behauptete – die sich allerdings nur Eingeweihten erschloss, die auch die Gabe des übersinnlichen Sehens hatten –, gerade weil er die Methoden der zeitgenössischen Naturwissenschaften auf das Feld der »geistigen Erscheinungen« zu übertragen wünschte, wollte er nicht als »Gesundbeter« gelten. Für sein Dafürhalten führte der Weg ins spirituelle Reich des Geistes durch das »intellektuelle Reich«.

Umso länger Steiner die Anthroposophie vertrat, umso wichtiger wurde ihm die Verbreitung »übersinnlicher Fähigkeiten« in der Bevölkerung. Dies sei die Grundlage dafür, dass sich die Welt nach seinen Vorstellungen weiterentwickeln könne. Er sprach von einem Zeitalter, in dem übersinnliche Erkenntnis zum Allgemeingut werde. Deshalb musste er grundsätzlich für Zugänglichkeit seines Wissens sorgen. Auch wenn es anders lautende Aussagen von ihm gab, die auf eine nicht immer konsequent demokratische Informationspolitik schließen lassen, so legte er in einer Klausel im Jahr 1918 fest: »Ich habe nur dasjenige zu verschweigen, von dem ich weiß, dass es der gegenwärtigen

Menschheit wegen ihrer Unreife noch nicht mitgeteilt werden kann«.[8]

Man muss wohl konzedieren, dass die Demokratisierung okkulten Wissens ein bisschen Fingerspitzengefühl erforderte. Das wohl dosierte Mischungsverhältnis von Exklusivität und Publizität hatte seinen Sinn vor allem beim Aufbau einer Organisation Gleichgesinnter. Es ging um Binnendifferenzierung, manchmal um knallharte Machtfragen zwischen den Funktionären und um Abgrenzung nach außen, was umso mehr nottat, je mehr Kritik und Widerstand kam. Außerdem verstand sich die Anthroposophie Steiners als gesellschaftlicher Gegenentwurf, was auch Abschottung und eine gute Portion elitären Bewusstseins mit einschloss.

Die Mitgliederzahlen der deutschen Sektion der Theosophischen Gesellschaft waren zwar bescheiden (auch wenn Steiner sie bis 1913 auf insgesamt 4000 steigern konnte), aber doch nicht gering genug, um für eine exklusive Geheimorganisation zu sprechen. Außerdem erschien Kritikern die Organisation offenbar schon deshalb obskur, weil fast die Hälfte der Anhängerschaft weiblich war. Das reichte, um Steiner den Ruf einer unkritischen und ihm hörigen Gefolgschaft einzuhandeln. Selbst Marie von Sivers nötigten die vielen Steiner anbetenden Damen der Gesellschaft gelegentlich einen Seufzer ab: Anlässlich einer Romreise schrieb sie an ihren Vertrauten Schuré: »Es wäre wirklich schade, wenn nur mondäne Damen da wären.«[9] Und dann zählte sie auf, auf welche Kundschaft sie anspielte: Comtesse de La Tour, ehemalige Freundin des Rassetheoretikers Arthur de Gobineau, Contessa Tomasucci, Nachkommin des deutschen Pädagogen Friedrich August von Klinkowström, Contessa Lovatelli, eine römische Salondame, die schöne Contessa Spaletti – Frauen, die nach christlicher Esoterik dürsteten, die vom Leben schwer geprüft seien, künstlerisch veranlagt, intelligent, aber auch »ein wenig eng«.

Dass sich unter den Mitgliedern weit überproportional viele Adelige und promovierte Akademiker befanden, dürfte den Vorwurf der elitären Verschwörung zusätzlich geschürt haben.

Unter demokratischen Gesichtspunkten war die soziale Zusammensetzung der theosophischen Unternehmung ohnehin problematisch. Arbeiter erkannten sich darin so gut wie gar nicht wieder. Kein einziger proletarischer Schüler der Arbeiterbildungsschule scheint Steiner in den Okkultismus gefolgt zu sein. Entsprechende Anstrengungen, etwa die Einrichtung eines eigenen Bildungs- und Kunstprogramms für Arbeiter, scheiterten. Der Adel war bei den Theosophen dafür mit über sieben Prozent weit überproportional vertreten. Adelige, und vor allem adelige Frauen, engagierten sich als Delegierte bei Konferenzen, stellten ihre Räume und ihr Geld zur Verfügung. Bei weitem die Hauptgruppe der Mitglieder kam jedoch aus dem (protestantischen) Bürgertum, was nicht weiter überrascht angesichts der identitätsstiftenden Rolle der Bildung, der intellektuellen Herkunft des Steiner'schen Denkens und der in dieser Sozialformation in Fluss geratenen Fragen der Lebensführung. Anhand von Eintrittslisten der Theosophischen Gesellschaft wurde ein besonders hoher Anteil von Anhängern mit akademischer Ausbildung rekonstruiert, darunter Anwälte, Lehrer, Pfarrer und Professoren. Zu Letztgenannten gehörten etwa der Staatswissenschaftler Andreas Voigt, Mitbegründer der Universität Frankfurt, Alfred Gysi, ein Professor vom Zahnärztlichen Institut in Zürich, und der Berliner Religionswissenschaftler Hermann Beckh.[10] Diese zufällige Auswahl einiger früher Anhänger Steiners zeigt, dass sich seine »geisteswissenschaftlichen« Lehren bis tief ins bildungsbürgerliche Milieu hinein bewährten; ein Sachverhalt, der wohl bis heute zutrifft. Es ist außerdem davon auszugehen, dass seine Klientel wohlhabend genug war, um seine unentwegten Reisen mit dem Zug, später mit einem Maybach oder einem Ford mit Chauffeur, seine Hotelübernachtungen, die Saalmieten, eigens dekorierte Vereinsräume, Lesezimmer, Bibliotheken und Kongresse zu finanzieren. Nicht zuletzt war es der Gönnerlaune schwerreicher Industrieller zu verdanken, dass mit dem Goetheanum ein riesiger, sieben Millionen Reichsmark teurer anthroposophischer Kultbau in Dornach entstehen konnte.

Über den persönlichen Umgangsstil zwischen Guru und Schülern wissen wir nicht viel. Einen gewissen Einblick in die Binnendynamik dieses Verhältnisses vermitteln heute allenfalls Briefwechsel. Zum Beispiel die Briefe Edith Maryons an Rudolf Steiner. Die anerkannte Bildhauerin, 1872 in London geboren, nahm im Jahr 1912 Kontakt auf, kam 1914 nach Dornach und half Steiner bis zu ihrem Tod im Jahr 1923 bei der Realisation künstlerischer Projekte. Sie hatte sich schon vor ihrer Begegnung mit Steiner auf spiritueller Suche befunden und sich an einer freimaurerischen Gruppe beteiligt. Ihr ebenfalls in der Loge aktiver Arzt überwies sie an Steiner. In höflichen, aber nicht devoten Worten näherte sich die Künstlerin dem esoterischen Lehrer. Sie machte deutlich, dass sie schon länger auf der Suche nach einem »Meister« sei, der ihr Fragen nach ihrer wahren Persönlichkeit beantworten könne. Nachdem dies bei einem anderen Guru fehlgeschlagen sei, hoffe sie nun, in ihm den »richtigen Meister« zu finden. Sie wollte gerne wissen, wie Steiner ihre okkulte Entwicklung einschätze und welches ihre Aufgabe in diesem Leben sei. Ihr Anliegen sei, eines Tages ein »anderes nützliches Wesen« zu werden. Schon bald beschloss Maryon, nach Deutschland umzuziehen und sich ganz der anthroposophischen Schulung zu widmen. Sie sprach Steiner Zeit ihres Lebens mit »Mein lieber verehrter Lehrer« an und schloss ihre Briefe mit »In Verehrung und Dankbarkeit, Ihre Schülerin«. Anfangs beschrieb sie ihm gewissenhaft ihre Erfahrungen beim Üben, welche körperlichen und geistigen Sensationen sie erlebte, zum Beispiel am 12. September 1913: »Dann fühle ich, wie wenn etwas vor meinem Gesicht und meiner Brust Gestalt annimmt, wie eine Art Organ: ich fühle und sehe dann in gewissem Sinne alle möglichen Röhren, von denen eine um meinen Kopf herum gelegen ist und die meine Kehle und meine Ohren verbindet; meine Kehle scheint sich auszudehnen und es scheint etwas in mir aufzusteigen.«[11] Im weiteren Verlauf ihrer Bekanntschaft mit Steiner wurde sie zu seiner ersten künstlerischen Mitarbeiterin, entwarf Skulpturen von Eurythmiebewegungen und Häuser für Mitarbeiter. Andere Themen wie ihre gemeinsamen Interessen und Arbeiten begannen die Briefe zu dominieren, und Steiner schrieb seiner Schülerin auch über sein eigenes Befinden. Ihr Verhältnis verwandelte sich in ein kollegiales, wenn auch nicht ebenbürtiges, und in Freundschaft. Edith Maryon starb vor Steiner. In ihrem Testament vermachte sie alles, was sie besaß, ihrem »besten Freund und verehrten Lehrer«.

Ein derartig hierarchisches Verhältnis, aus dem sich eine enge Gefolgschaft mit anschließender Zusammenarbeit in einer verschworenen Gruppe entwickelte, war für jene Zeit nicht untypisch. Auch Sigmund Freud sammelte Verbündete um sich, von denen manche vorher bei ihm eine Analyse durchlaufen hatten, man denke an Sandor Ferenczi oder Max Eitingon, und versammelte auf diese Art eine Gruppe zuverlässiger Kollegen um sich, die ihm absolut loyal ergeben waren und ihn gegen Abtrünnige verteidigten. Freud schenkte seinem »Hofstaat« sogar aus Dankbarkeit für die Treue antike Gemmen aus seiner Antiquitätensammlung, die seine Anhänger in goldene Ringe fassen ließen und als Zeichen ihrer Hingabe an Freud und die Psychoanalyse trugen. So weit ging die sichtbare Loyalität im Verehrerkreis von Rudolf Steiner nicht.

»Das ist er!«

Nach seiner Hinwendung zur Theosophie wuchs Steiners Bekanntheit kontinuierlich.

Je populärer er wurde, desto mehr Menschen wollten ihn persönlich sehen und sprechen. Nach seinen Gastspielen war es ihm manchmal kaum möglich, pünktlich abzureisen, weil so viele Fans von ihm empfangen werden wollten. »Für den Zyklus Dr. Steiners in München waren etwa zweihundert Personen dageblieben, die uns einfach in Stücke rissen. Es war sehr schwierig abzureisen. Die letzten Tage hatten wir um neun Uhr abends noch zehn Personen, die drauf warteten, empfangen zu werden. Wenn wir, wie auch in diesem Falle, den Morgenzug nehmen, so packen wir unsere Koffer zwischen zwei und sechs Uhr morgens, ohne ins Bett zu gehen. Direkt vom Zuge ging Herr Steiner dann zu einem öffentlichen Vortrag in Leipzig, ein anderer folgte am nächsten Tage. Ich blieb einen Tag lang wie tot auf einer Chaiselongue«, berichtete seine Frau Marie.[12] Im Laufe der Zeit sollte Steiners Popularität so groß werden, dass sie seine Aufenthaltsorte verschwieg, wenn er Ruhe brauchte.

Mit den Jahren wurden Steiners Auftritte zum gesellschaftlichen Ereignis. Überall im benachbarten Ausland gab es theosophische Clubs, die Steiner kennenlernen wollten. Ob in Prag, Paris oder Triest, wer etwas auf sich hielt, hörte sich einen seiner Vorträge an. Den Vorwurf der Massensuggestion haben wir schon gehört. Steiner löste manches Mal vorbehaltlose Begeisterung aus, manches Mal wütende und beißende Ablehnung. Journalisten blieben ihm gegenüber häufig kritisch. Gemischte Gefühle hatte auch der norwegische Sozialökonom und Historiker Wilhelm Keilhau. Er bescheinigte Steiner eine »geistige Energie…, die einen ergriff und fesselte«. Allerdings gab es auch schlechte Tage des Meisters. Wenn er indisponiert und müde war, verfiel er in Binsenweisheiten und Wiederholungen. »Er verstand es auch nicht immer, seine Zuhörer einzuschätzen. Wenn er fühlte, dass er sie nicht sogleich in den Griff bekam,

## Mit Volldampf

wurde er in seiner Ausdrucksform offenkundig nervös und gezwungen. Ich habe Vorträge von ihm gehört, die ihr Ziel gänzlich verfehlten, weil er keinen Zugang fand zu der Stimmung und Denkweise der Zuhörer und selber darunter litt. Anders, wenn er in Hochform war. Da war er ein großer Redner. Ich bezweifle, dass es in diesem Jahrhundert einen größeren gibt. Ich kenne keinen Redner, der es in Atemtechnik und Stimmführung mit ihm aufnehmen könnte.«[13] Zu den illustren Zuhörern Steiners gehörte auch Albert Einstein. »Der Mann hat offenbar keine Ahnung von der Existenz einer nichteuklidischen Geometrie«, soll Einstein gesagt haben. Und: »Bedenken Sie doch diesen Unsinn: Übersinnliche Erfahrung. Wenn schon nicht Augen und Ohren, aber irgendeinen Sinn muss ich doch gebrauchen, um irgendetwas zu erfahren.«[14]

Franz Kafka hingegen war ernsthaft an einem Ratschlag Steiners interessiert. Bei einer Privataudienz schilderte er dem Guru seine Zerrissenheit zwischen seinem bürgerlichen Beruf bei einer Versicherung und der Literatur. Er gestand ihm, dass er beim Schreiben Momente erlebe, die jenen von Steiner beschriebenen hellseherischen Zuständen ähnelten, und wollte wissen, ob es für ihn lohnend sei, sich mit der Theosophie zu befassen. Steiners Reaktion war für Kafka offenbar eher enttäuschend: »Er hörte äußerst aufmerksam zu, ohne mich offenbar im geringsten zu beobachten, ganz meinen Worten hingegeben. Er nickt von Zeit zu Zeit, was er scheinbar für ein Hilfsmittel einer starken Konzentration hält. Am Anfang störte ihn ein stiller Schnupfen, es rann ihm aus der Nase, immerfort arbeitet er mit dem Taschentuch bis tief in die Nase, einen Finger an jedem Nasenloch.«[15] Steiners Antwort ist nicht überliefert. Auch andere Schriftsteller wie Selma Lagerlöf, Hugo Ball, Hermann Hesse oder Christian Morgenstern fühlten sich zu Steiner hingezogen. Letztgenannter wurde ein großer Anhänger: Es gebe in der ganzen heutigen Kulturwelt keinen größeren geistigen Genuss, als diesem Manne zuzuhören, als sich von diesem unvergleichlichen Lehrer einen Vortrag halten zu lassen.

## Der Kongress staunt

Die beiden mit der Geschichte der Anthroposophie am engsten verbundenen Städte in Deutschland waren Berlin und München. In Berlin lebte Steiner. Dort konnte er personell an die deutsche Sektion der theosophischen Bewegung anschließen. Hier gab es genug Menschen, die sich nach alternativen Weltanschauungen sehnten und die Steiners Lehren aufsaugten. Er selbst hat in wohl gesetzten Worten ausgedrückt, dass sein Berliner Publikum eher unkritisch der Anthroposophie gegenüber eingestellt sei, »ohne mit Gefühl oder Ideen nach anderem als nach dieser gerichtet zu sein«. Die Münchner gingen mit ihren Weltanschauungen dagegen spielerischer um. Dort habe er es häufiger mit künstlerisch interessierten Menschen zu tun, welche die Anthroposophie »in ganz anderer Art« aufgenommen hätten als die von Rationalismus und Intellektualismus geplagten Berliner. Das Münchner Publikum sei spiritueller und individualistischer gewesen und habe sich in verschiedenen esoterischen Kreisen gleichzeitig bewegt.

Im frühen 20. Jahrhundert war München ein Zentrum der Spirituellen und Heiler. Hier schlossen sich zum Beispiel eine Reihe jüngerer Ärzte zu einer Arbeitsgemeinschaft für medizinische Psychologie zusammen, die den Grundstein legte für die spätere Körpertherapie. Hier besetzte eine Ursula von Mangoldt, promovierte Theologin, Chirologin (Handleserin) und Astrologin, eine Schlüsselposition auf dem Buchmarkt für Esoterika. Sie entdeckte frühzeitig den Meditationsboom und setzte in ihrem Verlagsprogramm auf Schriften zwischen mystischem Christentum, neureligiösen Strömungen, Okkultismus und östlichen Religionen. Über ihre Mutter war sie zur Theosophie gekommen, bei ihr zu Hause verkehrten Annie Besant, Krishnamurti und Rudolf Steiner, aber auch die Theologen Adolf von Harnack und Leo Baeck, Graf Keyserling und C. G. Jung. Die Nichte des Reichsaußenministers Walter Rathenau und Frau des Präsidenten des Europäischen Währungsabkommens wurde vor dem Zweiten Weltkrieg und nach 1945 zu einer wesentlichen Vermittlerin zwischen Ost und West auf religiösem, kulturellem und psychologischem Gebiet und verlegte ein imposantes Programm mit östlicher Weisheit und abendländisch-christlichem Denken von Hinduismus und Buddhismus über Yoga und Zen bis hin zu religiösen Werken über Indios und Indianer sowie christliche und jüdische Mystik.

Ein gesellschaftlicher Mittelpunkt, von dem aus Steiner in München Hof halten konnte, war der Salon der Gräfin Pauline von Kalckreuth in der Adalbertstraße 55 in der Nähe der Universität. Sie und ihre Busenfreundin Sophie Stinde entwickelten sich zu hingebungsvollen Jüngerinnen Steiners und Förderinnen der Anthroposophie. Anhand ihrer Beispiele können wir uns ein Bild machen von der Münchner Szene, die sich in frühen Jahren um Rudolf Steiner scharte und seinen gesellschaftlichen Aufstieg förderte. Pauline von Kalckreuth kam aus einer anderen Zeit. Geboren 1856 in Düsseldorf, war sie die Tochter des Landschaftsmalers und Direktors der Kunstschule in Weimar, Stanislaus Graf von Kalckreuth. Sie hatte noch eine Ausbildung zur Hofdame bei der Kaiserin Victoria, der Mutter von Wilhelm II., genossen und war entsprechend kultiviert und mehrsprachig. Wie sie auf die Theosophie verfiel, ist nicht bekannt, sie wirkte schon als Funktionärin in München, bevor sie Rudolf Steiner traf, der im Jahr 1904 ihr esoterischer Lehrer wurde. Andrej Belyj, der frühe Weggefährte Steiners, hat darüber berichtet, wie die vornehme ältliche Dame die Ärmel hochkrempelte, um der anthroposophischen Bewegung zu dienen. Sie druckte

Eintrittskarten und verteilte sie persönlich, griff zum Spaten für die Grundsteinlegung des Goetheanums in Dornach und schnitzte eigenhändig die Architrave dafür. Vor ihrem Haus in der Adalbertstraße, wo sie auch die Geschäftsstelle der Theosophischen Gesellschaft eingerichtet hatte und wo Rudolf Steiner wohnte, wenn er in München war, wurde Pauline von Kalckreuth im Mai 1929 von einer Radfahrerin angefahren und starb an den Folgen eines Schädelbruchs.

Ihre Freundin Sophie Stinde war in den Augen Steiners die »Seele unseres ganzen Wirkens«. Geboren 1853 in Holstein als Tochter eines Pastors bekam sie von ihrem Halbbruder, dem Schriftsteller Julius Stinde, eine Ausbildung an der Malerinnenschule in Karlsruhe und bei dem Münchner Landschaftsmaler Peter Paul Müller finanziert. In den 1890er Jahren stellte sie einigermaßen erfolgreich aus und erhielt für ihr Werk die Goldmedaille der Stadt Brisbane. Gemeinsam mit ihrer Freundin Gräfin Kalckreuth übernahm sie im Jahr 1902 die Münchner Geschäftsstelle der Adyar-Theosophie. Ob es die Begegnung mit Steiner war oder ob sie diesen Schritt schon vorher bewusst getan hatte, ist unklar, jedenfalls gab auch sie ihre Kunst auf und arbeitete fortan nur noch für Steiner und die Anthroposophie. Sie wurde Leiterin der esoterischen Arbeit in München, von 1904 bis 1913 war sie im Vorstand der Deutschen Sektion. 1906 richtete sie ein öffentliches Lesezimmer für theosophische Literatur ein, 1907 gründete sie einen Kunst- und Musiksaal für Arbeiter.

Die beiden unverheirateten Künstlerinnen waren die treibende Kraft bei der Vorbereitung des ersten Theosophenkongresses unter Steiners Führung. Seit 1902 trafen sich die europäischen Sektionen der Theosophischen Gesellschaft regelmäßig, und zu Pfingsten 1907 wurde der Kongress in München ausgerichtet. Sophie Stinde fungierte als Sekretärin des Kongresses, Pauline von Kalckreuth als Schatzmeisterin. Sie halfen dabei, Steiners Wunsch nach einem stärker kultischen und künstlerischen Rahmen für seinen großen Auftritt zu realisieren.

Möglicherweise angeregt von Richard Wagners Kunsttempel in Bayreuth wollte Steiner das Erscheinungsbild seiner Bewegung auch ästhetisch stärker prägen. Die Vereinsräume der Theosophen waren schon früher wenigstens mit Vorhängen und Büsten geschmückt worden. Die Veranstaltung in der Münchner Tonhalle an der Ecke Türkenstraße/Prinz-Ludwig-Straße sollte nun auf alle Sinne und Emotionen wirken. Zu diesem Zweck ließ er den ganzen Saal einschließlich der Emporen mit rotem Stoff auskleiden, sodass eine rechteckige rote Höhle ohne Fenster entstand. An den Seitenwänden wurden Säulen auf Holzbretter gemalt sowie die Planetenzeichen und tropfenförmige Kapitelle, wie sie auch das Münchner Schauspielhaus des Jugendstilkünstlers Richard Riemerschmidt schmückten. Nur in der vorderen Wand war ein Bühnenraum ausgespart, der einen Meter höher lag. Dort stand ein langer Tisch, ebenfalls rot verhängt und mit den Tierkreiszeichen geschmückt. Daneben ein Rednerpult. Über der Bühne das Bild *Die große Babylon* des Münchner Malers Fritz Hass, das er 1896 bei der Münchner Sezession gezeigt hatte. Es stellte im impressionistischen Stil eine stämmige, stark geschmückte Hure mit geöffnetem Kleid und Kelch in der Hand dar, flankiert von zwei Drachen. Darunter die Büsten der deutschen Idealisten Fichte, Schelling und Hegel sowie links und rechts zwei Säulen, eine rote mit dem Buchstaben J für Jachin, eine blaue mit dem Buchstaben B für Boas, wie am Tempel von Jerusalem. Die beiden Säulen Jachin und Boas sind Symbole der Freimaurerei und repräsentieren die Grundpfeiler der Humanität.

Steiner hatte selbst Details beigesteuert, unter anderem Siegel, die Evolution darstellend, und biomorphe Motive im Programmheft, die wie Quallen aussahen. Christliche und antike Motive dominierten die Bildsprache des Kongresses, was als Signal des neuen Vorsitzenden an die internationale

Theosophenszene interpretiert wurde, sich von den buddhistisch-hinduistischen Traditionen abkoppeln und stärker christlich-abendländisch ausrichten zu wollen.

Sechshundert Besucher kamen zu Steiners erstem Kongress. Vor allem die ausländischen Gäste waren von dem neuartigen künstlerischen Gepräge, das sich vom gewohnten wissenschaftlichen Charakter der Vorgängerveranstaltungen unterschied, irritiert. Ob sie sich davon wunschgemäß spirituell beflügelt fühlten, ist nicht überliefert. Rudolf Steiner selbst erklärte den Teilnehmern die Ausschmückung des Saales. Über die Sprüche, sagte er, müsse man viele Bücher schreiben, wolle man sie völlig verstehen, denn nicht nur sei jedes Wort bedeutungsvoll, sondern auch die Symmetrie der Worte.

War schon die Aufstellung der Büsten von Schelling, Fichte und Hegel ein sehr deutsches Bildungsvergnügen, so begann Steiner auch seinen Vortrag mit Hegel und beendete ihn mit Goethe – für die internationalen Gäste ein Hinweis mehr, dass unter Steiners Ägide die indischen Lehren nicht im Vordergrund stehen würden. Nach einer kurzen Erwähnung des Yogapfades beschrieb er den christlichen Einweihungsweg als den heutzutage zeitgemäßen.

Außer der kreativen Innendekoration standen Deklamation und Rezitation, Gesang, Streichmusik und Orgelspiel auf dem Programm. Theosophische Künstler stellten ihre Werke aus. Mit der Ausstattung des Saales, den Tierkreiszeichen, Säulen und Siegeln, dem Theaterstück und den Gemälden war Steiners Anspruch dokumentiert, die Kunst in eine engere Beziehung zum Leben zu setzen. »Wenn wir in der Kunst wieder einen Kulturfaktor erblicken wollen, ... dann muss sie wieder Anschluss suchen an die hinter den Erscheinungen liegenden Vorgänge des Lebens, dann müssen die Künstler die Kraft gewinnen, uns die Lebensvorgänge selber im Bild und in der plastischen Form zu deuten«, hieß es in einer Mitteilung über den Münchner Kongress. »Unsere

Intentionen gingen dahin, einen Anfang zu machen, die Theosophie nicht bloß eine Summe abstrakter Dogmen sein zu lassen, sondern diesen Einfluss zu verschaffen auf das Leben, das uns umgibt.«

Der Kongress wurde eröffnet mit einer Rezitation der Arielszene aus Goethes *Faust* durch Marie von Sivers. Ein Höhepunkt war die Uraufführung des *Heiligen Dramas von Eleusis,* eines Mysteriendramas von Édouard Schuré, zu dem Bernhard Stavenhagen die Musik komponiert hatte. Marie von Sivers hatte das Drama übersetzt und spielte selbst die Demeter im blauen, sternbesetzten Mantel, Rudolf Steiner hatte das Stück für die Bühne überarbeitet. Dies war ein Schlüsselmoment für die anthroposophische Bewegung, vermutlich wichtiger als die so oft besprochene spätere Ablösung von der theosophischen Muttergesellschaft. Die organisatorische Trennung im Jahr 1913 ist lediglich für die Binnenperspektive auf die Vereinsgeschichte wichtig, als entscheidend und zukunftsweisend hat sich jedoch die geschilderte künstlerische Neuausrichtung erwiesen – sie war Steiners erstes eigenes Kind und bot einen Vorgeschmack darauf, wie sich die gesellschaftliche Rolle der Theosophie/Anthroposophie in Zukunft verstehen würde – als Kulturfaktor in allen Lebensbereichen.

Es ist kein Zufall, dass der künstlerische Zweig der Anthroposophie in München erblühte. Auch die Überwindung der herrschenden neoklassizistischen Kunst der Gründerzeit in Deutschland ging von hier aus. 1892 bildete sich nach dem Wiener Vorbild eine Sezession, unter anderem mit Max Liebermann, Lovis Korinth und Franz von Stuck, die sich gegen den akademischen Massenbetrieb des Kaiserreichs wandte. Eine künstlerische Avantgarde beschloss im letzten Jahrzehnt vor dem Ersten Weltkrieg, nicht mehr das Sichtbare wiederzugeben, sondern sichtbar zu machen, was dahinter verborgen liege. Künstler des »Blauen Reiter« wie Kandinsky,

Jawlensky, Münter und Marc standen für den Versuch ein, Theorien der Avantgarde in künstlerische Formen zu kleiden. Die Theosophie zog manche von ihnen besonders an, da diese Bewegung individualistisch war und die Verbindung von Wissenschaft und Esoterik versprach.

Auch beim Theater war München neben Berlin ein zentraler Schauplatz, weshalb Steiner hier die ersten Schritte als Dramatiker und Regisseur tat. Er war damals nicht der Einzige, der mit theatralischen Mitteln einen übersinnlichen Weltenzugang zu vermitteln hoffte. Um die Jahrhundertwende kamen kultische Aufführungen aus dem alten Griechenland und sogenannte Mysteriendramen aus dem Mittelalter sowie Passionsspiele wieder in Mode. Das Münchner Künstlertheater verlegte sich auf eine spezifische Synthese von traditionellem Drama und Versatzstücken alter sakraler Rituale. Prägend waren Georg Fuchs, der damit die spirituelle Überhöhung des deutschen Volkes anstrebte, und sein Nachfolger Max Reinhardt, der nach seinen Berliner Erfahrungen in München mit Pantomime und Massentheater experimentierte, sowie Wassily Kandinsky, der narrative Erzählformen und das gesprochene Wort zugunsten von Farbe, Klang und Gestik hintanstellte mit dem Ziel, verborgene Gefühle und anarchische Visionen zu evozieren. Die niemals realisierten Inszenierungen seiner Stücke *Der Gelbe Klang* und *Violett* von Hugo Ball waren das Theatergespräch in der Vorkriegszeit.

Steiner begann mit der Inszenierung von Édouard Schurés Stücken, ab 1910 legte er eigene Dramen vor: *Die Pforte der Einweihung, Die Prüfung der Seele, Der Hüter der Schwelle* und *Der Seelen Erwachen,* die bis 1913 in Form von zweimonatigen Festspielen an den Kammerspielen, im Gärtnerplatztheater und im Volkstheater von Laiendarstellen aufgeführt wurden. »Es war die schönste Zeit des Jahres, diese Festspielzeit in München«, erinnerte sich Marie Steiner später. »Denn da war es uns gestattet, im Zeitraum von ungefähr zwei Monaten uns auf eine Arbeit zu konzentrieren: in der Nacht schrieb Rudolf Steiner seine in Gedanken schon fertig gestalteten Dramen. Dazwischen leitete und überwachte er die verschiedenen Werkstätten, in denen nach seinen Angaben geschreinert, gezimmert, gemalt, modelliert, genäht und gestickt wurde.«[16] Als vereinsinterne Veranstaltungen gedacht, stiegen die Zuschauerzahlen kontinuierlich von 600 im Jahr 1909 auf über 1200 im Jahr 1913, was Steiner als enormen persönlichen Erfolg empfand. Die Dramen transportierten die in seinen Augen wesentlichen Inhalte der Anthroposophie. Sie schärften aber auch das soziale Profil und intensivierten den Zusammenhalt.

Mit zwölf Reichsmark Eintrittspreis und einer Veranstaltungsdauer von sechs bis acht Stunden war von vorneherein das großbürgerliche Milieu als Publikum privilegiert. Selten sah man in der Stadt so viele mit Schleifchen geschmückte Saalordnerinnen und schon vormittags Frauen in antikisierenden Stolakleidern, an Mandelmilch nippend und sich in nahe gelegenen Konditoreien oder Restaurants streng vegetarisch stärkend. Für die Uraufführung des ersten Mysteriendramas Steiners am 15. August 1910 hatte ein betuchter Mitstreiter das Theater am Gärtnerplatz mit einer Wagenladung roter Rosen ausgeschmückt, deren Duft das ganze Gebäude erfüllte. Im Publikum hörte man Englisch, Italienisch, Französisch und Russisch.

Die Stücke waren ganz auf Steiners Person zugeschnitten. Nicht nur war er ihr Autor und verarbeitete auch autobiographische Elemente in ihnen wie zum Beispiel die Begegnung mit dem Kräutermann in seinen Wiener Jahren. Er trug den Laiendarstellern auch ihre Texte persönlich vor und ließ diese so oft wiederholen, bis sie exakt seiner Diktion entsprachen. Außerdem entwarf er die Bühnenbilder, die so groß waren, dass sie in der Münchner Schrannenhalle gelagert werden mussten, und versuchte durch Siegel, Licht- und Farbgestaltung die esoterischen Botschaften zu verstärken. Ziel war eine ästhetische Erfahrung seiner Lehre, insbesondere des Reinkarnationsthemas, wobei die Sprache, genauer, die singende Rezitation und die Symbolik, nicht aber die schauspielerische Leistung im Vordergrund standen.

Berichte von Außenstehenden über die frühen Inszenierungen waren entsprechend ambivalent. Das Geschehen auf der Bühne wurde als statisch und handlungsarm empfunden, die Sprache als sentenzenhaft, der Vortrag als schulmeisterlich, denn die pädagogische Vermittlungsabsicht – Reinkarnationslehre und Überwindung der sinnlichen Genüsse – schien allzu deutlich. Steiner wollte damit nichts anderes, als seinen Zuschauern die theoretischen Anleitungen aus *Wie erlangt man Erkenntnisse der höheren Welten?* einzutrichtern. Da der Meister vorgab, seine Stücke lautmalerisch dem Jenseits »abgehört« zu haben, war die Sprache entsprechend stilisiert mit einer Betonung der angeblich symbolhaften Vokale – subjektiv empfundenen Verbindungen von Klangfarbe und Bedeutung: i als Ausdruck für Helligkeit/Freude oder u als Ausdruck für Dunkelheit und Trauer –, wodurch sie einen übernatürlichen und unprofanen Charakter erhalten sollte. Steiner reklamierte für seine Mysteriendramen einen realen seelischen Gehalt, der sich unmittelbar aus seinen eigenen Erfahrungen und Beobachtungen existierender Personen speiste. Durch diesen Kunstgriff trugen sie wesentlich zur Profilbildung seiner Bewegung bei. Steiners Mysteriendramen und seine Übertragung des *Faust* in esoterische Begriffe werden bis heute aufgeführt, allerdings nur auf anthroposophischen Bühnen. Sie bilden einen identitätsstiftenden Kern der Bewegung. In einer aktuellen Interpretation der Bühne des Goetheanums heißt es dazu: »Sie skizzieren einen Aufbruch. Sie bringen den Aufbruch einiger weniger Menschen aus der Krise des modernen, in seinen Welt-, Selbst- und Sozialverhältnissen isolierten Individuums auf die Bühne. Allerdings: Sie verlassen die Krise nicht. Keine Sieger, weder große Helden noch idealistische Weltverbesserer werden gezeigt – aber Menschen, die mit allen Konsequenzen einen neuen, einen heute immer verständlicher werdenden und in seinen Windungen doch immer unbekannten Weg gehen lernen. Bekannt wird er allein dem, der ihn geht.« [17]

## Abkopplung

In seiner Autobiographie schrieb Rudolf Steiner, die alten Mitglieder der Theosophischen Gesellschaft aus England, Frankreich und aus Holland seien von seinem Münchner Kongress »innerlich unzufrieden« abgereist. Auch wenn es erst fünf Jahre später zur Abkopplung und Neugründung der deutschen Gesellschaft unter dem Namen »Anthroposophische Gesellschaft« kommen sollte, war das Kriegsbeil ausgegraben. Ein Kongressteilnehmer bemerkte dazu später, es sei ein denkwürdiger Anblick gewesen, Rudolf Steiner und Annie Besant beieinanderstehen zu sehen. Sie hätten damals schon gegensätzliche Positionen vertreten, die jedoch erst fünf Jahre später zum offenen Bruch führen sollten.

Bei der nächsten internationalen Zusammenkunft der Adyar-Theosophie im Jahr 1909 in Budapest hielt Steiner einen Vortrag, in dem er eine Fortschrittsgeschichte »Von Buddha bis Christus« erzählte. Darin stellte er Christus als das Mittelpunktswesen des Weltalls dar, auf das sich die anderen Religionen wie Hinduismus und Buddhismus evolutionär zubewegten. Eine offensichtliche Provokation Annie Besants, die selbst immer stärker zum Hinduismus neigte. Die beiden versuchten zunächst, ihre Dissonanzen dadurch zu überspielen, dass sie eine Aufgabenteilung verabredeten. Steiner gründete seine Esoterische Schule, die unter christlich-europäischer Flagge fuhr, Besant machte in Buddhismus und Hinduismus. Steiner erklärte später, darin habe der wahre Grund gelegen, warum die Anthroposophische Gesellschaft nicht als ein Teil der Theosophischen weiterbestehen konnte, nicht in den »Absurditäten« um die Erhebung eines indischen Knaben namens Krishnamurti zum neuen Messias durch die Adyar-Theosophen, der Steiner und seine Anhänger allerdings auch nicht folgen mochten.

Der formale Ausschluss der Deutschen Sektion durch die Leitung in Adyar aus der Theosophischen Gesellschaft erfolgte im März 1913. Anlass war, dass Steiner die Unterorganisation, die zur Huldigung Krishnamurtis gegründet worden war, in seiner Sektion nicht dulden wollte. Offenbar legte er es auf eine Trennung an, denn er hatte schon prophylaktisch zur Jahreswende 1912/13 die Anthroposophische Gesellschaft gegründet, der er als Lehrer und geistiger Leiter dienen wollte. Am 3. Februar 1913 fand die erste Generalversammlung statt, auf der Steiner feststellte, es gebe ein noch besseres Wort auszudrücken, um was es ihm gehe, als Theosophie – nämlich Anthroposophie. Dabei handele es sich lediglich um einen neuen Begriff – die Arbeit werde in demselben Geist fortgeführt, denn es handele sich nicht um eine Sachänderung, sondern nur um eine notwendig gewordene Namensänderung. Damit war geklärt, dass Steiner die Anthroposophie in der direkten Nachfolge der Theosophie sah – ein Sachverhalt, dem sich die Steinerianer später verschließen würden, um die Eigenleistung und Innovationskraft ihres Gurus zu betonen.

Der Anthroposophiehistoriker Helmut Zander geht davon aus, dass Steiner schon lange vor dem Ausschluss aufgrund des Krishnamurti-Konflikts, und zwar bereits mit seinen Theaterstücken in München einen Führungsanspruch erhoben hatte. Denn darin unterstrich er nicht nur seine hellseherischen Fähigkeiten in Relation zu denen Annie Besants, der Präsidentin der Adyar-Theosophie, sondern machte sich zugleich in den anstehenden Machtkämpfen ein Stück weit unantastbar. Wer wird schon mit einem Hellseher streiten, der seine Einsichten dem Weltall »abgelauscht« hat? Da die

## Mit Volldampf

andere Seite mit Annie Besant ebenfalls über eine charismatische Seherin verfügte, aber gleichzeitig Dogmen in der theosophischen Denkungsart eigentlich verpönt waren (die jedoch auffallen, wenn sie in Konkurrenz zueinander treten), musste der Kampf der Häuptlinge nicht zuletzt auf magischem Feld ausgetragen werden.

Das hörte sich bei Steiner so an: Mrs. Besant habe durchaus »gewisse Eigenschaften« einer interessanten Persönlichkeit und auch mit einem »gewissen Recht« von ihren inneren Erlebnissen gesprochen. »Aber ich war andrerseits streng in meiner Anschauung, dass in unserer Zeit die Einsicht in die geistige Welt innerhalb der Bewusstseinsseele leben müsse. Ich schaute in eine alte Geist-Erkenntnis der Menschheit. Sie hatte einen traumhaften Charakter. Der Mensch schaute in Bildern, in denen die geistige Welt sich offenbarte. Aber diese Bilder wurden nicht durch den Erkenntniswillen in voller Besonnenheit entwickelt. Sie traten in der Seele auf, ihr aus dem Kosmos gegeben wie Träume. Diese alte Geist-Erkenntnis verlor sich im Mittelalter. Der Mensch kam in den Besitz der Bewusstseinsseele. Er hat nicht mehr Erkenntnis-Träume. Er ruft die Ideen in voller Besonnenheit durch den Erkenntniswillen in die Seele herein.... Der Erkennende hat dann einen Seelen-Inhalt, der so erlebt wird wie der mathematische. Man denkt wie ein Mathematiker. Aber man denkt nicht in Zahlen oder geometrischen Figuren. Man denkt in Bildern der Geist-Welt. Es ist, im Gegensatz zu dem wachträumenden alten Geist-Erkennen, das vollbewusste Drinnenstehen in der geistigen Welt.«[18] Kurz gesagt, Steiner war in seinen eigenen Augen der zeitgemäßere und »rationalere« Hellseher als seine Konkurrentin Besant und auch als seine Vorgängerin, die Theosophiebegründerin Helena Blavatsky, der er ebenfalls ein mittelalterliches, ein »atavistisches Sehen« zuschrieb. Der Konflikt zwischen Steiner und der Muttergesellschaft konnte gar nicht anders enden als mit einer Sezession, denn sonst hätte sich einer der Seher getäuscht.

Die Anhänger der Theosophie und der Anthroposophie können sich bis heute trefflich darüber streiten, ob die Sezession ein »Ausschluss« Steiners oder eine von langer Hand geplante strategische Abspaltung und Neugründung war – feststeht, dass die Theosophie und die Anthroposophie Unternehmungen waren, die mehrere nebeneinander existierende Wahrheiten nicht aushalten konnten. Sie akzeptierten keine historische Herleitung ihrer Positionen, da diese ja von ihren Propheten auf übernatürliche Weise »geschaut« worden waren – und sie konnten aus demselben Grund auch kaum Spielräume für Interpretationen zulassen. Steiner war in dieser Frage vielleicht noch dogmatischer als seine Meisterin Besant, weil er nicht nur seine eigene höhere Erkenntnis zur Geschäftsgrundlage erhob, sondern auch noch einen Wahrheitsanspruch reklamierte, den er in seiner Legitimationskraft gleichwertig neben die Naturwissenschaften stellte.

Im selben Zeitraum, in dem sich Steiner und die Muttergesellschaft voneinander lösten, kam es übrigens auch in der ungefähr gleichaltrigen Psychoanalysebewegung zu einer historischen Trennung, nämlich zwischen 1911 und 1913, als Alfred Adler und C. G. Jung von Bord gingen. Die Deutungen lassen ähnliche Gemengelagen aus theoretischen Meinungsverschiedenheiten, Machtansprüchen, Eitelkeiten und Inkompetenzvorwürfen erkennen. Im Ablöseprozess von Steiner kolportierten seine Gegner, er sei von Jesuiten erzogen worden, was für die universalreligiösen Theosophen eine arge Beleidigung darstellte. Steiner wiederum schrieb seinem esoterischen Nährboden, der Theosophie, im Nachhinein weit gehende Bedeutungslosigkeit zu. In einer für derartige Differenzierungskrisen typischen Verschleierungstaktik sollte sie ihm im Nachhinein allenfalls als Trittbrett oder Bühne gedient haben. Vergleichbar an den beiden Fällen sind aber nicht nur die strukturellen Ähnlichkeiten: Denn sowohl bei der Psychoanalyse als auch bei der Theosophie ging es um orthodoxe Profilbildung. Im Fall Freuds wurde mit dem Weggang der Dissidenten die zentrale Stellung der Sexualität zementiert, im Fall der Theosophie war es die Inthronisierung eines neuen Messias, des indischen Knaben Krishnamurti, die nicht nur in der Deutschen Sektion, sondern in vielen europäischen Ländern die Verständigung mit der im indischen Adyar sitzenden Zentrale erschwerte.

In Steiners deutscher Theosophischen Sektion waren die Folgen besonders heftig: Fast alle Mitglieder liefen zu ihm und seiner neu aufgestellten Anthroposophie über, die vorhandenen Strukturen – darunter Archiv und Bibliothek – wurden »mitgenommen«. Übrig blieben 218 Mitglieder der Theosophischen Gesellschaft, das waren gerade mal acht Prozent der Gesamtheit. Im Ersten Weltkrieg geriet die Resttheosophie erneut in schwere Turbulenzen: Annie Besant, Präsidentin einer Gesellschaft, die für Brüderlichkeit und Universalismus eintrat, wurde bei grob antideutschen Äußerungen ertappt: Das auserwählte Volk des germanischen Gottes stinke zum Himmel. Das deutsche Kaiserreich, »empfangen in Hass und gepäppelt mit Ehrgeiz«, hätte niemals das Licht der Welt erblicken dürfen. Es verkörpere nur neue Barbarei und sei die Antithese von allem Edlen, Mitmenschlichen und Humanen. Die deutsche Seite bolzte zurück. Mancher Theosoph entdeckte im Germanentum eine neue Rasse, die das englische Empire zu Grabe tragen werde. Der Steinernachfolger Wilhelm Hübbe-Schleiden, ein alter Weggefährte und Konkurrent Steiners, der nach dessen Abgang die Adyar-Theosophie in Deutschland repräsentierte und Mitglied war in der Münchner Ortsgruppe des völkischen und antisemitischen Alldeutschen Verbands, bezeichnete England als Vampir, der kleinere Nationen aussauge. Er plädierte für ein europäisches, internationales »Arisches Reich« unter Führung der Kulturnation Deutschland. Nach seinem Tod im Jahr 1916 und in den Folgejahren söhnten sich die deutschen Adyar-Theosophen wieder mit Annie Besant aus. In der späten Weimarer Republik wurde der katholische Philosophieprofessor Johannes Maria Verweyen Generalsekretär der Deutschen Sektion. Im Jahr 1936 kehrte er in die römisch-katholische Kirche zurück. Richtig auf die Beine kam die deutsche Sektion nach der Trennung von Steiner jedoch nicht mehr. 1929 zog sich der angebliche Messias Krishnamurti zurück, worauf sich die Mitgliederzahl halbierte.

## Freie Bahn

Für Steiner und seine Truppe war die Trennung vom Mutterschiff längst nicht so folgenschwer. Es gelang, die vorhandenen Strukturen auszubauen, die Mitgliederzahlen wuchsen von 2557 im Jahr 1912 auf 3702 im Jahr 1913. Nur einmal geriet die Unternehmung in schweres Fahrwasser, als Steiner einige verliebte Verehrerinnen mit seiner Heirat düpieren musste. Marie von Sivers, jetzt Steiner, berief deshalb sogar eine Frauenversammlung ein, um die Situation zu klären. Dabei sprach sie den legendären Satz: »Die Literatur gab den Beweis, dass die wildeste erotische Phantastik der Männer nicht solche Exzesse zutage förderte wie das, was wir als Produkt der überhitzten Phantasie von Frauen vor uns hatten.«[19] Die Krise wurde – eine auch heutzutage gerne geübte Praxis – mit dem Ausschluss der Quertreiber beendet, nicht ohne dass Steiner vorher eine – nicht minder beliebte – Rücktrittsdrohung ausstieß: »Mit einer solchen Gesellschaft kann ich nichts mehr zu tun haben!«[20]

Ab 1913 begann der Exodus der deutschen Anthroposophie in die Schweizer Gemeinde Dornach, wo sich noch während des Baus des künftigen Hauptquartiers eine Künstlerkolonie gründete. Ursprünglich hatte Steiner gehofft, das Zentrum der Anthroposophie in München errichten zu können. Viel hatte nicht gefehlt, und die bayerische Metropole wäre heute tatsächlich die Hauptstadt der Steinerianer. Nach dem guten Zuspruch der Münchner okkultistischen Szene und den Erfolgen am Theater schien es folgerichtig, in München einen eigenen Kultbau zu errichten. Man gründete den Johannesbauverein zur Finanzierung eines Baugrundstücks, das alsbald an der Ungererstraße in Schwabing gefunden war. In Spendenaufrufen wurden die Mitglieder angehalten, einen Obulus in Höhe von »10 Pfennig bis zu einer Million« zu entrichten. Die gewünschten Sümmchen flossen. Wie die Gegner meinten, zeigten sich vor allem Damen spendabel, aber das ist wohl die übliche misogyne Polemik dieser Zeit. Denn neben der Fabrikantentochter Helene Röchling war vor allem ein Mann großzügig: Otto Graf von Lerchenfeld. Der gelernte Schreiner, Bauer, Jäger, Kavallerieoffizier und Gutsherr von Schloss Köfering, geboren 1868, war seit 1907 Mitglied der Theosophischen Gesellschaft und esoterischer Schüler, spielte bei den Mysteriendramen mit und war die treibende Kraft beim Bau eines Steiner'schen Kultzentrums. Er soll ein großes Vermögen für das 8150 Quadratmeter große Grundstück in der Nähe der Münchner Freiheit lockergemacht haben, nachdem ein anderes, innenstadtnahes beim Karolinenplatz für nicht passend befunden worden war, weil dort die offenbar kompromittierende Lola Montez, Tänzerin und Kurtisane von König Ludwig I., gewohnt hatte, (die freilich schon Mitte des 19. Jahrhunderts den Bayern abhanden gekommen war).

Rund um den zentralen Johannesbau waren Theosophenwohnungen geplant, mit deren Mieteinnahmen man rechnete. Zu diesem Zeitpunkt wollte man 1,6 Millionen Reichsmark verbauen, am Ende wurde es das sieben- bis achtfache. Carl Schmidt-Courtius, der auch in Stuttgart einen Zweigbau hatte planen dürfen, entwarf ein aufregendes, auf dem Grundriss zweier überlappender Kreise basierendes jugendstilartiges Gebäude. Das Problem war nur: Neben dem projektierten Baugrund stand schon ein Kultbau der Konkurrenz, die evangelische Erlöserkirche, und deren Repräsentanten fanden die

## Freie Bahn

Idee, ein spirituelles Zentrum der Anthroposophie mit Tempel, fünfeckigem Krankenhaus, Bibliothek und Wohnungen nur für Anhänger zum Nachbarn zu erhalten, nicht erhebend. Der Bauplan von 1912 musste mehrfach überarbeitet werden, doch auch als alle feuerpolizeilichen Bedenken ausgeräumt waren, stand immer noch die befürchtete spirituelle und künstlerische Brandstiftung im Raum. Ganz aus der Luft gegriffen waren die Bedenken nicht, denn Steiners Tempel sollte nicht nur Bühne seiner anthroposophischen Mysterienspiele werden, sondern wurde von ihm als Grenzmarke der Menschheitsevolution überhöht. »Wir wissen, dass wir an einem Zeitenwendepunkt stehen, der Außergewöhnliches von uns verlangt. Von dem, was wir tun, hängen Weltenschicksale ab. ... Diejenigen, welche die Zeichen lesen, ›in welchen sich das Weltenkarma offenbart‹, haben in nicht misszuverstehenden Worten und Taten zu erkennen gegeben: Es ist an der Zeit.«[21]

Damit verstärkte Steiner zumal in furchtsamen bayerischen Gemütern den Eindruck, in einem apokalyptischen Zeitalter des Umbruchs zu leben. Es war auch offensichtlich, dass schon die Architektur anthroposophisches Gedankengut transportieren würde. Die geisteswissenschaftlichen Wahrheiten, die hier künftig verkündet werden sollten, drückten sich in zahlreichen Anspielungen aus, etwa der Ost-West-Ausrichtung des Gebäudes und in seiner fünfeckigen Form. Zweimal musste die Grundsteinlegung verschoben werden aufgrund von Einsprüchen einer »Monumentalbaukommission«, der unter anderem der Erlöserkirchenerbauer Theodor Fischer angehörte. Nachdem auch eine Petition beim Landtag fehlgeschlagen war, lehnte das bayerische Innenministerium den Bauantrag endgültig ab. Steiner kolportierte im Nachhinein, die Münchner Künstlerschaft habe sich als nicht avantgardistisch genug erwiesen, um seinen zweikuppeligen »Guglhupf« zu verstehen: »Den Leuten ist es nicht recht, was wir da nach München hineinsetzen wollen; aber was sie selbst wollten, sagten sie nicht.« Als gescheitert wollte er sein Vorhaben dennoch nicht betrachten – die kosmische Evolution habe auch diesen Umweg vorgesehen.

Steiner bekam dafür ein Grundstück in Dornach, und zwar geschenkt. Den Ausschlag, dort zu bauen, gab, abgesehen vom Karma, das Versprechen, sich auf dem Grundstück in der Nähe von Basel an keinerlei Bauvorschriften halten zu müssen. Der Grund gehörte dem 1867 in Paris geborenen Basler Zahnarzt und Theosophen Emil Grosheintz und seiner Frau Nelly Grosheintz-Laval. Sie waren Trauzeugen bei Steiners Hochzeit mit Marie von Sivers und bauten sich selbst in unmittelbarer Nachbarschaft des späteren »Goetheanums« eine Villa. Diesmal war man klüger und schickte Strohmänner vor, die den »jungfräulichen Rechtsboden«, wie Steiner ihn bezeichnete, angeblich nur mit einer »geisteswissenschaftlichen Hochschule« bebauen würden. Die Anlieger ahnten nicht, dass das der Beginn einer anthroposophischen Wohn- und Künstlerkolonie war, aus der Steiner, der selbst ein Häuschen beziehen sollte, das Haupt und Zentrum seiner Bewegung zu machen beabsichtigte. Hier würde eine anthroposophische Hochschule entstehen und das anthroposophische Kultzentrum, an deren künstlerischer Gestaltung Steiner mit plastischen Entwürfen, Deckenmalereien, Glasfenstern und einer neun Meter hohen Skulptur, dem »Menschheitsrepräsentanten«, selbst entscheidend mitwirkte.

Der Grundstein für den hölzernen Doppelkuppelbau, der ohne große Änderungen von der städtischen Situation in München in die Schweizer Landschaft umgepflanzt wurde, legte Steiner am 20. September 1913, »als Merkur in der Waage stand«. Auf dem Grundsteindokument stand: »Als Eckstein unseres im Geist sich suchenden Willens, in der Weltenseele sich fühlenden Seins, im weiten Ich sich ahnenden Menschen senken wir in der verdichteten Elemente

Reich dies Sinnbild der Kraft, nach der wir strebend uns bemühen.«[22] Standesgemäß soll es geblitzt und gedonnert haben, als die siebzig Steinerianer dafür sorgten, dass zwei kupferne Zwölfecke, die Makrokosmos und Mikrokosmos symbolisierten, mithilfe einer Kristallkugel von Rudolf Steiner exakt in Ost-West-Ausrichtung in die Erde versenkt wurden. Um die Anwohner nicht zu alarmieren, fand die Zeremonie nachts im Licht von Pechfackeln und einem brennenden Holzstoß statt. Am Ende reichten sich die verschworenen Anthroposophen die Hand, und zwar über Kreuz nach altem Freimaurerbrauch, und legten zwölf rote und eine weiße Rose nieder, in Anlehnung an die geheime und sagenumwobene Gesellschaft der Rosenkreuzer, die im 17. Jahrhundert alchemistische und kabbalistische Lehren vertrat und deren Erkennungszeichen Rosen waren.

Wen mochte es da wundern, dass die Anlieger des Baugrundstücks von dieser Nacht- und Nebelaktion erst recht erschreckt waren und alle möglichen Machenschaften vermuteten, zum Beispiel, dass mit dem Grundstein auch ein lebendiger Mensch einbetoniert worden sei. Doch es war zu spät: Einspruch war nicht mehr möglich, die Kantonsregierung in Solothurn erfolgreich getäuscht über den wahren Verwendungszweck der Bauten.

Mit dem Neubau in Dornach war nach Ansicht der Steinerianer endlich der entscheidende Moment in der »geistigen Evolutionsströmung der Menschheit« gekommen; ob es auch der beste war, mussten sie allerdings bald bezweifeln, als der Kriegsausbruch die vielen ausländischen Anthroposophen, die auf der Baustelle selbst Hand anlegten, in ihre Heimatländer zurückbeorderte und damit die Arbeiten fast zum Erliegen kamen. Ganz fertig wurde der Johannesbau nie. Nachdem 3,5 Millionen Franken ausgegeben waren, fehlten dem Bauverein im Jahr 1917 noch über 1,3 Millionen, obwohl vieles in eigener Handarbeit geschnitzt, gezimmert und ausgemalt wurde. Im September 1920 konnte das Goetheanum endlich, immer noch nicht vollendet, feierlich eingeweiht werden. Nur zwei Jahre später, am 31. Dezember 1922, brannte das Holzgebäude vollständig nieder und machte für einen Neubau, diesmal aus solidem Beton, Platz.

## Einsamer Feldzug

Auch für Okkultisten gibt es Überraschungen. Nicht nur hatte Rudolf Steiner den Brand des ersten Goetheanums nicht vorhergesehen, über den wilde Gerüchte kursierten – es hieß, ein verkohlter Leichnam sei in der Asche des Johannesbaus gefunden worden, vermutlich ein von den Katholiken gedungener Brandstifter –, auch mit dem Ausbruch des Ersten Weltkriegs hatte er nicht gerechnet: »Uns traf der Schlag in Bayreuth. Es war eine Nachmittagsvorstellung. Kirchhof sang den Parsifal. Gleich darauf musste er abreisen, sich stellen. Wir sausten die Nacht durch im offenen Auto, soviel Menschen – als Vertreter verschiedener Nationen. Fahl die Nacht, geisterhaft. Die gewehrbewaffneten Brücken- und Geleisewächter äußerst misstrauisch, – wir zerzaust und ziemlich wild ausschauend in unsern schnell gekauften Wolljacken und Kappen – und passlos. Die Liebenswürdigkeit, die gewinnende Art Rudolf Steiners überwand die Schwierigkeiten, allein wäre es uns anders gegangen. – Der Schlagbaum wurde hinter uns zugeklappt. Hinter uns versank eine Welt in Not und Jammer, ihrem dunkelsten Geschick entgegen. Es war der schwerste Tag im Leben Rudolf Steiners.«[23] So dramatisch erinnerte Marie Steiner den Tag, an dem der Krieg ausbrach. Laut Steiner sollte die Völkerschlacht nach zwei Jahren beendet sein. Auch hier irrte der Prophet.

Trotzdem kam sein Unternehmen erstaunlich glatt durch die Zeit des Ersten Weltkriegs. So hatte er in den Kriegsjahren kein Problem, beinahe wöchentlich die Grenzen nach Deutschland zu überschreiten, um dort öffentliche Vorträge zu halten. Die Theosophie war ihrem Anspruch nach undogmatisch, brüderlich, tolerant und international. Wie bei anderen transnationalen Bewegungen, zum Beispiel bei der Frauen- oder der Arbeiterbewegung, ließ sich das im Schatten des Ersten Weltkriegs allerdings nicht ganz durchhalten. Die Ablösung Steiners von der Adyar-Theosophie hatte sich an inhaltlichen Meinungsverschiedenheiten über den Stellenwert des von Annie Besant ausgerufenen Messias Krishnamurti respektive über die von Steiner als authentischer oder passender empfundene Privilegierung des Christentums gegenüber den fernöstlichen Religionen entzündet. Das zeigt schon, dass es mit dem undogmatischen Universalismus der Theosophie zu diesem Zeitpunkt nicht ganz so gut bestellt war. Deren Wortführer waren genauso stark von Nationalstolz und Ressentiments erfüllt, wie das damals für einen erheblichen Teil der geistigen Elite zutraf. Auch Steiner sah, wie so mancher Zeitgenosse, die deutsche Kultur als überlegen an: Im deutschen Geiste ruhe Europas Ich. Das sei eine objektive Tatsache. Mit seinem idealistischen Erbe habe das deutsche Volk eine Mission zu erfüllen.

In einem Vortrag im Januar 1915 in Berlin verdeutlichte er, was in seinen Augen die historische Rolle des Deutschen Reiches sei: Völker müssten sich ausleben. Der deutsche Geist, das deutsche Geistesleben stehe nicht an einem Ende, nicht vor einer Vollendung, sondern es stehe erst am Anfang. Ihm sei noch viel zugeteilt. Steiner glaubte an die »Sieghaftigkeit des deutschen Lebens«, weil das deutsche Wesen in der Weltenentwickelung seine Mission erfüllen müsse.

Der reale Krieg war in Steiners Augen allerdings nur eine Projektion der wahren Auseinandersetzung in der übersinnlichen Welt, in der sich Frankreich und Russland als gegensätzliche Prinzipien gegenüberstünden. Dieser Konflikt sei zwangsläufig und notwendig. Ziel sei am Ende ein sich gegenseitiges Verschlingen der Völkerseelen, die unterschiedliche Qualitäten hätten, jedoch allesamt notwendig seien: »Dasjenige, was jetzt geschieht, es muss so geschehen.« Der dabei zu errichtende Blutzoll werde die Menschheit in ihrer Evolution voranbringen. Aus den Strömen von Blut werde etwas Neues entstehen. Die Soldaten, die heute ihr Blut vergössen, täten dies zum Heil der Menschheit und würden eines Tages die wichtigsten Mitglieder einer künftigen Weltgemeinschaft, tröstete Steiner die Angehörigen der Gefallenen. Ohne selbst ein großer Kriegsbefürworter gewesen zu sein, half der Meister in jenen Jahren dabei, dem Geschehen einen universalgeschichtlichen Sinn abzugewinnen. Nicht nur dem deutschen Volk, sondern auch dem einzelnen gefallenen Soldaten versprach er eine Wiedergeburt in besseren Zeiten. Der Ost-West-Konflikt war in seinen Augen notwendig.

Steiner teilte die Völker grob in drei Blöcke, die westlichen, die östlichen und die mittleren, die über unterschiedliche Begabungen verfügten. Der Westen, das ist in Steiners Diktion vor allem Amerika, versuche durch Technisierung die Weltherrschaft zu erlangen und den Osten zu versklaven, der Osten, das ist der europäische Osten und Asien, beherrsche dagegen Techniken zur Geburtenkontrolle und zur Inkarnation von »guten und bösen« Seelen, während die »Menschen der Mitte«, das ist Mitteleuropa, die angeborenen Fähigkeiten hätten, nicht durch Karma bedingte Krankheiten zu heilen. Weil die Völker die Anlagen der anderen lernen könnten, sah allerdings Steiners langfristige Utopie eine »gegenseitige Verschlingung der Völkerseelen« und die letztendliche Aufhebung der Unterschiede voraus. Bei aller Rätselhaftigkeit der Steiner'schen Völkerpsychologie lässt sich immerhin sagen, dass seinen Äußerungen anlässlich des Ersten Weltkriegs zwar nationalistische und gelegentlich auch chauvinistische Anklänge nicht fehlten, jedoch blieb das Ausmaß bei Steiner, verglichen mit den Resttheosophen, von denen einige sich keine völkerverständigende und komplementäre Fortentwicklung der Menschheit mehr vorstellen wollten und im deutschtümelnden, völkischen Sumpf versanken, im allgemeinen Rahmen.

Je länger der Krieg dauerte, desto mehr sah sich Steiner jedoch veranlasst, politisch tätig zu werden. Ein Treffen mit dem Generalstabschef Helmuth von Moltke am 27. August 1914 sorgte nach Kriegsende für Aufregung. Dessen Frau Eliza war eine langjährige esoterische Schülerin und Freundin von Marie von Sivers. Die Begegnung scheint allerdings rein privater Natur gewesen zu sein – Steiner übergab dem mecklenburgischen Adeligen eine Meditationsanleitung –, nach Kriegsende kolportierte jedoch General Erich Ludendorff, Moltke habe bei der verlorenen Marneschlacht unter Steiners verhängnisvollen Einfluss gestanden. Die Beziehung hatte auch für Steiner noch ein Nachspiel. Nach dem Tod Moltkes im Jahr 1916 vermittelte Steiner als Eliza von Moltkes Guru zwischen der Witwe und dem Geist des verstorbenen Generals. Angeblich gelangte Steiner so auch an Informationen über die wahren Hintergründe des Kriegsausbruchs.

Wirklich politisch war dagegen Steiners Angebot an das Auswärtige Amt, ein Nachrichtenbüro in Zürich zu eröffnen, um von dort aus Propaganda für die deutsche Sache zu machen. Das wurde abgelehnt, weil er österreichischer Staatsbürger war. Wirkungsvoller war dafür sein Memorandum vom Juli 1917, das er als selbst ernannter Schlichter an die deutsche und österreichische Regierung richtete. Dabei widersprach er der programmatischen Forderung des amerikanischen Präsidenten Woodrow Wilson nach einem Selbstbestimmungsrecht der Völker und behauptete, die angloamerikanische Welt wolle die mitteleuropäischen Länder moralisch überrumpeln, wirtschaftlich abhängig machen und auf diesem Weg die ganze Welt erobern. Demokratie und Parlamentarismus hielt der Anthroposophenführer für nicht geeignet, die Probleme eines Vielvölkerstaats, wie die Donaumonarchie sie erlebe, zu lösen. Ihm schwebte vielmehr ein

## Mit Volldampf

mitteleuropäisches Vielvölkerkonglomerat unter deutscher Führung vor.

Seine Ansichten ließ er wichtigen Entscheidungsträgern in der Politik zukommen. So lancierte Graf Lerchenfeld, der schon bei den Münchner Johannesbauplänen aktiv geworden war und als bayerischer Reichsrat der Krone über gute Kontakte verfügte, ein Papier Steiners bei Diplomaten, Publizisten, Wirtschaftsführern. Einige Adressaten wie Maximilian Harden, Albert Ballin und Walter Rathenau lehnten jedoch jedes Engagement für die politisch gewordenen Anthroposophen ab. Einem Staatssekretär des Auswärtigen Amtes drohte Steiner gar mit der bevorstehenden Apokalypse: »Sie haben die Wahl, entweder jetzt Vernunft anzunehmen und auf das hinzuhorchen, was in der Entwickelung der Menschheit sich ankündigt, als das was geschehen soll – ... oder Sie gehen Revolutionen und Kataklysmen entgegen.« Einem anderen Mittelsmann und Vertrauten Kaiser Karls beschied er: »Seien Sie nur ganz ruhig. Man muss auch zusehen können, wie Völker zugrunde gehen. Wenn das, was ich Ihnen als rettende Möglichkeit auseinandergesetzt habe, nicht zustande kommt, wird eine Reihe von Katastrophen folgen.«[24] Die selbstbewusste Einmischung Steiners in die Weltpolitik ist bekanntlich fehlgeschlagen. Sie hatte eigentlich nur einen Effekt – Steiner erhielt dafür im Jahr 1917 vom österreichischen Kaiser das »Kriegskreuz für Zivilverdienste«. Im Januar 1918 traf Steiner noch auf Prinz Max von Baden, den letzten Reichskanzler der deutschen Monarchie. Seine Einlassungen zum Thema »Seelenkunde der Völker« scheinen diesen jedoch nicht weiter beeindruckt zu haben. So musste Steiner auf die Revolution und die Nachkriegsgesellschaft warten, um noch einmal politisch neu ansetzen zu können.

## Anthroposophie für das ganze Leben

In der Aufbruchstimmung nach dem Ersten Weltkrieg flogen immer mehr junge Menschen der anthroposophischen Sache zu. Aus dem Umfeld der Jugendbewegung kommend, fühlten sie sich vor allem durch die lebensreformerischen Ansätze der Anthroposophie angezogen, die jetzt zunehmend eine Rolle spielen sollten. Die traditionellen bürgerlichen Institutionen, Werte und Autoritäten schien der Krieg kompromittiert zu haben, symbolistisches Theater, Ernährungsreform, alternative Architektur, Tanz, Wohnkolonien, Reformpädagogik, Vegetarismus, Alkoholverbot, Alternativmedizin, Ausdrucks- und Betätigungsmöglichkeiten speziell für Frauen – all das inspirierte in der Weimarer Republik vor allem junge Leute zur spirituellen Erneuerung unter dem Namen Anthroposophie.

Eine anthroposophische Gesellschaft konnte nun nicht mehr anders, als aus den Seelenbedürfnissen ihrer Mitglieder heraus gestaltet zu werden, schrieb Steiner über diese Zeit. »Es konnte nicht ein abstraktes Programm geben, das da besagte: in der Anthroposophischen Gesellschaft wird dies und das getan, sondern es musste aus der Wirklichkeit heraus gearbeitet werden. Diese Wirklichkeit sind aber eben die Seelenbedürfnisse der Mitglieder. Anthroposophie als Lebensinhalt wurde aus ihren eigenen Quellen heraus gestaltet. Sie war als geistige Schöpfung vor die Mitwelt getreten. Viele von denen, die einen inneren Zug zu ihr hatten, suchten mit anderen zusammenzuarbeiten. Dadurch ergab sich eine Gestaltung der Gesellschaft aus Persönlichkeiten, von denen die einen mehr Religiöses, andere Wissenschaftliches, andere Künstlerisches suchten. Und was gesucht wurde, musste gefunden werden können«, fand Steiner, in dieser Hinsicht ganz konform mit dem Geist der aufblühenden Dienstleistungsgesellschaft jener Zeit.[25]

Schon seit 1911 war der Anspruch Steiners zur lebensumfassenden Reform durch Anthroposophie deutlich geworden. Gemeinsam mit den Theaterstücken waren die Eurythmie entstanden, angeblich Steiners Lieblingskind, die Pläne für eine Wohnkolonie in Dornach, die anthroposophische Medizin und eine eigene »esoterische« Form des Christentums. Daraus entwickelte sich die von der Anthroposophischen Gesellschaft unabhängige »Christengemeinschaft«, die heute in 32 Ländern vertreten ist und weltweit etwa 35 000, in Deutschland etwa 10 000 Mitglieder hat und in Stuttgart und Hamburg Priesterseminare unterhält. Jeder Priester besitzt Lehrfreiheit – also keine Verpflichtung auf ein bestimmtes Glaubensbekenntnis –, und auch die Mitglieder müssen nicht aus der offiziellen Kirche austreten, sondern können eine Mischung aus Anthroposophie und Christentum leben. Die Christengemeinschaft sieht sich als Beginn eines neuen christlichen Zeitalters mit Rudolf Steiner als »Testamentsvollstrecker« des alten Christentums. Ihre liturgischen Texte mit dem neu gefassten Credo stammen im Wortlaut von Rudolf Steiner und werden als unantastbar betrachtet.

Doch mehr als das Christentum berührte die anthroposophische Bewegung mit ihren anderen neuen Praxisfeldern zentrale Nerven der jugendlichen Reformbewegten. Im Jahr 1911 regte Steiner an, die 18jährige Tochter einer befreundeten Theosophin mit »theosophischen Bewegungen« zu beschäftigen. Lory Smits sollte Alliterationen schreiben, und zwar vorwärts und rückwärts, und dazu gefällige Armbewegungen machen. Das wirke beruhigend und pädagogisch auf sie. Die Eurythmie, die daraus entstand, war eine vergeistigte Variante der Tanzreform im frühen 20. Jahrhundert. Sie steht im Zusammenhang mit dem neuen modernen Tanz, der den »natürlichen« Körper feierte und das noch aus dem Rokoko stammende klassische Ballett ebenso wie den auf pure Zurschaustellung des mehr oder weniger nackten weiblichen Körpers ausgerichteten Revuetanz verdammte. An deren

Stelle traten möglichst »natürliche« Bewegungen, die Körper, Seele und Geist in Harmonie miteinander verbänden. Einer der vielen Impulsgeber für reformierten Tanz war Rudolf von Laban, 1879 im ungarischen Pozsony als Sohn eines k. u. k. Militärs geboren. Er gründete 1910 in München seine erste Tanzgruppe. Während des Ersten Weltkriegs hielt er in der Künstlerkolonie Monte Verità Sommerkurse ab. Nach dem Krieg entstanden europaweit über zwanzig Labanschulen. Nachdem er 1936 noch die Choreographie der Olympischen Sommerspiele vorbereitet hatte, flüchtete von Laban 1937 vor den Nationalsozialisten nach Manchester.

Laban arbeitete eng mit einem anderen berühmten Körperreformer zusammen: Joseph Hubert Pilates. Der 1883 in Mönchengladbach geborene Deutsch-Grieche, dessen Vater Turner und dessen Mutter Heilpraktikerin war, litt als Kind an Rachitis, Asthma und rheumatischem Fieber. Weil er von früh an Gymnastik, Bodybuilding, Skifahren, Yoga und Meditation erlernte, wurde er trotz der konstitutionellen Schwäche Turner, Taucher und Bodybuilder, Boxer, Zirkusartist und Lehrer für Selbstverteidigung. In dieser Funktion trainierte er unter anderem die Beamten von Scotland Yard. In seiner Zeit als deutscher Kriegsgefangener in England entwickelte er ein bewegungssparsames, ganzheitliches Körpertraining, das er »Contrology« nannte. Die Legende will, dass er seine Mitgefangenen so gut in Schuss brachte, dass sie aufgrund ihrer robusten Konstitution alle die große Grippepandemie von 1918 überlebten. Nach dem Krieg kehrte Pilates nach Deutschland zurück, arbeitete mit Tänzern zusammen und trainierte in Hamburg die Polizei. Im Jahr 1926 wanderte er nach New York aus.

Der moderne Tanz wurde zur lebensreformerisch fundierten Kunstform, Ausdruck der jungen, frauenbewegten Generation, und zum heiltherapeutischen Verfahren. Das weite Spektrum begann mit Isadora Duncan, die in ihrem Manifest *Der Tanz der Zukunft* vom griechischen Körperideal ausging und ihre Bewegungsformen den Wellen, dem Wogen und Rauschen der Natur abschaute; der Körper sollte nicht mehr Instrument artifizieller Balletthaltungen sein, sondern ein Medium kosmischer Harmonie. Von ihr ist der Satz überliefert: »Eine Dame fragte mich einmal, warum ich bloßfüßig tanzte, und ich erwiderte: ›Gnädige Frau, weil ich eine religiöse Empfindung für die Schönheit des menschlichen Fußes habe..., denn die Form und die Ausdrucksfähigkeit des menschlichen Fußes bedeutet einen großen Triumph in der Entwicklung des Menschen.... Ich kann Sie nur an meine verehrten Lehrer Charles Darwin und Ernst Haeckel verweisen.‹«[26] Auf der anderen Seite des Spektrums befand sich der Labantanz, die Antwort auf bewegungsfeindliche Lebensbedingungen in der Großstadt, mit dem sich der individuelle Tänzer selbst erfahren und ausdrücken konnte. Nach dem Ersten Weltkrieg wurden die Bewegungen intensiver, gemeinsam mit Tönen und Worten und überraschenden Harmonien sollte der expressionistische Tanz persönliches Erleben in explodierende Ausdrucksformen bringen. Bizarres, Schräges, die Form Zerstörendes gehörte dazu, auch die Verwendung von Masken. Individuelle Gestaltung, Solos und Improvisation standen im Vordergrund.

Auch Rudolf Steiners Eurythmie berief sich im tanzreformerischen Feld auf den Tempeltanz und leitete, wie Duncan, Bewegungen aus anatomischen Studien griechischer Statuen ab. Im Jahr 1912 tanzte Lory Smits im Mysterienspiel *Der Hüter der Schwelle*, ein Jahr später wurde sie schon Eurythmielehrerin. Andere Frauen gesellten sich dazu und übernahmen Rollen und Unterricht. Dem Ballett und modernen Tanz gleicht Eurythmie nur insofern, als sie beansprucht, eine eigenständige darstellende Kunstform zu sein. Es wurden Akademien gegründet und professionelle Bühneninszenierungen kanonisiert. Ansonsten fällt zuerst der wenig artistische und körperlos-schwebende Charakter dieser Tanzform auf. Während andere Tänzer im frühen 20. Jahrhundert möglichst viel Körper zeigten und eine angeblich natürliche Körperlichkeit zelebrierten – Isadora Duncan war bekannt dafür, in einer komplett transparenten Tunika aufzutreten –, verhüllte Steiner seine Tänzerinnen und Tänzer bis zur Unkenntlichkeit. Die Eurythmistinnen traten quasi in Ganzkörperschleiern auf – in hochgeschlossenen, wadenlangen, bis ans Handgelenk reichenden weiten Tuniken, die jede Idee einer Silhouette konterkarierten. Das sollte den Ätherleib versinnbildlichen.

Der dahinterstehende Gedanke war, dass sich durch Eurythmie übersinnlich inspirierte Bewegungen vorführen ließen. Eurythmie ist aus der Sicht ihres Erfinders die Kunst, in Sprache und Musik wirksame gesetzmäßige Empfindungen durch menschliche Bewegung sichtbar zu machen. Steiner ging also von der Sprache aus, sie stand für ihn am Anfang aller menschlichen Ausdrucks- und Kunstformen. Durch das Sprechen drücke sich menschheitsgeschichtlich die Seele als Erstes aus. Beim Vokalisieren entstehe durch Ausatmen, durch das Ausstoßen der Vokale und Konsonanten mithilfe von Lippen, Zähnen und Gaumen eine hörbare »Luftgebärde«. Diese werde ergänzt durch die sichtbare körperliche Geste. Man könne das nun fortsetzen durch die Bewegung des ganzen Leibes. Auf diese Weise entstehe vor dem Betrachter eine sichtbare Sprache, und zwar nicht in ihrer Abstraktheit, sondern in ihrem ursprünglichen Empfindungsgehalt: »Die Sprache ist ja aus dem ganzen menschlichen Wesen heraus geboren. Nehmen wir irgendeinen Vokal. Er drückt immer aus dasjenige, was die Seele im Umfang ihres Fühlens erlebt. Entweder der Mensch will dasjenige ausdrücken, was im Staunen lebt: a, oder er will dasjenige ausdrücken, was eine Art Sich-Halten gegen einen Widerstand offenbart: e, oder er will ausdrücken seine Selbstbehauptung, sein Sich-Hineinstellen in die Welt: i. Er will ausdrücken sein Staunen oder wohl auch sein Anschmiegen an irgendetwas: ei.«[27]

## Mit Volldampf

Der Vokal will nach Steiners Dafürhalten das Innere, die Seele, nach außen tragen, der Konsonant hingegen beschreibt die äußere Form der Dinge. Sein Ursprung sei die Nachahmung der Natur. Unglücklicherweise hätten die Menschen vergessen, dass sie beim Reden ihre Seele in die Sprache »hineinströmen« lassen: »Wer fühlt denn noch dieses Verwundern, dieses Erstaunen, dieses Perplexwerden, dieses Sich-Aufbäumen bei den Vokalen! Wer fühlt das sanfte rundliche Umweben eines Dinges, das Gestoßenwerden eines Dinges, das Nachahmen des Eckigen, das Ausgeschweifte, das Samtartige, das Stachelige bei den einzelnen Konsonanten!«[28] Das alles wieder sichtbar zu machen, war die Aufgabe der Eurythmie.

Die Bewegung soll dabei aus dem Bewusstsein der Wechselwirkung des Körpers mit dem Raum entstehen. Dazu werden Texte und Musik mithilfe von interpretatorischen Grundregeln und Stilmethoden in Bewegungen umgesetzt, also man tanzt ein Rilkegedicht oder auch den eigenen Namen (was Waldorfschüler schon frühzeitig lernen müssen). Der Ausdruckswillen von Sprache und Lauten unterscheidet Eurythmie grundsätzlich von fast allen Tanzformen, die normalerweise gerade das Verbale und Zerebrale überwinden wollen.

Auf Uneingeweihte mag die Eurythmie deshalb schon bei ihrer Entstehung unzeitgemäß gewirkt haben. Vielleicht ist es auch ein Missverständnis, von Tanz zu sprechen, wo es doch um in Bewegung umgesetzte geistige Inhalte geht. Für Steiner selbst war die Eurythmie ein Medium für Metrik, Poetik, Takt, Rhythmus, Geometrie, Anthropologie, Gesang, Rezitation, Allgemeine Pädagogik und Allgemeine Anthroposophie. Sie sollte das Aushängeschild sein – wer sich von Tänzerinnen und Tänzern angezogen fühlt, die sich in einfarbige Reformkleider und Schleier hüllen, die, seitwärts auf den Fußballen schreitend, ihre Bewegungen beim Schlüsselbein und nicht, wie in den anderen modernen Tanzformen, im

Unterleib beginnen lassen, die theatralisch die Arme recken und niemals den Oberkörper abwinkeln oder gar ein Bein in die Luft werfen würden – wer das mochte, so war Steiners Kalkül, würde sich auch für Anthroposophie interessieren. Die Eurythmie ist bis heute ein für Waldorfschulen spezifisches Pflichtfach vom Kindergarten bis zum Abschluss, das an keiner anderen Schule angeboten wird.

Der beruhigende oder heilende Aspekt, mit dem das Projekt ursprünglich startete, wurde dabei niemals aus den Augen verloren. Heileurythmie gilt als Therapieform innerhalb der anthroposophischen Medizin. Durch gezielte Bewegungsübungen, die in Einzelsitzungen verordnet werden, sollen zum Beispiel Herz-Kreislauf-Erkrankungen, aber auch Aufmerksamkeitsdefizitstörungen behandelbar sein. Dabei zielen die heileurythmischen Bewegungen auf die Beeinflussung der Empfindungen des Patienten von außen nach innen, also entgegengesetzt zu dem sonst üblichen therapeutischen Entäußerungen von Gefühlen durch Mimik und Gestik. Weitere Anwendungsgebiete sind kindliche Entwicklungsstörungen und Behinderungen sowie Psychosomatik, Psychiatrie, Augen- und Zahnheilkunde. In den letzten Jahren sind Studien zur Wirkung der Heileurythmie entstanden. Ergebnis: Sie ist in jedem Fall unbedenklich.

Das führt zum dritten Pfeiler der praktischen Anthroposophie, der schon vor dem Ersten Weltkrieg gesetzt worden war und der von der Weimarer Republik bis in die Gegenwart auf große Resonanz nicht nur in reformbewegten Kreisen stieß – der anthroposophischen Medizin.

Die naturwissenschaftlich ausgerichtete moderne Medizin war zu der Zeit, als Steiner sich mit ihr zu beschäftigen begann, in eine Phase der Ernüchterung getreten. Trotz all der rauschhaften Siegeszüge seit dem zweiten Drittel des 19. Jahrhunderts – darunter die Entdeckung der Zellbiologie und der Bakteriologie, Impfung, Immunisierung, technischer

Diagnostik, Gefäßchirurgie, Transplantationen, dazu der Ausbau von Krankenhäusern und Krankenkassen, die Ausdifferenzierung und Spezialisierung der Fachmedizin –, trotz alledem hatten Krankheit und Tod ihren Schrecken nicht verloren. Dafür machten sich die Nachteile des modernen Medizinbetriebs bemerkbar: Die Patienten selbst hatten immer weniger mitzureden, für Diagnose und Behandlung schien ihr individuelles Befinden nebensächlich zu sein. Auf das organische Geschehen reduziert, fühlten sich viele Menschen in ihrer Komplexität nicht ausreichend wahrgenommen. In diese Bresche sprang die Alternativmedizin. Seit dem letzten Drittel des 19. Jahrhunderts gründeten sich eine Schule und Vereinigung nach der anderen. Der Höhepunkt, gemessen an der Mitgliederzahl des Deutschen Naturheilbundes, war 1913 erreicht. Die Homöopathie erstand wieder auf, Hydrotherapie, Licht-, Luft- und Ernährungskuren, Pflanzentherapien und religiöse Heiler hatten immer stärkeren Zulauf. Die antike Vier-Säfte-Lehre, die Betonung der Prävention durch eine naturgemäße Lebensweise und ein vitalistisches Denken, wonach kranke Menschen in ihrer Lebenskraft geschwächt seien, waren die wesentlichen Verbindungsstücke der vielfältigen alternativmedizinischen Kultur.

Ein wichtiges Thema, von dem die Medizinreformer lebten, war außerdem die Neurasthenie, das moderne Leiden schlechthin, an dem großstädtische Bohemiens, Angestellte, Künstler, Trambahnfahrer und Telefonistinnen gleichermaßen erkrankten. Erste Besetzung in diesem Stück war Kaiser Wilhelm II. persönlich. Er fühlte sich, wie so viele seiner Untertanen, gehetzt, überreizt, von der Medizin und Naturwissenschaft zergliedert und spirituell allein gelassen. Die Volkskrankheit Nervosität schien den Zeitgenossen epidemisch und Folge kultureller und sozialer Bedingungen. Diese moderne Selbstwahrnehmung war die Grundlage vieler Reformansätze und Geschäftsgrundlage der Naturheilkunde. Selbst ein so rationaler und erzbürgerlicher Neurastheniker wie der Soziologe Max Weber, schwer leidend unter Impotenz, Übergewicht und Schreibblockaden, versuchte sich in der alternativen Kommune des Monte Verità mit einer Früchtekur schlank zu hungern und begrüßte die Angebote spirituellen Heils östlicher Religionen, die Forderungen nach Vegetarismus und freie Liebe als ernsthafte Optionen.

Die Symptome des modernen Nervenbündels reichten von Schlafstörungen über Herzrasen bis hin zur Impotenz, entsprechend breit war das Spektrum der möglichen Anwendungen. Eine davon war die anthroposophische Medizin. Bereits in der Theosophie hatte die Auseinandersetzung mit dem Körper des Menschen zur Tradition gehört. Man unterschied den grobstofflichen Körper und die nur spirituell fassbaren Dimensionen des Menschen, den Ätherleib, den Astralleib, die Verstandesseele oder das Ich, wie Steiner es nannte, was dem Selbstverständnis vieler Zeitgenossen mehr entsprach, die sich nicht durch die »Schulmedizin« auf eine organische Existenz als kausalen Mechanismus reduzieren lassen wollten. Allein der physische Leib sei mit den normalen menschlichen Sinnen erkennbar, der Ätherleib dagegen eine »lebenerfüllte Geistgestalt«, in der sich »alles in lebendigem Ineinanderfließen« befinde. Steiner bezeichnete diesen Ätherleib auch als »Lebenskraft«. Einen Astralleib hätten nur »beseelte« Wesen, also Tiere und Menschen, Pflanzen nicht. Ein »Ich« schließlich besitze lediglich der Mensch. Das Ich sei des Menschen eigentlicher, ewiger Wesenskern. Die theosophische Medizin kannte außerdem unsichtbare Organe (Chakras), unsichtbare Energie- und Störfelder, aurische Strahlungen, karmische Leiden, sie nahm die geistigen und seelischen Facetten der Gesundheit ernst. Damit fügte sie sich in die antimaterialistischen und antimechanistischen Rahmensetzungen der Lebensreformbewegung.

Rudolf Steiner dachte schon vor dem Ersten Weltkrieg über eine dritte Dimension neben der positivistischen und der traditionellen Medizin nach, eine »geistige« Qualität, die die unbenommenen Leistungen der naturwissenschaftlichen Medizin ergänzen sollte. Im *Münchner Medizinischen Wochenblatt* hieß es im Jahr 1922 hingegen verschnupft, anthroposophische Medizin sei nicht eine Ergänzung, sondern das Gegenteil von wissenschaftlicher Medizin, denn sie kenne immer schon das Ergebnis ihrer Untersuchungen. Trotzdem standen Medizinreformer wie Rudolf Steiner damals nicht auf so verlorenem Posten, wie man heute vielleicht glauben möchte. Schon um die Jahrhundertwende waren die Grenzen zwischen schulmedizinischer und alternativmedizinischer Praxis durchlässig geworden. Im Jahr 1900 wurde Bismarcks Leibarzt Ernst Schweninger Leiter der ersten öffentlichen Naturheilklinik in Berlin-Lichterfelde, ein vom kränkelnden Kanzler genauso wie von zarten Schriftstellern wie Franz Kafka geschätzter Mittelsmann zwischen Schulmedizin und Naturheilkunde. Bald darauf wurden zwei universitäre Lehrstühle für Naturheilkunde errichtet.

Auch dass sich Nichtmediziner für die körperlichen Gebrechen ihrer Klientel zuständig fühlten, war zu dieser Zeit keine Seltenheit. Außer dem schon erwähnten Heilmagnetiseur Weissenberg gab es zahllose andere Pastoralmediziner, die ihr Wissen nicht aus medizinischen Lehrbüchern, sondern aus spirituellen Quellen schöpften. Ein anderes berühmtes Beispiel ist der Pfarrer Emanuel Felke, der seinen kranken Gemeindemitgliedern mit homöopathischen Mitteln und Lehmkuren zu Leibe rückte und der bis heute als »Lehmpastor« seine Anhänger hat. In München, wo sich Rudolf Steiner auf seine künftige Karriere als Heiler vorbereitete, gab es für Medizinreformer ein lebendiges Umfeld. Zum Beispiel hatte hier die beeindruckende Ärztin und Sozialarbeiterin Hope Bridges Adams Lehmann, geboren 1855 bei London, ihr alternatives Krankenhausprojekt entwickelt. Die erste Medizinabsolventin in Deutschland hatte sich selbst durch eine besondere Diät, durch Höhenluft, Wandern und Schonung von einer Tuberkulose geheilt. Mit ihrem Mann gründete sie daraufhin ein international erfolgreiches Lungensanatorium im Schwarzwald. Mit ihrem zehn Jahre jüngeren Liebhaber zog sie später nach München und eröffnete eine Praxis. Hier schloss sie sich auch eng an die Frauenbewegung an. Um die Jahrhundertwende plante sie ein Frauenkrankenhaus, genannt Frauenheim, mit visionären, bis heute nicht erfüllten Zielen. Die Klinik sollte von den Patientinnen selbst über einen Trägerverein finanziert, der Chefarzt von ihnen durch Wahl bestimmt werden. Ziel war es, die unterschiedliche soziale Erreichbarkeit von medizinischen Leistungen aufzuheben, Frauen sollten unabhängig von ihrer Klasse und ihrem Familienstand den gleichen Komfort, zum Beispiel Einzelzimmer, bekommen. Außerdem forderte Hope Lehmann das Ende des Halbgötterstatus der Mediziner, indem Diagnose, Behandlungsplan und abschließender Befund den Patientinnen nicht nur mitgeteilt, sondern schriftlich mit nach Hause gegeben werden sollten.

An diesem Beispiel lassen sich besonders gut die Unterschiede der anthroposophischen Medizinreform verdeutlichen. Ein früher Anhänger, der Psychiater Felix Peipers aus Solingen, der auch in Steiners Mysteriendramen als Schauspieler mitwirkte, besaß in München ein kleines Haus in der noblen Königinstraße am Englischen Garten, das er als Sanatorium für großbürgerliche Patienten einrichtete. Ein bekannter Kunde war zum Beispiel der turberkulosekranke Dichter Christian Morgenstern. Er nahm als einer der ersten Patienten das besondere Angebot dieser Klinik wahr – die Farbtherapie. Dafür waren zwei winzige Kammern eingerichtet, eine rote und eine blaue, mit glatten Holzwänden und einer Liege, auf der die Kranken in leuchtendes Rot oder intensives Blau getaucht werden konnten, was sich direkt auf ihre Seele auswirken sollte. Im Vorraum erblickten sie ein Lichtbild von Raffaels *Sixtinischer Madonna.* Vor dem Einschlafen sollten sie sich außerdem verschiedene andere Madonnenbildnisse in einer genau festgelegten Reihenfolge ansehen, damit die

Bilder sie durch die Nacht begleiteten. Dazu gab es Musik, Glockenspiel oder Harmonium. Die Behandlungsräume wurden mit ägyptischem Weihrauch gereinigt, dabei sprachen die Behandler das »Om mani padme hum«. Während der Behandlung meditierten sie. Steiners Rolle war nicht nur die eines Supervisors, der aufgrund seiner seherischen Erkenntnisse die Meditationssprüche und die genaue Behandlungsdauer in den Farbkammern vorschrieb, er sprach auch mit den Patienten, wobei die Diagnose grundsätzlich nachrangig war. Nach seinem Dafürhalten ging es in der Heilkunde nicht primär um Ursachenforschung, sondern um die Suche nach Behandlungswegen.

Bis hierhin werden bereits mehrere Unterschiede zu der oben geschilderten Reformerin Adams Lehmann deutlich: Steiner wollte keine transparente Medizin, auch keine klassenlose Volksmedizin und schon gar nicht die partnerschaftliche Zusammenarbeit zwischen Ärzten und Patienten. Er behielt sich seine höhere Erkenntnis als Autoritätsmerkmal vor, also seinen nicht einmal durch ein Medizinstudium einholbaren Wissensvorsprung.

Aus diesen gar nicht so bescheidenen Anfängen sollte eine Klinik im Rahmen des Johannesbaus entstehen, was mit dem gesamten Münchner Bauvorhaben scheiterte. Nach der Schließung der Heilstätte in Schwabing war die Episode beendet. Um 1907 lernte Steiner aber, ebenfalls in München, eine weitere Alternativmedizinerin kennen: die mit Lichttherapie, fluoreszierenden Mitteln und Radioaktivität in Kombination mit Pflanzenextrakten experimentierende Marie Ritter, die schon vor 1900 zu den Theosophen gestoßen war. Ihr Ehrgeiz lag darin, Krebs und Tuberkulose zu heilen, wozu sie von Steiner den Tipp bekam, es mit Misteln, die auf Laubbäumen wachsen, zu versuchen. Eine Behandlung, die jedoch nicht auf seinem Mist gewachsen war, wie oft behauptet wird. Die Misteltherapie geht weit ins 19. Jahrhundert zurück. Auch Meerwasser von der Küste Helgolands in »genügender Verauf der andern Seite führt es uns auch dazu, daß wir, wenn aus andern Sphären eine andere Entscheidung getroffen wird, diese ebenfalls zu unserer Befriedigung hinnehmen.«[30] In diesen Kontext gehört, dass es bis heute anthroposophische Mediziner gibt, die bestimmte lebensrettende Eingriffe ablehnen, etwa eine Herztransplantation, da sie offenbar das Karma nicht überlisten wollen.

Neben diesen verstörenden und ungenießbaren Ingredienzien der Steiner'schen Medizin gibt es aber auch viele positive Aspekte zu vermerken: Die Einbeziehung von psychischen oder geistigen Aspekten gehört dazu ebenso wie die Wertschätzung von Prophylaxe, die sich schon damals von der auf Pathologien konzentrierten Schulmedizin positiv absetzte. Überhaupt bewertet die anthroposophische Medizin Krankheit nicht nur als Abweichung von der Norm, sondern als normalen Naturprozess – ein systemisches Denken, das allerdings auf dem klassischen Konzept der Humoralpathologie (der Vier-Säfte-Lehre nach Galen) fußt, das in Steiners Dafürhalten von seinen antiken Vorläufern durch altes, atavistisches Hellsehen erkannt worden war. Erfolgreich waren vermutlich auch die bildhafte Sprache und die Erklärungen von Zusammenhängen, letztlich Sinnzuweisungen, wodurch ein kompliziertes Geschehen visualisierbar und sinnhaft für die Patienten wird.

Am wichtigsten für die Langlebigkeit der anthroposophischen Medizin, die sich auf vielfältige Weise mit der Homöopathie vermählt hat, dürfte jedoch die individualisierte Herangehensweise gewesen sein. Anders als die naturwissenschaftliche Konkurrenz, die versuchte, Statistiken und Normalverläufe aufzustellen, ging Steiners Medizin von einer persönlichen Geschichte aus. Patienten bekamen eine ganz eigene Disposition und damit auch eine ganz eigene Heilungschance in Aussicht gestellt, die mit ihren jeweiligen Lebensumständen zu tun hatten. Durch diesen individualisierten Zugriff gelang es Steiner, trotz aller wissenschaftlichen

Skepsis, auch naturwissenschaftlich ausgebildete Ärzte um sich zu scharen.

Laut Schätzungen sind heute in Baden-Württemberg, wo ein Zentrum der anthroposophischen Medizin liegt, ein Viertel der Internisten teilweise oder ganz von anthroposophischen Ideen in ihrer Arbeit überzeugt. Im Dachverband Anthroposophische Medizin in Deutschland haben sich rund 6000 Ärzte organisiert. Was sie bei aller Methodenvielfalt verbindet, ist die Ansicht, dass Krankheiten individuell sind und nicht auf messbare Befunde allein zurückgeführt werden können. Außerdem lehnen anthroposophische Ärzte die Vorstellung eines zufälligen und chaotischen Geschehens ab. Sie versuchen, wie keine andere Gruppe von Medizinern, allen Abweichungen einen Sinn abzugewinnen. Allein das mag viele Menschen für sie einnehmen – nicht zuletzt an ihrer Heilkunst zweifelnde Mediziner.

## Späte Liebe

Die wichtigste Figur nicht nur für die Entwicklung der anthroposophischen Medizin, sondern auch für die letzten Lebensjahre Rudolf Steiners war Ita Wegman. Sie wurde 1876 in der Nähe des heutigen Jakarta als Tochter des großbürgerlichen holländischen Weltumseglers Hendrik Wegman und seiner Frau Henriette Maria Offers geboren. Die Mutter entstammte einer reichen Großgrundbesitzerfamilie in Indonesien. Ita Wegman wuchs im javanischen Binnenland auf einer Zuckerrohrplantage auf. Vier Geschwister starben im Kindesalter, deshalb wurde sie nach Arnheim in Holland geschickt. Nachdem auch ihr Verlobter verstarb, beschloss die junge Frau, alleinstehend zu bleiben, und wandte sich der Theosophie zu. Sie bildete sich zuerst zur Gymnastiklehrerin aus und bereiste ganz Europa. Im Jahr 1902 lernte sie Rudolf Steiner kennen, der sie als seine esoterische Schülerin

## Späte Liebe

einwies und ihr riet, in Zürich Medizin zu studieren. Nach dem Ersten Weltkrieg arbeitete sie in verschiedenen Krankenhäusern und spezialisierte sich auf Gynäkologie. Im Jahr 1921 verabredeten sie und Steiner die Zusammenarbeit. Der Brand des alten Goetheanums in Dornach, in dessen Folge sie den Meister vor einem Zusammenbruch bewahrt haben soll, hatte die beiden einander nähergebracht. Wie nahe, ist nicht erwiesen, Ita Wegmans Biograph geht davon aus, dass Steiner mit ihr wie schon mit den beiden Ehefrauen ein platonisches Liebesverhältnis pflegte. Steiner besuchte sie von da an jeden Tag.

Eine Liebesgeschichte war es, vielleicht sogar seine erste, die Steiner im Alter von 63 Jahren mit der damals 48jährigen verband. Sie eröffnete ein Sanatorium nur eine halbe Stunde Fußmarsch entfernt von seinem Dornacher Domizil. Der Meister ließ ihr ein eigenes Haus bauen und lud sie jeden Sonntag zum Essen ein, was seine Frau Marie sehr verdross. Wenn Steiner auf Reisen war, schrieb er ihr jeden zweiten Tag. Einmal gestand er ihr, dass er zu keinem Menschen so gestanden hätte wie zu ihr und dass er nur »im vollen Einssein« mit ihr leben wolle, schließlich habe sie das Karma zusammengebracht, ihre gemeinsame Geschichte habe schon zu Zeiten des Aristoteles begonnen.

Bevor er starb, zog Steiner mit Ita Wegman zusammen in das Atelier des Goetheanums. Er übergab ihr ein goldenes Kreuz, das sie symbolisch zu seiner Nachfolgerin bestimmte und das sie dem Toten bei der Aufbahrung auf die Brust legte. In seinen letzten Tagen duldete Steiner mit wenigen Ausnahmen nur noch ihre Gesellschaft. Seine Frau tröstete er mit dem Hinweis, das sei nun einmal ihr Karma.

Trotzdem blieb Ita Wegman immer Steiners Schülerin. Als sie 1920 vom Geld ihres väterlichen Erbes eine eigene Klinik gründen wollte, bat sie Steiner vorher um Erlaubnis. »Ich will das kleine Häuschen ein wenig umbauen lassen und Patienten aufnehmen und in Basel eine ambulante Praxis eröffnen....

Ich hoffe, dass Sie einverstanden sind. Sollte es nicht der Fall sein, so könnte das Häuschen ganz gut für eine Pension eingerichtet werden.«[31] Obwohl sie Wesentliches zu der gemeinsamen Veröffentlichung des Standardwerks *Grundlegendes zur Erweiterung der Heilkunst,* das 1925 erschien, beigetragen hat, ist Ita Wegmans Name aus dem Gedächtnis der anthroposophischen Bewegung weitgehend gelöscht. Ihre Nähe zum Meister hat ihr nach dessen Tod kein Glück gebracht. Besonders an Marie Steiners Gegnerschaft lag es, dass ihr nicht nur eine leitende Funktion verwehrt blieb – 1935 wurde sie sogar aus der Anthroposophischen Gesellschaft ausgeschlossen. Ita Wegman starb am 4. März 1943 in Arlesheim. Als Ärztin, die an der Entwicklung anthroposophischer Heilmittel beteiligt war, lebt sie indes bis heute in den Präparaten der Firma Weleda aus Schwäbisch-Gmünd weiter. Im Jahr 1922 wurden unter dem Markenzeichen Weleda bereits 295 Präparate vermarktet, die meisten davon basierten auf älteren naturheilkundlichen Rezepturen, aber zwei davon soll Ita Wegman entwickelt haben.

Heute vertreibt Weleda 10 000 Produkte und beschäftigt allein in Schwäbisch-Gmünd an die 500 Mitarbeiter. Die Firma Weleda ist, neben rund zwanzig weiteren anthroposophischen Sanatorien, Kliniken und sonstigen medizinischen Einrichtungen, die wichtigste institutionelle Erbschaft der Steiner'schen Medizin. Weil sie in jüngster Gegenwart immer erfolgreicher geworden ist, nun noch ein kurzer Schwenk auf ihre Geschichte: Weleda geht auf Steiners Wunsch zurück, Heilmittel zu erforschen und zu produzieren, die seine hellseherischen Einsichten bestätigen würden, die aber zugleich eine einträgliche Einnahmequelle für die enormen Baukosten des zweiten Goetheanums abgeben sollten. Der Geschäftserfolg war eigentlich damals schon garantiert, nachdem die Substanzen, aus denen man die Produkte herstellte, aus wild gesammelten Kräutern gewonnen wurden. Der Einsatz von alternativen Heilmitteln war damals außerdem nicht selbstverständlich, denn die Medizinreformer wollten lieber durch

Anwendungen und eine gesunde Lebensführung heilen als durch die Verabreichung von Arzneimitteln.

Aber erst nach mehreren finanziellen und organisatorischen Fehlschlägen wurde das Unternehmen erfolgreich. Die Heilmittelproduktion wurde dem Verein des Goetheanums angegliedert, bevor sie 1928 unter dem Namen Weleda in eine selbstständige Aktiengesellschaft überführt wurde. Heute ist die Weleda AG eine Aktiengesellschaft nach schweizerischem Recht mit Hauptsitz in Arlesheim und einer unselbstständigen Tochter in Schwäbisch Gmünd. Daneben besteht die internationale Weleda-Gruppe aus weltweit zwanzig Mehrheitsbeteiligungen. Insgesamt ist Weleda in rund fünfzig Ländern vertreten. Sie vertreibt 1400 Fertigarzneimittel, davon sind ungefähr hundert zur Selbstmedikation zum Beispiel bei Erkältung oder Stress geeignet. Das zweite Standbein ist die zertifizierte Naturkosmetik, die in den letzten Jahren trotz der allgemeinen Stagnation im Kosmetiksektor boomt. Bei der Babypflege ist Weleda bereits der drittgrößte Hersteller in Deutschland. Auch die Naturkosmetik für Erwachsene ist längst aus der Ökoecke im Bioladen in das allgemeine Drogerie- und Kaufhaussortiment gewandert und hat durch PR-Maßnahmen mit Hollywoodstars und Anzeigenkooperationen in Hochglanzmagazinen den Ritterschlag der Beautyjournalistinnen erhalten. Und das, obwohl Weleda – eine Marke, die nicht nur auf Steiners Namensgebung zurückgeht, sondern auch einen vom Meister entworfenen Schriftzug trägt – bis heute auf der Firmenhomepage damit wirbt, dass die Firma »gemäß dem durch Anthroposophie erweiterten Menschen- und Naturverständnis« arbeite und das »materialistische« Natur- und Weltbild »um die übersinnlichen Seinsebenen: Leben, Seele und Geist« ergänzen will.[32] Der überwiegend bürgerlich-grünen Kundschaft, die heute Weledaprodukte kauft, gefällt's...

## Mit Volldampf

In den Jahren vor und nach dem Ersten Weltkrieg sehen wir Rudolf Steiner auf dem Höhepunkt seiner Kreativität. Auch sein wichtigstes Vermächtnis, die Waldorfpädagogik entstand in dieser Zeit. Ihr ist das letzte Kapitel gewidmet. Allerdings musste der Prophet in der sich heute als Erfolgsgeschichte darstellenden Lebensphase auch Rückschläge erleben. Vom zerstörten Goetheanum, wahrscheinlich durch Brandstiftung, war schon die Rede. Von einer weiteren drastischen Erfahrung mit der Gegnerschaft berichtet der Steinerbiograph Walter Beck, der Zeuge dieses Vorfalls war. Es passierte am 15. Mai 1922. Steiner sprach im Rahmen einer Vortragsreihe im Cherubinsaal im Münchner Hotel »Vier Jahreszeiten«.

Beck schreibt, dass Steiner in den damaligen rechtsnationalen Kreisen als Internationalist und Pazifist galt (Letzteres fälschlicherweise) und daher bei seinen Vorträgen mit Störungen gerechnet werden musste. Einige junge Anthroposophen, darunter Beck, hatten sich deshalb als Saalschutz in der vordersten Reihe und im Mittelgang postiert. Steiner begann konzentriert frei sprechend mit seinen Ausführungen. In der Mitte des Vortrags erlosch plötzlich die Saalbeleuchtung; der Saal verdunkelte sich, lediglich vorn auf dem kleinen Tisch des Stenographen unterhalb der Bühnenrampe brannte noch ein abgeschirmtes Lämpchen. Alles war aufs Äußerste gespannt – totale Ruhe setzte ein, aber Steiner sprach in völliger Beherrschung weiter, als ob nichts geschehen wäre, nach zehn bis fünfzehn Minuten ging das Saallicht wieder an. Beide Umstände, dass Steiner ohne jede Unterbrechung weitersprach und dass vorn das kleine Lämpchen brannte, verblüffte die auf einen Angriff eingestellten Gegner, sodass sie verunsichert die Attacke zunächst unterließen.

Steiner beendete ungehindert seinen Vortrag, verabschiedete sich unter großem Beifall und begab sich zum linken rückwärtigen Ausgang auf der Bühne. Erst jetzt, als er dem Ausgang zuschritt, stürzten die bislang verwirrten Gegner über die Stufen des rechten Aufgangs auf die Bühne. »Wir aber, die jungen Leute, vorbereitet auf diesen Akt, konnten von vorn auf die Bühne springen und den Angreifern den Weg zu Rudolf Steiner versperren. In wenigen Minuten war der Angriff ohne Gewalt und Schlägerei im Keim erstickt. Es entstand noch ein kurzes Handgemenge auf der Bühne; dieses aber vermochte an der Entscheidung nichts zu verändern. Der Verfasser konnte noch während des ersten Angriffs der Gegner auf der Bühne einen schmalen, zweiseitig geschliffenen Dolch aufheben. Wer den Dolch auf die Bühne geworfen hatte, konnte nicht ermittelt werden. Der Dolch aber wurde uns zum Sinnbild eines bedeutungsvollen Vorgangs. Die Sicherheit, mit der Rudolf Steiner weitergesprochen hatte, trug zu einer historischen Weltbedeutung bei, dass nämlich der Mord an Rudolf Steiner verhindert wurde.«[33]

# TEIL V
KNOTENPUNKTE

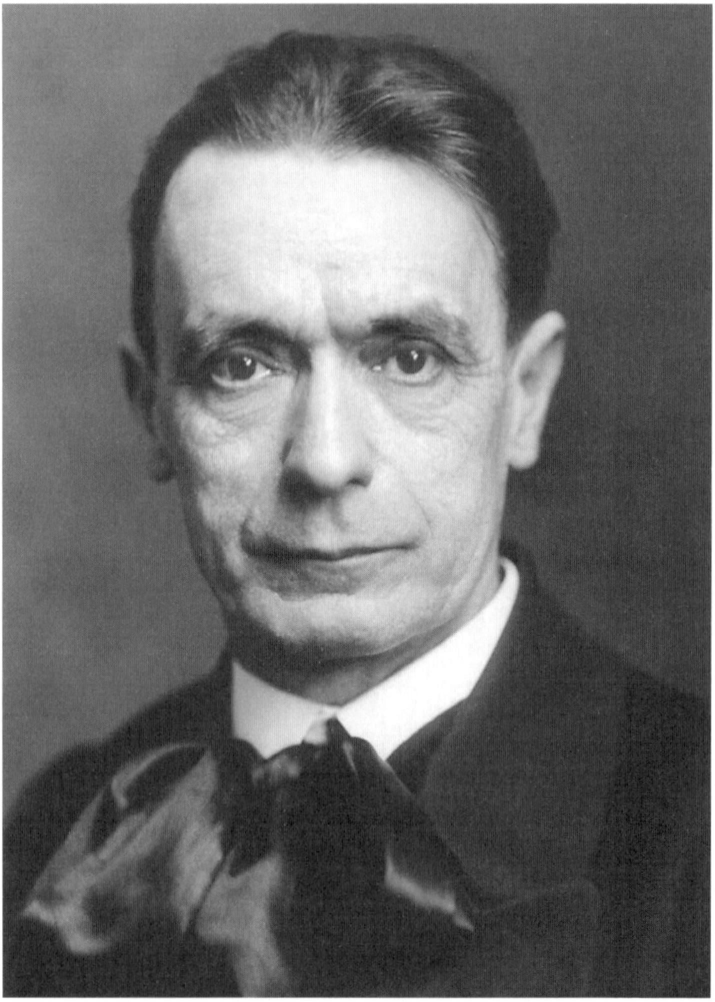

Revolutionsfeuer und Zigarettenrauch

Am 23. April 1919 hielt Rudolf Steiner vor eintausend Arbeitern der Waldorf-Astoria-Zigarettenfabrik in Stuttgart einen Vortrag. Er sprach über den Bildungsbedarf des Proletariats, das sich in diesen revolutionären Tagen im historischen Aufwind fühlte: »Das ist das Allerbrennendste, dass der Arbeiter nicht als Tier arbeitet oder als Maschine, sondern als Mensch. Er muss geistig interessiert sein.« Anschließend wurde eine Betriebsratssitzung abgehalten, auf der Fabrikherr Emil Molt verkündete, eine Schule für die Kinder der Arbeiter einrichten zu wollen. Rudolf Steiner werde den Aufbau und die Leitung der Schule in die Hand nehmen. Finanzieren wollte der Industrielle das Vorhaben mit 100 000 Reichsmark aus dem Erlös des Zigarettenverkaufs im Vorjahr. Die Fabrik mit Sitz in Stuttgart und Hamburg, benannt nach dem 1763 im badischen Walldorf geborenen, legendär reichen Magnaten Johann Jakob Astor, war zu diesem Zeitpunkt am Zenit ihres Erfolgs. (In der zweiten Hälfte der 1920er Jahre geriet sie allerdings in Turbulenzen und wurde 1929 liquidiert; die Zigarettenmarke Astor mit dem Porträt von Johann Jacob Astor auf der Schachtel gehört heute zu Reemtsma.)

Molt holte beim Kultusminister Württembergs, Berthold Heymann, die Erlaubnis ein, auch nicht staatlich ausgebildete und geprüfte Personen mit voller Lehrfreiheit zu beschäftigen. Der Sozialdemokrat Heymann war offenbar froh darüber, dass sich ein Kapitalist für eine Einheitsschule starkmachte, und konnte dem Antrag auf Grundlage des liberalen württembergischen Schulgesetzes aus dem Jahr 1836 stattgeben. Linke Sozialdemokraten waren nicht ganz so begeistert. Am 5. Juli

1919 kommentierte das USPD-nahe Blatt *Der Sozialdemokrat:* »Die Bestrebungen der Waldorfschule mögen gut und schön sein, aber wir können nicht zugeben, dass es der richtige Weg ist, auf dem die Schulfrage gelöst werden kann. Wir wollen die Erziehung des Volkes nicht in die Hände von Fabrikanten legen und seien sie auch noch so wohlwollend.«[1]

Trotzdem, Stuttgart war schon aufgrund der Gesetzeslage der strategisch richtig gewählte Ort für die Gründung einer anthroposophischen Privatschule. Die schwäbische Metropole hatte sich bereits als ein Zentrum der Anthroposophischen Gesellschaft neben München und Berlin bewährt und empfahl sich daher für ein derartiges Engagement. Von 1928 bis in die 1970er Jahre sollten denn auch alle Lehrer deutscher Waldorfschulen an der Freien Hochschule Stuttgart ausgebildet werden.

Wenig später entwickelte Rudolf Steiner in drei Vorträgen und einem ersten vierzehntägigen Kurs für die von ihm handverlesenen künftigen Waldorflehrer seine pädagogischen Vorstellungen. Das Thema lag schon länger in der Luft, jetzt war auch Steiner reif für das wichtige Anliegen, mit dem er den entscheidenden Beitrag dazu leisten sollte, dass »die Lehren in der weitgehendsten Art für alle Verhältnisse des Lebens fruchtbar« gemacht würden. »Sonst aber wird man fortfahren, die Anthroposophie für eine Art religiösen Sektierertums einzelner sonderbarer Schwärmer zu halten. Wenn sie aber positive nützliche Geistesarbeit leistet, dann kann der geisteswissenschaftlichen Bewegung die verständnisvolle Zustimmung auf die Dauer nicht versagt werden«, kalkulierte Steiner in seinem Vortrag über die »Erziehung des Kindes vom Gesichtspunkt der Geisteswissenschaft« bereits im Jahr 1907 – eine Vorhersage, die vermutlich eingetreten wäre. Ohne das pädagogische Standbein wäre das ganze anthroposophische Projekt heute wahrscheinlich eine historische Marginalie.

Der Wiener Eisenbahningenieur Alexander Strakosch war einer der Lehrer der ersten Stunde, die von Steiner ausgebildet wurden. »Morgens hatten wir ›Allgemeine Menschenkunde als Grundlage der Pädagogik‹, dann ›Methodisch-didaktisches‹, nachmittags Seminar und abends, bis spät in die Nacht hinein, bereiteten wir uns für den nächsten Tag vor. Steiners Ausführungen wurden stenographisch aufgenommen und lagen am nächsten Morgen vervielfältigt vor. Er selbst überreichte, vor Beginn der Arbeit von einem zum andern gehend, jedem von uns ein Exemplar und war sichtlich befriedigt, dass diese Arbeit pünktlich und ordentlich vollführt worden war. Es war ihm stets sehr lieb, wenn etwas, das man sich vorgenommen hatte, auch wirklich zuverlässig zur Ausführung kam.«[2] Während Steiner an seiner pädagogischen Lehre bastelte, hatte Emil Molt ein Schulgebäude auf der Uhlandshöhe auf dem Gelände eines beliebten Ausflugslokals ausgekundschaftet, für das er 450 000 Reichsmark zahlte. Bereits am 7. September 1919 konnte die erste Freie Waldorfschule mit Bachmusik, Rezitationen, Gesang und Eurythmie ihre Eröffnung feiern. Steiner sprach von der heiligen Aufgabe, »herauszubilden, das sich als veranlagt offenbarende Göttlich-Geistige des Menschen im werdenden Kinde«. Am Abend besuchte das Kollegium zur Feier die *Zauberflöte* im Staatstheater. So begann die Waldorfbewegung.

Bevor wir uns diesem Haupterbe und historischen Exportschlager der Anthroposophie ausführlich widmen, müssen wir jedoch das damit verbundene politische Engagement des Menschheitserziehers während der revolutionären Umbruchphase nach dem Ersten Weltkrieg rekonstruieren. Man muss sich vor Augen halten: Steiners reformpädagogische Arbeit war eine Ausgeburt seiner Gegenwartsdiagnose und politischen Überzeugung, dass sich eine Gesellschaft nur über die okkultistisch informierte Sozialisation der kommenden Generation erholen könne. Nicht erst seit dem Ersten Weltkrieg nahm der Guru die Gegenwart als krisenhaft wahr. Seine »geisteswissenschaftliche« Pädagogik war als Heilmittel gegen das Krisengefühl in der Moderne gedacht.

Das unterscheidet die Anfänge der Waldorfpädagogik doch erheblich von der heutigen Motivlage derjenigen, die diese Pädagogik nutzen und ausüben wollen; diese Gründe sind meist individualistisch, um nicht zu sagen privatistisch. Wer sich heute für die Waldorfpädagogik entscheidet, ob als Lehrer oder als Eltern, ist eher auf der Flucht vor dem öffentlichen Erziehungssystem. In jedem Fall will er das bestmögliche Angebot für seinen Nachwuchs nutzen. Zu Steiners Zeiten war die Pädagogik noch als ein positives Konzept gedacht – als ein Konzept zur Veränderung der Menschheit. Die Ausläufer dieses Widerspruchs werden heute in den kulturellen Differenzen der unterschiedlichen Klienten der Waldorfpädagogik sichtbar – auf der einen Seite die Eltern, die ihre Kinder morgens mit hochpreisigen Geländewagen zum anthroposophischen Kindergarten fahren, und auf der anderen Seite die »Wollsocken«-Eltern, wie sie in der Szene heißen, die ihr Kind mit dem Fahrradanhänger vorbeibringen.

Die Gründung der Freien Waldorfschule in Stuttgart war ein Element der Bewegung für die »soziale Dreigliederung«, die nach dem revolutionären Umbruch in Deutschland seit Anfang 1919 besonders im württembergischen Industriegebiet florierte. Rudolf Steiner wurde in diesem Stück zu einem der Hauptakteure. Ihm ging es zunächst um die Frage, wie der Vielvölkerstaat Österreich-Ungarn nach dem Ende des Krieges und der Habsburger Monarchie aussehen würde. Angesichts der Revolution in Deutschland entwickelte er weitere Überlegungen zu einer einvernehmlichen gesellschaftlichen Lösung des Konflikts zwischen Arbeit und Kapital. Eine treibende Kraft war eben jener Fabrikherr Emil Molt, der schon seit 1906 Mitglied der Theosophischen Gesellschaft war. Er führte kurz nach der Novemberrevolution von 1918 ein Arbeiterbildungsprogramm ein, konferierte mit der württembergischen Revolutionsregierung und wurde Mitglied der Verstaatlichungskommission. Bei der ersten Betriebsratswahl in seiner Fabrik ließ sich der Firmenpatriarch höchstpersönlich zum Vorsitzenden wählen. Zum Jahreswechsel 1918/19, als sich die Lage zuspitzte, nach dem Spartakusaufstand, als sich Revolution und militärische Gegenwehr radikalisierten, als Rosa Luxemburg und Karl Liebknecht ermordet, der bayerische Ministerpräsident Kurt Eisner von Graf Arco-Valley erschossen und die Münchner Räterepublik gewaltsam zerschlagen wurde, da mischte sich Rudolf Steiner nach seinem fehlgeschlagenen Ausflug in die internationale Diplomatie zum zweiten Mal in die große Politik ein.

Seine Vorstellungen waren für heutige Begriffe radikal – zunächst. Wirtschaftspolitisch plädierte er für die Vergesellschaftung der Schlüsselindustrien: Bergbau und Verhüttung, Chemie, Versorgung, Verkehr, Lebensmittel, Versicherungen, Banken und Landwirtschaft sollten der Allgemeinheit gehören. Von dieser Position rückte er allerdings im Laufe der Ereignisse genauso ab wie von der klassenkämpferischen Sprache und der Forderung nach »völliger Sozialisierung«[3]. Ende Januar 1919 suchte Molt Steiner auf. Aus der Unterredung entstand ein Papier »Aufruf an das deutsche Volk und die Kulturwelt!«, das Steiner Anfang Februar unter Anthroposophen verteilen ließ. Ziel sei die Rückkehr Deutschlands zu seiner »weltgeschichtlichen Sendung«. Der Staat solle, so wie der menschliche Organismus, in Kopf, Herz und Hand organisiert sein, ebenfalls in drei Teile gegliedert werden, den politisch-rechtlichen, den wirtschaftlichen und den kulturellen. Jedes dieser drei Systeme müsse sich nach seinen eigenen Gesetzmäßigkeiten entfalten dürfen: das geistige Leben nach dem Grundsatz der individuellen Freiheit, das Wirtschaftsleben nach dem der Brüderlichkeit und das Rechtsleben nach dem der demokratischen Freiheit. Das klang gut, praktisch bedeutete das allerdings eine enge Begrenzung des Staates, der Parteien und Gewerkschaften und der individuellen staatsbürgerlichen Rechte sowie eine Ausweitung der genossenschaftlich-assoziativen Selbstverwaltung in den Bereichen Wirtschaft, Soziales, Bildung und Kultur. Auf diese Weise sollte Deutschland vor der vermeintlichen kommunistischen Gefahr aus dem Osten und dem aus dem Westen drohenden Materialismus bewahrt und auf einen »dritten Weg« geschickt werden.

Steiners Idee der sozialen Dreigliederung stand in der Tradition des organischen Staatsdenkens, das im 19. Jahrhundert von der Biologie auf die Politik übertragen wurde, wonach der Staat einem Organismus gleiche und wie dieser gesund oder krank werden könne. Damals bürgerten sich verschiedene Metaphern ein wie etwa die Vorstellung, der soziale Organismus werde von Krebsgeschwüren befallen oder müsse sich gegen »Fremdkörper« abschotten. Diese problematischen Konzepte stehen in der Regel im Widerspruch zu vertragstheoretischen, liberalen Staatsauffassungen. Partikulare Interessen, pluralistische Wertehaltungen wurden als dem »Organismus« unzuträglich empfunden und sollten sich, wenn es sie schon geben musste, dem »gesunden« Volkswohl unterordnen.

Der Aufruf Steiners im März 1919 fand einigen Anklang, nicht zuletzt bei prominenten Mitunterzeichnern wie dem Biologen und Psychologen Hans Driesch, dem Historiker Walter Goetz, den Schriftstellern Hermann Hesse, Hermann Bahr und Jakob Wassermann, dem Arbeitsrechtler Hugo Sinzheimer und dem Marburger Philosophen Paul Natorp. Auch einige Großindustrielle und deren Betriebsräte im Stuttgarter Raum erwärmten sich für die soziale Dreigliederung, Politiker eher nicht, was nicht verwunderlich ist. Wie sollte der dreigegliederte Staat funktionieren? Im April 1919 elaborierte Steiner in der Denkschrift *Die Kernpunkte der sozialen Frage* die Dreigliederungstheorie und verkaufte davon bis zum Juli 1919 immerhin 30 000 Exemplare.

Bei zahlreichen Auftritten vor Arbeiterversammlungen trug er seine Ideen vor: Die Produktionsmittel sollten vergemeinschaftet werden, privates Eigentum wäre abzuschaffen, die Verwaltung des Kapitals übernähmen geeignete Personengruppen, sogenannte Arbeitsleiter, die gleichwohl nach ihrer »eigenen Initiative« handeln dürften. Die Löhne sollten sich nicht mehr nach der Arbeit richten, sondern nach den Bedürfnissen der Arbeiter und dem Wert der von ihnen hergestellten Waren, die Entschädigung der Eigentümer bemäße sich am Anteil ihrer geistigen Leistung bei der Leitung. Die Arbeitszeiten würden von Bedürfnissen außerhalb der Arbeitswelt, vom »geistigen Bereich« begrenzt. Das Rechtsleben, der zweite Gliederungsbereich, wäre der einzige demokratisch legitimierte. Er habe sich aber aus dem Wirtschaftsleben ebenso wie aus dem geistigen Leben, sprich Bildung und Kultur, herauszuhalten. Vom »geistigen Leben«, darunter vor allem Wissenschaft und Schule, die in Eigenverwaltung operierten, gingen die Impulse für das Rechts- und das Wirtschaftsleben aus; es wäre den beiden anderen Gliedern übergeordnet. An der Spitze walte der Sachverstand.

Steiner arbeitete in diesen Wochen bis zum Umfallen. Für seine Vorträge vor den Arbeiterräten musste er quasi über Nacht einen Crashkurs in Ökonomie und Politik machen. Dabei wurde ihm schnell bewusst, dass er wenig ökonomisches Vorwissen hatte und eher »aus dem Leben heraus« spräche. Einer der gravierenden Kritikpunkte seiner Konzeption aus heutiger Sicht war die mangelnde demokratische Rückbindung der einzelnen Bereiche in die Gesellschaft. Steiner schwebte eine Herrschaft der Sachfragen vor, die letztendlich von einer geistigen Elite entschieden werden sollten: »Im Geistesleben wird zu herrschen haben Sachkenntnis und Anwendung der Sachkenntnis. Nicht wird zu herrschen haben, was aus dem Urteil eines jeden urteilsfähigen, mündig gewordenen Menschen kommen kann. Es muss aus dem Parlamentarismus herausgenommen werden die Verwaltung des Geisteslebens.«[4] Sowohl in der Wirtschaft als auch im Geistesleben wünschte Steiner »um Gottes willen keine Demokratie!⁵« Es bleibt anzufügen, dass er seinen Plan zur Dreigliederung des sozialen Organismus nicht für »irgendeine Idee« hielt – er habe sich vielmehr aus der »objektiven Betrachtung der geschichtlichen Entwickelung « ergeben.⁶ Das heißt, auch Steiners politisches Konzept war das Ergebnis seiner höchsteigenen Hellsichtigkeit.

Da sich Steiner selbst zur Geistesaristokratie zählte, wäre seine Beteiligung am Umbau des Staates durchaus im Sinne des Erfinders gewesen. Angeblich gab es sogar Versuche, den Anthroposophen in der württembergischen Regierung unterzubringen. Emil Molt und ein Arbeiterkomitee sollen für diesen Plan 20 000 Stimmen gesammelt haben. Doch das »demokratiesüchtige« (Steiner) Volk hatte andere Pläne. Und so war der politischen Utopie Steiners nur ein sehr kurzes Leben beschieden. Seine Serie von Vorträgen und Texten zur sozialen Frage ging zwar noch bis zum Jahr 1922 weiter, das Interesse an der Dreigliederungsidee schlief jedoch schon im Sommer 1919 ein, und der Meister zog sich ein weiteres Mal aus dem operativen politischen Geschäft zurück. Übrig blieben die Waldorfbewegung und die genossenschaftlichen Produktions- und Handelsbetriebe der Anthroposophen unter dem Namen »Der Kommende Tag AG« – und natürlich die selbst verwalteten Bildungsstätten der Anthroposophen.

## Das Kind seiner Zeit

Bis zu seiner tödlichen Erkrankung im Jahr 1924 leitete Rudolf Steiner siebzig Lehrerkonferenzen auf der Uhlandshöhe in Stuttgart, für die er jedes Mal aus Dornach anreiste. Wegbegleiter behaupten, sie hätten ihren Meister niemals so glücklich und erfüllt erlebt wie während seiner Aufbauarbeit an der Waldorfpädagogik. »Was uns in diesen Tagen an Offenbarungen über das Wesen des Kindes und des heranwachsenden Menschen, über die Grundlagen und Wirkungen einer wahren Erziehungskunst, an Ausblicken auf das Fortschreiten der Menschheit gegeben wurde, das ist zwar im Wortlaut abgedruckt, aber damit kann nicht wiedergegeben werden, was damals von Menschenseelen erlebt wurde. Wie beschwingt und weit über unsere Kräfte hinausgehoben konnten wir uns empfinden, und doch wieder zutiefst beeindruckt und zum Ernst gemahnt durch die Größe der Verantwortung«, erinnert sich Alexander Strakosch.[7]

Anders als sein politisches Wirken schien Steiners pädagogisches Engagement unter einem glücklichen Stern zu stehen. Die Schule sollte als Fundament des freien Geisteslebens zumindest einen wesentlichen Bestandteil der Dreigliederungsbewegung retten. Die Zahl der Schüler stieg von anfänglichen 191 Kindern von Fabrikarbeitern und 65 aus wohlhabenden anthroposophischen Familien auf 784 im Jahr 1925, wobei die Zahl von Kindern aus nicht anthroposophischen bürgerlichen Elternhäusern am stärksten wuchs, während die Zahl der Arbeiterkinder auf unter fünfzig Prozent fiel. Schon bald gründeten sich an anderen Orten Schulen nach Steiners Rezept: 1920 in Hamburg, 1921 in Köln und in Dornach, 1923 in Den Haag und in Kings Langley in England.

Die organisatorischen Grundprinzipien waren überall dieselben: Die neuen Schulen entstanden in privater Initiative von Eltern und Lehrkräften und waren rechtlich autonom, aber dem Waldorfschulverein angeschlossen. Die Schulen waren von einer kindzentrierten Pädagogik geprägt, in deren Sinne Eltern und Lehrer zusammenarbeiten, sie waren koedukative Einheitsschulen, das heißt von der ersten bis zur zwölften Klasse blieben Mädchen und Jungen unabhängig von ihren Leistungen und ihrer Konfession zusammen in einem Klassenverband. Noten und Durchfallen gab es nicht, stattdessen jährliche individuelle Charakter- und Lernberichte, die von den Lehrkräften erstellt wurden. Lehrplan, Unterrichtsmethode und Unterrichtsrhythmus sollten von der Entwicklung der Kinder abhängen, außerdem wären handwerkliche, musische und kognitive Fähigkeiten gleichermaßen zu fördern. Der Stoff sollte in »Epochen«, mehrwöchigen Unterrichtsblöcken, und nicht nur ein oder zwei Stunden pro Woche durchgenommen werden. Das Klassenlehrerprinzip bedeutete, dass ein und dieselbe Lehrperson für die ersten acht Jahre zuständig blieb und ohne standardisierte Schulbücher alle Fächer außer Fremdsprachen übernahm. Die überkonfessionellen, aber nach christlichem Geist ausgerichteten Schulen sollten sich selbst verwalten und unter kollegialer Leitung geführt werden. Charakteristisch für den Schulalltag an einer Waldorfschule wurde außerdem die rituelle Rhythmisierung der Jahresläufe. Das beginnt mit den Monatsfeiern, die donnerstags, am »Jupitertag«, gefeiert würden, das Schuljahr endete mit der »Jahresschlussfeier«. Außerdem wurden Rituale zu Weihnachten, zu Palmsonntag und zu Erntedank vorgeschrieben sowie zu jedem individuellen Geburtstag.

Auch räumlich und baulich sollte sich eine Waldorf- oder Steinerschule deutlich von anderen Bildungseinrichtungen unterscheiden: Nach dem Prinzip des nicht rechtwinkligen Bauens variierten auch die Klassenzimmer zwischen fast runden, abgerundeten und mehreckigen Formen. Diese wesentlichen Prinzipien der Freien Waldorfschulen sind, nach einer kurzen konzeptionellen Suchbewegung, die anfangs auch Steiners Idee einer rein berufsbezogenen und lebenspraktischen Oberrealschule beinhaltet hatte, seit 1919 gleich geblieben.

Als die erste Waldorfschule im September 1919 feierlich eröffnet wurde, gab es noch keinen Stundenplan. Der Unterricht wurde bis zur ersten Lehrerkonferenz improvisiert. Die zwölf Lehrkräfte, die Steiner nach eigenen Worten wie die Besetzung einer Theaterkompanie auswählte, waren durchschnittlich 32 Jahre alt, es waren durchweg Anthroposophen, und nur eine Lehrkraft kam aus der Region. Anfangs verfügte die Schule auf der Uhlandshöhe lediglich über Stühle aus dem ehemaligen Ausflugslokal, es gab keine Bänke, sodass die Kinder auf den Knien schreiben mussten. Trotzdem war der Andrang groß, und im Jahr 1925 musste bereits eine Warteliste angelegt werden mit über hundert Anmeldungen. Seit 1920 gab es auch eine Hilfsklasse für lernbehinderte Schüler. Im Jahr 1924 saßen in mancher Klasse sechzig und mehr Schüler. Der Waldorfschulverein, der sich um die Finanzen kümmerte, war auf über 4400 Mitglieder angewachsen. Das soziale Profil änderte sich deutlich, schon zu dieser Zeit kamen mehr als die Hälfte der Kinder aus der Mittelschicht. Das lag zum einen am früheren Abgang der Arbeiterkinder, zum anderen waren die ursprünglich eher berufspraktischen Inhalte bald wieder aus dem Curriculum verbannt worden.

Bis in die dreißiger Jahre prosperierte die Waldorfbewegung. Zum zehnjährigen Bestehen im Jahr 1929 gab es eine große Feier, auf der die bisherigen Ergebnisse der Waldorfbewegung in durchaus zeitgemäßem Jargon resümiert wurden: »1. Wir wollten bescheiden, aber mit starkem Wollen beitragen zur Besserung der sozialen Verhältnisse. Es war wenig vorhanden, nur Mut und Wille, wenig Kinder, kein Gebäude, keine Lehrer, viel Arbeit! 2. Es kommt darauf an, dass wir ganze Menschen erziehen, solche, die nicht nur totes Kopfwissen haben, sondern vor allem soziales Empfinden für andere. 3. Ein Geist, der lebenstüchtig ist, soll die Pädagogik durchziehen. Richtunggebend sein soll das praktische Leben. Tief in die Vergangenheit hineingehen, weit in die Zukunft ausholen!«[8]

Nach der Machtübernahme der Nationalsozialisten schlossen sich die deutschen Waldorfschulen 1933 zum Bund Freier Waldorfschulen zusammen, um mit einem politisch loyalen Vorstand der Gleichschaltung zuvorzukommen. Das Kalkül ging jedoch nicht auf: 1938 wurde die Stuttgarter Schule geschlossen, die Berliner Schule machte freiwillig dicht, nur an einer Versuchsschule in Dresden, die Rudolf Hess unterstützte, durfte bis 1941 weiterunterrichtet werden.

Die Haltung der Waldorfpädagogen in der NS-Zeit war uneindeutig. Es kam zu Anpassungsleistungen, und es gab Interessensüberschneidungen. Aus der Sicht der nationalsozialistischen Parteiideologie war die Antiintellektualität einer eher auf die Lebenspraxis bezogenen Pädagogik begrüßenswert, auf der anderen Seite hofften Waldorfpädagogen durch Anpassung ihre Schulen zu retten. Andere Lehrer emigrierten indes; ihnen ist zu verdanken, dass sich die Idee der Waldorfpädagogik in jenen Jahren im Ausland ausbreiten konnte. Nach 1945 riss im Osten Deutschlands die Tradition ab, die einzige Steinerschule in Dresden wurde von der SED geschlossen. In der BRD setzte hingegen nach 1968 ein enormer Aufschwung ein. In den fünfziger Jahren stagnierte die Zahl der Waldorfschulen bei ungefähr 26, 1970 gab es 31, doch 1981 kam man schon auf 72 Schulen und 1992 auf 145. Mittlerweile ist die Bewegung bei über 200 Schulen angekommen, wobei besonders in den neuen Bundesländern aufgrund einer generellen Skepsis gegenüber dem Staat und Sympathien für eine vormals verbotene Weltanschauung große Nachfrage bestand. Heute bilden die Waldorfschulen nach den kirchlichen Einrichtungen die größte Gruppe unter den Privatschulen in Deutschland. Ungefähr ein Prozent aller Schüler von weiterführenden Schulen besucht ein anthroposophisches Institut. Weltweit existieren über tausend Waldorf- beziehungsweise Steinerschulen. Die Neugründungen gehen immer auf Privatinitiative von Eltern und Lehrern im Rahmen eines Vereins zurück. Ihre Finanzierung besteht jedoch mittlerweile zu zwei Dritteln aus Mitteln vom Staat, der Rest wird durch ein einkommensabhängiges Schulgeld abgedeckt, das derzeit im Mittel bei über 1600 Euro pro Jahr liegt.

Was aber unterschied die Waldorfpädagogik von anderen schulreformerischen Ansätzen jener Zeit? Welches waren die gemeinsamen Wurzeln seit dem ausgehenden 19. Jahrhundert? Es reicht nicht, wie das häufig geschieht, auf die

## Das Kind seiner Zeit

Behauptung Steiners hinzuweisen, dass Anthroposophie kein explizites Lehrfach an der Waldorfschule sei. Sie ist in der Tat kein Lehrstoff, sie bildet die Grundlage des Umgangs mit dem Kind. Es reicht auch nicht, auf die Parallelen mit anderen Schulreformen zu deuten, wovon es etliche gibt, denn keine der Waldorfmethoden ist von Steiner erfunden worden. Auch wenn einzelne Waldorfschulen unterschiedliche Konzepte haben, da sie relativ locker organisiert sind, ist es sinnvoll, sich mit ihren eigentlichen Grundlagen zu beschäftigen, um ein klares Bild dieser Bewegung zu erhalten. Deren Grundlagen sind in erster Linie das damalige Bild des Kindes und die damaligen Sozialisationsvorstellungen.

Ein wesentliches und bis heute wirksames Modell für die Betrachtung von Kindheit und Sozialisation lieferte zum einen die Evolutionstheorie. Seit dem späten 19. Jahrhundert sahen Mediziner, Psychologen und Pädagogen im Kind ein Wesen, das sich, analog zur Entwicklung der Arten und der Kulturen, über bestimmte Stufen von einem ursprünglich primitiven Niveau in immer größere Höhen hochschraube. Heute ist das evolutionäre Entwicklungsdenken immer noch weit verbreitet, man spricht allerdings nicht mehr so deutlich von primitiven Anfängen, sondern von einer Veränderung der kindlichen Verhaltensdispositionen im Sinne fortschreitender Differenzierung und Komplexität. Das Entwicklungsdenken mit seinem stark fortschrittsorientierten Zungenschlag löste im späten 19. Jahrhundert das ältere Modell der Reifung zum Individuum ab. Danach war der Mensch von Beginn an mit allen (bürgerlichen) Tugenden und Untugenden (aber auch christlich konnotierten Sünden) ausgestattet, die im Laufe eines zwangsläufigen, naturhaften, göttlichen Prozesses des Älterwerdens kultiviert beziehungsweise ausgemerzt werden mussten.

Demgegenüber ermöglichte der neuere evolutionäre Entwicklungsgedanke wesentlich mehr Spielraum für die Einwirkung auf die sogenannte Sozialisation des Kindes. Einerseits wären da die Umweltbedingungen, die förderliche oder hinderliche Einflüsse ausüben können, andererseits die Eltern oder Erzieher als Sozialisationsinstanzen, die je nach Eignung und Wissen dafür sorgen, dass jede körperliche und geistige Entwicklungsstufe ordnungsgemäß durchlaufen wird. Das war eine der wesentlichen Grundannahmen der Reformpädagogik jedweder Couleur – die grundsätzliche »Perfektibilität« des Menschen.[9] Auch für die Schulpädagogik war das bedeutungsvoll, da nun eine alters- und entwicklungsgemäße Ausrichtung des Lernstoffs und der Methoden gefordert wurde.

Eine besondere Ausprägung des evolutionären Denkens war die sogenannte Rekapitulationstheorie, der Rudolf Steiner anhing. Sie besagte, dass sich die Entwicklung des menschlichen Geistes analog zur menschlichen Kulturgeschichte gestalte. Das Kleinkind wurde also als Manifestation und Beobachtungsgegenstand des frühesten menschheitsgeschichtlichen Kulturniveaus betrachtet. Je nachdem, ob man diesen Zustand als primitiv, instinktgesteuert oder besonders spirituell dachte, variierte das Bild vom Kleinkind. Grundsätzlich waren jedoch alle pädagogischen Reformer von dem Gedanken fasziniert, dass die Beschäftigung mit dem Kind sowohl eine Option darstelle, in der Evolution zurückzugehen, als auch durch seine Entwicklung auf die Zukunft der Menschheit Einfluss zu nehmen.

Die zweite wesentliche Grundannahme der pädagogischen Reformer, die auf die Aufklärung zurückging, war die Vorstellung einer ursprünglichen Naturhaftigkeit und Selbsttätigkeit des Individuums. Der berühmte Satz von Rousseau lautete: »Alles ist gut, wie es aus den Händen des Schöpfers kommt.«[10] Damit war – jedenfalls in der Theorie – die kirchliche Vorstellung von der Erbsünde vom Tisch. Die natürliche Erziehung sollte die Selbstvervollkommnung des von Haus aus guten Menschen lediglich unterstützen. Mit dieser »Romantisierung« der Kindheit trat ein zweiter Gesichtspunkt im Interesse am Kind auf den Plan – das Kind verkörperte mittels seiner Natur-

## Das Kind seiner Zeit

nähe das Prinzip des Guten in der göttlichen Natur. Daraus entwickelte sich im Verlauf des 19. Jahrhunderts eine sentimentalisierte Vorstellung von Kindheit, die, nebenbei bemerkt, zur Problematisierung und letztlich zum Verbot von Kinderarbeit führen sollte. Im Verbund mit sozioökonomischen Veränderungen fokussierte sich die Wertschätzung der Kindheit als solcher immer mehr auch auf das individuelle Kind. Anders gesagt: In Zeiten hoher Kinderzahlen und hoher Kindersterblichkeit hatte das informierte Bürgertum noch unterschieden zwischen dem beklagenswerten Los der Kinder allgemein und dem eigenen Kind, das unter Umständen nach der Geburt weggegeben und im Schulalter einer drakonischen Zucht unterworfen wurde. Erst mit dem Rückgang der Geburten, der Industrialisierung, der gesellschaftlichen Verankerung bürgerlicher Werte kam es immer mehr auf das einzelne, das eigene Kind an. Dabei spielten die gestiegenen Ausbildungsanforderungen in einer sich verändernden und komplexeren Umwelt natürlich eine erhebliche Rolle: Das aufsteigende Bürgertum investierte zunehmend intensiver in den nun auch zahlenmäßig überschaubar werdenden eigenen Nachwuchs.

Eine dritte für die Reformpädagogen des 19. und 20. Jahrhunderts motivierende Grundannahme war, dass sich über die Erziehung oder Sozialisation des Nachwuchses die Gesellschaft ändern lasse. Sie drehten sozusagen den Spieß um, indem sie nicht bei den Verhältnissen, sondern bei den Individuen ansetzen wollten. Dieser »edukative Fundamentalismus« führte dazu, dass sich Pädagogen – ebenso wie Kinderärzte und Psychologen – als Politiker verstanden und mit nicht wenig Selbstbewusstsein behaupteten, von ihrer Arbeit hänge die Zukunft der Nation ab. Ein berühmtes und oft missverstandenes Beispiel ist die Schrift der Lehrerin und Publizistin Ellen Key *Das Jahrhundert des Kindes,* ein Bestseller nach seinem Erscheinen in Deutschland im Jahr 1902. Darin forderte die von Darwin und Nietzsche beeinflusste Schwedin nicht nur eine Erziehung und schulische Ausbildung vom »Kinde her«, sondern zog auch in Zweifel, ob sich wirklich alle Menschen nach Gutdünken vermehren sollten. Ihr Manifest stand im Kontext des Sozialdarwinismus und der Rassenhygiene, wenn sie forderte, dass sich nur gesunde und bildungsbereite Menschen, die nicht unbedingt verheiratet, aber in jedem Fall abstinent leben müssten, fortpflanzen sollten. Ihre Meinung, dass an den Kindern die Welt genese, teilte sie mit vielen Zeitgenossen, die dabei jedoch nicht unbedingt das Glück und das Recht der individuellen Entfaltung des Kindes im Kopf hatten, sondern sich eine Aufbesserung des nationalen Menschenmaterials, eine Gesundung des Volkskörpers erhofften.

Zusätzlich zu diesen Vorannahmen lassen sich im späten 19. und frühen 20. Jahrhundert bestimmte zeitkritische und kulturpessimistische Impulse im pädagogischen Denken identifizieren, die nicht nur auf Rudolf Steiner, sondern auf die meisten seiner reformerischen Kollegen mehr oder weniger zutrafen. Das war zum einen die Gegenüberstellung von Gesellschaft und Gemeinschaft, wobei die Idee der Gemeinschaft bevorzugt wurde. Auf die Schulpädagogik angewendet bedeutete das die Utopie eines harmonischen Zusammenwirkens von Lehrern, Eltern und Schülern, die sich zu einer unterschiedslosen, von gemeinsamen Interessen geleiteten Schulgemeinde zusammenfügen sollten. Auch die Vision einer ganzheitlichen Erziehung – damit war die Verbindung der ästhetischen Bildung, des praktischen Lernens und oft auch des handwerklichen Arbeitens sowie die Erziehung des Leibes gemeint – wurde für die Reformen stilbildend. Die Konzepte Ganzheit und Gemeinschaft konnten durch die Vorstellung eines natürlichen Lebens auf dem Land im Unterschied zum ungesunden Großstadtleben ergänzt werden, was die Landschulheimidee beförderte.

Aus diesen vier Wurzeln erwuchsen verschiedene reformpädagogische Traditionen, die einmal stärker die Gemeinschaft, einmal stärker die Selbsttätigkeit der Entwicklung, einmal stärker das praktische Arbeiten, die Ganzheit oder die Berücksichtigung einzelner Entwicklungsphasen betonten. Dazu zählten mehrere erzieherische Reformprojekte wie die Neue Erziehung, die kindorientiert und nach demokratischen Spielregeln ablaufen sollte, oder die Deutschen Landerziehungsheime, wo Schüler und Lehrer zusammenlebten und »mit Kopf, Herz und Hand« lernten. Dazu zählten aber ebenso Arbeitsschulen, an denen Schülern auch Handel und Sozialarbeit nahegebracht werden sollten, oder Schulen im Rahmen des britischen Arts and Crafts Movement, die den freien künstlerischen Ausdruck förderten. Auf Gymnasialebene führte die Odenwaldschule 1910 erstmals die Koedukation ein. An anderen Orten initiierte ein revolutionärer Lehrerrat die autonome Selbstverwaltung und schaffte den konfessionellen Religionsunterrichts ab. Lebensreformer versuchten derweilen Ausbildung und Leben in Landkommunen zu vereinen.

Grundsätzlich verklammert wurden die verschiedenen Reformüberlegungen von einem spezifischen Bild der Mensch-Umwelt-Beziehung. Gemäß dem Unbehagen, das viele Zeitgenossen bei manchen Erscheinungen der Moderne empfanden, symbolisierte die Kindheit den Gegenentwurf schlechthin. Reformkreise griffen auf romantische Konzepte zurück, dachten sich das Kind als mythisches Ganzes, das noch nicht von Entfremdung und Differenzierung betroffen sei. Das Kind hat das Leben noch ganz, war ein Schlagwort. Dem entsprach die Tendenz, Kindheit und Leben als aufeinanderbezogene, aber antagonistische Prinzipien zu begreifen. Kritiker der Moderne wollten die Kindheit so gut wie möglich vor dem »Leben« bewahren. Während die Mainstreamsozialisation auf »Lebensbemeisterung« abzielte, versuchten Reformpädagogen in Abgrenzung davon, das Kind vom Leben abzuschirmen und ihm ein von innen, nicht von außen auferlegtes Wachsen und Gedeihen zu ermöglichen. Und während die dominanten Sozialisationsmuster eine Entwicklung in Auseinandersetzung mit dem »Leben«, eine Abhärtung an der Umwelt propagierten, bezogen sich Reformpädagogen wie Steiner auf das ältere, nun als ganzheitlich gewendete Reifungsmodell zurück.[11]

In diesem weiteren Kontext steht die anthroposophische Erneuerung der Erziehung. Trotz der Vielschichtigkeit des Kindheitskonzepts, das einerseits von der Biologie, andererseits von kosmischen Zusammenhängen abhing, entpuppte sich Rudolf Steiner in dieser Frage selbst als »Kind« seiner Zeit. Er hatte sich in jungen Jahren, wie in den vorangegangenen Kapiteln gezeigt, rege am naturwissenschaftlichen und philosophischen Diskurs beteiligt. Der Biologie als Leitwissenschaft des späten 19. Jahrhunderts war auch er nicht abhold. Seine Pädagogik ist in dieser Hinsicht modern, da sie von einer Anthropologie bestimmt war, die vom Willen der Natur beziehungsweise von den Trieben ausging, wie das übrigens etwa auch für die Anthropologie des Psychoanalysebegründers Sigmund Freud zutraf. Die Steiner'sche Erziehung ging nicht einfach »vom Kinde« aus, wie oft behauptet wurde, sondern von einem bestimmten Bild vom Kind, von einer anthroposophisch umgedeuteten, biologistischen Anthropologie und vom anthroposophischen Menschenbild Rudolf Steiners. Sein Hauptanliegen war die Wiederbelebung mystischer Erfahrung in einer wissenschaftlich dominierten Kultur – wenn man so will, eine Wiederverzauberung der Welt, allerdings auf der Grundlage einer biologistischen Wissenschaftsmythologie seiner Zeit. So präsentiert sich uns heute die anthroposophische Pädagogik mit einem auf den ersten Blick verwirrenden doppelten Erbe.

Zum einen mit dem spirituellen: Steiner beschäftigte die Frage, wie in einem materialistischen Zeitalter das innere, spirituelle Selbst des Menschen mit dem göttlichen zu vereinen sei, das sich in der Natur und in der kosmischen Geschichte zeige. Er glaubte wie viele seiner reformerischen Zeitgenossen, dass der Mensch wieder zu seinen spirituellen Ursprüngen zurückfinden müsse. Der Weg dahin führe über die Kindheit. In seiner Tätigkeit als Guru hatte Steiner seine Aufgabe darin gesehen, Erwachsene auf den Erkenntnisweg zu schicken, damit sie ihre kognitive Wahrnehmung zu erweitern lernten. Nun rollte er, wie alle Reformer jener Zeit, das Feld von vorne auf durch die Sozialisation der Kinder.

Im Steiner'schen Denken ist der Mensch als vorübergehende Inkarnation auf der Welt mit der Aufgabe, frühere Daseinsformen zu heilen und sich dadurch für zukünftige Leben vorzubereiten. Dafür begibt er sich auf einen Pfad der Erkenntnis, der von allen beschritten werden muss, damit sich die Menschheitsentwicklung gemäß dem kosmischen Plan Steiners auf ihr geistiges Ziel zubewegen kann. Der Mehrwert anthroposophischer Pädagogik liegt nun sowohl in der individuellen als auch in der kollektiven Weiterentwicklung. Dabei hat sich das Interesse Steiners nach seinen Ausflügen in die Gesellschaftspolitik jedoch im Laufe der Jahre mehr in die individualistische Richtung geneigt. Wäre dem nicht so, wäre der Waldorfpädagogik im 20. Jahrhundert auch kein so großer Erfolg beschieden gewesen.

Leitgedanke der Steinerianer ist es, die Schule sei zur spirituellen Erziehung des Menschen da, nicht nur zur Ausbildung. Darin besteht offensichtlich der wichtigste Unterschied zur öffentlichen Schule: Die Waldorfschule versteht sich in erster Linie als Institution zur Entwicklung von Persönlichkeiten, nicht als Institution zur Ausbildung bestimmter gesellschaftlich geforderter Fähigkeiten und zur Verleihung von Bildungspatenten. Bei Steiner ist die Lehrperson ein Wegweiser zur Entwicklung der seelischen beziehungsweise übersinnlichen Kräfte des Kindes in Hinblick auf sein Karma. Zentrale Aufgabe der Schulausbildung ist die Entwicklungssorge und Stärkung des physischen, psychischen und intellektuellen Wachstums und die Harmonisierung der individuellen Einseitigkeit von Temperament und Konstitution.

Emil Molt und Rudolf Steiner sahen die Schule zwar auch als Keimzelle an, jedoch nicht als Keimzelle des Staates, sondern als Keimzelle des freien Geisteslebens. Daher waren die ersten Lehrer, die sie einstellten, in erster Linie Mitglieder der Anthroposophischen Gesellschaft und erst in zweiter Linie Fachleute. Alles, was in der Schule passierte, sollte in dem Bewusstsein geschehen, dass die menschliche Vita ein Verbindungsstück dessen ist, was sich vorgeburtlich und »nachtodlich« abspielt. Das Kind sollte vor allem das »Göttlich-Geistige« in sich ausbilden, dem nachgeordnet waren die Ausbildung bestimmter Fähigkeiten und der Erwerb eines Abschlusses. Es ist daher bis heute schon theoretisch ein Unding, die anthroposophische Schule mit einer anderen Reformschule oder gar mit einem öffentlichen Institut gleichzusetzen. In zahllosen Äußerungen ist belegt, dass Rudolf Steiner die Waldorfpädagogik nicht aus funktionalen oder ideologischen Quellen, sondern aus der spirituellen Menschenkunde heraus verstanden wissen wollte. Anthroposophie sollte die Grundlage der Pädagogik bilden, Anthroposophie ist es, was alle Klassenlehrer in eigenen Ausbildungsgängen lernen müssen – und zwar die Anthroposophie Rudolf Steiners. Sie ist bis heute das Vademecum der Waldorflehrer. Anders als Freud in der psychoanalytischen Bewegung, um bei dem historischen Vergleich zu bleiben, ist Steiner nicht zur Gründerfigur einer Bewegung geworden, über den die Entwicklung seit seinem Tod ein Stück weit hinweggegangen ist – Steiner ist immer noch *die* Anthroposophie, er verkörpert sie bis heute.

Neben dem spirituellen Überschuss ist die Steinerpädagogik zum anderen zutiefst geprägt vom zeitgenössischen evolutionsbiologischen Paradigma – die andere Seite des modernen Paradigmas der damaligen Schulreformer. Waldorfpädagogen behaupten, eine ihrer Stärken bestehe darin, die körperliche Seite des Kindes im Unterricht zu berücksichtigen. In der öffentlichen Schule werde die Leiblichkeit des Kindes kaum unterstützt. Waldorfschulen hingegen böten zum Beispiel für die »Ausbildung der Sprachorgane« schon in den ersten Klassen Fremdsprachenunterricht an, der mit rhythmischen Körperbewegungen unterstützt wird, sodass Körper und Verstand beim Lernen gleichermaßen involviert seien. Vom ersten bis zum letzten Schuljahr gehört außerdem die Eurythmie als Bewegung gewordene Sprache fest zum Stundenplan. Zudem strebt die tägliche Abfolge der Fächer von stärker kopflastigen über eher passiv rezipierende bis hin zu gestalterischen Einheiten eine optimale Belastung des kindlichen Körpers an. Allerdings sind die physiognomischen und psychologischen Entwicklungsvorstellungen, auf denen diese Konzepte basieren, weit entfernt vom heutigen (und teilweise auch schon vom damaligen) Commonsense. Steiners Anthropologie stützt sich nicht nur auf die Evolutionstheorie, sondern auch auf eine krude Mischung antiker und zeitgenössischer Entwicklungstheorien. Da ist auf der einen Seite die Vier-Temperamente-Lehre, auf der anderen Seite eine Sieben-Jahres-Entwicklungstheorie.

Erstere hat Steiner der antiken Persönlichkeitspsychologie entlehnt, wonach sich alle Menschen aufteilen in Melancholiker, Phlegmatiker, Sanguiniker und Choleriker sowie ihre jeweiligen Mischungsverhältnisse. Messbar werde das jeweilige Temperament am Grad der äußeren Reizbarkeit und der Stärke der inneren Effekte: Hohe Reizbarkeit und hoher Effekt = cholerisch; niedrige Reizbarkeit und niedriger Effekt = phlegmatisch; hohe Reizbarkeit und schwacher Effekt = sanguinisch; niedrige Reizbarkeit mit hohem Effekt = melancholisch. Die Vorstellung passte gut ins Elektrizitätszeitalter, als sich viele körperliche Metaphern um die Idee von Reiz, Erregung, Nervenleitung et cetera drehten. Jedes Temperament präge ein ganzes Persönlichkeitsbild, das auch schon in der Physiognomie erkennbar werde. Steiner gab seinen Lehrern eine Handreichung, wie sie – in abendlicher Rückschau und Meditation – vom Äußeren ihrer Zöglinge auf deren Temperamente schließen könnten: »Die melancholischen Kinder sind in der Regel schlank und dünn; die sanguinischen sind die normalsten; die, welche die Schultern mehr heraus haben, sind die phlegmatischen Kinder; die den untersetzten Bau haben, so dass der Kopf beinah untersinkt im Körper, sind die cholerischen Kinder.«[12] Entstanden seien die vier Typen aufgrund des jeweiligen Mischungsverhältnisses der vier kosmischen Kräfte physisch, ätherisch, astral und spirituell zum Zeitpunkt der Reinkarnation des Ichs. Ziel der Erziehung ist, man ahnt es schon, ein Ausgleich der Temperamente, eine Harmonisierung der damit verbundenen »Säfte«, also die physische und charakterliche Balance.

Diese auf dem alten Hippokrates fußende und von Galen weiterentwickelte, über Jahrhunderte volksmedizinisch tradierte Lehre wird in der Anthroposophie heute noch ernst genommen. Sie wurde zur Grundlage der Einordnung der Schüler, und zwar im buchstäblichen Sinne. Kinder einer Temperamentsgruppe sollten aufgrund der Diagnose der Klassenleiter identifiziert und im Unterricht zusammengesetzt werden. Auf die Art und Weise würden sie sich gegenseitig abschleifen, und die Lehrkraft wäre in der Lage, dagegenzusteuern. Denn wenn sich die Einseitigkeit des Temperaments verhärtete, zog das in Steiners Augen nachteilige Folgen für das ganze Leben nach sich: Cholerikern drohten »Zornwütigkeit« und »Narrheit«, Sanguinikern »Flatterhaftigkeit« und »Irrsinn«, Phlegmatikern »Interesselosigkeit gegenüber der äußeren Welt« und » Idiotie«, Melancholikern »Trübsinn« und »Wahnsinn«. Um dem vorzubeugen, bräuchten Sanguiniker vor allem »Liebe zu einer Persönlichkeit«, Cholerikern müsste Widerstand entgegengesetzt werden, Melancholiker seien zu Mitgefühl mit anderen Schicksalen anzuhalten, Phlegmatiker mit viel Sozialkontakt zu konfrontieren.[13] Der von Steiner noch persönlich instruierte anthroposophische Pädagoge Rudolf Grosse berichtet über eine genaue Sitzordnung: »Wenn der

## Das Kind seiner Zeit

Lehrer vor seiner Schülerschar steht, dann sitzen links die Phlegmatiker, darauf folgen die Melancholiker, ihnen schließen sich die Sanguiniker an und dann zum Schluss kommen rechts außen die Choleriker.«[14]

Die andere Säule der Steiner'schen Anthropologie war ein normiertes Phasenmodell der Entwicklung, eine Kombination aus alteuropäischen Traditionen und evolutionsbiologischem Denken seiner Zeit. Steinerianer gehen – als würde sich die kindliche Biologie an magische Zahlen halten – von siebenjährigen Wachstumsphasen aus, jeweils eingeleitet durch die Geburt des physischen, des ätherischen und des Astralkörpers. Dieser Entwicklungsnorm soll der Aufbau des Lehrplans folgen. Die ersten sieben Jahre muss sich der Geist im Körper reinkarnieren. Ein Beleg dafür sah Steiner im Geschrei des Säuglings: »Man kann tatsächlich das wüste Geschrei eines Kindes zuweilen furchtbar entzückend finden, aus dem einfachen Grunde, weil man dabei erfährt, welches Martyrium zunächst der Geist durchmacht, wenn er in einen kindlichen Körper hineinkommt. Dieses Seelische, das aus der geistigen Welt heruntergekommen ist, sei so ungeschickt, weil es sich zuerst in das Naturhafte hineinfinden muss, und wird von den Dämonen der Welt geplagt.«[15]

Im Kleinkind tobe ein Kampf zwischen den ererbten Eigenschaften des Menschen und seiner Anpassung an die Welt, in der es lebe.[16] Das Bild des Kampfes im Kind wurde zu Steiners Zeit gerne benutzt, Freud beispielsweise sah die Kampfhandlungen in der Biologie, in der Triebstruktur des Menschen, begründet. In den ersten sieben Jahren entfalteten sich außerdem die äußeren Sinne, das Kind werde zum Nachahmer. Das sei in der Erziehung nutzbar zu machen durch die Förderung der sensomotorischen Fähigkeiten. Steiner unterteilte die ersten sieben Jahre nochmals in drei Phasen, die durch Wollen, Fühlen und Denken gekennzeichnet sind. Erst erobere das Kind den Raum durch den aufrechten Gang, dann die Kultur durch die Sprachentwicklung und das bildhafte Denken. In der zweiten Phase erwerbe es durch symbolisches Spiel und Rollenspiel die Fähigkeit zu phantasieren. In der dritten Phase lerne es beim Spielen nach Regeln, mit anderen Kindern zu interagieren. In den ersten sieben Jahren, solange die »Körperweisheit« wachse, soll die Erzieherperson auf die Sinnesorgane des Kindes und auf dessen Nachahmungstrieb achten. Dahinter steht die zeitgenössische Vorstellung, dass ein kleines Kind den Reizen beziehungsweise Umwelteinflüssen nicht nur ohnmächtig ausgeliefert sei, sondern durch sie auch irreparabel geschädigt werden könne. »Wir können nie reparieren, was in den ersten sieben Jahren vernachlässigt wurde«, lautete Steiners Credo.

Mit dieser Auffassung zeigte sich der Meister ebenfalls als Kind seiner Zeit, aber auch als Ignorant der zeitgenössischen Entwicklungspsychologie. Die Sieben-Jahres-Regel entsprach nicht dem, was durch die systematische Erforschung der kindlichen Entwicklung, die sich im letzten Drittel des 19. Jahrhunderts akademisch institutionalisiert hatte, gewusst werden konnte; andererseits war die Formel des passiven, den äußeren Einwirkungen ausgesetzten Säuglings und Kleinkinds, das über genormte Entwicklungsschritte zu einem höheren Bewusstsein gelange – so wie sich die Arten von primitiven Kreaturen bis zur Höhe der menschlichen Zivilisation aufgeschwungen haben – noch für längere Zeit dominant. Erst durch die empirische Säuglingsforschung seit den 1960er und 1970er Jahren hat sich das Bild grundsätzlich geändert. Das neue Schlagwort zur Beschreibung des Zustands eines Säuglings und Kleinkinds lautet seither das »kompetente Kind«, womit ausgesagt ist, dass schon Neugeborene ihre Wahrnehmung selbst steuern und auf die Gegebenheiten ausrichten können, also keine schutzlosen »Opfer« von Umweltreizen sind. Wahrnehmung ist das Ergebnis eines Prozesses, bei dem das Individuum aus der Vielzahl von Sinnesreizen aus der Umwelt und dem eigenen Inneren auswählt, was ihm erlaubt, sich in seiner Umwelt zurechtzufinden und zielgerichtet zu handeln. Die Anzahl der von den Sinnesorganen aufgenommenen Informationen wird in »sinnvoller« Weise auf die relevanten, bedeutsamen Informationen reduziert. Das geschieht in mehreren Stufen im Sinnesorgan selbst und im Gehirn. Zudem ist Wahrnehmung subjektiv und nicht genormt. Sie wird vom individuellen Zustand des Kindes, ob es hungrig ist, wach, müde, guter Laune, und von seinen Erfahrungen beeinflusst.

Dieser Sicht steht Steiners Entwicklungstheorie entgegen, was praktische Konsequenzen für den Umgang mit kleinen Kindern hat: Anthroposophische und von Waldorfpädagogen beeinflusste Eltern schützen ihre Kinder so gut es geht vor Reizquellen – in eklatanter Unterschätzung der kognitiven Fähigkeiten ihres Nachwuchses, dem sie die Selbstregulierung und aktive Gestaltung seiner Wahrnehmungsprozesse nicht zutrauen. Das setzt sich in der Schulpädagogik fort. Steiner glaubte, vor dem ersten Zahnwechsel dürfe ein Kind nicht lesen lernen. Zwar musste er wegen der Schulpflicht ab dem sechsten Lebensjahr immerhin ein Zugeständnis bei seiner Sieben-Jahres-Regel machen, dennoch fühlten und fühlen sich Waldorfeltern bis heute gehalten, die selbsttätige und vor allen Dingen individuell variable Lesereife des Kindes zu ignorieren. Denn erst zwischen dem siebten und dem vierzehnten Lebensjahr sollen nach Steiner entsprechende Fähigkeiten beim Kind ausgebildet werden, die es später den »Lebenskampf« bestehen lassen. Auch der von ihm gebrauchte Begriff »Lebenskampf« unterstreicht noch einmal die antagonistische und darwinistisch informierte Weltsicht des Anthroposophen, wonach das von Natur aus gute, aber schwache Kind sorgfältig und so spät wie möglich an die Härten des Lebens herangeführt werden müsse – womit Selbstwirksamkeit und Kompetenz bei der Aneignung und Gestaltung der eigenen Umwelt geleugnet werden.

Aus anthroposophischer Sicht wird der Mensch mit der Pubertät »erdenreif«, seine neue Seelenhaftigkeit ist geboren. Der Anthroposoph und Leiter des Instituts für Evolutionsbiologie und Morphologie an der anthroposophischen Universität Witten/Herdecke, Wolfgang Schad, behauptet, nun erlösche beim Jugendlichen das naturhafte Bewusstsein für seine früheren und späteren Inkarnationen.

Zu diesem Zeitpunkt »schieße« der Wille in die Heranwachsenden. Ein Mädchen erlebe diese Phase intensiver, denn die weibliche Organisation sei mehr nach dem Kosmos hin ausgerichtet, der Junge mehr nach dem Irdischen. In einem Vortrag drückte Steiner das so aus: »Man möchte sagen: Dem Mädchen wird etwas von dem ganzen Kosmos, von dem Universum eingepflanzt, etwas früher; dem Knaben wird die Umgebung auf der Erde auf dem Umwege durch die Sprache eingepflanzt. Das Mädchen hat aufgenommen etwas Überirdisches in sich. Es gestaltet sich die ganze Menschenwesenheit unbewusst in dem Mädchen.«[17] Dass diese eigentümlichen, geschlechtsspezifischen Entwicklungsvorstellungen bis heute für die anthroposophische Pädagogik und Heilpädagogik maßgeblich sind, wird immer wieder betont.

In einer im April 2010 erschienenen Ausgabe der Anthroposophenzeitschrift *Erziehungskunst* schreibt beispielsweise der Heiltherapeut Erdmut Schädel, Facharzt für Kinder- und Jugendmedizin und leitender Arzt an der Ita Wegman Klinik und am Kinderheim Sonnenhof in Arlesheim, nur die Kenntnis und die Einfühlung in die Dynamik der frühen Entwicklungsphasen des Kindes machten es möglich, das Kind »freilassend und vorbildhaft in seinen ersten Lebensäußerungen und Lebensschritten zu begleiten«. Doch die Kenntnis, die Schädel fordert, ist die Kenntnis von Rudolf Steiner einhundert Jahre alten Ideen. Schädel schildert die frühe Kindheit mit den Worten Steiners: »›Was in der Umgebung [eines Kindes] vorgeht, das ahmt es nach, und im Nachahmen gießen sich seine Organe in die Formen, die ihnen dann bleiben. Man muss die physische Umgebung nur in dem denkbar weitesten Sinne nehmen. Zu ihr gehört nicht etwa nur, was materiell um das Kind herum vorgeht, sondern alles, was sich in des Kindes Umgebung abspielt, was von seinen Sinnen wahrgenommen werden kann, was vom physischen Raum aus auf seine Geisteskräfte wirken kann.‹ Dazu gehören ›auch alle moralischen oder unmoralischen, alle gescheiten und törichten Handlungen, die es sehen kann‹, so Rudolf Steiner in seinem Grundlagenwerk ›Die Erziehung des Kindes‹. ... Mit dem aufrechten Gang entsteht das Bewusstsein. Wie von selber, als würde es einem geheimen Plan folgen, lernt das kleine Kind, sich im Raum fortzubewegen und über alle Sinne, die ihm zur Verfügung stehen, die nähere und weitere Umgebung wahrzunehmen. ... «[18]

Der Anthroposoph rekurriert auf einen »geheimen Plan« und auf ein im 19. Jahrhundert, etwa bei Schopenhauer, formuliertes Lebens- und Entwicklungsprinzip, den Willen. Zu Steiners Zeit kursierten zu dieser geheimnisvollen inneren Triebfeder verschiedene Ansichten: William Stern, der Entwicklungspsychologe, ging von einer inneren Disposition zur Selbstentfaltung aus, die allerdings Ergänzung von außen, von der Umwelt brauche. Er war also schon von der Idee eines inneren Telos, der die ganze Entwicklung antreibe, abgekommen. Umweltfaktoren wie die Kultur sollten die vererbten Eigenschaften zu immer festeren Gebilden modellieren. In der klassischen Psychoanalyse waren die Triebe das organisierende Prinzip; bei dem Entwicklungspsychologen Erik H. Erikson finden wir wiederum eine stärkere Betonung der psychosozialen Erfahrungen, während Jean Piaget von einer wechselseitigen Verschränkung von Handlungen und innerer Organisation im Umgang mit der Objektwelt ausging. Daniel Stern prägte schließlich den für unsere Zeit passenden Begriff des Selbstempfindens. Danach entwickeln sich bis zum Alter von nur zwei Monaten das Selbstempfinden, das Regelmäßigkeit und Geordnetheit erlebt, bis neun Monate ein Kernselbstempfinden, das Bewusstsein über die Getrenntheit des eigenen Körpers von der Welt, bis 18 Monate ein subjektives Selbstempfinden, also die Vermutung, dass psychische Zustände mit anderen geteilt werden können, und schlussendlich ein verbales Selbstempfinden, die Möglichkeit also, eigene Erfahrungen symbolisch zu kommunizieren.

Steiners Entwicklungsvorstellungen waren nicht nur schon zu seinen Lebzeiten überholt, es ist überhaupt die Frage, ob das von der Evolutionsbiologie geprägte Denken in normierten Entwicklungsschritten heute noch eine so dominante Rolle spielen sollte. Auch wenn das evolutionäre Denken bezüglich der Kindheit nicht vom Tisch ist, so haben sich doch mittlerweile weniger lineare Vorstellungen durchgesetzt; Entwicklung wird nicht mehr als Einbahnstraße begriffen, ihr normativer Charakter ist relativiert worden.

Welche praktischen Konsequenzen hatte die Steiner'sche Entwicklungslehre? Am Anfang darf in der Gegenwart eines Kindes, wie wir gehört haben, nichts sein, was nicht sein soll. Die Welt ist schön, lautet der entsprechende Sinnspruch. Fröhliche Erzieher seien um das Kind, die Ernährung gesund, die Kleidung farblich abgestimmt, das Kind umfangen von melodischen Gesängen, einfachen rhythmischen Tänzen und freiem Spiel. Ein Dogma lautet, dass alle technisch vorgefertigten Objekte und didaktisch erdachten Spielmaterialien schädlich seien. Das Verdikt betrifft sogar Bauklötze wie zum Beispiel Legosteine, aber auch Hörspielkassetten, die üblichen Gesellschaftsspiele und sämtliche Figuren wie Pokemon, Barbiepuppen oder Stofftiere, denn auch die zerstören nach Ansicht der Anthroposophen die kindliche Phantasie.

Steiner dazu: Wie die Muskeln der Hand stark und kräftig würden, wenn sie die ihnen gemäße Arbeit verrichteten, so werde das Gehirn in die richtigen Bahnen gelenkt, wenn es die »richtigen Eindrücke« von der Umgebung erhalte. Am Beispiel der aus einer alten Serviette zusammengebundenen Puppe und der die Ästhetik des Heranwachsenden »für Lebenszeit« verderbenden gekauften Puppe versuchte er zu verdeutlichen, dass das Kind in dem einen Fall seine Phantasie gebrauche, um das Ding zu vervollständigen, während es im anderen Fall gehirnmäßig nicht gefordert werde. Spielzeuge wie Bauklötze andererseits, die »nur aus toten mathematischen Formen bestehen«, wirkten verödend und ertötend auf die Bildungskräfte des Kindes.

Wenn die anthroposophische Pädagogik eine bestimmte Art von Spielzeug ablehnt, ist das demnach weit mehr als ein ästhetisches Problem. Es geht dabei um die möglichst totale Kontrolle der Lebensbedingungen des Kindes. Auch bei der Umgebung, in der es aufwächst, darf nichts dem Zufall überlassen werden. Je nachdem, ob ein Kind nervös, aufgeregt, lethargisch oder phlegmatisch sei, müsse seine Umgebung verschieden gestaltet werden. Dabei dürfe nichts außer Acht gelassen werden, angefangen von den Farben des Zimmers und der Gegenstände bis hin zu den Farben der Kleider. Wer sich dabei nicht von der Anthroposophie leiten lasse, werde garantiert das »Verkehrte« tun. Denn ein aufgeregtes Kind müsse man mit roten oder rotgelben Farben umgeben und ihm Kleider in solchen Farben machen lassen, dagegen sei bei einem unregsamen Kind zu blauen oder blaugrünen Farben zu greifen. Es komme nämlich auf die Farbe an, die als Gegenfarbe im Inneren erzeugt werde.

Abgesehen vom umfassenden Anspruch des Steiner'schen Denkens fällt die Unbeirrbarkeit, um nicht zu sagen Strenge, auf, mit der die anthroposophischen Erziehungsnormen proklamiert werden. Steiner benutzte, wie seine weit konventionelleren Gegenspieler jener Zeit auch, eine stark normative Sprache. Da ist ständig von Versäumnissen, von Sünden, von Fehlern die Rede, die im Umgang mit Kindern gemacht würden, und den zu erwartenden gravierenden Folgen. So werde ein Kind, dessen Gedächtnis überladen worden sei, mit fünfzig Jahren unter einer furchtbaren Sklerose und unter Arterienverkalkung zu leiden haben. Verfrühte naturgeschichtliche Betrachtungen würden hingegen zu »Vergilbtheit der Haut« führen.

Auch wenn wir in Rechnung stellen, dass unsichere Eltern heute wie damals gerne von Experten an die Hand genommen werden, wofür der durchschlagende Erfolg insbesondere autoritativer Erziehungsratgeber bis in die Gegenwart spricht, selbst dann ist es doch erstaunlich, dass sich heutige Leser nicht von der apodiktischen Sprache Steiners abschrecken lassen. Ein Beispiel für die überaus selbstsichere Diktion des Verfassers der grundlegenden Schrift *Von der Erziehung des Kindes vom Gesichtspunkte der Geisteswissenschaft* aus dem Jahr 1907: »Man kann in dieser Richtung allerdings schwer sündigen, indem man das Kind nicht in die entsprechenden physischen Verhältnisse zur Umgebung setzt. Das kann insbesondere in Bezug auf die Nahrungsinstinkte geschehen. Man kann das Kind mit solchen Dingen überfüttern, dass es seine gesunden Nahrungsinstinkte vollständig verliert, während man sie ihm durch die richtige Ernährung so erhalten kann, dass es genau bis auf das Glas Wasser alles verlangt, was ihm unter gewissen Verhältnissen zuträglich ist und alles zurückweist, was ihm schaden kann.« Die Anthroposophie hat in den Worten Steiners für alles eine Lösung.

### Zitternde Ehrfurcht vor dem geliebten Lehrer

Zur umfassenden Gestaltungsabsicht des Erfinders der Waldorfpädagogik passt die von ihm geforderte autoritäre Rolle der Erzieher. Anders als andere zeitgenössischen Reformansätze, die auf eine Demokratisierung der Sozialisationsbeziehungen abzielten, wurde in der Steiner'schen Pädagogik das autoritäre Prinzip bis heute konserviert. Das wird besonders in Steiners Erziehungsvorstellungen für die zweite Wachstumsperiode deutlich, also nach dem siebten Lebensjahr. Jetzt sollen

Schülerinnen und Schüler ihre Lehrer als »geliebte Autorität« und als Führer begreifen. Das schließt die Forderung nach bedingungsloser Gefolgschaft mit ein. Kritik ist nicht gestattet. Die Begründung: Mit dem Zahnwechsel streife der Ätherleib die äußere Ätherhülle ab, und damit beginne die Zeit, in der von außen erziehend auf den Ätherleib eingewirkt werden könne. Das geschehe durch Beispiele, durch geregeltes Lenken der Phantasie. Wie man dem Kinde bis zum siebenten Jahre das physische Vorbild geben müsse, das es nachahmen kann, so soll in die Umgebung des werdenden Menschen zwischen dem Zahnwechsel und der Geschlechtsreife all das gebracht werden, nach dessen innerem Sinn und Wert es sich richten kann. Wie für die ersten Kindesjahre Nachahmung und Vorbild die Zauberworte der Erziehung sind, so seien es für die jetzt in Rede stehenden Jahre Nachfolge und Autorität. Verehrung und Ehrfurcht seien Kräfte, durch welche der Ätherleib in der richtigen Weise wachse. Und wem es unmöglich sei, in besagter Entwicklungsphase zu jemandem in unbegrenzter Verehrung hinaufzuschauen, der werde das in seinem ganzen späteren Leben zu büßen haben.

Steiner sah dabei den idealtypischen Fall eines achtjährigen Knaben vor sich, dem alles, was er über eine verehrte Persönlichkeit hörte, »eine heilige Scheu« einflöße. Wenn er diesem gottgleichen Idol dann eines Tages begegne, werde ihn »ein Zittern der Ehrfurcht« befallen. Die schönen Gefühle, die ein solches Erlebnis hervorbringe, gehörten zu den bleibenden Errungenschaften des Lebens. Und glücklich sei der Mensch, der »fortwährend zu seinen Lehrern und Erziehern als zu seinen selbstverständlichen Autoritäten aufzuschauen« vermöge.

Da mag es niemanden wundern, dass Steiner auch bei den Lerninhalten auf die »großen« Figuren setzte. Die großen Vorbilder der Geschichte, die Erzählung von vorbildlichen Männern und Frauen sollten das Gewissen und die gesamte Geistesrichtung bestimmen, »nicht so sehr abstrakte sittliche Grundsätze«. Diese personenbezogene und autoritätsbejahende Komponente unterscheidet die Waldorfpädagogik von anderen zeitgenössischen Schulreformen. In der Jena-Plan-Schule von Peter Petersen, einem der anderen prominenten Reformprojekte in der Weimarer Republik, wurde ein ausgeglichenes Kräfteverhältnis zwischen Erziehern und Schülern gefordert. Den Pädagogen sollte es immer wieder um die Balance zwischen der eigenen Reife und den wachsenden geistigen Kräften der Kinder zu tun sein, und zwar im Sinne eines »gegenseitigen Machtverhältnisses«[19].

Warum präferierte Steiner Autorität und Gefolgschaft? Wenn wir an seine eigene Schulkarriere denken, fällt auf, dass er im Rückblick, abgesehen von den Dorflehrern, einzelne Lehrerpersonen stark idealisiert hat. Vielleicht ein Produkt seiner lebensgeschichtlichen Überarbeitung der Erinnerungen, um die Richtigkeit seiner pädagogischen These vom Vorbildcharakter von Leitfiguren zu untermauern; vielleicht interpretierte der erwachsene Rudolf Steiner aber auch tatsächlich seine eigene Karriere als Ergebnis der Begegnung mit vorbildlichen Figuren. Es ist durchaus möglich, dass ein Kind, das in ländlichen, kleinbürgerlichen Verhältnissen aufwuchs, sich auf Impulse von bewunderten Personen angewiesen fühlte, um den Bildungsaufstieg bis zur philosophischen Promotion bewältigen zu können.

Eine andere Erklärung für das Lob der Autorität könnte in Steiners Selbstbild liegen. Denn in seiner akademischen, genauso wie in seiner esoterischen Laufbahn war er keineswegs ein blinder Gefolgsmann, sondern im Gegenteil eigenwillig bis zur Sektiererei. Vielleicht war er nach den vielen Jahren der Erfolglosigkeit als Akademiker und der Zeit, in der er sich von Frauen wie Annie Besant die Marschrichtung hatte vorgeben lassen müssen, ausgehungert nach dem Gefühl eigener Bedeutsamkeit und hat deshalb die Autorität und Führungsqualität bedeutender Personen in seiner Pädagogik in den Mittelpunkt gestellt, dabei aber in erster Linie an seine eigene Autorität gedacht. Tatsächlich besaß er ja nicht nur in der Anthroposophie, sondern auch in der Waldorfbewegung die Position des Alleinentscheiders. Den Sitzungen des Lehrerkollegiums wohnte er bis zu seinem Tod bei und war durch seine hellseherische Gabe faktisch immun gegen Kritik. Das erstreckte sich auch auf die Schülerschaft, die in der Waldorfschule im Gegensatz zu anderen Reformschulen aus dieser Zeit (und später ebenso zu staatlichen Schulen) kein institutionalisiertes Mitspracherecht erhielt. Und auch die Eltern haben, so eine bis heute oft erhobene Kritik an der Waldorfpädagogik, auf pädagogischem Gebiet nichts mitzureden, obwohl sie die Schulen mitfinanzieren, mitorganisieren und auch jederzeit den Hausbesuch eines Pädagogen empfangen müssen.

Wenn heute davon die Rede ist, dass sich Waldorflehrer stärker in ihrer Arbeit verausgaben und selbst ausbeuten als Lehrer an herkömmlichen Schulen, ja, sogar besonders häufig unter einem Burn-out leiden, dann muss auf der anderen Seite der Bilanz die Befriedigung über die eigene Rolle und Wirksamkeit als relativ unangefochtene Autoritäten und als Orientierungspol für junge Menschen stehen, die sie in demselben Ausmaß im staatlichen System nicht garantiert bekämen. Die Allmacht beginnt bereits bei der Beurteilung des kindlichen Karmas und des kindlichen Temperaments und endet bei der jährlichen Beurteilung der Persönlichkeitsentwicklung der Schüler. Gerade weil sich in diesen Fragen eine objektivierbare Kontrolle kaum denken lässt, ist die Machtfülle der Waldorflehrer besonders groß. Schüler, die mit ihrem Klassenlehrer, der sie acht Jahre lang begleitet, persönlich nicht zurechtkommen, haben deshalb ein weit größeres Problem als Schüler herkömmlicher Schulen. Wo die Definitionshoheit anthroposophischer Pädagogik hinführen kann, illustrieren überlieferte Beispiele für Steiners »karmische« Einschätzungen von Kindern, die er mit der Kenntnis der Betreffenden schon vor deren Geburt begründete.

Und noch ein anderer Aspekt gehört in das Bild der Hierarchien an Waldorfeinrichtungen: Zwar darf sich der Waldorfpädagoge frei von staatlicher Einmischung und frei von übergeordneten Rektoren fühlen, aber dafür besitzt jede Schule einen inneren Zirkel, eine sogenannte »interne Konferenz«, zu der nur überzeugte und verdiente Kollegen zugelassen sind und die den pädagogischen Kurs, die Personal- und Finanzfragen bestimmen darf. Insofern ist das Kollegium weder kollegial noch herrschaftsfrei, wie man das von einer »freien« Reformschule erwarten möchte.

Die autoritäre Haltung in der Erziehung setzt sich mindestens bis zum dritten Altersabschnitt, den Steiner im Alter von vierzehn Jahren mit der Geschlechtsreife beginnen lässt, fort. Erst jetzt wird dem Kind Abstraktion zugemutet. Erst jetzt darf es sich auch ein eigenes Urteil erlauben. Mit der Geschlechtsreife sei die Zeit gekommen, in der der Mensch auch dazu reif sei, sich über die Dinge, die er vorher gelernt hat, ein eigenes Urteil zu bilden. Man könne einem Menschen nichts Schlimmeres zufügen, als zu früh sein eigenes Urteil wachzurufen. Alle Einseitigkeit im Leben, alle öden Glaubensbekenntnisse, die sich auf ein paar Wissensbrocken gründeten, rührten von Fehlern der Erziehung in dieser Richtung her. Es gebe kein gesundes Denken, dem nicht ein auf selbstverständlichen Autoritätsglauben gestütztes gesundes Empfinden für die Wahrheit vorangegangen sei.

Der auffälligste Unterschied bei der Organisation des Lehrstoffs an einer Waldorfschule ist der »Epochenunterricht« – der Lehrplan schreitet in allen Fächern chronologisch nach historischen beziehungsweise kosmischen Epochen geordnet voran. Das hängt mit der Vorstellung zusammen, dass sich das Kind analog zur Menschheitsentwicklung entfalte. Das Kind befinde sich in einem Prozess des Wachstums und der Metamorphosen, der nacheinander das mineralische, das vegetative, das animistische, das emotionale und das intellektuelle Niveau passiere. Jede dieser Perioden verlange nach einem eigenen pädagogischen Konzept. Das bedeutet dann zum Beispiel, dass die kleinen Kinder Märchen und Sagen zu hören bekommen, das mittlere Alter wird mit mittelalterlichen Texten, etwa dem Nibelungenlied, konfrontiert, das höhere mit angeblich höheren Kulturleistungen. Rudolf Grosse hat das auf die auch unter den Gesichtspunkten Geschlechterbilder und Geschichtsauffassung interessante Kurzformel gebracht: »Im zehnten Jahre ist das Kind ›Germane‹, dann ›Grieche‹; dann absolviert es die Wanderung vom Osten bis ans Mittelmeer und wird als Zwölfjähriges ein Römer, im dreizehnten Jahr ein Ritter und Klosterbruder, ein Columbus, der Amerika entdeckt, und zieht als Vierzehnjähriger mit Napoleon nach Russland und ist mit der Geschlechtsreife in seiner eigenen Gegenwart angekommen.«[20]

Was die inhaltliche Seite der Waldorfpädagogik anbelangt, die sicher in puncto Anschaulichkeit und Komplexitätsreduktion einiges für sich hat, sind allerdings genauso wie bezüglich der grundlegenden anthropologischen Ideen und dem Lehrerideal ein paar kritische Fragen angebracht. Das beginnt ganz allgemein bei der Steiner'schen Erkenntnistheorie, die schon weiter oben behandelt wurde. Steiners Denken war, in Abgrenzung zu Kant, essenzialistisch. Das Ding ist, was es ist. Die Trennung zwischen Erkenntnissubjekt und Erkenntnisobjekt wollte er abschaffen. Die wahre Wirklichkeit sei durch Intuition fassbar. Steiner negierte den qualitativen Unterschied zwischen wissenschaftlichem Denken, philosophischer Spekulation und intuitivem Verstehen. Vernunft allein sei kein Zugang zur Wirklichkeit. Das wirkt sich im Schulunterricht praktisch dahingehend aus, dass beispielsweise Goethes morphologische Erkenntnisse der Natur zur Grundlage des Biologieunterrichts wurden.

Steiners erkenntnistheoretische Ausgangslage behindert das kritische Denken und die Auseinandersetzung mit anderen Wissensformen als den ganzheitlich-intuitiven. Dieser Mangel an kritischer Distanz zur Erkenntnisfähigkeit der modernen Individuen ist eine der Hauptmängel der Waldorfpädagogik in der heutigen, jederzeit von Informationsfluten bedrohten Wissensgesellschaft. Unabhängig, wie man zu Steiners Auffassungen steht, müssen Waldorfschüler später, wenn sie studieren wollen oder sich intellektuell betätigen, wohl oder übel erkennen, dass ein heutiges wissenschaftliches Arbeiten nicht ganzheitlich ist und auf Intuition basiert, sondern sich spezialisiert hat und sich in einem nie endenden Prozess der Selbstinfragestellung bewegt.

Die kritische Erkenntnisfähigkeit der Kinder wird zweitens dadurch behindert, dass sie von einem allmächtigen und nicht kritikfähigen Lehrer unterrichtet werden. Es finden sich zahlreiche Belege in Steiners Erziehungsschriften, dass Schüler unbedingt die Ansicht ihrer Lehrkräfte teilen sollten. Der Wahrheitsanspruch der Pädagogen wurde nicht nur entwicklungstheoretisch als natürliche Ordnung legitimiert, sondern auch psychologisch untermauert – denn Waldorfschüler sollten ihre Lehrer lieben. »Liebt ihr eure Lehrer, meine Kinder, noch immer? [Ja!– rufen die Kinder.] Das ist dasjenige, was ich von euch in der Mehrzahl hören möchte. Das ist dasjenige, was ihr in eure Seelen aufnehmen sollt: Die Liebe zu euren Lehrern wird euch hinaustragen ins Leben!«, so überliefert die Steinergesamtausgabe einen Vortrag, den der Guru bei einer Monatsfeier vor den Schülern am 10. Juni 1920 hielt.[21] Laut Aussage von Zeitzeugen mussten die Schüler auf die häufig wiederholte Gretchenfrage mit tosendem Lärm antworten. Eine Indoktrination Steiners lautete: »Und jetzt wünsche ich es sogar, dass ihr Lärm macht und so schreit, dass dieser Saal von euren Worten widerhallt: ›Wir haben unsere Lehrer lieb.‹ [Alle Kinder riefen begeistert, so laut sie konnten: Ja, wir haben unsere Lehrer lieb!]«.[22] Das war gewiss eine andere Art von Drill als an staatlichen und kirchlichen Schulen, aber Drill war es. Stellt man dazu noch in Rechnung, dass Steiner hoffte, für seine Anstalten initiierte Lehrer anwerben zu können, die ihre Erkenntnisse aus Hellseherei bezogen, dann haben wir im Ergebnis eine wahrlich sakrosankte, zur Überlebensgröße aufgeblasene Lehrerfigur, die sich jeder kritischen Überprüfung entziehen konnte.

Die Unangreifbarkeit der Lehrkraft wird durch die Benotungs- und Zeugnispraxis verschärft. Da sich Schüler nicht »nur« in ihrem Fleiß und ihrer Leistung, sondern in ihrer gesamten Persönlichkeit beurteilt wissen, bekommt abweichendes und widerspenstiges Verhalten eine zusätzliche, weil benotbare Qualität, wie anders herum Sympathie und Anpassungsbereitschaft positiv zu Buche schlagen können. Steiner begründete das Konzept der charakterlichen Beurteilung folgendermaßen: Jedes Kind sei dem Lehrer bekannt, deshalb sei es möglich, »aus dem Ganzen des Kindes heraus ein Urteil über das Kind abzugeben. Ein Zeugnis soll daher wie eine kleine Biographie aussehen über die Erfahrungen, die man mit dem Kinde in und außer der Klasse gemacht hat. Wir kennen das Kind, wissen, ob es in der Willenstätigkeit, im Gefühlsleben, in der Denkaktivität fehlt, wissen, ob die oder jene Emotionen prädominieren. Danach formen wir für die einzelne Kindesindividualität in der Waldorfschule einen Kernspruch. Und dieser Kernspruch hat dann die Eigenschaft, auf den Willen oder auf die Affekte oder Gemütseigenschaften in entsprechender Weise ausgleichend, kontrollierend einzuwirken.«[23] Eine Jahresbeurteilung konnte in den fünfziger Jahren beispielsweise so aussehen: »Oft ist seine Regsamkeit durch eine zu selbstzufriedene geruhsame Gemütsart etwas gedämpft; genießend gestattet er sich auch ausgedehntere Ablenkungen.... Dienend im Kleinsten, komme ich zur Meisterschaft; in Liebe lernend, wachse ich an Sonnenkraft.«[24]

Die mittlerweile auch an öffentlichen Grundschulen gepflegte Sitte, Schüler nicht mit einer objektivierbaren Notenskala, sondern mit psychologisierenden Beurteilungen zu bewerten, ist in der Erziehungswissenschaft höchst umstritten. Dadurch werde der Leistungsdruck nur verschleiert und noch unkontrollierbarer, die Erfassung des Kindes wirke total und nicht nur auf einen Aspekt seiner Person, die Suggestionskraft der Lehrer sei um ein Vielfaches potenziert. Schließlich haben Waldorfpädagogen keine psychologische Ausbildung, um ihre eigenen Voreingenommenheiten und Projektionen in den Griff zu bekommen. Es besteht daher noch eher als bei der numerischen Beurteilung die Gefahr, dass die Charakterisierungen mehr mit den Lehrern selbst als mit dem Kind zu tun haben. An dieser Stelle muss auch an die lange Präsenz eines Klassenlehrers über acht Jahre erinnert werden. Dieses Langzeitverhältnis fördert nicht nur ein tiefes Kennenlernen des Gegenübers, sondern kann auch zu Spannungen und unterbewusster Ablehnung führen – eine Erfahrung, wie der Erziehungswissenschaftler Heiner Ullrich zu bedenken gibt, die im Zeitalter von Wertepluralisierung und Lebenswahloptionen und spezialisiertem Wissen höchst unbequem werden kann.[25]

Aber nicht nur auf intellektuellem und erziehungspolitischem Feld muss sich die Waldorfpädagogik immer wieder kritischen Anmerkungen stellen, auch was den konkreten Umgang mit dem kindlichen Körper betrifft, sind Fragen angebracht: Als Kuriosa können bestimmte Idiosynkrasien der Steinerianer gelten wie das Verbot von Spielzeugen wie Legosteinen, das große Misstrauen Medien gegenüber, aber auch das Verbot von Fußballspielen, das vermutlich noch auf Steiners antiwestlichen Anwandlungen während des Ersten Weltkriegs zurückzuführen ist, als Importe aus England und Amerika von ihm grundsätzlich als »materialistisch« abgelehnt wurden. In der esoterischen Erklärung für das Fußballverdikt heißt es, der Fußballer befreunde sich mit der Erde und komme dadurch von der geistigen Welt ab. Auch das herkömmliche Turnen missfiel Steiner – Sport sei purer Darwinismus –, wohingegen Eurythmie (zum Leidwesen mancher Waldorfschüler) zum festen Stundenplan gehört, weil sie nicht nur den Körper, sondern auch Seele und Geist in die »Harmonie der Welt« einbinde. Ferner legt die Waldorfpädagogik besonderen Wert auf Handarbeiten, die in angeblich kulturgeschichtlicher Reihenfolge gelehrt werden und dem lebenskundlichen Konzept Steiners entsprechen. Dazu gehört auch die Unterweisung in Weben und Spinnen. Ein weiteres diskutables Thema ist der Umgang mit der kindlichen Sexualität, die, wie wir gehört haben, von Steiner negiert wurde. Selbst wenn es danach aussehe, seien sexuelle Handlungen bei Kindern »gar nicht sexuelle Handlungen, sondern fordern lediglich, dass man das Kind in naturgemäßer Weise erzieht; dann treten irgendwelche abnormalen Empfindungen im Pubertätsalter ganz gewiss nicht auf«, meinte der Meister in deutlichem Widerspruch zu dem, was Zeitgenossen propagierten. Bis heute idealisieren Waldorfpädagogen die angebliche Reinheit und Geistigkeit ihrer Schüler.

## Waldorfpädagogik heute

Im Laufe des 20. Jahrhunderts hat sich die Waldorfschule von einer krassen Außenseiterin des Reformdiskurses zur wichtigsten Reformschule in Deutschland entwickelt, und das, obwohl sie sich jahrzehntelang nicht an den allgemeinen pädagogischen Diskussionen (vor allem im akademischen Bereich) beteiligt hat, eine eigene kritische Aufarbeitung ihrer Desiderate und Defizite schuldig geblieben und als ein Reformkonzept aus dem frühen 20. Jahrhundert ihrerseits seither unreformiert geblieben ist. Wenn wir an alternative Schulformen denken, denken wir heute dennoch fast automatisch an Steinerschulen. Wie kommt das?

Rein organisatorisch war die Gründung eines eigenen anthroposophischen Schulverbands, des »Bundes der Freien Waldorfschulen«, ein kluger Schachzug, dazu gab es keine Parallele. Auch die Erkennbarkeit bis hin zur Schrifttype und zum Baustil mag hilfreich gewesen sein. Stärker als bei anderen Schulreformen scheint ebenso eine dezidierte Opposition zur öffentlichen Schule gerade in Zeiten hoch emotional geführter Diskussionen um angebliche Erziehungskatastrophen und Bildungsnotstände in diesem Lande vielen Menschen attraktiv erscheinen. Die größten Zuwachsraten erlebte die Waldorfpädagogik allerdings in den frühen achtziger und neunziger Jahren, also zu einem Zeitpunkt, als die um sich greifende marktliberale Ideologie das Individuum verstärkt aus sozialstaatlichen Bindungen lösen und einer zunehmend sowohl räumlich als auch institutionell entgrenzten Wirtschaft zuführen wollte. Diese Entgrenzung des Individuums hat in den letzten Jahrzehnten dazu beigetragen, dass Mittelschichteltern immer stärker einen geradezu totalen Anspruch auf die Förderung der intellektuellen und psychosozialen Ressourcen ihrer Kinder erheben. Nichts darf und kann mehr dem Zufall überlassen werden, die Werte und Ziele, die das eigene Handeln der Erwachsenen bestimmen, sollen möglichst ungebrochen an den Nachwuchs weitergegeben werden. Dabei sind Privatkindergärten und -schulen wie die Waldorfschule (und Alternativen gibt es kaum) eine enorme Hilfe, denn sie gewährleisten von vorneherein eine große Homogenität der sozialen Beziehungen. Eltern und Lehrer teilen Haltungen und Lebensstile, und so darf darauf gehofft werden, dass auch die schulische »Peer group« eine Verlängerung der familialen Lebenswelt darstellt. Auf diese Weise sollen die Kinder möglichst lange vom gesellschaftlichen Wertepluralismus ferngehalten werden, wobei die absolute Ablehnung des Mediengebrauchs das ihre dazu beiträgt.

Die gestiegene Beliebtheit der Waldorfschule ist daher weniger ein Indiz für antimoderne, antiwissenschaftliche Sehnsüchte im Bereich der Schule, auch wenn das für eine Minderheit der Familien eine gewisse Rolle spielen dürfte – sie ist in erster Linie ein Symptom für Abstiegsängste in den Mittelschichten und damit einhergehende totale Einwirkungsphantasien von Eltern bezüglich der Karriere ihrer Kinder. Mit der Auswahl der Schule wollen sie ihren Nachwuchs möglichst lange und intensiv an das eigene Herkunfts- und

Erziehungsmilieu binden in der Hoffnung, auf diesem Weg das familiale kulturelle Kapital zu pflegen. Waldorf heute ist eben nicht für alle da, sondern für einen bestimmten gesellschaftlichen Ausschnitt.

In ihrer sozialen Reichweite hat sich die Reformschule weit von ihren Ursprüngen als Einrichtung für Arbeiterkinder und Kinder bürgerlicher Haushalte entfernt. Während im Bundesdurchschnitt circa zwölf Prozent der Bevölkerung zur akademisch gebildeten Mittelschicht zählen, liegt der entsprechende Anteil bei Waldorfschülern bei über vierzig Prozent, mit einem besonderen Schwerpunkt bei (offenbar desillusionierten) staatlichen Lehrern. Die Hoffnungen der Eltern auf kulturelle Reproduktion scheinen dabei durchaus berechtigt. Untersuchungen zeigen, dass Waldorfschüler stärker dazu neigen, wiederum Lehr- und Heilberufe zu ergreifen oder sich künstlerisch zu betätigen. Die Wahrscheinlichkeit für einen Waldorfianer, Lehrer zu werden, ist fünfmal so hoch wie für Abgänger anderer Schulen. Allerdings zeigt sich auch, dass die Neigung zu studieren leicht unterrepräsentiert ist. Der Erfolg der Waldorfpädagogik, der unbestreitbar ist, misst man die Abschlussquote im Vergleich zum öffentlichen Schulsystem, hängt in erster Linie von diesem sozialen Faktor ab.

Eine Bedingung für das Gelingen von anthroposophischen Schullaufbahnen ist, dass Elternhaus und Herkunftsmilieu sich auf die Weltanschauung der Steinerianer wenigstens insoweit einlassen, dass sie das romantische Kindheitsideal, eine gewisse Askese und Hochschätzung bildungsbürgerlicher Kulturwerte, einen typischen Mittelschichtlehrplan und eine gewisse lebensreformerische und antimaterialistische Weltsicht teilen können. Der zeitgenössischen Kindheits- und Jugendkultur sowie der Massenkultur eher abgeneigt, gelingt es Eltern von Waldorfschülern in der Regel, ihrem Kind grundlegende Konflikte zwischen Werthaltungen in der Schule und im Elternhaus zu ersparen. Auch sind Eltern gehalten, der Forderung nach einer ganzheitlichen Formung des Kindes nachzukommen. Die Idee der in die Schule verlängerten Familie schließt natürlich auch mit ein, dass die Kinder sich einer geschlossenen Front aus Schule und Eltern gegenübersehen und sich nicht von einer Partei Rückenstärkung gegen die andere holen können. Die soziale und kulturelle Kontinuität bringt zwangsläufig einen verengten Horizont mit sich. Differenzierung und Pluralismus sind keine Tugenden der Waldorfschule, ebenso wenig die Symmetrie in den Lehrer-Schüler-Beziehungen. Ein basisdemokratisches Elternhaus sollte eigentlich zu der betont autoritativen Rolle, die Lehrer an der Waldorfschule spielen, in Widerspruch stehen.[26]

Zentrale Aufgabe der anthroposophischen Schulausbildung ist die Entwicklungssorge und die Stärkung der persönlichen psychischen, künstlerischen und kognitiven Ressourcen sowie die Harmonisierung der individuellen Einseitigkeiten von Temperament und Konstitution. Die Pädagogik ist abgeleitet von Steiners anthroposophischem Weltbild, von analogem Denken, Ganzheitlichkeit, Lebenspraxis. Die Waldorflehrkraft versteht sich in den Anfangsjahren hauptsächlich als liebevoller Erzieher und versieht ihre Aufgabe als Gärtner, Heilerin und Priester. Das hat Vor- und Nachteile, wie wir gesehen haben. Bestimmte soziale Fähigkeiten werden stärker ausgebildet: Unabhängigkeit, Teamfähigkeit, ganzheitliches Denken und kreative Problemlösung sehen ehemalige Waldorfschüler zumindest in ihrer eigenen Wahrnehmung als ihre besonderen Stärken an. Vor allem in ihrer Kreativität fühlen sie sich durch ihre Schulausbildung besonders gestärkt. Als nachteilig empfinden sie die geringe Betonung ihrer akademischen Leistungsfähigkeit und ihrer intellektuellen und allgemeinen Verbindung zur Außenwelt – im Lichte der anthropologischen Lehren eine durchaus realistische Selbstwahrnehmung.[27] Darüber hinaus vermissen die

Abgänger an sich tendenziell Durchsetzungswillen, Selbstdisziplin, Genauigkeit und Leistungsstreben, während sie sich andererseits für besonders interessiert, unabhängig, tolerant und selbstsicher halten. Als weiteren Vorteil empfinden die Absolventen, dass sie sich weniger stark von ökonomischen Motiven bei ihrer Berufswahl bestimmt fühlen, als das allgemein der Fall ist, was aber auch mit ihrem sozialen Hintergrund zusammenhängen kann.

Es bleibt zu erwähnen, dass Steiners Schulen – wie alles, was mit Pädagogik zu tun hat – in Deutschland immer wieder heftig umstritten waren. Das liegt sicherlich an der besonderen Brisanz, die allen erzieherischen Fragen hierzulande grundsätzlich anhaftet, nicht erst seit dem Nationalsozialismus und der deutschen Teilung. Der deutsche pädagogische Diskurs war in der Vergangenheit phasenweise vergleichsweise produktiv – man denke beispielsweise an die in Deutschland gegründete Kindergartenbewegung, die auch international viel Beachtung und Nachahmung fand –, andererseits scheinen unterschiedliche Erziehungskonzepte hier schon seit dem 19. Jahrhundert mit besonderer Verbissenheit umkämpft zu sein. Im Fall der Waldorfpädagogik kommt die »Versteinerung« erschwerend hinzu – anders als im angloamerikanischen Ausland fehlte es den deutschen Anthroposophen an Reformwillen; Steiners Wort blieb bindend. Das musste sich besonders fatal dort auswirken, wo der Meister in völkerpsychologische, nationalistische oder gar rassistische Fahrwasser geriet und diese Quellentexte dann zur Unterrichtsgrundlage gemacht wurden. Zu Recht wurde immer wieder der teilweise unkritische Umgang mit den Erblasten Steiners und der Steinerianer angeprangert.

Ein prominentes Beispiel ist der Fall Uehli. Der Waldorflehrer und enge Mitarbeiter des Gurus systematisierte in seinem Buch *Atlantis und die Rätsel der Eiszeitkunst* aus dem Jahr 1936 rassistische Auslegungen der anthroposophischen

Kosmologie. Darin heißt es zum Beispiel, der arischen Rasse sei bereits in der atlantischen Zeit »der Keim zum Genie« in die Wiege gelegt worden. Im Sommer 2000 beantragte das Bundesfamilienministerium bei der Bundesprüfstelle für jugendgefährdende Schriften, das 1980 unverändert neu aufgelegte Buch zu verbieten. Es erfülle zweifelsfrei den Sachverhalt der Rassendiskriminierung. Der Geschäftsführer des Waldorfschulbunds distanzierte sich daraufhin aufgrund des großen öffentlichen Echos von Uehlis Buch und versicherte, der Titel werde von der Liste der Waldorflektüre verschwinden. Nachdem auch der Verlag die Restauflage eingestampft hatte, verzichtete die Bundesprüfstelle auf eine Indizierung.

Aufregung verursachen auch immer wieder rechtsradikale Lehrer an Waldorfschulen, die sich möglicherweise von Steiners Völkerpsychologie angezogen fühlen und die Arbeitsmöglichkeit abseits vom öffentlichen Dienst schätzen. Diese Fälle lassen sich jedoch nicht verallgemeinern. Da jede Waldorfschule ihre eigenen pädagogischen Richtlinien verabschiedet, muss die infrage kommende Schule unter die Lupe nehmen, wer wissen will, ob das eigene Kind Literatur aus dem völkischen oder rassistischen Giftschrank vorgesetzt bekommt beziehungsweise Lehrer, die sich danach ausgebildet haben.

Über die aktuelle Waldorfsituation resümiert Helmut Zander: »Die Identität von Waldorfschulen scheint sich in einem komplexen Prozess auszumitteln, in dem eine selektive Beanspruchung von Steiners Werk, lokale Interessen von Schulen und Kollegien und die steuernde Gewalt des ›Bundes der Freien Waldorfschulen‹ in Stuttgart entscheidende Positionen [einnehmen].«[28] Der kleinste gemeinsame Nenner bleibe aber doch immer Steiners umfangreicher Vortrags- und Schriftenkorpus.

Neben der Frage des Unterrichts auf Grundlage menschlich und historisch inakzeptabler Positionen Steiners beschäftigt auch die Frage des christlichen Religionsunterrichts immer wieder die Waldorfpädagogik. Dass Protestanten und Katholiken durch entsprechende Schulstunden privilegiert werden, war ein Kompromiss, den Steinerschulen mit dem Staat schließen mussten. Religionslehrer sind aber bis heute nicht den anderen Waldorflehrer im Kollegium gleichgestellt. Der Dreigliederungsidee des Anthroposophen widersprach die Staatsnähe der großen christlichen Kirchen, und so gab es immer wieder Anläufe, die enge Vermählung von Staat und Kirche infrage zu stellen. Seit den achtziger Jahren versuchen Anthroposophen auch an öffentlichen Schulen dagegen vorzugehen. »Die Anthroposophie verträgt sich nicht mit dem Staatschristentum und damit auch nicht mit der bayerischen Politik«, heißt es auf der Homepage des Instituts für Dreigliederung, das die Klage des Grundschullehrers Ernst Seler gegen das Kruzifix in bayerischen Klassenzimmern unterstützte. »Anthroposophie heißt eben auch soziale Dreigliederung, welche für den Einzelnen absolute Religionsfreiheit bedeutet. Der Staat darf von daher Kruzifixe in Schulen weder aufhängen noch abhängen lassen. Die soziale Dreigliederung bedeutet aber noch mehr, nämlich völlige pädagogische Freiheit des einzelnen Lehrers. Der Staat und seine Lehrpläne haben demnach in Schulen überhaupt nichts zu suchen. Inhalt der Schulerziehung ist Privatsache. Daraus ergeben sich ganz neue Gesichtspunkte zur Beurteilung der Kopftuch-Debatte.«[29]

Neben solchen mehr oder weniger ernsthaften Umtrieben im Zusammenhang mit der Waldorfbewegung muss allerdings auch auf eine entgegengesetzte Entwicklung hingewiesen werden: Durch das rasante Wachstum der Waldorfpädagogik ist es immer schwieriger geworden, in der Wolle gefärbte Anthroposophen als Lehrer zu finden. Hinzu kommt eine angeblich extrem hohe Fluktuation des Lehrpersonals aufgrund der hohen Arbeitsbelastung jedes Einzelnen. Das führt dazu, dass viele Lehrkräfte an Waldorfschulen inzwischen wenig oder so gut wie nichts über die Anthroposophie wissen und daher Entsprechendes auch nur sehr begrenzt weitergeben können. Wie stark anthroposophisch orientiert eine Waldorfschule am Ende ist, hängt vom Einzelfall ab. Eine verallgemeinernde Beurteilung ist deshalb nur begrenzt möglich. Am Ende muss man bei einer Bilanz der Waldorfpädagogik wohl unterrichtspraktische Vorteile und den vergleichsweise individuellen psychosozialen Schon- und Entfaltungsraum für Kinder gegen die anthroposophische Entwicklungsmythologie mit ihren antiintellektuellen Komponenten abwägen.[30]

## Versteinerung

Am 11. Mai 1923 schrieb die Bildhauerin Edith Maryon ihrem verehrten Lehrer über ihre Hoffnung, dass es ihnen wie Hiob gehen werde – »nach so viel Leid wird uns alles wiedergegeben, und noch mehr hinzu, nicht dieselbe Schönheit des Baues, aber doch eine andere Schönheit. Eine zweite Sommerzeit sollte doch für uns kommen... und die Welt muss wieder ein Goetheanum haben, so wenig sie es verdient, und so wenig sie es vorläufig versteht.«[31] Die Waldorfpädagogik war Steiners wirkungsvollste Hinterlassenschaft, seine imposanteste ist zweifellos das Goetheanum in Dornach, das er selbst nicht mehr in seiner Vollendung erlebte.

Baubeginn war Ende 1924, nachdem der Gemeinderat von Dornach und die Kantonsregierung in Solothurn ihren Widerstand gegen das neue »Götzlianum« aufgegeben hatten.

Ab Ende September 1924 konnte Steiner seine Umtriebigkeit aufgrund seiner Erkrankung nicht mehr durchhalten. Um trotzdem in der Nähe der Baustelle zu sein, ließ er sein Krankenlager in die Schreinerei verlegen, wo er bis zu seinem Tod im März 1925 den Wiederaufbau begleitete.

Als Nachfolgebau für den ersten, hölzernen Johannesbau entstand ein Monumentalwerk, das mit 85 Metern Breite, 90 Metern Länge und 40 Metern Höhe 110 000 Kubikmeter

Raum umfasst und damit fast doppelt so groß wurde wie das erste Modell. Allein durch seine Größe versinnbildlichte der nunmehr eckige und nicht mehr wie der Vorgängerbau runde Koloss den Wohlstand der anthroposophischen Szene – sieben Millionen Reichsmark wurden verbaut, ein Arbeiterjahreseinkommen betrug zu jener Zeit 1000 Reichsmark – und zugleich auch ihren Totalitätsanspruch.

Der Kultbau, Versammlungsort, Bühne für Mysterienspiele und Eurythmievorführungen, spirituelles Zentrum und Hochschule in einem, wurde ein Beton gewordenes geistiges Prinzip, errichtet für die Freunde und Gegner der Anthroposophie gleichermaßen. Nach Osten wirkt die Fassade des 1928 fertig gestellten und seit 1994 unter Denkmalschutz stehenden expressionistischen Gebäudes unscheinbar, zum Westen hin, in Richtung Dornach und Tal, zeigt der Stahlbeton eine unerwartete Formenvielfalt, die je nach Lichteinfall skulptural und lebendig wird. Die Freunde der Anthroposophie würden darin Schutz finden, die Feinde sich daran die Zähne ausbeißen, so lautete nach dem katastrophalen Ende des ersten Johannesbaus Steiners Kalkül. Denn er war überzeugt davon, dass sich Architektur, wie die gesamte materielle Kultur, auf die Betrachter psychisch auswirkt. »Was die Menschen der heutigen Zeit vom Morgen bis zum Abend zumeist umgibt, das ist – verzeihen Sie den harten Ausdruck – oftmals haarsträubend. Um nichts kümmert sich der Mensch heute oft weniger als um das, was den Tag über in seiner Umgebung ist!«, schimpfte er. Steiner glaubte, dass sich solche Eindrücke unmittelbar, ohne die Mühe kognitiver Entschlüsselung von Symbolen und Formen, einfänden. »Indem wir eine dieser Figuren anschauen, richtet sich unser Ätherleib so ein, dass er in seinen eigenen Bewegungen Formen nach den Linien selbst bildet, das heißt, eine Gedankenform erzeugt … und je nach der Gedankenform wird unser ätherischer Leib imstande sein, mit der einen oder anderen Art von Wesenheiten sich in eine reale Verbindung zu setzen.«[32]

Den Meister beschäftigten die Wechselwirkungen zwischen Kultur und menschlicher spiritueller Entwicklung. Jedes kollektive Bewusstseinsstadium verbinde sich mit einer bestimmten Stilepoche. Anders als die Architekten im eklektizistischen 19. Jahrhundert träumte Steiner, der sich als Prophet eines neuen Zeitalters verstand, davon, auch der materiellen Welt seinen ganz persönlichen Stempel aufzudrücken. Dabei ging es ihm nicht nur um die spirituelle Beeinflussung der Mitmenschen, sondern auch um eine klare Abgrenzung zur Außenwelt. Immer wieder beschwor er seine Gefolgsleute, die sich mit ihren eigenen Häusern um das Goetheanum herumgruppieren wollten, dass sie sich doch bitte schön an die anthroposophischen Architekturvorbilder, sprich, an seine Vorgaben halten möchten. Die Kolonie sollte ein »erkennbares ideelles Ganzes bilden« und zeigen, »dass wir ja wirklich etwas wollen, was eine gewisse Bedeutung hat in der Kulturentwickelung der Gegenwart. Wir wollen, … dass tatsächlich einfließe unsere geisteswissenschaftliche Gesinnung auch in den Baustil und in die künstlerischen Formen auf allen Gebieten.… Was in dem Baustil der Kolonistenhäuser die ganze Kolonie als eine ideelle Einheit erscheinen lassen wird, das wird ja ein äußerer Abdruck sein einer Harmonie, die eine innere sein wird.«[33]

Die Besucher des Dornacher Hügels sollten bereits von den seelischen Produktionsbedingungen beim Bauen, die sich unfehlbar in die Aura der Gebäude einprägten, angesprochen werden. Steiner dachte an ein individualistisches, an seiner Mittelalterromantik angelehntes Bauen, bei dem sich die Seelen der Arbeiter in der Materie verkörperten. Im Gegensatz zu den zeitgenössischen »seelenlosen« Städten habe man in der mittelalterlichen Architektur jedes Detail »mit Liebe« gefertigt. Ob Raum oder Möblierung, immer gelte es, mittels Form und Farbe Stimmungen zu erzeugen. Ein stilistischer Trick dabei war, die Linien der Gebäude aufeinander zulaufen und lebendige, naturhafte oder organische

## Versteinerung

Elemente sich miteinander verbinden zu lassen. Manche Seitengebäude des neuen Goetheanums erinnern daher an den Stil des katalanischen Modernisten Antoni Gaudi, dessen Vorbild die Natur war. Vorlage in Steiners Fall war jedoch die menschliche Natur: »Ein Hinausprojizieren der eigenen Gesetzmäßigkeit des menschlichen Leibes außer uns in den Raum ist die Baukunst, die Architektur.«[34] So sollten Fenster die Öffnung in geistige Welten symbolisieren, Abschlüsse von Dächern und Möbeln die »Stirnseite« des Menschen. Auch im neuen Goetheanum, in diesem kubistischen Monstrum, einem Rausch von Beton und Geometrie, ging es also wieder um Korrespondenzen und Analogien. Steiner war davon überzeugt, der Astralleib oder das Unterbewusste des Menschen liebten Geometrie und erführen durch sie die Mysterien des Weltalls.

Im kristallartig geformten Betonbau durfte nichts rechtwinklig sein. Daran erkennt man bis heute anthroposophische Bauten, zumindest jene der orthodoxen anthroposophischen Architekten. (Eine kleinere Gruppe fortschrittlicher Nachkommen Steiners hat sich vom stereometrischen Dogma gelöst und schließt an die stärker morphologisch geprägte Jugendstiltradition, die mit dem ersten Goetheanum abgebrannt ist, an.) Das Haupthaus mit seinen Hochfenstern an den Flanken und dem farbigen Westfenster in der Mitte beherbergt heute einen großen Saal mit Guckkastenbühne, Künstlergarderoben, dazu Probebühnen und Übungssäle, Bühnentechnik, Bühnenschneiderei und Kulissenlager. Im Norden und Süden befinden sich Tagungs-, Konferenz- und Arbeitsräume, Buchhandlung, Bibliothek und Archiv, Sektions- und Gesellschaftssekretariat, Verwaltungs- und Tagungsbüros, Empfang, Information und Cafeteria.

In der Parkanlage um das Haus stehen inzwischen zahlreiche weitere Gebäude, manche aus Steiners Zeiten wie die erwähnten Häuser der »Kolonisten«, Häuser für Eurythmistinnen, Schulgebäude, ein Glashaus, ein Heizhaus, die

Gärtnerei, die Schreinerei und neuere Bauten wie Sektionsgebäude der Hochschule, Ateliers, Forschungslabore, eine Sternwarte, Ausbildungsstätten, ein Studentenwohnheim, Gästehäuser, Kindergärten und ein Speisehaus.

Kreatives Zentrum der Kolonie ist indes die Hochschule für Geisteswissenschaften, zugleich Sitz der Allgemeinen Anthroposophischen Gesellschaft. Von hier gehen alle sozialen, pädagogischen, naturwissenschaftlichen, künstlerischen, medizinischen und landwirtschaftlichen Ideen der Anthroposophen in die Welt. Von Rudolf Steiner zum Jahreswechsel 1923/24 gegründet, will die Hochschule durch »geisteswissenschaftliche« Schulung und Meditation neue Einsichten um den gesamten Globus verbreiten. Angeboten werden Kongresse, Tagungen und zweihundert Kurse jährlich, die alle nur erdenklichen Themen behandeln: Schicksal und Wiedergeburt, Pädagogik, Geldwirtschaft und Bienenzucht. In ihrer Eigendarstellung wirbt die Hochschule für Geisteswissenschaften damit, den Zeitgenossen dabei helfen zu wollen, sich in den verwirrend zahlreichen »Angeboten der materiellen Welt« zurechtzufinden, ohne sich darin zu verlieren. Dafür hat das Goetheanum ebenfalls ein Angebot zur Hand: eine Erkenntnisart, mit der die »Wirklichkeit der geistigen Welt« erfahrbar werde. Der Weg dahin geht über den Originallehrgang Rudolf Steiners zur meditativen Bewusstseinserweiterung.

## Mit »geistigem Mist« gedüngt

Im Rahmen des ersten Dornacher Hochschulkurses dachte Steiner auch zum ersten Mal über die anthroposophische Landwirtschaft nach. Diese sollte sein letzter Streich werden. Wir haben uns in diesem Buch vor allem auf jene Aspekte von Steiners Wirken konzentriert, die mit der Anthroposophie als Projekt der Selbsterkenntnis und der Selbstverbesserung zu tun haben, deshalb wird hier die später als biologisch-dynamisch bezeichnete Landwirtschaft, für die im heutigen Verbraucherbewusstsein die Marke Demeter steht, nur noch kurz gestreift. Auch der Guru fand selbst nur wenig Zeit für die Ausarbeitung eines Konzepts. Dem ersten Lehrgang für interessierte Landwirte sollte ein zweiter folgen, der jedoch nach Steiners Tod nicht mehr zustande kam.

Ein Anstoß für die Beschäftigung mit der Landwirtschaft ging offenbar von einem Chemiker der BASF aus, der Steiner auf das damals schon virulente Problem der ökologischen Schäden an Böden und Saatgut sowie die Qualitätsminderung von landwirtschaftlichen Produkten ansprach. Im öffentlichen Bewusstsein waren seit dem Ersten Weltkrieg außerdem der Rückgang der heimischen Pflanzenproduktion und zunehmende Importe aus dem Ausland problematisiert worden. Veränderte Produktionsmethoden etwa durch Züchtung und verstärkte Technisierung, Rückgang der Handarbeit, Landwirtschaftsschulen und Genossenschaften professionalisierten die Arbeit der Bauern. Hinzu kamen kulturelle Einflüsse im Umfeld der Lebensreformbewegung, die Themen wie den Natur- und Heimatschutz sowie das Leben in Landkommunen auf die Tagesordnung gesetzt hatte. Naturglaube als säkularisierte Erlösungsreligion und Zivilisationskritik, die mit der anthropozentrischen Denkweise – wonach Tier- und Pflanzenwelt den Bedürfnissen des Menschen grundsätzlich nachgeordnet seien – brach, sowie das vitalistische und ganzheitliche Denken hatten seit dem 19. Jahrhundert im alternativen Milieu ein »ökologisches« Bewusstsein befördert. Gebildete Städter zogen aufs Land und experimentierten mit alternativen Bewirtschaftungsformen, eine Bodenreform brachte Ansätze zur Sozialisierung von Großgrundbesitz, die »Gründlandbewegung« strebte die Umstellung von Viehzucht auf Ackerbau an – all das heizte in der Weimarer Republik die Debatte um neue Konzepte in der Landwirtschaft an, aus der sich ein Menschheitsprophet wie Rudolf Steiner nicht heraushalten konnte.

Auf die Anfrage des BASF-Mannes reagierte der Guru, der in seinem Leben Landwirtschaft gerade einmal in Gestalt des Gemüsegärtchens seiner Mutter persönlich kennengelernt hatte, mit dem Hinweis, dass synthetische Stickstoffdünger verboten seien, während Salze, die Kalium, Schwefel und Magnesium enthielten, erlaubt seien, solange ihnen kein Pflanzengift zugesetzt werde. In Dornach liefen Versuchsreihen zur Pflanzenzucht und zur Düngung nach den Prinzipien der Homöopathie, also mit hochprozentigen Verdünnungen, an.

Im Januar 1922 besuchte Steiner auf Einladung zweier Anthroposophen zum ersten Mal das Gut Koberwitz in Schlesien in der Nähe von Breslau. Gemeinsam mit dem Großgrundbesitzer Carl Graf Keyserlingk entstand der Plan für einen Landwirtschaftskurs, für den Steiner ein Honorar von 20 000 Mark für sich und seine Künstlerentourage, die er für Eurythmievorstellungen mitzubringen gedachte, vereinbarte. In der Pfingstwoche 1924 versammelten sich daraufhin hundert Menschen auf dem Gut, nicht alles Landwirte, aber alles Anthroposophen, um Steiners mehr oder weniger spontanen Erfindung einer »geisteswissenschaftlichen Landwirtschaft« beizuwohnen. Die meisten Ideen dazu waren ähnlich wie bei der Waldorfpädagogik und der Dreigliederungstheorie buchstäblich über Nacht entstanden: Tagsüber hielt der gesundheitlich bereits schwer angeschlagene Prophet seine mündlichen Kurse, nachts schrieb er die Vorträge für den nächsten Tag.

Der Gutsherr Carl Wilhelm Graf von Keyserlingk, 1869 in Schlesien geboren und Spross eines protestantischen baltischen Adelsgeschlechts (sein Vater war ein berühmter Spinnenforscher und Vorbild für Charles Darwin), kann als Initiator der biodynamischen Landwirtschaft gelten. Er wuchs auf dem Familienbesitz auf, zu dem achtzehn Güter mit 8000 Hektar Land sowie eine Zuckerfabrik mit 82 Beamten, Angestellten und über 10 000 Mitarbeitern gehörten. Nach der Schule und einer landwirtschaftlichen Ausbildung wurde Keyserlingk Offizier, bevor er aufgrund seines sozialen Engagements zum »roten Grafen« und Güterdirektor der landwirtschaftlich-industriellen Unternehmensgruppe »Vom Rath, Schöller & Skene AG« wurde. 1899 heiratete er Johanna Skene of Skene, eine schottische Adelstochter, die über spirituelle Fähigkeiten verfügt haben soll. Im Ersten Weltkrieg vertrat Keyserlingk im Rang eines Majors das Kriegsministerium in Budapest und kümmerte sich um die Nahrungsmittelversorgung der Südostarmee, gegen Kriegsende wurde er nach Berlin berufen. Dort lernte seine Frau 1918 bei der befreundeten Eliza Gräfin von Moltke Rudolf Steiner kennen und vermittelte den Kontakt zu ihrem Mann. 1920 zog die Familie Keyserlingk auf das Gut Koberwitz.

Das Schloss hatte sechzig Zimmer; Räume, die mit blauem Gobelin ausgeschlagen waren, eine Halle mit schwarzen Marmorfliesen, in der ein von der Hausherrin in Norwegen geschossener Elch Hof hielt. Die Fenster waren bemalt, Flügeltüren öffneten sich zum großen Esszimmer, das auf einen Park hinausging, ein Herrenzimmer mit gewaltigem geschnitztem Adler beherbergte Gäste, so auch Rudolf Steiner. Die Vorträge hielt er im Ess- und Wohnzimmer vor seinem mittels Türsteher ausgewählten Publikum, täglich von elf bis dreizehn Uhr, dann gab es ein spätes Frühstück, zwischen halb zwei und drei Uhr wurde diskutiert. Gleichzeitig hielt der Tausendsassa neun Ansprachen auf der Pfingsttagung der Anthroposophischen Gesellschaft in Breslau und mehrere Einzelvorträge für Mitglieder seiner esoterischen Klasse. Seine Dornacher Entourage führte Eurythmie vor.

Keyserlingk war schwer beeindruckt von Steiners Ideen, aber auch unsicher, ob sie schon reif für die Öffentlichkeit seien. Er regte an, zuerst einen »Versuchsring anthroposophischer Landwirte" zu gründen, bevor er selbst etwa bereit wäre, die seltsamen Methoden auf einem seiner Firmengüter einzuführen. Welcher Natur Keyserlingks Sorgen waren, ist nicht ganz klar. Bezweifelte er die Effizienz der Methoden, glaubte er, dass mit den neuen Düngungsrichtlinien die esoterische Dimension des Reformprojekts den Bach runterginge? Oder fürchtete er nicht doch eher den Spott der anderen Landwirte? Trotz seiner Zurückhaltung entstanden nämlich bald Probleme mit der Firma, in der die moderne Agrochemie und nicht die kosmische Landwirtschaft à la Steiner auf der Tagesordnung stand. Keyserlingk gab seine Stellung auf und verließ Koberwitz 1928. Im Dezember dieses Jahres, auf der Reise zu einer Anthroposophenversammlung im Goetheanum, starb er im Alter von 59 Jahren.

Der Koberwitzer Landwirtschaftslehrgang ist die maßgebliche Quelle für Steiners höhere Erkenntnisse zur Landwirtschaft geblieben. Bis heute beziehen sich die Erzeuger und Vermarktungsstrategen von Demeter darauf und begründen damit, dass ihre Erzeugnisse »vitaler« seien als andere landwirtschaftliche Produkte. Ausgangspunkt von Steiners Ausführungen war seine Vorhersage, dass »sich heute auch schon der materialistische Landwirt, wenn er überhaupt nicht ganz dumpf dahinlebt, sondern etwas nachdenkt über die Dinge, die sich ja täglich oder wenigstens jährlich ergeben, ungefähr ausrechnen [könne], in wie viel Jahrzehnten die Produkte so degeneriert sein werden, dass sie noch im Laufe dieses Jahrhunderts nicht mehr zur Nahrung der Menschen dienen können[35].« Es gehe daher »im allereminentesten Sinne« um nicht mehr und nicht weniger als eine kosmisch-irdische Überlebensfrage. Die Landwirtschaft sei so zu verbessern, dass die Erde die Menschen weiterhin ernähren könne.

Nebenbei entwickelte Steiner in seinem ersten Vortrag eine Theorie der Ernährung, die wie schon seine Auffassung von der menschlichen Gesundheit auf einer spiegelbildlichen Wechselbeziehung zwischen Geist und Körper beruhte: Alles, was der Mensch durch den Magen aufnehme, gehe direkt in seinen Kopf, während die Substanzen, aus denen etwa die Knochen bestünden, »durch Atmung und sogar durch die Sinnesorgane aus der ganzen Umgebung aufgenommen« würden. »Es findet fortwährend im Menschen ein solcher Prozess statt, dass das durch den Magen Aufgenommene hinaufströmt und im Kopfe verwendet wird, dass dasjenige aber, was im Kopfe, beziehungsweise im Nerven-Sinnes-System aufgenommen wird aus Luft und aus der anderen Umgebung, wiederum hinunterströmt, und daraus werden die Organe des Verdauungssystems oder die Gliedmaßen. Wenn Sie also wissen wollen, woraus die Substanz der großen Zehe besteht, müssen Sie nicht auf die Nahrungsmittel hinschauen.«[36]

Steiner beklagte in seinen landwirtschaftlichen Vorträgen – wie so oft – die »materialistische« Sicht der Dinge, die in einer Rübe nichts anderes sehe als eine Rübe (das Beispiel lag nah, Koberwitz war ja auch eine Zuckerrübenfabrik): »Wenn Sie die Rübe in der Erde wachsen haben: sie so zu nehmen, wie sie ist, in ihren engen Grenzen, ist in dem Augenblick ein Unding, wenn die Rübe in ihrem Wachstum vielleicht abhängig ist von unzähligen Umständen, die gar nicht auf der Erde, sondern in der kosmischen Umgebung der Erde vorhanden sind.«[37] Zu diesen Bedingungen gehöre einerseits die Individualität des »Betriebsorganismus«. Hof ist nicht gleich Hof, Bauer nicht gleich Bauer, hier haben wir wieder die starke Betonung des kategorialen Individualismus in der Anthroposophie, die bis heute für viele ihre Attraktivität ausmacht.

Um das jeweils Notwendige zu erkennen, brauche es trotz aller Wissenschaft den bäuerlichen Instinkt, den Steiner im 19. Jahrhundert verloren glaubte. Sodann breitete der Guru seine Lehre von den okkulten Kräften »hinter« dem Sichtbaren aus, die für Pflanzen und Tiere ebenso gelte wie für Menschen. In unzutreffender Analogie zur weiblichen Menstruation, die, wie Steiner glaubte, mit dem Mondzyklus korrespondiere, kam Steiner auf die Periodizität zu sprechen, die für Tiere und noch in stärkerem Ausmaß für Pflanzen gelte. Alles, was auf der Erde ist, sei eigentlich nur ein Abglanz dessen, was im Kosmos vor sich gehe: »So können wir sprechen jedem Acker gegenüber, der bebaut ist: da drinnen wirkt Kieseliges und wirkt Kalkiges. Im Kieseligen wirken Saturn, Jupiter, Mars, im Kalkigen Mond, Venus, Merkur.« Dass es »Regentage und Nichtregentage« gebe, hielt der Meister nicht sehr überraschend fest, und dass Regenwasser nach Vollmond besondere Kräfte in die Pflanzen schießen lasse, weshalb man beim Säen die Mondphase berücksichtigen müsse.

Die größte Symbolkraft in der biodynamischen Landwirtschaft hat die Frage des Düngens im Einklang mit den kosmischen Rhythmen bekommen. Wer Demeter kauft, also Produkte aus der biodynamischen Landwirtschaft, darf sich sicher sein, dass er damit in den Genuss von Erzeugnissen kommt, die mit »geistigem Mist« gedüngt wurden. Das Prozedere zur Herstellung von anthroposophischem Dung ist es wert, ausführlicher zitiert zu werden: Dazu muss ein mit Kuhmist gefülltes Kuhhorn im Acker vergraben werden, wodurch der Bauer die darin enthaltenen Kräfte konserviere, »die das Kuhhorn gewohnt war, in der Kuh selber auszuüben, nämlich rückzustrahlen dasjenige, was Belebendes und Astralisches ist.... Das ganze Lebendige wird konserviert in diesem Mist, und man bekommt dadurch eine außerordentlich konzentrierte, belebende Düngungskraft in dem Inhalte des Kuhhorns. Dann kann man das Kuhhorn ausgraben; man nimmt dasjenige, was da als Mist drin ist, heraus. Bei unseren letzten Proben in Dornach haben sich die Herrschaften selber davon überzeugt, dass, als wir den Mist herausgenommen haben, er überhaupt nicht mehr gestunken hat. Es war das ganz auffällig. Er hatte keinen Geruch mehr, aber er fing natürlich an, etwas zu riechen, als er nun wieder mit Wasser bearbeitet wurde. Das bezeugt, dass alles Riechende in ihm konzentriert und verarbeitet ist. Da ist eine ungeheure Kraft darinnen an Astralischem und an Ätherischem, die Sie brauchen können dadurch, dass Sie nun dasjenige, was Sie da aus dem Kuhhorn herausnehmen, nachdem es überwintert hat, mit gewöhnlichem Wasser, das nur vielleicht etwas erwärmt sein sollte, verdünnen.«

Wie viel von dem kraftvollen Gemisch ausgebracht werden soll, entschied sich auf dem Koberwitzer Treffen durch einen Blick aus dem Fenster: Steiner maß die Fläche, die er vor Augen hatte, ab und beschied: »...wenn man mit solchem Dünger versorgen will eine Fläche, die etwa so groß ist, wie, sagen wir, von dem dritten Fenster vielleicht bis zu dem ersten Quergang, man dazu nur ein Kuhhorn braucht, dessen Inhalt man verdünnt in etwa einem halben Eimer Wasser. Dann hat man nötig, diesen ganzen Inhalt des Kuhhorns aber in eine gründliche Verbindung zu bringen mit dem Wasser. Das heißt, man muss jetzt anfangen zu rühren, und zwar so zu rühren, dass man schnell rührt am Rande des Eimers, an der Peripherie herumrührt, so dass sich im Innern fast bis zum Boden herunter ein Krater bildet, so dass das Ganze in der Tat rundherum durch Drehung in Rotierung ist. Dann dreht man schnell um, so dass das Ganze nun nach der entgegengesetzten Seite brodelt. Wenn man das eine Stunde fortsetzt, so bekommt man eine gründliche Durchdringung.« Steiner hatte auch eine Idee, wer die Arbeit des Rührens übernehmen sollte, nämlich die sonst unbeschäftigten Mitglieder einer Landwirtschaft, konkret: die Haustöchter und Haussöhne. Dann aber, da war sich der Guru sicher, wenn das gewöhnliche Düngen durch »geistigen Mist« ersetzt sei, werde man »schon sehen, welche Fruchtbarkeit aus diesen Dingen hervorgehen kann«[38].

Das Kuhhornvergraben ist nicht die einzige Kuriosität der Steiner'schen Landwirtschaftslehre. Gegen Mäuse empfahl er – nach homöopathischen Regeln –, ein Mäusefell zu verbrennen und als »Pfeffer« über die Felder zu streuen, und zwar wenn Venus im Zeichen des Skorpions stehe. Bei Insekten funktioniere die Methode genau dann nicht, da müsse nämlich die Sonne im Zeichen des Stieres stehen... Für Nichtanthroposophen ist das alles schwer zu fassen, dennoch soll es gewirkt haben, auch wenn die behaupteten objektiven Effekte mit naturwissenschaftlichen Methoden nie bewiesen werden konnten.

Die biodynamische Landwirtschaft, bis in die dreißiger Jahre ein nur unter Anthroposophen kursierendes Geheimwissen, führte immerhin zur erfolgreichen Gründung des Demeter-Wirtschaftsbundes. 1932 wurde der Name für biodynamische Produkte patentiert. 1933 waren aus den ursprünglich etwa hundert in Steiners Sinne arbeitenden Landwirtschaftsbetrieben über tausend geworden. Heute ist die biodynamische Landwirtschaft innerhalb der biologischen Alternativszene eine feste Größe, so wie die Waldorfschule in der Privatschulszene von Gewicht ist. Ein bisschen Anschubhilfe haben dabei die Nationalsozialisten geleistet, dank persönlicher Beziehungen vor allem eines Teilnehmers des Landwirtschaftskurses in Koberwitz.

Erhard Bartsch bewirtschaftete seit 1927 das Gut Marienhöhe in Bad Saarow in der Mark Brandenburg. Er hatte gute Beziehungen zu Hitlers Stellvertreter Rudolf Hess und Landwirtschaftsminister Walter Darré, die den biodynamischen Landbau unter ihren persönlichen Schutz stellten. Der nichtanthroposophische »natürliche Landbau« hingegen wurde 1934 gleichgeschaltet. Auf Bartschs Hof gingen Parteifunktionäre und Regierungsleute ein und aus. Sie nahmen Nahrungsmittel mit, angeblich wurde sogar Hitlers Obersalzberg damit beliefert. Weil seit 1934 auch staatliche Versuche mit biodynamischem Landbau unternommen wurden, galt die NS-Zeit als ausgesprochen fruchtbar für das anthroposophische Praxisfeld. SS-Leute beteiligten sich an Betriebsprüfungen, während Bartsch und andere anthroposophische Bauern auf Höfen der SS ihre Methoden unterrichteten. Nachdem Hess 1941 nach England geflohen war, lief es für die anthroposophische Landwirtschaft allerdings nicht mehr ganz so glatt. Der bis dahin beschützte Reichsverband wurde gemeinsam mit der Anthroposophischen Gesellschaft als Hort von »Geheimlehren« verboten. Die SS-Betriebe der Deutschen Versuchsanstalt für Ernährung und Verpflegung durften jedoch weiterhin biodynamisch arbeiten.

Ein besonders düsteres Kapitel für die Geschichte des anthroposophischen Landbaus ist die Tatsache, dass die SS Versuche mit Heilpflanzen in Konzentrationslagern wie Auschwitz und Dachau durchführte. An den Experimenten in Dachau war der Anthroposoph Franz Lippert beteiligt, einer der Teilnehmer der Koberwitzer Kurse von Rudolf Steiner und Leiter der Heilpflanzenanlage von Weleda.

Heute ist die biodynamische Landwirtschaft weltweit verbreitet. In Deutschland gibt es rund 1400 im Demeterbund organisierte Betriebe, davon je ein Drittel in Bayern und in Baden-Württemberg. Jeder Bioladen hat Demeterprodukte im Angebot oder Waren von Naturata, Spielberger und Bauck, Markennamen, hinter denen ebenfalls anthroposophische Überzeugungen stehen. Der Marktanteil von Demeter an allen ökologischen Produkten beträgt in diesen Tagen über acht Prozent.

TEIL VI
ÜBERGANG

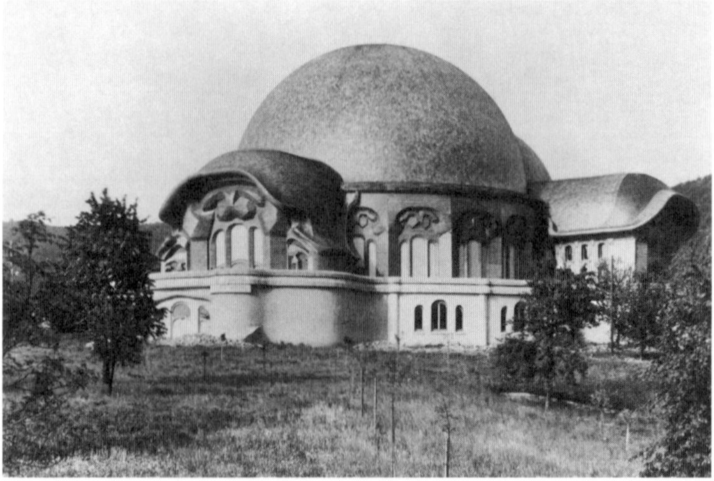

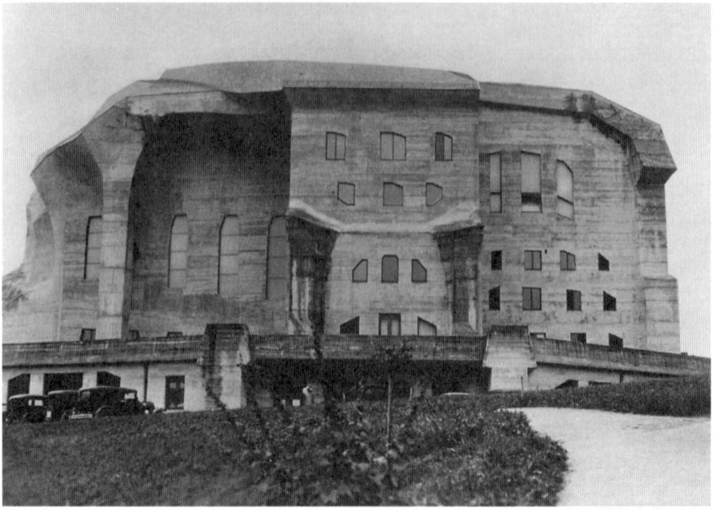

## Letzte Reisen

Nach dem Landwirtschaftskurs auf Gut Koberwitz blieben Rudolf Steiner nur noch wenige Monate, bis ihn seine Erkrankung niederstreckte. Diese Zeit verbrachte er in einem fieberhaften Arbeitsrausch, als gelte es, in der ihm verbleibenden Zeit noch möglichst viel zu schaffen. Sein Hofbiograph Christoph Lindenberg behauptet, der Strom der geistigen Offenbarungen habe sich zum Ende hin sogar noch gesteigert. Im Juli trat Steiner auf der Anthroposophisch-Pädagogischen Tagung in Osterbeek bei Arnheim vor 250 Teilnehmern auf und hielt in acht Tagen achtzehn Vorträge. Nach einem von diesen brach er im Hotel erschöpft zusammen. Es war nicht mehr zu verkennen, wie krank Rudolf Steiner war. »Wenn andere vortrugen ... war es herzbedrückend zu sehen, wie erschöpft er schien; auch bemerkte ich voll Schrecken, wie abgemagert er war. Allerdings stellte sich dann jedesmal heraus, dass seiner Aufmerksamkeit trotz aller Müdigkeit nichts entgangen war, und als er dann auf dem Podium stand, war er sprühend wie immer, begeistert, voll Leben, man konnte nicht fassen, dass dies der gleiche Mensch sein sollte«, erinnerte sich ein Weggefährte.[1]

Trotz der rasch fortschreitenden Erkrankung – in der anthroposophischen Deutung Folge einer Vergiftung an Weihnachten 1923, wodurch sein »Ätherleib nicht mehr richtig in die Verdauungsorgane eingreifen« konnte, in der weltlichen Deutung wahrscheinlich Magenkrebs – trat Steiner am 9. August noch eine letzte große Auslandsreise an. Sie führte über Paris und Boulogne nach England. Eine Nachtfahrt im Auto brachte ihn, seine Frau, seine Freundin Ita Wegman und die beiden Vertrauten Elisabeth Vreede und Guenter Wachsmuth nach Torquay, einem Seebad an der englischen Südküste in Devon, wo er auf Bitten der Veranstalter einer internationalen Summer School über wahre und falsche Wege der geistigen Forschung sprach; vom 11. bis zum 22. August täglich um halb elf. Daneben hielt Steiner einen Kurs mit sieben Einheiten für die Lehrer einer Waldorfschule, die in der Nähe von London entstehen sollte, drei Mitgliedervorträge und zwei Klassenstunden. Der Mathematiker und Goetheforscher George Adams übersetzte. Dazu gab es unter der Leitung von Marie Steiner Eurythmiedarbietungen, die allerdings bei den Engländern keinen großen Anklang fanden.

Die Vorträge des Gurus befassten sich vor allem mit Hellsehen in Theorie und Praxis. Steiner war bis zum Schluss damit beschäftigt, seine Anthroposophie vom »gewöhnlichen« Spiritismus abzugrenzen, der gerade in England zu dieser Zeit wieder hochschwappte und in dessen Fahrwasser er selbst Anfang des 20. Jahrhunderts nach oben gespült worden war. Seine deutlich erkennbare eigene Hinterlassenschaft sollte nun ein »geisteswissenschaftlich« gewendeter Spiritismus sein, der systematisch vorgeht und intersubjektiv nachvollziehbar ist, sofern die Subjekte ebenfalls Eingeweihte sind. Zum wiederholten Male wies Steiner darauf hin, dass höhere Erkenntnis heutzutage »bewusst« erworben werden müsse, »als geistiges Wissen, nicht Hellsehen! Ich habe immer betont: Hellsehen kann auch erworben werden, aber das ist es nicht, worauf es ankommt, sondern das Verstehen desjenigen, was durch die hellseherische Forschung zustande kommt, durch den gewöhnlichen gesunden Menschenverstand, denn es kann dadurch verstanden werden.«[2]

Ihm selbst hingegen offenbarten sich in England größere karmische Zusammenhänge der Geschichte. Bei einem Ausflug zur frühmittelalterlichen Burganlage Tintagel in Cornwall, wo der Sage nach König Artus gezeugt wurde, beobachtete er mit seinem »okkulten Auge« »elementarische Geister, die da sich herausentwickeln aus den Lichtwirkungen, den Luftwirkungen, den Wirkungen der sich stoßenden Meereswellen«. Er erkannte, so schrieb er seinem Getreuen Albert Steffen nach Dornach, dass der von Artus ausgehende Impuls auf das ganze westliche Europa kultivierend gewirkt habe. In seiner Postkarte aus dem King Arthur's Castle Hotel dichtete er: »Von vielsagenden Burgestrümmern kommen wir. Hier saßen einst die alten Dämonenbesieger, ... Die Burgen sind in Trümmern. Die Astralmoral ist verstummt; doch Geisteskraft wuchtet um den Berg, und Seelenbildemacht stürmt vom Meer. – Zaubrisch wechselnd sind Licht- und Lüfteringen, die kräftig zu der Seele dringen auch heute nach dreitausend Jahren...«[3]

Der Öffentlichkeit trug Steiner Erkenntnisse über die Evolution des Bewusstseins im Wandel der Jahrtausende vor, Bedeutungsvolles über Kristalle und Metalle und über die »nachtodlichen« Schicksale einzelner historischer Personen. Im letzten Vortrag formulierte er dann gewissermaßen sein Testament: Seine Anhänger sollten die Erforschung der geistigen Welt denjenigen überlassen, »die in ihrem gegenwärtigen Leben Kräfte zur Hilfe nehmen können aus früheren Inkarnationen«. Die gewonnenen Erkenntnisse müssten zuerst von immer mehr Menschen aufgenommen und verstanden werden. Nur das »gesunde« Verstehen des spirituell Erforschten werde die Grundlage schaffen für die spätere Schau in die geistige Welt. »Denn ich habe es oftmals ausgesprochen: Es ist der gesündeste Weg, um wirklich in die geistige Welt hineinzukommen, sich zunächst mit der Lektüre zu befassen oder mit dem Aufnehmen dessen, was aus der geistigen Welt verkündet wird.«[4]

Damit wollte Steiner sicher nicht nur amateurhafte Konkurrenz in die Schranken weisen, um sein eigenes, professionelles »geistiges Schauen« zu legitimieren. Der Vortragstext legt nahe, dass sich der Anthroposophiebegründer zugleich gegen nachfolgende Epigonen, Zweifler und Reformer wappnen wollte. Denn mit der Aufforderung, erst einmal ordentlich zu lesen, meinte er auch sein eigenes Werk, das er zu kanonisieren trachtete. Hier wird eine der Ursachen erkennbar, warum sich die Anthroposophie nach Steiners Tod so schwertat mit ihrer Weiterentwicklung. Selbst als ein Gegenmittel gegen die Unübersichtlichkeit der modernen Welt und gegen die Vielstimmigkeit der religiösen und reformerischen Diskurse zu Beginn des 20. Jahrhunderts gedacht, war die Verlockung für Steiner und die Vereinsanthroposophie groß, ihrer Weltanschauung, die auf alles eine Antwort hatte, einen Absolutheitsanspruch zu verleihen und diesen auch intern durchzusetzen. Die orthodoxen Nachfolger Steiners würden gegen jeden Reformversuch gefeit sein, denn sie mussten nur den letzten Willen Rudolf Steiners ins Feld führen, mit dem er verlangte, dass erst einmal »richtig« verstanden werden müsse, was der Meister genau gemeint habe. Der Nachweis, dass man Steiners Schriften durchdrungen hat und darüber hinaus selbst über seherische Kräfte aus früheren Inkarnationen verfügt, dürfte schwer zu erbringen sein.

Als Steiner und seine Entourage nach Dornach zurückkehrten, erschraken seine Mitarbeiter und Freunde über sein müdes und krankes Aussehen. Trotzdem war dieser besonders warme und sonnige Herbst 1924 angefüllt mit großem Aktivismus. Steiner beraumte eine Generalversammlung des Vereins des Goetheanums an, auf der es um die Neuorganisation des spirituellen Zentrums ging. Unter dem zu errichtenden Dach der Allgemeinen Anthroposophischen Gesellschaft sollten künftig alle Pfeiler vereinigt werden: der Bauverein, der trotz der ausgezahlten Versicherungssumme von mehr als drei Millionen Franken für das abgebrannte erste Goetheanum dringend Geld brauchte, der Philosophisch-Anthroposophische Verlag, der Verein des Goetheanums und das Klinisch-Therapeutische Institut. Für die Internationalen Laboratorien AG in

Arlesheim wurde ein neuer Name gesucht: Sie sollten auf Wunsch Steiners in »Weleda« umbenannt werden nach der germanischen Heilpriesterin Veleda. Ein von 426 Einwohnern unterschriebenes Petitionsschreiben der Gemeinde Dornach an den Regierungsrat des Kantons Solothurn empfahl die Genehmigung der Bauvorlage für das neue Goetheanum. Nachts schrieb der Meister unter Hochdruck an seiner Autobiographie *Mein Lebensgang,* die sofort kapitelweise publiziert wurde, was wiederum verdeutlicht, wie sehr es Steiner in seinen letzten Monaten um die Festschreibung seiner Ideen und Hinterlassenschaft zu tun war.

In dieser Zeit fiel ihm das Essen immer schwerer. Nach außen ließ er sich nicht viel anmerken. Er sprach die Einführungsworte bei den Eurythmiedarbietungen, hielt seine Vorträge, hatte zahllose Besprechungen, aber jede Mahlzeit bereitete ihm Qualen, die er »ritterlich, niemals klagend« ertrug.[5] Sich seines ernsten Zustands bewusst, entwarf er die Vertretungsvollmacht für eine Gründungsversammlung des Vereins Allgemeine Anthroposophische Gesellschaft – nicht für seine Frau, die ihn ursprünglich zur Theosophie gebracht und damit seine Karriere ermöglicht hatte, sondern für seine Freundin und Ärztin Ita Wegman.

Zwischen dem 5. und dem 24. September hielt Steiner siebzig Vorträge, schrieb wöchentliche Aufsätze für die Hauspostille *Goetheanum,* empfing zahlreiche private und offizielle Besucher. Seine Umtriebigkeit muss dem Gefühl entsprungen sein, dass ohne ihn nichts vorangehe. Zwischendurch fuhr er regelmäßig nach Stuttgart, um an den Lehrerkonferenzen der dortigen Waldorfschule teilzunehmen. Vertragsangelegenheiten zwischen der zu liquidierenden »Kommenden Tag AG«, einem noch aus der Dreigliederungszeit existierenden Unternehmen, das die Finanzierung der anthroposophischen Projekte sicherstellen sollte, und dem Waldorfschulverein, der durch die Wirtschaftsnöte der Zigarettenfabrik in Turbulenzen geraten war, standen an. Bei der letzten Besprechung mit

Übergang

Schülern der Waldorfschule beschwor er die Anwesenden, die Dreigliederungsidee nicht aufzugeben, sondern unter den Ehemaligen zu verbreiten.

Die letzten Vortragsserien von Rudolf Steiner in Dornach waren Massenereignisse. Über tausend Menschen aus allen erdenklichen Berufsgruppen, Schauspieler, Priester, Ärzte, Landwirte, Lehrer, kamen zusammen, um den Meister zu erleben. »Im September war es, dass Rudolf Steiner wie in einem letzten glanzvollen Aufleuchten seines Geistes, dem im Feuer übersinnlichen Erlebens schon verglühenden Körper die äußerste Kraftleistung abrang, durch die eine unvorstellbare Fülle von geistigen Gaben uns zuströmte. Es war wie ein Zusammenfließen, eine Konzentration alles dessen, was er im Laufe seines vier Jahrzehnte langen Wirkens für die Erweckung der Menschheit getan hatte: zugleich reife Frucht und in sich gedrängte Zukunftskraft, welche kommende Zeitalter wird geistig befruchten können… All dieses hätte, wie Dr. Steiner es uns selbst sagte, seine Kräfte nicht überstiegen. Was zuviel wurde, das waren die dazwischen liegenden Audienzen, das ununterbrochene Kommen und Gehen der Menschen, die Rat und Hilfe brauchten in großen und kleinen Dingen. Da sich Dr. Steiner nie schonte, sondern ganz hingab, zehrte dies seine letzten Kräfte auf; es gab ja nicht die geringste Ruhepause zu ihrer Wiederherstellung«, schrieb seine Frau Marie Steiner.[6]

Atemberaubend an Steiners Energieleistung war auch das Themenspektrum, das er bearbeitete. Er hielt einen Kurs für Sprachgestaltung und dramatische Kunst, an dem insgesamt 600 Schauspieler, Sprecher und Lehrer teilnahmen, professionelle Mimen erschienen allein oder mit ihren Ensembles. Er hielt einen Kurs für Theologen über die Apokalypse. Er sprach über Pastoralmedizin, über die Rolle von Priestern und Ärzten und in Einzelvorträgen immer wieder über Karma. Am 19. September kündigte Steiner die Verlängerung des dramatischen Kurses an. Darauf brach die ganze Versammlung in ein begeistertes »Ah« aus. Das riesige Interesse an seiner Person und seinen Erläuterungen wird wesentlich zu seinem Durchhaltevermögen beigetragen haben. Teilnehmer beschreiben in ihren Erinnerungen immer wieder, wie er sich kaum zum Rednerpult schleppen konnte, wie seine Füße von Tag zu Tag schwerer wurden und wie er sich trotzdem jedes Mal beim Reden erholte und verjüngte.

Auch die wieder aufflackernde Gegenwehr gegen seinen Betontempel hielt ihn am Laufen. Nach der Basler *Nationalzeitung* forderte nun der *Solothurner Anzeiger* eine groß angelegte Aktion des Heimatschutzes gegen die Errichtung des neuen Goetheanums, da der Bau die Landschaft verunstalten und den geschichtlichen Boden Dornachs – im Jahr 1499 war der sogenannte »Bluthügel« Schauplatz einer Schlacht um die Unabhängigkeit der Eidgenossenschaft gewesen – entwürdigen würde.

Die letzten medizinischen Vorträge Steiners waren ungeheuer dicht. »Die Frage schien vielmehr die: wie können wir all das ertragen, was da geboten wird? In unfasslicher Fülle strömte der Geist. Jedes Gebiet, das Rudolf Steiner berührte, wurde taufrisch. Jeder Gesichtspunkt war vollkommen neu, es gab keine Wiederholung, nicht in der Formulierung, nicht im Gedankengang. Ein übersprudelnder Quell begnadete uns. Wir tranken und ahnten nicht, dass wir unseren Lehrer zum letzten Mal in seinem Erdenleib sahen,« berichtet ein Augenzeuge.[7] Der Arzt Zeylmans schrieb, im September 1924 hätten sich alle im Umfeld Steiners weit über ihr normales Bewusstsein hinausbewegt: »Man war in andere Sphären gehoben, wir alle sahen anders aus, wir sahen und hörten jenseits unserer eigenen Möglichkeiten.... Es war etwas Unglaubliches und Unbeschreibliches. Man lebte schon in einer geistigen Welt, die man natürlich gar nicht beherrschte. Es gab Momente bei den letzten Vorträgen des

Pastoral-Medizinischen Kurses, da Rudolf Steiner nur Liebe und Geist ausströmte – so sehr, dass es beinahe schwer war, auf das zu hören, was er sprach.«[8]

Den Vortrag am 26. September musste Steiner ausfallen lassen. Die Zuhörer gingen wie gewohnt in die Schreinerei, wo alle Veranstaltungen stattfanden. Einige Menschen kamen ihnen entgegen, verstört und aufgeregt. Der Vortrag finde nicht statt. In zwanzig Jahren hatte Steiner nie einen Auftritt ausfallen lassen. Man ging zum Atelier, um sich zu erkundigen. Wartete beim Portier, wo eine Gruppe von Menschen stand. Noch kurz vorher war Steiner hier gewesen, hatte traurig mit dem Kopf geschüttelt – und war müden, schleppenden Schrittes wieder im Atelier verschwunden. Seiner Frau, die mit ihrer Eurythmietruppe unterwegs war, schrieb er, wie schwer es ihn ankam, zum ersten Mal einen Vortrag absagen zu müssen aus Sorge, ihn möglicherweise nicht zu Ende bringen zu können.

Dann kam der letzte Vortrag. Am 28. September 1924 raffte sich der Todkranke noch einmal auf: »Es wird allen Teilnehmern unvergesslich bleiben wie Rudolf Steiner, in seinen Mantel gehüllt, in tiefstem Ernst den Saal der Schreinerei betrat. Wie auf Verabredung erhoben sich die Zuhörer von ihren Plätzen. Er legte seinen Mantel am Vorstandstisch ab und bestieg das Rednerpult«, berichtet sein Mitarbeiter Emil Leinhas. Eine andere Zuhörerin erinnert sich daran, beim letzten Vortrag Steiners habe eine lautlose Stille geherrscht, bevor der Redner kam, dann erhoben sich alle von ihren Plätzen. Steiners Gesicht sah aus wie gemeißelt, jeder Zug trat scharf hervor. »Ich musste empfinden, es liegt in dem Gesicht etwas von der Seele eines Menschen, der mit Todesmächten ringt.... Ich konnte nicht anders, es strömten mir immerzu während der zwanzig Minuten die Tränen herunter, und so ging es vielen anderen. Ich sprach noch mit einigen Dornachern hinterher, sie waren alle tief erschüttert und hatten alle ähnliches wie ich empfunden.« Albert Steffen, der langjährige Getreue, blieb vor allem Steiners Stimme im Gedächtnis, die zarter und heller klang als sonst und einen Schmerz verbarg, der von einem kummervollen Abschiednehmen zu zeugen schien. Das Thema des letzten Vortrags hätte nicht passender gewählt sein können. Es ging um das Mysterium des Lazarus.

Von nun an reiste Marie Steiner alleine. Bis zum Tod ihres Mannes war sie fast immer mit der Eurythmietruppe des Goetheanums auf einer schon vorher vereinbarten Tournee durch Deutschland. Von den Veranstaltungsorten telegraphierte sie ihrem Mann, er schrieb ihr über die Vorgänge in Dornach. Sie wohnten auch nicht mehr zusammen. Steiner zog am 1. Oktober 1924 aus dem Haus »Hansi« aus und ins Atelier der Schreinerei ein, weil er dort besser von Ita Wegman gepflegt werden und gleichzeitig seine Arbeit an den Plänen für den Neubau des Goetheanums fortsetzen konnte. Von seiner Haushälterin Helene Lehmann verabschiedete er sich mit dem Worten, er werde zwei Tage schwitzen und dann wieder zurückkehren. Am 2. Oktober ließ er einen Zettel am schwarzen Brett anbringen, dass er vorläufig keine Vorträge mehr halten könne.

Das Atelier in der Schreinerei war ein hoher Raum mit Oberlicht. In der Beschreibung eines Mitarbeiters heißt es, nichts von der Erde habe in den Raum geschaut, kein Baum, kein Berg, kein Haus, nur das Licht des Himmels. Auf den Simsen standen von Steiner selbst geschaffene plastische und architektonische Modelle und Büsten; zu Füßen seines Krankenlagers ragte eine selbst gemeißelte Skulpturengruppe mit Christus, Luzifer und Ahriman empor. Ringsherum gruppierten sich Tische und Ständer mit Büchern und Schriften.

Nur noch wenige Menschen wurden zu Rudolf Steiner vorgelassen: Ita Wegman, die sich jetzt ausschließlich um seine Pflege kümmerte und ebenfalls in die Schreinerei zog, sowie Ludwig Noll vom Klinisch-Therapeutischen Institut Stuttgart. Steiners Frau Marie, wenn sie da war, durfte ihn täglich zur festgesetzten Stunde besuchen, ebenso die langjährige Freundin und Hausgenossin Mieta Pyle-Waller. Guenther Wachsmuth als sein Sekretär kam täglich um elf Uhr vormittags, Albert Steffen um fünf Uhr nachmittags, und ab und an wurden Mitglieder, die für besondere Besprechungen bestellt waren, empfangen. Verschiedene Leute beschäftigten sich damit, für den appetitlosen Meister versuchsweise zu kochen und auszuprobieren, was ihm bekäme.

In einem Brief an seine Frau schrieb Steiner, er hätte frühzeitig auf Ita Wegman hören und sich ausruhen sollen. Was ihn abgehalten habe, sei sein Pflichtgefühl gegenüber höheren Mächten gewesen. Am 18. Oktober gestand er ihr, seine Situation sei nicht so, wie er eigentlich leben und arbeiten wolle. Seit dem Brand des ersten Goetheanums fühle er sich von seinem »physischen Leib« entfremdet. Er litt darunter, beim Bau des neuen Goetheanums nicht dabei sein zu können. So gut es ging, arbeitete er vom Krankenlager aus. Am 1. November erschien sein Artikel »Das zweite Goetheanum« mit einer Abbildung des Modells in den *Basler Nachrichten*. Zugleich machte er sich Gedanken über die Struktur der geplanten anthroposophischen Hochschule in Dornach. Die erste Klasse sollte allen ohne Zugangsbegrenzung offenstehen und von Ita Wegman geleitet werden. Die zweite Klasse, geleitet von Marie Steiner mit maximal 36 handverlesenen Teilnehmern, stünde Sektionsleitern und Sektionsmitgliedern sowie Vortragenden, Landesleitern und »initiativ-tätigen Mitgliedern« offen. Die Abschlussklasse plante er als seine persönliche Meisterklasse mit zwölf Schülern, die dann zum »esoterischen Vorstand« gehören sollten. Die Zuordnung seiner Mitarbeiter zu den verschiedenen Sektionen der Hochschule begründete der Meister mit deren »Schicksal«.

Im November verschärften sich die öffentlichen Auseinandersetzungen um das neue Goetheanum. Auf dem Arlesheimer Schulhof fand eine öffentliche Protestversammlung des schweizerischen Heimatschutzes gegen den Neubau statt. Der Solothurner Regierung und dem Gemeinderat ging eine Resolution gegen den Bau zu. Im Lokalblatt wurden Pro- und Contrastimmen abgedruckt. Letztlich wies der Dornacher Gemeinderat die Resolution zurück.

In einem Gedicht sprach Steiner von einem dämonischen Unheil, das »nach Schlangen-Art« an ihn herangleite. Er war in großer Sorge um den Neubau. Am 1. Dezember ging ein erneuter Antrag gegen den Wiederaufbau bei der Regierung in Solothurn ein. Die Vereinigung für Heimatschutz schlug den Anthroposophen vor, doch einen Ideenwettbewerb mit internationaler Architektenbeteiligung auszuloben. Steiner lehnte ab. Ein »Aktionskomitee gegen das geplante Goetheanum« stellte beim Bundesrat einen Antrag, den ganzen Dornacher Baugrund zu enteignen, um darauf ein Schlachtendenkmal zu errichten. Der Bundesrat erklärte sich für nicht zuständig.

Die Vorbesprechung der Versammlung der Anthroposophischen Gesellschaft und die Generalversammlung der Freien Hochschule und des Vereins des Goetheanums mussten ohne Steiner auskommen.

Am 27. Februar 1925 wird Steiner 64 Jahre alt. Er erhält einen Brief von Friedrich Eckstein, dem ehemaligen Freund aus den alten Wiener Zeiten, mit dem er sich überworfen hatte. Die Widmung der beiliegenden Schrift: »Zur Erinnerung an längst vergangene Tage der Geistesfreude«. Steiner schreibt seiner Frau, dass er ihr für ihre Toleranz gegenüber seiner übergroßen Nähe zu Ita Wegman danke. Er gibt ein Holzmodell für den Neubau des Goetheanums in Auftrag und beabsichtigt, sich selbst an die Planung der Innengestaltung zu machen. Seine ganze Sorge gilt dem Bauprojekt, seinem Denkmal. Noch im März erwähnt er seiner Frau gegenüber, dass er bald arbeitsfähig werden müsse, damit es nicht zu einer Bauunterbrechung käme.

## Übergang

Am 20. März lässt er Ita Wegman wissen, wo sie die Unterlagen zu seinen Finanzen findet. Am 23. März bedankt er sich noch einmal bei seiner Frau Marie, diesmal für ihre rastlose Tätigkeit in seinem Sinne. »Bei mir geht alles furchtbar langsam; ich bin eigentlich recht verzweifelt über diese Langsamkeit.« Am 26. März besucht Albert Steffen den Todkranken. »Es war, als ob sein zerbrechlicher Körper eine fremde Last wäre, die sein mächtiger Wille aufhob, und die er mit Schmerzen tragen musste. Mir wollte das Herz vor Leid vergehen, als ich es sah.«[9] Doch in den nächsten Tagen scheint sich sein Befinden zu verbessern. Steiner bespricht sich mit seinen Mitarbeitern und will aufstehen, um an einer Plastik weiter zumodellieren. Am 28. März fügt er letzte Korrekturen in das Manuskript des Buches *Grundlegendes für eine Erweiterung der Heilkunst nach geisteswissenschaftlichen Erkenntnissen* ein. An diesem Tag schreibt er auch einen letzten Brief »An die Mitglieder!«. Darin warnt er vor den Folgen der Technik, die die Menschheit herunterziehen werde. Anthroposophen meinen, Steiner habe in diesem Brief die Geschichte des 20. Jahrhunderts vorweggenommen. Das ist sehr weit hergeholt, trotzdem stützen seine Anhänger bis heute ihre Technikskepsis, insbesondere gegenüber neuen Medien, auf Steiners letzte Äußerungen.

Als die Haushälterin an diesem Tag nach seinem Zimmer sehen will, wird sie weggeschickt.

Am 29. März, einem stürmischen Sonntag, erwacht Steiner mit Schmerzen. Er kann zum ersten Mal nicht arbeiten. Am Nachmittag verschlechtert sich sein Zustand. Um zehn Uhr abends benachrichtigt Ita Wegman Marie Steiner, die sich gerade in Stuttgart aufhält, über den Krankheitsverlauf ihres Mannes. In der Schreinerei werden, während Steiner im Sterben liegt, Humoresken von Christian Morgenstern vorgeführt. Nur wenige sind eingeweiht in den Ernst der Lage. Die beiden Ärzte Ita Wegman und Ludwig Noll wachen im Nebenzimmer. Morgens um drei Uhr beobachtet Ita Wegman

## Letzte Reisen

eine leise Veränderung in Steiners Atemzügen. Um vier Uhr ruft er nach ihr. Die Vorstandsmitglieder werden benachrichtigt. Sie versammeln sich um Steiners Bett. Kurz vor sechs Uhr am Montagmorgen erhält seine Frau in Stuttgart den zweiten Anruf. Sie fährt sofort los.

Die Zeugen seines Sterbens berichten einvernehmlich, der Meister habe nicht gekämpft. Er habe die Hände gefaltet und die Augen geschlossen. Sei ruhig weggegangen. Seine Seele habe sich von seinem feingliedrigen und immer schon schwächlichen Körper ohne Schmerzen gelöst. Steiner hat sich zu Lebzeiten viel mit dem Tod als Voraussetzung der Wiedergeburt beschäftigt. Sterben, glaubte er, sei nur schrecklich aus dem Blickwinkel der Lebenden. »Wenn der Mensch aber durch die Pforte des Todes gegangen ist und zurückblickt auf den Tod, so ist der Tod das schönste Erlebnis, das überhaupt im menschlichen Kosmos möglich ist.«[10]

Gegen zwölf Uhr trifft Marie Steiner in Dornach ein. Sie wird an das Totenlager ihres Mannes geleitet. Die Vorstandsmitglieder sind schon um Rudolf Steiners Leichnam versammelt. Die schweizerische Depeschenagentur meldet an diesem Tag, dem 30. März 1925, in alle Welt: »Der Leiter der anthroposophischen Bewegung Dr. Rudolf Steiner ist heute um 10 Uhr vormittags im Alter von 64 Jahren gestorben.«

An der Totenfeier in der Schreinerei nahmen mehr als 1200 Personen teil. Man musste eine Wand entfernen, um Platz zu schaffen. Der geöffnete Sarg stand auf der Bühne, um die sich die Anwesenden in weitem Halbkreis gruppierten. In der Nacht wurde eine Totenmaske abgenommen. Die Feierlichkeiten begannen mit einer Komposition von Jan Stuten für Rudolf Steiner. Darauf vollzogen Friedrich Rittelmeyer und zwei Helfer das anthroposophische Totenritual. Steiners Leichnam wurde eingeäschert und die Asche zunächst jahrzehntelang in einer Urne im Atelier verwahrt. Als immer mehr »Eingeweihte« in der Nähe ihres Meisters auf ihre Reinkarnation

## Übergang

warten wollten, entschlossen sich die Anthroposophen, die sterblichen Überreste Rudolf Steiners und seiner Frau sowie anderer Verbündeter wie beispielsweise Christian Morgenstern in einem Hain auf dem Gelände des Goetheanums zu begraben, damit sich ihre Asche mit der Erde verbinde.

Der Mensch betritt, so behauptete Rudolf Steiner, indem er durch die Todespforte geht, die geistige Welt. Er fühlt alles von sich abfallen, was er durch die Sinneseindrücke im Leben erfahren hat. Sein Bewusstsein verliert er nicht. Im Gegenteil, er sieht Bilder, sieht sein Leben als Panorama vorbeiziehen. Er fühlt jetzt am eigenen Leib, was seine Mitmenschen und seine Umgebung durch sein Tun und Verhalten erlebt haben. Dadurch kann er sich ein objektives Urteil über sein Leben bilden. Weil er unter dem Verlust seines Körpers leidet, muss er nun lernen, sein Begehren nach Sinneseindrücken, nach Vorstellungen und Gedanken, nach Wünschen und nach Selbstgefühl zu überwinden. Er begreift die Nichtigkeit des sinnlichen Wohlergehens, die Wertlosigkeit des Tatendursts, die Schädlichkeit der materiellen Bedürfnisse. Nach dieser Reinigung tritt er in die Geistwelt ein. Normalerweise dauert das einige Jahrzehnte. Steiner war jedoch davon überzeugt, dass sich die Anthroposophen noch Ende des 20. Jahrhundert wiederträfen – als Erleuchtete würden sie nun den Sinn einer ethischen und göttlich-gerechten Weltordnung kennen.[11]

## Epilog

Vorerst sah es nicht nach Erleuchtung aus. Nach Steiners Tod setzten seine Mitarbeiter sein Werk zwar fort, aber sie verzettelten sich auch in Nachfolgekriegen. Schon auf dem Heimweg nach der Einäscherung soll der erste Streit über das Schicksal der Urne Steiners ausgebrochen sein. Dahinter steckten nicht nur persönliche Animositäten, zum Beispiel zwischen den beiden Frauen, Marie Steiner und Ita Wegman, sondern auch das Versagen des Meisters bei der Übergabe seines Werkes an die nächste Generation.

Ita Wegman wollte die Esoterische Schule führen, was ihr nicht gelang. Albert Steffen erhielt genügend Stimmen für die Leitung der Gesellschaft, aber die Posten des zweiten Vorsitzenden und der Hochschulleitung blieben vakant. Ab Ende 1925 gab es keine regulären Vorstandssitzungen mehr. 1926 zerfiel die Waldorfbewegung in einen »Weltschulverein« und eine »Rudolf-Steiner-Vereinigung«. Im Jahr 1930 teilte sich die Organisation in einen »Initiativkreis« um Albert Steffen und Marie Steiner und die »Anthroposophischen Arbeitsgemeinschaften« um Ita Wegman. Im April 1935 wurde Wegman ihres Amtes enthoben, ihr Ausschluss jedoch als »Selbstausschluss« verbrämt. Inhaltliche Fragen zur Verbindlichkeit von Steiners Offenbarungen und zur Stellung des Christentums in der Lehre, aber vor allem auch materielle Streitigkeiten bezüglich des Erbes hatten zum Bruch geführt. Über Jahrzehnte sollten die Organisation und Marie Steiner um den Nachlass des Propheten kämpfen.

Trotzdem ging die Bewegung nicht unter. Anthroposophisch arbeitende Landwirte schlossen sich 1927 zur Verwertungsgesellschaft Demeter zusammen und erlebten, wie wir gesehen haben, die NS-Zeit als fruchtbare Phase in der Geschichte des biodynamischen Landbaus. Die von Rudolf Steiner und Ita Wegmann begründete Weleda AG entwickelte sich zu einem profitablen Unternehmen. Anders als andere anthroposophischen Verbände und Schulen überstand die Firma die NS-Herrschaft und die Kriegsjahre bruchlos. In den 1980er Jahren wurde allerdings bekannt, dass der anthroposophische KZ-Arzt und Waldorfschüler der ersten Generation, Sigmund Rascher, der SS eine »naturheilkundliche Frostschutzcreme« geliefert hatte. Rascher setzte die Creme im Rahmen von Unterkühlungsversuchen an Häftlingen im Konzentrationslager Dachau ein. Das Unternehmen entschuldigte sich Ende der 1990er Jahre schriftlich bei der »Aktion Kinder des Holocaust« und öffnete das Firmenarchiv für die wissenschaftliche Aufarbeitung. Ansonsten überstand die Weleda AG in Schwäbisch Gmünd als Niederlassung einer Schweizer AG das NS-Regime und die Kriegsjahre relativ unbeschadet. Heute weist die Aktiengesellschaft einen Umsatz von 400 Millionen Schweizer Franken aus (2009).

Dank ihres Stammsitzes in der neutralen Schweiz konnte die organisierte Anthroposophie nach 1945 gleich mit ihrer Arbeit fortfahren. Nach einer Durststrecke in der aufbaubedürftigen und modernisierungsschwangeren Nachkriegszeit wurde sie in der Bundesrepublik zu einer wichtigen Mitspielerin bei der Etablierung der ökologischen Bewegung und der Partei der Grünen. Bei der Landesparteigründung in Baden-Württemberg gelang es den Anthroposophen, ihre antikommunistischen, ökologischen und plebiszitären Vorstellungen in der neuen Partei unterzubringen. Mittlerweile beteiligen sich Anthroposophen vor allem in Initiativen für direkte Demokratie. In Deutschland sind heute rund 20 000 Menschen in der Anthroposophischen Gesellschaft organisiert, weltweit etwa 60 000. Neue Betätigungsfelder kommen ständig hinzu, darunter anthroposophische Banken und Aushängeschilder wie die anthroposophische Privatuniversität Witten-Herdecke.

Von dem Erfolg der Waldorfbewegung wurde schon gesprochen. Auch sie wuchs nach dem Tod Steiners weiter. In den dreißiger Jahren wurden sieben neue Schulen gegründet. Emil Molt versuchte in der NS-Zeit, die Auflösung der Stuttgarter Ur-Schule zu verhindern, indem er auf die Verwandtschaft »gemeinschaftlichen« Denkens zwischen der Waldorfpädagogik und nationalsozialistischen Vorstellungen verwies, scheiterte jedoch damit. Auch andere führende Anthroposophen biederten sich beim herrschenden Regime an, unter anderem Guenther Wachsmuth, Vorstandsmitglied der Anthroposophischen Gesellschaft. Die Nationalsozialisten empfanden die Anthroposophie trotzdem als weltanschauliche Konkurrenzveranstaltung und verboten am 1. November 1935 die beiden Gesellschaften.

Von diesem Bruch hat sich die Waldorfpädagogik, wie wir gesehen haben, gut erholt. Heute betreibt sie im gesamten Bundesgebiet Privatschulen mit ständig wachsendem Zulauf. Die Enthüllungen über die Missbräuche an kirchlichen Erziehungseinrichtungen, diversen Internaten und der reformpädagogischen Odenwaldschule dürften ihr weiterhin Kundschaft zuspielen. Solange es die bürgerliche, wettbewerbsorientierte Leistungsgesellschaft gibt, wird es Menschen geben, die ihre Kinder besonders gesund ernähren, sie mit besonders wertvollem Spielzeug beschäftigen, von der angeblich verderblichen Medienkultur abschirmen und ihnen einen Schonraum gegenüber dem als allzu hart und fordernd empfundenen Leben gönnen wollen. Daran ist viel Positives. Das, was abschrecken könnte, die Vermischung von zweckrationalen, eigentlich protestantischen Prinzipien der Selbstverbesserung und esoterischem, politisch unerträglichem Gedankengut aus der Zeit Steiners, die eigenwillige Entwicklungstheorie und der Antiintellektualismus werden von Waldorfeltern wohl weiterhin in Kauf genommen werden, genauso wie die unzeitgemäß autoritäre Stellung der Lehrer und die in der Regel fehlende Mitbestimmungsmöglichkeit für Schüler und Eltern.

## Der moderne Prophet

In einer Vision beschreibt der Anthroposoph, wie die Verstorbenen ihren Blick noch einmal den auf der Erde Lebenden zuwenden. Eingeweihten sei das immer bewusst – dass sie von den Toten gesehen, belebt und inspiriert würden. Steiner selbst fühlte sich unter Beobachtung der Geister von Lessing, Goethe, Schiller und Herder, die gesandt seien, die Menschheitsentwicklung voranzubringen, genauso wie er selbst als »Marschall der geistigen Welt« voranschritt, die Nachkommenden leitend und lenkend.[12] Diese Vision hat sich zumindest partiell bewahrheitet. Wir wissen zwar nicht, ob Steiner heute hinter uns steht, wie er es angekündigt hat, und uns zuschaut, aber seine Einwirkungen spüren wir überall.

Die Ernte der Anthroposophie, von der Ernährung über die Heilkunde bis hin zu Architektur und Pädagogik, also alles, was ohne großes Knirschen ins Getriebe des modernen Lebensalltags passt, war ausgesprochen ertragreich. Dass der Prophet im Gehrock nicht nur spirituell wirkte, sondern auch ausgesprochen konsumierbar war, bemerkten schon die Zeitgenossen. Für manchen passte das allerdings gar nicht zusammen. Der interessante Aspekt seines Erfolgs ist jedoch die Tatsache, dass es Steiner gelang, so viele Bedürfnisse seiner Zeit gleichzeitig unter einen Hut zu bringen. Eine Auswahl der illustren Künstler, die sich zumindest zeitweilig in ihrem Leben für Steiners Anthroposophie begeisterten, ist nur ein schwacher Beleg dafür: Christian Morgenstern, Piet Mondrian, Wassily Kandinsky, Arnold Schönberg, Max Brod, Joseph Beuys. Der Zeitgenosse Ernst Bloch mokierte sich, der »okkulte Journalist Rudolf Steiner« befehlige einen »Chor aus hunderttausend Narren«. Er selbst zählte sich vorübergehend zu ihnen.

Ein anderer Zeitgenosse, dem frühzeitig die Vielfalt des anthroposophischen Sortiments unangenehm auffiel, nannte Steiner deshalb einen »Warenhausbesitzer«. Carl Christian Bry, ein 1893 in Stralsund geborener und in München lebender Publizist, beschäftigte als interessierten Beobachter seiner Zeit der Zuspruch seiner Mitmenschen zu den vielfältigen Reformbewegungen und insbesondere zu Steiners Angeboten. In über vierhundert Feuilletons beschrieb und analysierte er, was er sah, und das auf so brillante Weise, dass Ludwig Marcuse ihn neben Spengler, Bloch, Jaspers, Keyserling, Simmel, Klages, Cassirer oder Freud zu den wichtigsten philosophischen

Autoren der Weimarer Republik zählte. Brys Ruhm währte jedoch nicht lang, er starb 1926 und geriet über die Zeit des Nationalsozialismus hinweg schnell in Vergessenheit.

Der Metzgersohn, der bei Georg Simmel und Max Dessoir studierte, fühlte sich in der Weimarer Zeit unwohl. Wer – wie er selbst – skeptisch sei, gelte als unmodern. Modern sei, wer eine »gehörige Menge Mystizismus« vertrage und Anhänger irgendeiner »verkappten Religion« werde. Diese Wortschöpfung war so treffsicher und einprägsam, dass sie zum geflügelten Wort wurde, allerdings erst, nachdem sie von Theodor Heuss bei einer Sitzung des Deutschen Reichstags im Mai 1925 zitiert worden war. Bry zählte nicht nur die Anthroposophie zu den »verkappten Religionen«, sondern die große Zahl von Heilsangeboten, die zu jener Zeit starken Zuspruch erfuhren, von Abstinenz bis Zahlenmystik, von Astrologie bis Zionismus, von Antisemitismus bis Yoga. Konkret führte er an: »Esperanto, Sexualreform, rhythmische Gymnastik, Übermenschen, Faust Exegese, Gesundbeten, Kommunismus, Psychoanalyse, Shakespeare ist Bacon, Weltfriedensbewegung, Brechung der Zinsknechtschaft, Antialkoholismus, Theosophie, Heimatkunst, Bibelforschung, Expressionismus, Jugendbewegung, Genie ist Wahnsinn, Fakir-Zauber, Hass gegen Freimaurer und Jesuiten, und endlich das weite Gebiet des Okkultismus, das wiederum seine eigenen siebenfachen Hexenalphabete hat.«[13] Mit dieser Reihung bildete Bry die zeitgenössische Kultur ab, die, wie es ihm schien, aus zahllosen Heilsbewegungen und ihren Meistern der Sinnstiftung bestand. Ähnlich wie heute. Dass die Gebiete zunächst zusammengewürfelt klängen, gab der Feuilletonist gerne zu. Jedoch glichen sie sich alle darin, dass sie an eine Welt »hinter« der Welt oder unter der Oberfläche glaubten, wo es etwas allumfassend Sinnstiftendes zu finden gebe, wovon aber nur die Eingeweihten wüssten. Die verkappten Religionen verbinde in perfekter Weise einerseits ihr praktischer Sinn, andererseits ihr Anspruch auf Welterklärung.

Das machte Rudolf Steiners Anthroposophie so erfolgreich: Zur verkappten Religion wurde sie, weil sie nicht nur eine Möglichkeit der Weltsicht war, sondern die einzige Möglichkeit. Das ist, so behauptete Bry, der Unterschied zwischen einem lieb gewonnenen Hobby und einer verkappten Religion. Ein enthusiastischer Schachspieler kann im Schachbrett die Versinnbildlichung einer kämpferischen Welt sehen, aber er würde nie behaupten, erst durch Schach erschließe sich der eigentliche Sinn dieser Welt. Es sei das Wesen der verkappten Religionen, dass sie in ihrem Deutungssystem eine Erklärung, nicht nur eine Beschreibung der Zeiterscheinungen fänden. Zum Beispiel die Wandervögel: »Wenn ein Trupp Wandervögel, Knie nackt und Laute um den Hals durch die Lande zieht, so sind verschiedene Ansichten darüber möglich, ob diese Übung vom gesundheitlichen Standpunkt nützlich und erhebend oder vom ästhetischen und politischen mit Mängeln behaftet ist. Die verkappte Religion fängt erst an, wo der Streit aufhört. In dem Augenblick nämlich, wo der Trupp Wandervögel behauptet, er sei nicht auf Grund seiner gesunden Beine und Lungen, sondern auf Grund seiner Überzeugung der Wichtigkeit des Jungseins etwas Besonderes und Welterlösendes.«[14]

Dem Religiösen werde die Welt größer, er finde noch im Entlegensten eine neue Seite seines Glaubens, dem »Hinterweltler« hingegen schrumpfe die Welt ein. »Er findet in allem und jedem Ding nur noch die Bestätigung seiner eigenen Meinung.«[15] Das verleihe ihm das Gefühl, ein besserer und überlegener Mensch zu sein als die armen Unwissenden und: Das mache ihn auch zutiefst humorlos. »Wenn sich etwa herausstellen sollte, dass Rudolf Steiner sich über seine Mysterien lustig macht, wenn er im Kreise seiner vertrautesten Jünger ein paar Flaschen Wein getrunken hat, so wäre ich persönlich eher geneigt, ihn dafür zu bewundern. Er wäre ein Betrüger und Schädling. Aber er wäre damit auch zum normalen, humorvollen Menschentum zurückgekehrt. Die

Schwierigkeit ist ja gerade die, dass Rudolf Steiner nie darauf kommt und nie darauf kommen kann, über alles das, was er als Religionsersatz vorbringt, auch nur im geringsten nachzudenken, geschweige denn, darüber zu lachen.«[16] Ähnlich könnte man heute noch mit manchem beseelten Anthroposophen argumentieren, der seine Mysterien allzu bierernst nimmt.

Steiners Anthroposophie war in den Augen des kritischen Zeitgenossen das große Kaufhaus für alle Religionen, für alle Positionen und Berufe, alle Geschlechter, alle Lebensalter. Steiner selbst ein »tüchtiger Warenhausbesitzer«, der grundsätzlich alles bejahe und nichts ausschließe – für Bry wurde auf diese Weise aus der anthroposophischen Beliebigkeit Satire:

»Sind Sie Arzt? Wir verfügen über vier Leiber und einige Zwischenstufen.

Sie sind Philosoph? Bitte, bitte, unbegrenzt reiches Lager, 253 Weltanschauungen.

Wir lernen in Ihnen die bekannte Tänzerin kennen, gnädiges Fräulein? Bitte gleich rechts: unsere Abteilung für Eurythmie.

Sie sind Geschichtsforscher? Bitte, bemühen Sie sich in den zweiten Stock: vergangene und künftige Zeitalter.

Wir haben die Ehre mit einem in Gewissensnot befindlichen Theologen? Bitte Fahrstuhl rechts. Jawohl, unsere Abteilung hat 7 Christusse und 14 Apokalypsen. Selbstverständlich, Sie können auch außerchristliche Religionen haben. …

Ah, verehrter Geheimrat. Sie sind Politiker und Wirtschaftsmensch? Nehmen Sie einen Klubsessel und eine Waldorf…«[17]

Bry ging der Pluralismus von Steiners Lehren offensichtlich zu weit. Aber genau diese Funktionalität als Kulturfaktor ist ein Grund für ihre Langlebigkeit. Sie befriedigt einerseits Bedürfnisse nach einer individualisierten Sinnsuche. Sie war und ist, ähnlich der Psychoanalyse, ein zeitgemäßes Projekt zur Aufklärung des Individuums, ein Projekt der individuellen Befreiung. Durch die Rekonstruktion der karmischen Biographie wollte sie der Menschheit bei ihrer Bewusstwerdung und damit der Höherentwicklung helfen. Die Beschäftigung mit dem eigenen Karma würde das Individuum und in der Langzeitperspektive die Menschheit von den Fesseln der Vergangenheit lösen. Durch die Erkenntnis der Zusammenhänge wäre es möglich, Entscheidungshoheit über das von Kontingenzen bedrohte Leben zu erlangen. So wie Freuds psychoanalytische Redekur durch Bewusstmachung die Kräfte des Es in den Bereich des Ichs integrieren wollte, so strebte Steiners meditative Kur eine Überwindung der sinnlichen, der »materialistischen« Dimensionen des Lebens an. Wie Freud glaubte auch Steiner, dass in jedem Menschen Kräfte schlummerten, die seinem Heil förderlich seien. Der Schlüssel dazu ist die Arbeit am Selbst – ein Konzept, das bis in unsere Tage nichts eingebüßt hat von seiner Attraktivität.

Das quantitativ wichtigere Standbein der Anthroposophie ist indes das lebensreformerische Projekt, das ohne große Selbsterkenntnis in den Alltag bürgerlicher, im weitesten Sinne »bewusster« Menschen passt. Die Wirkung der politischen Konzepte Steiners, die Gründung der »Christengemeinschaft«, die er nur von außen begleitete, seine Impulse in der Kunst, Architektur und im Tanz sind eher marginal. Sie haben die Kunst- oder Architekturgeschichte nicht wirklich revolutioniert, andere künstlerische Anstöße aus jener Zeit waren wesentlich wichtiger und wirkungsmächtiger, von den konkurrierenden politischen, sozialwissenschaftlichen und philosophischen Errungenschaften ganz zu schweigen.

Vereinzelt mag das politische Denken Steiners Anhänger gefunden haben. Einer von ihnen ist der dm-Chef Götz Werner. Der Gründer der Drogeriekette ist erklärter Anthroposoph und tritt in Talkshows mit Ideen zu einer veränderten Arbeitswelt auf, zu der ein bedingungsloses Grundeinkommen für alle gehört. Seine Unternehmensführung baut auf Vertrauen, die Mitarbeiter verursachen in seiner Sprachregelung nicht »Personalkosten«, sondern werden »Kreativposten« genannt und erhalten ein »Mitarbeitereinkommen«. Dafür braucht es jedoch keinen anthroposophischen Überbau. Und es ist wohl auch kein Zufall, dass sich ausgerechnet ein Topmanager von Steiners politischem Denken angesprochen fühlt, denn dessen in einsamer okkulter Geistesschau gefundenen Grundideen waren elitär und undemokratisch.

Auch als Intellektueller ist Steiner, trotz aller gegenteiligen Behauptungen, weitgehend in Vergessenheit geraten. Weder seine Goetheforschung noch seine erkenntnistheoretischen Arbeiten oder seine Freiheitsideologie haben sich abseits vom anthroposophischen Milieu als haltbar erweisen. Der Philosoph Steiner war eher ein erfolgreicher Popularisierer denn ein originärer Denker. Was den Anthroposophen jedoch auszeichnete, war, die Tatsache, dass es ihm gelang, alles mit allem zu verknüpfen. Während die Vegetarier ihren Vegetarismus hatten und die Wandervögel ihre Wanderlieder, konnte der reformbedürftige Zeitgenosse bei Steiner all das auch finden und dazu noch eine Meistererzählung, die die gesamte Geschichte der Menschheit mit dem Schicksal jedes einzelnen Individuums verband. Das war Steiners Erfolgsrezept. Seine persönlichen Stärken lagen in einer zweifellos umfassenden Gelehrsamkeit, die er mit Theosophie und Themen der Reformbewegungen anreicherte und nach der Methode meist gewagter Analogiebildungen zu mehr oder weniger kohärenten und spontan stimmigen Erkenntnissen formte. Sein Alleinstellungsmerkmal war die Fähigkeit, alle möglichen zeitgenössischen Reformprojekte zu bündeln und in einen bildungsbürgerlichen, sich immer wieder auf Goethe stützenden Gesamtzusammenhang zu bringen. In einer Zeit, in der das Gefühl von Ganzheit verlorengegangen war, in der jeder das Heil woanders suchte, im Vegetarismus, in der Natur, in der Kindererziehung, im Tanz oder in der Meditation, brachte Steiner all das unter einen Hut. Er hatte für jeden etwas im Angebot. Ein bisschen Christentum, östliche Weisheit, Gesundheitslehre, Kunst, Tanz, Selbsterforschung und, nicht zuletzt, das Versprechen der Unsterblichkeit – eine unwiderstehliche Mischung. Dass davon so vieles kombinierbar war, machte Steiner zum Propheten des Pluralismus.

Die Gefahr, die für ihn selbst darin lag, war Steiner schmerzlich bewusst: Man konnte sich aus seinem Gemischtwarenladen bedienen, ohne den »geisteswissenschaftlichen« Überbau ernst zu nehmen. In den letzten Jahren warnte er immer wieder vor Eklektizismus: »Niemandem soll nahe getreten werden, indem ihm gesagt wird, er ist ein ausgezeichnetes Mitglied in der Waldorfschule, oder ein ausgezeichnet Wirkender auf dem Gebiete der religiösen Erneuerung oder auf einem anderen Gebiete. Allein diese alle, neben denjenigen, die alt und jung und in der Mitte sind, sie mögen sich alle bewusst werden der Mutter, nämlich der Anthroposophischen Gesellschaft selbst, aus der all das entspringen muss und in der alle die einzelnen Spezialisten zusammenarbeiten müssen. Zuviel Spezialismus, ohne dass es in der richtigen Weise bemerkt worden ist, ist groß geworden unter uns...«.[18]

Aus diesem Grund rief Steiner Weihnachten 1923 die Allgemeine Anthroposophische Gesellschaft ins Leben und ernannte sich gleich selbst zu ihrem Vorsitzenden. Die 12000 Mitgliedskarten, die verschickt werden mussten, bekamen alle seine persönliche Unterschrift. Aus diesem Grund auch richtete er die Freie Hochschule für Geisteswissenschaft ein, der er ebenfalls selbst vorstand. Und aus diesem Grund gab er alle Vorträge, alles, was bis dahin okkult geblieben sein mochte, zur Veröffentlichung frei. Die wählerische Kultur, in der er lebte, forderte volle Öffentlichkeit, das wusste der moderne Prophet.

Das wissen auch seine Nachfolger, die heute jeden Fitzel der Steiner'schen Schriften ins Internet stellen und sogar ein eigenes anthroposophisches Internetlexikon, »Anthrowiki«, anbieten.[19]

Denn nur einer kleinen Minderheit der Bevölkerung will einleuchten, warum bei Mondlicht in Kuhhörnern vergrabener Kuhmist in verdünnter Form die Äcker besonders fruchtbar machen soll – aber es fühlt sich davon niemand ernsthaft gestört, und für viele fühlt es sich sogar ausgesprochen gut an. Die Demeterkartoffeln transportieren das Versprechen von Harmonie und Gesundheit. Sie wachsen, zumindest in der Phantasie der Konsumenten, in einer heilen Welt. Und auch wenn der Glaube an die Macht der Sterne und die Kraft des Kuhhorns schwerfällt, ein bisschen Esoterik kann auf jeden Fall nicht schaden. Wir »Verbraucher« der Anthroposophie sind wie die Römer, die alle Götter in ihr Pantheon aufnahmen, man kann ja nie wissen.

Wir wollten uns in diesem Buch mit dem Tatbestand beschäftigen, dass Rudolf Steiner im Gegensatz zu den anderen »barfüßigen Propheten« seiner Zeit wirklich unsterblich war. Sein entscheidender persönlicher Beitrag dazu, neben den genannten inhaltlichen Gründen, und zugleich seine größte Gabe war sicher das gesprochene Wort. Gleich, ob Gegner oder Freund, fast alle, die ihn erlebten, waren von seiner Rede bewegt. In der Vielstimmigkeit des frühen 20. Jahrhunderts nutzte er mit dem öffentlichen Vortrag geschickt dasjenige Medium, das am meisten Aufmerksamkeit brachte. Auch darin bewies sich seine Modernität.

Würde er heute leben, Rudolf Steiner wäre ein Dauergast im Fernsehstudio. Und da säße er und entzöge sich der heute beliebten Zuordnung in das Freund-Feind-Schema, das sich auf seine Funktionäre genauso wie auf die Abtrünnigen offenbar so belebend auswirkt. Anthroposophen und Kritikern fehlte bislang die Fähigkeit, Steiners Ambiguität auszuhalten und die Zeitgebundenheit und gleichzeitige Aktualität des Glaubensstifters zu akzeptieren. Das ist ein Fehler, denn Rudolf Steiners Geist sitzt nicht mehr im okkultistischen Spukschloss. Der moderne Prophet hat viele Leben.

## Zeittafel

**1861** 27.2. Geburt in Kraljevec im heutigen Kroatien als erstes Kind der Niederösterreicher Franziska und Johann Steiner
**1862** Umzug nach Mödling
**1863** Umzug nach Pottschach
**1864** Geburt der Schwester Leopoldine
**1866** Geburt des Bruders Gustav
**1869** Umzug nach Neudörfl
**1872** Realschule in Wiener-Neustadt
**1879** –1882 Abitur mit Auszeichnung. Studium an der Technischen Universität Wien: Mathematik, Chemie, Physik, Mineralogie, Zoologie, Botanik, Biologie, Geologie und Mechanik. Gasthörer in Literatur und Geschichte
**1882** Herausgeber von Goethes naturwissenschaftlichen Schriften in Kürschners *Deutscher National-Litteratur*
**1884** –1890 Hauslehrer bei der Familie Specht in Wien
**1886** *Grundlinien einer Erkenntnistheorie der Goethe'schen Weltanschauung mit besonderer Rücksicht auf Schiller*
**1889** Erster Aufenthalt in Weimar am Goethe- und Schillerarchiv
**1890** Umzug nach Weimar. Mitarbeit an der Sophienausgabe
**1891** Promotion bei Heinrich von Stein in Rostock zum Doktor phil. mit der Arbeit *Die Grundfrage der Erkenntnistheorie mit besonderer Rücksicht auf Fichtes Wissenschaftslehre*
**1892** Einzug bei Anna Eunike, seiner späteren ersten Frau

**1893** *Die Philosophie der Freiheit*
**1894** Erster Besuch im Nietzschearchiv
**1895** *Friedrich Nietzsche, ein Kämpfer gegen seine Zeit*
**1897** *Goethes Weltanschauung.* Umzug nach Berlin und Herausgabe des *Magazins für Litteratur*
**1898** Redaktion der *Dramaturgischen Blätter*
**1899** *Haeckel und seine Gegner.* Lehrer an der Berliner Arbeiterbildungsschule
**1900** Vortrag in der Theosophischen Bibliothek auf Einladung des Ehepaars Brockdorff
**1901** *Die Mystik im Aufgange des neuzeitlichen Geisteslebens und ihr Verhältnis zur modernen Weltanschauung*
**1902** Mitglied der Theosophischen Gesellschaft. Besuch des ersten Theosophenkongresses in London gemeinsam mit Marie von Sivers. Generalsekretär der Deutschen Sektion der Theosophischen Gesellschaft. *Das Christentum als mystische Thatsache*
**1903** Gründung der Zeitschrift *Luzifer,* später *Luzifer-Gnosis.* Beginn der intensiven Vortragstätigkeit
**1904** *Theosophie. Wie erlangt man Erkenntnisse der höheren Welt. Aus der Akasha-Chronik.* Trennung von Anna Steiner.
**1905** *Die Stufen der höheren Erkenntnis*
**1907** Theosophenkongress in München. *Die Erziehung des Kindes vom Gesichtspunkt der Geisteswissenschaft*
**1909** Inszenierung von *Die Kinder des Luzifer* in München
**1910** Tod des Vaters
**1911** Tod von Anna Steiner
**1912** Erster Besuch in Dornach. Gründung der Anthroposophischen Gesellschaft in Berlin. Bruch mit der Adyar-Theosophie
**1913** Ausschluss aus der Theosophischen Gesellschaft. Erste Eurythmieaufführung
**1914** Künstlerkolonie in Dornach. Eheschließung mit Marie von Sivers
**1915** *Gedanken während der Zeit des Krieges*

## Zeittafel

**1918** Pläne zur Sozialen Dreigliederung
**1919** *Aufruf an das deutsche Volk und die Kulturwelt.* Gründung der ersten Waldorfschule
**1920** Gründung Der Kommende Tag AG und Futurum AG. Fachkurse für Mediziner
**1922** Brand des ersten Goetheanums
**1923** Gründung der Freien Hochschule für Geisteswissenschaft in Dornach
**1924** Landwirtschaftlicher Kurs in Koberwitz
**1925** Baubeginn des neuen Goetheanums
**1925** 30.3. Todestag

# Anmerkungen

## Einleitung

1 Seine enge Jugendgefährtin Rosa Mayreder empfand seine Autobiographie als unaufrichtig, schönfärberisch und zurechtgemacht, siehe Rosa Mayreder, Tagebücher, 1873–1937, Frankfurt 1988, S. 243.
2 www.waldorfbazar.de
3 »USS Horatio«, ein an die TV-Serie »Star Trek« angelehntes anthroposophisches Rollenspiel.
4 Aus dem schulischen und pädagogischen Bereich wären hier u.a. zu nennen die Alanus-Hochschule, Anthropo-Kinderheim e.V., die Kunststudienstätte Ottersberg, das Studienhaus Rüspe, die Freie Universität Witten/Herdecke, die Freie Hochschule für Geisteswissenschaften in Dornach, der Bund der Freien Waldorfschulen (der in Deutschland 168 Schulen mit ca. 70 000 Schülern umfasst), die internationale Vereinigung der Waldorfkindergärten (ca. 1500 in 25 Ländern), der Verband anthroposophischer Einrichtungen für Heilpädagogik und Sozialtherapie, die Camphill-Bewegung, Eurythmieschulen, freie Jugendseminare, das Hardenberg-Institut für Kulturwissenschaften sowie das Institut für soziale Gegenwartsfragen. Im Bereich Gesundheit und Wellness gibt es die Gesellschaft anthroposophischer Ärzte, den Verein für ein erweitertes Heilwesen, den Berufsverband Heileurythmie, den Berufsverband künstlerische Therapie sowie in Deutschland einige Dutzend Krankenhäuser, Sanatorien, Kurkliniken. Anthroposophische (Kosmetik-)Produkte bieten die Firmen Weleda AG Heilmittel, die Wala Arzneimittel GmbH (mit den Linien WalaVita und Dr. Hauschka Kosmetik) sowie der Versandhandel Hess Natur. Landwirtschaftliche Erzeuger haben sich im Forschungsring biologisch-dynamische Wirtschaftsweise, in Landwirtschaftsgemeinden und Landbauschulen zusammengeschlossen. Vertrieben werden die Nahrungsmittel u.a. über Demeter und die Holle Nährmittel AG. Auch im Bereich Wirtschaft, Finanzen, Banken und Verlage gibt es anthroposophische Einrichtungen, darunter die GLS Gemeinschaftsbank, die Öko-Bank (2003 aufgekauft), die Erste Finanz- und Vermögensberater AG (efv AG), die Gesellschaft für Vermögensplanung (Gvp), den Deutschen Bundesverband für Steuer-, Finanz- und Sozialpolitik e.V. (DBSFS), den M & M Verlag (Medien und Marketing Agentur GmbH), die Anthropos-Film- und Fernsehproduktion GmbH, die Gemeinnüt-

zige Treuhandstelle, die Gemeinnützige Kreditgarantiegenossenschaft, den Unternehmensverband Aktion Dritte Welt sowie den Verlag Freies Geistesleben.
5 Die bisherige Zurückhaltung der Geschichtswissenschaft bei der sachlichen Aufarbeitung der Anthroposophie ist durch das monumentale Werk von Helmut Zander beendet worden. Sein Standardwerk empfiehlt sich allen Lesern, die sich en detail mit den zeitgenössischen Bezügen der Steiner'schen Lehren auseinandersetzen wollen: Vgl. ders., Anthroposophie in Deutschland. Theosophische Weltanschauung und gesellschaftliche Praxis 1884–1945, 2 Bde. Göttingen 2007–2008.

**Teil 1: Im Wartesaal**

1 Albert Steffen, In memoriam Rudolf Steiner, Landschlacht 1925.
2 Hella Wiesberger, Marie Steiner von Sivers. Ein Leben für die Anthroposophie. Eine biographische Dokumentation, Dornach 1989, S. 481.
3 Ebd., S. 482
4 Ita Wegman, zitiert nach Walter Beck, Rudolf Steiner. Sein Leben und sein Werk. Eine Biographie mit neuen Dokumenten, Verlag am Goetheanum, Dornach 1997, S. 318.
5 Rudolf Steiner, Skizze eines Lebensabrisses (1861–1893). Ein Vortrag, in: Marie Steiner (Hg.), Briefe I. 1881–1891, Dornach 1948, S. 3–4.
6 Hermann Bang, Am Weg (1886), München 2006.
7 Rudolf Steiner, Skizze eines Lebensabrisses, S. 4.
8 Zitiert nach Christoph Lindenberg, Rudolf Steiner, Eine Biografie. Stuttgart 1997, S. 26.
9 Rudolf Steiner, Selbstzeugnisse. Autobiographische Dokumente, Dornach 2007, darin: »Vom Kind zum Gelehrten 1861–1893«. Autobiographischer Vortrag, gehalten in Berlin am 4.2.1913, S. 13–14.
10 Rudolf Steiner, Skizze eines Lebensabrisses, S. 11.
11 Ebd., S. 10.
12 Ebd., S. 12.
13 Ernst Toller, Eine Jugend in Deutschland, Reinbek 1993, S. 14.
14 Ulrich Linse, Geisterseher und Wunderwirker. Heilssuche im Industriezeitalter, Frankfurt/M. 1996, S. 15.
15 Rudolf Steiner, Mein Lebensgang (1925) Stuttgart 1948ff., S. 6.
16 Ebd., S. 16.
17 Rudolf Steiner, Gesamtausgabe 28, Kap. I, S. 20.
18 Rudolf Steiner, Mein Lebensgang, S. 6.
19 Rudolf Steiner, Skizze eines Lebensabrisses, S. 20.
20 Ebd., S. 22.
21 Ebd., S. 32.

22 Rudolf Steiner, Mein Lebensgang, S. 11.
23 Rudolf Steiner, Mein Lebensgang, S. 28.
24 Zitiert nach Joachim Radkau, Das Zeitalter der Nervosität. Deutschland zwischen Bismarck und Hitler, München 2000, S. 62.
25 Zitiert nach ebd., S. 251.
26 Carl E. Schorske, Abschied von der Öffentlichkeit. Kulturkritik und Modernismus in der Wiener Architektur, in: Alfred Pfabigan (Hg.), Ornament und Askese. Im Zeitgeist des Wien der Jahrhundertwende, Wien 1985, S. 48.
27 Rudolf Steiner, Mein Lebensgang, S. 57–58.
28 Vgl. Christoph Lindenberg, Rudolf Steiner, Bd. I, S. 63.
29 Rudolf Steiner, Brief an Theodor Vischer vom 25.11.1886, in: Briefe, Bd. I, S. 76.
30 Rudolf Steiner, Brief an Rosa Mayreder, 20.10.1890.
31 Rudolf Steiner, Anthroposophie – ein Fragment, in: ders.: Gesamtausgabe 45.
32 Christoph Lindenberg, Rudolf Steiner, S. 69.
33 Rudolf Steiner, Mein Lebensgang, S. 72.
34 Zitiert nach Wolfgang Vögele (Hg.), Der andere Rudolf Steiner. Augenzeugenberichte, Interviews, Karikaturen, Dornach 2005, S. 30.
35 Rudolf Steiner, Mein Lebensgang, S. 52.
36 Zitiert nach Christoph Lindenberg, Rudolf Steiner, S. 86.
37 Rudolf Steiner, Mein Lebensgang, S. 60–61
38 Rudolf Steiner, Mein Lebensgang, S. 61.
39 Zitiert nach Jugend in Wien. Ausstellung des Literaturarchivs Marbach, Marbach 1974, S. 216.
40 René Fülöp Miller, Der Narr im Frack, in: Der Monat (4) 1952, S. 401f.
41 Zitiert nach Wolfgang Vögele, Der andere Rudolf Steiner, S. 37.
42 Zitiert nach ebd., S. 40–45.
43 Zitiert nach Ralf Sonnenberg, »Keine Berechtigung innerhalb des modernen Völkerlebens«, www.hagalil.com/antisemitismus/deutschland/steiner.htm.
44 Ebd.
45 Rudolf Steiner, Mein Lebensgang, S. 132–133.
46 Rudolf Steiner, Mein Lebensgang, S. 285.
47 Zitiert nach Helmut Zander, Anthroposophie in Deutschland, S. 832.
48 Helmut Zander, Anthroposophische Rassentheorie. Der Geist auf dem Weg durch die Rassengeschichte, in: Stefanie von Schnurbein/Justus H. Ulbricht (Hg.) Völkische Religion und Krisen der Moderne. Entwürfe arteigener Glaubenssysteme seit der Jahrhundertwende, Würzburg 2001, S. 292–341; vgl. auch ders., Anthroposophie in Deutschland, Bd. I, Göttingen 2007, S. 624–637.
49 Ralf Sonnenberg (Hg.): Anthroposophie und Judentum. Perspektiven einer Beziehung, Frankfurt a. M. 2009.

Anmerkungen

**Teil 2: Signale**

1 Rudolf Steiner, Brief an einen Freund, 13.1.1881, in: Briefe, S. 63.
2 Zitiert nach Fred Poeppig: Rudolf Steiner – Der große Unbekannte. Leben und Werk, 1960, S. 85. Siehe auch Wolfgang Vögele, Der andere Rudolf Steiner, Dornach 2005, S. 74 f.
3 Lucian Hölscher, Geschichte der protestantischen Frömmigkeit, Bd. 1: Von der Reformation bis zum Ersten Weltkrieg, München 2005, S. 290.
4 Corinna Treitel, A science for the soul. Occultism and the Genesis of the German modern, Baltimore 2004, S. 7.
5 Ebd., S. 57
6 Ebd., S. 47
7 Vgl. ebd.
8 Ebd., 31.
9 Ebd., 52.
10 Sabine Doering-Manteuffel, Das Okkulte. Eine Erfolgsgeschichte im Schatten der Aufklärung von Gutenberg bis zum World Wide Web, München 2008.
11 Corinna Treitel, The Science, S. 42.
12 Karl Baier, Meditation und Moderne, 2 Bde., Würzburg 2009, S. 279–280.
13 Karl Baier, Meditation, S. 465.
14 Zitiert nach ebd., S. 637.
15 Gabriele Katz, Käthe Kruse. Die Biografie, Berlin 2010, S. 180.
16 So die heutige Formulierung auf der Homepage, siehe www.theosophie.de/index.php?option=com_content&view=article &id=46&Itemid=54
17 Corinna Treitel, The Science, S. 90.
18 Ebd., S. 102.
19 Ebd., S. 234.
20 Brief an Friedrich Lemmermeyer vom 1.9.1889, in: Briefe I, S. 92.
21 Ebd. S. 112.
22 Zitiert nach Franz X. Eder, »Diese Theorie ist sehr delikat ...«. Zur Sexualisierung der »Wiener Moderne«, in: Jürgen Nautz/Richard Vahrenkamp (Hg.), Die Wiener Jahrhundertwende. Einflüsse, Umwelt, Wirkungen, Wien 1993, S. 159–178, hier S. 174.
23 Ebd., S. 177–178.
24 Rudolf Steiner, Mein Lebensgang, S. 158.
25 Rudolf Steiner, Gesamtausgabe 264, S. 40.
26 Rudolf Steiner, Brief an einen Freund vom 13.1.1881, in: Briefe I, S. 63–67.
27 Rudolf Steiner, Brief an Ladislaus Specht vom 15.10.1890, in: Briefe I, S. 105–109.
28 Rudolf Steiner, Briefe I, S. 120.
29 Rudolf Steiner, Mein Lebensgang, S. 171.

30 Zitiert nach Juliane Weibring, Frauen um Rudolf Steiner. Im Zentrum seines Lebens. Im Schatten seines Wirkens, Oberhausen 1997, S. 87.
31 Fred Poeppig, Rudolf Steiner, S. 63.
32 Rudolf Steiner, Mein Lebensgang, S. 202.
33 Rudolf Steiner, Brief an Richard Specht vom 30.11.1890, in: Briefe, Bd. I, S. 126.
34 Zitiert nach Fred Poeppig, Rudolf Steiner, S. 85. Siehe auch Wolfgang Vögele, Der andere Rudolf Steiner, S. 74f.
35 Zitiert nach Wolfgang Vögele, Der andere Rudolf Steiner, S. 86f.
36 Ebd., S. 293 ff.
37 Zitiert nach Juliane Weibring, Frauen um Rudolf Steiner, S. 88.
38 Rudolf Steiner, Briefe, Postkarte vom 2.7.1903 (Gesamtausgabe), zitiert nach Juliane Weibring, Frauen um Rudolf Steiner, S. 92.
39 Zitiert nach ebd., S. 90.
40 Ebd., S. 93.
41 Gary Lachman, Die Rudolf-Steiner-Story. Ein neuer Blick auf Leben und Werk eines spirituellen Pioniers, Frankfurt/M. 2008., S. 22 und S. 261.
42 Rudolf Steiner, Gesamtausgabe 175, Zehnter Vortrag.
43 Rudolf Steiner, Probleme des Zusammenlebens in der Anthroposophischen Gesellschaft, Gesamtaugsabe 253 (1989), S. 114 ff., Siebenter Vortrag, Dornach, 16. September 1915.
44 Ebd.
45 Ebd.
46 Rudolf Steiner, Mein Lebensgang, S. 335.
47 Rudolf Steiner, Wandlungen. 1861–1906, in: ders., Selbstzeugnisse. Autobiographische Dokumente, Dornach 2007, S. 96
48 Vgl. Andreas Reckwitz, Das hybride Subjekt. Eine Theorie der Subjektkulturen von der bürgerlichen Moderne zur Postmoderne, Göttingen 2006.
49 René Freund, Land der Träumer. Zwischen Größe und Größenwahn – verkannte Österreicher und ihre Utopien, Wien 1996, S. 54.
50 Zitiert nach René Freund, Land der Träumer.
51 Rudolf Steiner, Mein Lebensgang, S. 107.
52 Rudolf Steiner, Brief an Rosa Mayreder, September 1890, in: Briefe I, S. 102–103.
53 Rosa Mayreder, Tagebücher, 1873–1937, Frankfurt 1988, S. 180–181.
54 Ebd., S. 209–210.
55 Ebd., S. 243.
56 Rudolf Steiner, Episodisches aus der Zeit des Erscheinens der »Philosophie der Freiheit« im Jahre 1894. Ein Vortrag, in: Briefe, Bd. II, S. 12–13.
57 Rudolf Steiner, Brief an Rosa Mayreder vom 4.11.1894, in: Briefe, Bd. II, S. 178.

58 Zitiert nach Wolfgang Vögele, Der andere Rudolf Steiner, S. 278–281.
59 Zitiert nach ebd., S. 107–108.
60 Ebd., S. 78.
61 Zitiert nach ebd., S. 99–102.
62 Zitiert nach ebd., S. 131.

**Teil 3: Im Stellwerk**

1 Hella Wiesberger, Marie Steiner von Sivers. Ein Leben für die Anthroposophie. Eine biographische Dokumentation, Dornach 1989, S. 88.
2 Ebd.
3 Vgl. Helmut Zander, Anthroposophie in Deutschland, S. 550–580.
4 Ebd., S. 429–430.
5 Hella Wiesberger, Marie Steiner von Sivers, S. 460.
6 Ebd.
7 Zitiert nach Hella Wiesberger, Marie Steiner von Sivers, S. 107–112.
8 J. Mücke, A.A. Rudolph, Erinnerungen an Rudolf Steiner und seine Wirksamkeit an der Arbeiterbildungsschule in Berlin 1899–1904, Basel 1979, S. 92, zitiert nach Juliane Weibring, Frauen um Steiner, S. 91.
9 Zitiert nach Hella Wiesberger, Marie Steiner von Sivers, S. 425.
10 Zitiert nach ebd., 426.
11 Ebd., S. 482
12 Zitiert nach ebd., S. 483, Hervorhebung im Original.
13 Rudolf Steiner, Wie Karma wirkt, Aufsatz 1903, in: ders., Einführung in die Anthroposophie. Ausgewählte Texte, Dornach 2006, S. 77.
14 Ebd., S. 78.
15 Ebd.
16 Ebd., S. 81.
17 Ebd., S. 84–85.
18 Rudolf Steiner, Wie erlangt man Erkenntnis höher Welten, S. 30.
19 Rudolf Steiner, Grundbedingungen für ein meditatives Üben, Aufsatz 1906, in: ders., Einführung in die Anthroposophie. Ausgewählte Texte, Dornach 2006, S. 39–46.
20 Rudolf Steiner, Die tieferen Geheimnisse des Menschheitswerdens, S. 86.
21 Rudolf Steiner, Die Geheimwissenschaft im Umriss, S. 12–13.
22 Vgl. Helmut Zander, Anthroposophie in Deutschland, S. 753.
23 Zitiert nach Wolfgang Vögele, Der andere Rudolf Steiner, S. 151–152.
24 Alexander Strakosch, Lebenswege mit Rudolf Steiner, Bd. I., Straßburg/Zürich 1947, S. 24.
25 Zitiert nach Helmut Zander, Anthroposophie in Deutschland, S. 390–391.

26 Rudolf Steiner, Mein Lebensgang, S. 269.
27 Zitiert nach Wolfgang Vögele, Der andere Rudolf Steiner, S. 204–205.
28 Zitiert nach Florentine Fritzen, Gesünder Leben. Die Lebensreformbewegung im 20. Jahrhundert, Stuttgart 2006, S. 183.
29 Ebd.
30 Franz Kafka, Tagebücher 1910–1923, Frankfurt 1986, S. 488, S. 490.
31 Rudolf Steiner, Welche Bedeutung hat die okkulte Entwicklung des Menschen für seine Hüllen und sein Selbst?, Gesamtausgabe 145 (1986), S. 11 ff., Den Haag, 20. März 1913.
32 Ebd., S. 25 ff., Zweiter Vortrag, Den Haag, 21. März 1913.
33 Florentine Fritzen, Lebensreform, S. 213–214.
34 Zitiert nach Harald Haury, Von Riesa nach Schloß Elmau. Johannes Müller (1864–1949) als Prophet, Unternehmer und Seelenführer eines völkisch naturfrommen Protestantismus, München 2005, S. 48.
35 Für Müller wurde ausgerechnet, dass er ungefähr so viel wie ein ordentlicher Professor verdiente, vgl. Harald Haury, Von Riesa nach Schloß Elmau, S. 89.
36 Vgl. ebd., S. 88.
37 Vgl. ebd., S. 98.
38 Johannes Müller, Segen der Not, 1909, S. 58, zitiert nach Harald Haury, S. 114.
39 Ebd., S. 165.
40 Vgl. Karl Baier, Meditation und Moderne. Zur Genese eines Kernbereichs moderner Spiritualität in der Wechselwirkung zwischen Westeuropa, Nordamerika und Asien, Würzburg 2009, S. 470.
41 Vgl. Ulrich Linse, Geisterseher und Wunderwirker.

**Teil 4: Mit Volldampf**

1 Zitiert nach Hella Wiesberger, Marie Steiner von Sivers, S. 171–172.
2 Alexander Strakosch, Lebenswege mit Rudolf Steiner, S. 22–29.
3 Andrej Belyj, Verwandeln des Lebens, Erinnerungen an Rudolf Steiner, Basel 1977, S. 113.
4 Rudolf Steiner, Briefe Bd. II, S. 270.
5 Rudolf Steiner, Gesamtausgabe 266 a, S. 25.
6 Andrej Beliy, Verwandeln des Lebens, S. 112.
7 Mathilde Scholl an Rudolf Steiner, Brief vom 23.1.1905, in: Rudolf Steiner, Briefe, Bd. II. S.185.
8 Zitiert nach Helmut Zander, Anthroposophie in Deutschland, S. 724.
9 Brief an Schuré vom 12.3.1909, ebd., S. 196.
10 Vgl. Helmut Zander, Anthroposophie in Deutschland, S. 367–368.
11 Rudolf Steiner, Edith Maryon, Briefwechsel. Briefe, Sprüche, Skizzen 1912–1924, Dornach 1990, S. 19.

## Anmerkungen

12 Brief an Schuré, in: Rudolf Steiner: Briefe, Bd. I, S. 175.
13 Zitiert nach Wolfgang Vögele, Der andere Rudolf Steiner, S. 256–257.
14 Ebd., S. 200.
15 Ebd., S. 190–191.
16 Zitiert nach Fred Poeppig, Marie Steiner. Ein Leben im Dienst der Wiedergeburt des Wortes, Basel 1949, S. 70.
17 www.goetheanum-buehne.ch/1242.html.
18 Rudolf Steiner, Mein Lebensgang, S. 311 ff.
19 Zitiert nach Helmut Zander, Anthroposophie in Deutschland, S. 242.
20 Ebd.
21 Steiner zitiert in Alexander Strakosch, Lebenswege mit Rudolf Steiner, S. 344–351.
22 Vgl. ebd., S. 174.
23 Fred Poeppig, Marie Steiner, S. 81.
24 Zitiert nach Christoph Lindenberg, Rudolf Steiner, Bd. II, S. 624.
25 Rudolf Steiner, Mein Lebensgang, S. 337.
26 Isadora Duncan, Der Tanz der Zukunft, Leipzig 1903, S. 27.
27 Rudolf Steiner, Eurythmie, was sie ist, und wie sie entstanden ist, Vortrag in Penmaenmawr, 26. August 1923 S. 8.
28 Ebd., S. 10.
29 Vgl. Helmut Zander, Anthroposophie in Deutschland, S. 1491.
30 Rudolf Steiner, Die Offenbarungen des Karma, Vierter Vortrag, Gesamtausgabe 120, S. 90–92.
31 Juliane Weibring, Frauen um Steiner, S. 157.
32 Siehe: www.weleda.de/Unternehmen/Philosophie/Leitbild.
33 Walter Beck, Rudolf Steiner, S. 204.

### Teil 5: Knotenpunkte

1 Auszüge einer Rede von Christian Koch, gehalten auf der Veranstaltung »Erinnerung« im Rahmen der Festwoche zum 50-jährigen Bestehen der Emil-Molt-Schule, www.emil-molt-schule.de/home/ueberEmilMolt.html.
2 Alexander Strakosch, Lebenswege, S. 246.
3 Zitiert nach Zander, Anthroposophie in Deutschland, S. 1296.
4 Rudolf Steiner, Gesamtausgabe 332a, S. 41.
5 Ebd., 334, S. 165.
6 Ebd., 332a, S. 153.
7 Alexander Strakosch, Lebenswege mit Rudolf Steiner, S. 254.
8 Auszüge der Rede von Christian Koch, www.emil-molt-schule.de/home/ueberEmilMolt.html.
9 Andreas Schulz, Der »Gang der Natur« und die »Perfektibilität« des Menschen. Wissensgrundlagen und Vorstellungen von Kindheit seit der Aufklärun, in: Lothar Gall/Andreas Schulz (Hg.): Wissenskommunikation im 19. Jahrhundert. Stuttgart 2003, S. 15–39.

10 Jean Jacques Rousseau, Emile oder über die Erziehung, Paderborn 1985, S. 9.
11 Die Autorin hat dieses Thema ausführlich bearbeitet, vgl. Miriam Gebhardt, Die Angst vor dem kindlichen Tyrannen. Eine Geschichte der Erziehung im 20. Jahrhundert, München 2009.
12 Rudolf Steiner, Gesamtausgabe 295, S. 28.
13 Rudolf Steiner, Vortrag von 1909, in: Gesamtausgabe 57, S. 291–292.
14 Rudolf Grosse, Erlebte Pädagogik, Schicksal und Geistesweg, Dornach 1968, S. 207.
15 Rudolf Steiner, Erster Vortrag, 12.8.1924, in: ders., Die Kunst des Erziehens, TB 674, S. 16 u. 19.
16 Rudolf Steiner, Vierter Vortrag. Die Erziehung eines kleinen Kindes und die Grundstimmung des Erzieher, Oxford 1922, in: ders., Die geistig-seelischen Grundkräfte der Erziehungskunst, S. 60.
17 Rudolf Steiner, Neunter Vortrag, in: ebd., S. 166 u. 168
18 www.erziehungskunst.de/artikel/fruehe-kindheit/auf-die-erde-kommen-iii-die-ersten-lebensjahre/.
19 Dietrich Benner/Herwart Kemper (Hg.), Quellentexte zur Theorie und Geschichte der Reformpädagogik. Teil 2, Weinheim 2001, S. 280.
20 Rudolf Grosse, Erlebte Pädagogik, S. 264.
21 http://www.anthroposophieonline.net/index.php?option=com_content&view=article&id=2976%3Aansprache-bei-einer-monatsfeier-10-juni-1920&catid=189%3Aga-298-rudolf-steiner-in-der-waldorfschule&Itemid=14.
22 Rudolf Steiner, Gesamtausgabe 298, S. 173.
23 Zitiert nach Helmut Zander, Anthroposophie in Deutschland, S. 1425.
24 Ebd.
25 Heiner Ullrich, Rudolf Steiner, London/New York 2008, S. 94.
26 Vgl. Till-Sebastian Idel, Waldorfschule und Schülerbiographie: Fallrekonstruktionen zur lebensgeschichtlichen Relevanz anthroposophischer Schulkultur, Wiesbaden 2007.
27 Ebd., S. 193.
28 Helmut Zander, Anthroposophie in Deutschland, S. 1450.
29 www.dreigliederung.de/news/01121800.html.
30 Rüdiger Iwan, Die neue Waldorfschule. Ein Erfolgsmodell wird renoviert, Hamburg 2007.
31 Rudolf Steiner, Briefwechsel, 11.5.1923, S. 120.
32 Rudolf Steiner, Die okkulten Gesichtspunkte des Stuttgarter Baus, Vortrag vom 15.10.1911, in: Gesamtausgabe 284.
33 Rudolf Steiner, Wege zu einem neuen Baustil, Dritter Vortrag, Berlin, 23. Januar 1914, in: Gesamtausgabe 286.
34 Rudolf Steiner, Kunst im Lichte der Mysterienweisheit, Zweiter Vortrag, 29.12.1914, in: Gesamtausgabe 275.
35 Rudolf Steiner, Erster Vortrag, S. 4.

36 Ebd., S. 16–17.
37 Ebd., S. 24.
38 Ebd., S. 99–101.

## Teil 6: Übergang

1 Joseph Krück von Poturzyn, Wir erlebten Rudolf Steiner. Erinnerungen seiner Schüler, Stuttgart 1956.
2 Rudolf Steiner, Das Verhältnis der Sternenwelt zum Menschen und des Menschen zur Sternenwelt. Die geistige Kommunion der Menschheit, Gesamtausgabe 219, S. 71.
3 Zitiert nach Christoph Lindenberg, Rudolf Steiner, S. 931–933.
4 Zitiert nach ebd., S. 929.
5 Guenther Wachsmuth, Rudolf Steiners Erdenleben und Wirken, Dornach 1951, S. 605.
6 Zitiert in Christoph Lindenberg, Rudolf Steiner, S. 941.
7 Der Arzt Kurt Magerstätt, zitiert nach ebd.
8 Ebd.
9 Albert Steffen, In memoriam Rudolf Steiner, Landschlacht 1925.
10 Rudolf Steiner, Gesamtausgabe 157, S.188.
11 Aus u.a.: Rudolf Steiner: Der Tod als Lebenswandlung. Sieben Vorträge, 1917/18.
12 Rudolf Steiner, Eine Vision. Auszug aus dem Vortrag vom 10. Mai 1914, gehalten in Kassel im Gedenken an Maria Strauch-Spettini, in: ders., Selbstzeugnisse. Autobiographische Dokumente, Dornach 2007, S. 110.
13 Carl Christian Bry, Verkappte Religionen. Kritik des kollektiven Wahns, Gotha 1924, S. 28.
14 Ebd., S. 32
15 Ebd., S. 33
16 Ebd., S. 40.
17 Zitat gekürzt, ebd., S. 217–218.
18 Rudolf Steiner, Anthroposophische Gemeinschaftsbildung, Gesamtausgabe 257, S. 29.
19 http://wiki.anthroposophie.net.

## Auswahlbibliographie

Karl Baier, Meditation und Moderne. Zur Genese eines Kernbereichs moderner Spiritualität in der Wechselwirkung zwischen Westeuropa, Nordamerika und Asien, 2 Bde., Würzburg 2009.
Florentine Fritzen, Gesünder Leben. Die Lebensreformbewegung im 20. Jahrhundert, Stuttgart 2006.
Gary Lachman, Die Rudolf Steiner-Story. Ein neuer Blick auf Leben und Werk eines spirituellen Pioniers, Frankfurt/M. 2008.
Christoph Lindenberg, Rudolf Steiner. Eine Biografie, Stuttgart 1997.
Matthew Jefferies, »Lebensreform: A Middle-Class Antidote to Wilhelminism?«, in: Geoff Eley/James Retallack (Hg.), Wilhelminism and Its Legacies. German Modernities, Imperialism, and the Meanings of Reform, 1890–1930, New York 2003, S. 91–106.
Ulrich Linse, Geisterseher und Wunderwirker. Heilssuche im Industriealter, Frankfurt 1996.
Jürgen Oelkers, Reformpädagogik. Eine kritische Dogmengeschichte, Weinheim 2005.
Rudolf Steiner, Gesamtausgabe (wiki.anthroposophie.net/Rudolf_Steiner_Gesamtausgabe)
Rudolf Steiner, Mein Lebensgang, (1925) Stuttgart 1948 ff.
Rudolf Steiner, Selbstzeugnisse. Autobiographische Dokumente, Dornach 2007.
Rudolf Steiner, Einführung in die Anthroposophie. Ausgewählte Texte, Dornach 2006.
Corinna Treitel, A Science for the Soul. Occultism and the Genesis of the German Modern, Baltimore 2004.
Heiner Ullrich, Rudolf Steiner, London 2008.
Wolfgang Vögele, Der andere Rudolf Steiner. Augenzeugenberichte, Interviews, Karikaturen, Dornach 2005.
Helmut Zander, Anthroposophie in Deutschland. Theosophische Weltanschauung und gesellschaftliche Praxis 1884–1945, Göttingen 2007, 2008.

## Personenregister

Adams, George 322
Adler, Viktor Alexander, Ferdinand 60
Adler, Alfred 223
Altenberg, Peter 60
Altenwehr, Wilhelm Grohm Ritter von 29
Arpad, ungarischer Großfürst 39
Astor, Johann Jacob 259

Bahr, Hermann 35, 264
Baier, Karl 92
Ball, Hugo 210, 217
Bang, Hermann 27
Bartsch, Erhard 316
Bäumer, Gertrud 90
Bäumer, Marie 16
Beck, Walter 254
Beckh, Hermann 206
Belyj, Andrej 171, 212
Benjamin, Walter 120
Bernheim, Hippolyte 88
Besant, Annie 163 ff., 197, 200, 212, 220–224, 231, 290
Beuys, Joseph 338
Bircher- Brenner, Max 173
Bismarck, Otto von 50, 244
Blavatsky, Helena Petrovna 61, 96 ff., 100, 163 f., 166, 222
Bloch, Ernst 338
Blüher, Hans 106, 119
Brahms, Johannes 64
Brentano, Franz 53
Breuer, Joseph 64
Broch, Hermann 51
Brockdorff, Cay Lorenz Graf von 142 f.
Brockdorff, Sophie Gräfin von 142 f.
Brod, Max 338
Bruckner, Anton 60
Bry, Carl Christian 338–341

Carl Alexander, Großherzog von Sachsen-Weimar-Eisenach 108
Carpenter, Edward 173
Cassirer, Ernst 338
Clement, Wolfgang 16
Conrad, Michael Georg 89

Damaschke, Adolf 90
Darré, Walter 316
Darwin, Charles 238, 273, 310
Däubler-Gmelin, Herta 16
Dessoir, Max 339
Diefenbach, Karl Wilhelm 174
Diepgen, Eberhard 16
Dilthey, Wilhelm 152
Döblin, Alfred 89
Dohnanyi, Klaus von 16
Döring-Manteuffel, Sabine 87
Driesch, Hans 264
Duncan, Isadora 237 ff.

Eckstein, Friedrich 60 ff., 80, 111, 123, 143, 228, 331
Eder, Franz X. 105
Einstein, Albert 210
Eisner, Kurt 98, 263
Erikson, Erik H. 285
Eunike, Anna *siehe* Steiner, Anna

Fassbinder, Rainer Werner 16
Fechner, Gustav Theodor 82
Fechter, Paul 169

Franz Joseph I., Kaiser von Österreich 29, 49, 51
Freud, Sigmund 13, 35, 38, 53, 55, 60, 82, 88, 118, 123, 145, 152f.f, 156, 176, 208, 224, 276, 278, 281, 338, 342
Fritzen, Florentine 176

Gaudi, Antoni 307
Genscher, Hans-Dietrich 16
George, Stefan 203
Ghega, Karl Ritter von 28
Goethe, Johann Wolfgang von 21, 37, 53, 56, 58f., 81, 103f., 108, 117, 131, 134, 141, 143, 153, 215f., 247, 293, 337, 343
Goetz, Walter 264
Grimm, Hermann 108
Grosheintz, Emil 228
Grosheintz-Laval, Nelly 228
Grosse, Rudolph 280, 293

Haeckel, Ernst 70, 152f., 179, 238, 247
Hall, G. Stanley 88
Hamerling, Robert 67ff.
Harden, Maximilian 234
Hare, William Loftus 129
Harnack, Adolf 90, 212
Harnack, Otto 109
Hartmann, Eduard von 109, 126, 128
Hartmann, Franz 100
Hawthorne, Nathaniel 45
Hegel, Georg Wilhelm Friedrich 55, 214f.
Herder, Johann Gottfried 337
Herfurth, Caroline 16
Herzl, Theodor 35, 60, 134
Hess, Rudolf 101, 269, 316
Hesse, Hermann 174, 210, 264
Heuss, Theodor 339
Hirschbiegel, Oliver 16
Hitler, Adolf 169, 188, 316
Hofmannsthal, Hugo von 60f.
Hofmann, Ida 174
Hohlmeier, Monika 16

Hölscher, Lucian 81
Hübbe-Schleiden, Wilhelm 224
Husserl, Edmund 35, 53

Ibsen, Henrik 89

James, William 85
Janet, Pierre 88
Jaspers, Karl Theodor 338
Johannes der Täufer 21
Jung, Carl Gustav 81, 88, 152, 174, 184, 212, 223

Kafka, Franz 122, 176, 210, 244
Kalckreuth, Pauline von 212f.
Kandinsky, Wassily 89f., 93, 197, 216f., 338
Kant, Immanuel 42, 55, 87, 104, 126, 153, 293
Karl VI., römisch-deutscher Kaiser 29
Karl Ludwig, Erzherzog von Österreich 29
Keyserlingk, Carl Wilhelm Graf von 310ff.
Klages, Ludwig 90, 338
Koguzki, Felix 57, 79
Kohl, Helmut 16
Krafft-Ebing, Richard von 105
Kraus, Karl 60f.
Krishnamurti, Jiddu 164, 212, 221, 224f., 231
Kruse, Käthe 94, 174
Kruse, Max 94

Laban, Rudolf von 237f.
Landauer, Gustav 174
Lang, Marie 61, 123, 146
Lasker-Schüler, Else 174
Lauterbach, Heiner 16
Lawrence, D.H. 174
Lehmann, Hope Bridges Adams 244f, 246
Leinhas, Emil 328
Lemmermeyer, Fritz 56
Lessing, Gotthold Ephraim 37, 337

Liebknecht, Karl  113, 133, 263
Lindenberg, Christoph  35f..,
 54, 321
Linse, Ulrich  34
Lippert, Franz  317
Loos, Adolf  60
Lou-Andreas, Salomé  89
Luxemburg, Rosa  133, 263

Mackay, John  127f.
Mahler, Gustav  35, 38, 64
Mangoldt, Ursula von  211
Mann, Karl  173
Mann, Thomas  89, 175
Marcuse, Ludwig  338
Maryon, Edith  207, 304
Max, Prinz von Baden
 182, 234
May, Karl  85
Mayreder, Karl  123
Mayreder, Rosa  61f., 106, 109,
 111, 122–126, 132, 146
Meinong, Alexius  53
Miller, René Fülöp  60
Molt, Emil  259, 261ff., 266,
 278, 336
Moltke, Eliza von  85, 311
Moltke, Helmut von  233
Mondrian, Piet  338
Montessori, Maria  338
Morgenstern, Christian  210, 245,
 332, 334, 338
Mühsam, Erich  174
Müller, Johannes  142, 181–188,
 197,
Müller, Peter Paul  213
Musil, Robert  51

Natorp, Paul  264
Nietzsche, Friedrich  55, 118,
 126ff., 132, 141
Noll, Ludwig  329, 332

Oedenkoven, Henri  174
Olcott, Henry Steel  96f., 100
Olden, Hans  108
Osborn, Max  134

Peipers, Felix  245
Petersen, Peter  290
Piaget, John  285
Pöhl, Karl Otto  16
Porsche, Wolfgang  16
Prel, Carl Freiherr du
 85, 88f., 132
Pyle-Waller, Mieta  330

Rascher, Sigmund  335
Rathenau, Walter  90, 212, 234
Riehl, Anton  29
Riester, Walter  16
Rilke, Rainer Maria  60f., 89, 240
Rittelmeyer, Friedrich  184,
 188f., 333
Ritter, Marie  246f.
Rogowski, Michael  16
Rotermund, Ulrich  16
Rothschild, Salomon Meyer
 Freiherr von  27
Rousseau, Jean Jaques  272

Salten, Felix  60
Schad, Wolfgang  284
Schädel, Erdmunt  284
Scheibner, Wilhelm  82
Schikowski, John  130
Schiller, Friedrich  37, 52,
 103, 337
Schily, Konrad  16
Schily, Otto  16
Schleicher, Andreas  16
Schmidt, Erich  108
Schmidt-Courtius, Carl  226
Schmoller, Gustav  45
Schnitzler, Arthur  35, 60, 122
Schönberg, Arnold  338
Schopenhauer, Arthur  55, 118,
 170, 285
Schorske, Carl  49
Schrenck-Notzing, Albert von  85
Schramm, Heinrich  41
Schröer, Karl Julius  53, 58f., 102
Schuré, Édouard  140f.f, 145, 149,
 167, 196, 205, 216f.
Schweninger, Ernst  244

Semmler, Engelbert 39
Shaw, George Bernard 164
Simmel, Georg 338f.
Sina, Simon Georg Freiherr von 27f.
Sinzheimer, Hugor 264
Sivers, Marie von *siehe* Steiner, Marie
Skene of Skene, Johanna 311
Slade, Henry 82f.
Smits, Lory 236, 238
Sombart, Werner 90
Sonnenberg, Ralf 69
Specht, Arthur 64
Specht, Ladislaus 64, 69, 108
Specht, Otto 64
Specht, Pauline 64, 106, 108
Specht, Richard 65ff., 110f., 117, 134
Spengler, Oswald 338
Spreti, Caroline Gräfin von 85
Steffen, Albert 21, 23, 150, 323, 328, 330, 332, 335
Steiner, Anna, geb. Eunike 110, 112ff., 117, 148, 347f.
Steiner, Franziska 35, 347
Steiner, Gustav 31, 347
Steiner, Johann 24, 35f., 347
Steiner, Leopoldine 31, 40, 347
Steiner, Marie, geb. von Sivers 64, 114, 117, 139–150, 167, 195f., 205, 216f., 225, 228, 230, 233, 252, 322, 326, 329f., 332f., 335, 348, 349
Stern, Daniel 285
Stern, William 285
Stinde, Julius 213
Stinde, Sophie 212f.
Stirner, Max 127f., 132
Strakosch, Alexander 197f., 261, 267
Strauss, Richard 64

Stuten, Jan 333
Suphan, Bernhard 103

Toller, Ernst 33f.
Tolstoi, Leo 173
Treuenfeld, Josef Schneid Ritter von 29
Troeltsch, Ernst 90
Tucholsky, Kurt 170
Tucker, Benjamin 128

Uehli, Ernst 301f.

Verweyen, Johannes Maria 225
Vreede, Elisabeth, Vertraute Steiners 150, 322

Wachsmuth, Guenther 23, 322, 330, 336
Wagner, Otto 60f.
Wagner, Richard 173, 214
Wassermann, Jakob 264
Weber, Max 90, 243
Weber, William Edward 82
Wegmann, Ita 149f., 335
Weininger, Otto 105, 124
Weißenberg, Joseph 189ff.
Werfel, Franz 60f.
Werner, Götz Wolfgang 16, 342
Wilhelm II., Deutscher Kaiser 85, 212, 242
Wilson, Woodrow 233
Wittgenstein, Ludwig 51
Wundt, Wilhelm 82

Zander, Helmut 73, 165, 221, 302
Zeylmans van Emmichoven, Frederik Willem 327
Zimmermann, Robert 53f.
Zola, Émile 89, 132
Zöllner, Karl Friedrich 82f.
Zweig, Stefan 134

## Bildnachweis

Seite 20: Rudolf Steiner als Student 1882 (Rudolf Steiner Archiv, Dornach)

Seite 78: Rudolf Steiner als Hauslehrer 1889 (Rudolf Steiner Archiv, Dornach)

Seite 138: Rudolf Steiner als Theosoph um 1905 (Rudolf Steiner Archiv, Dornach)

Seite 194: Rudolf Steiner als Bauherr 1913 (Rudolf Steiner Archiv, Dornach)

Seite 258: Rudolf Steiner als moderner Prophet 1920 (Picture Alliance, Frankfurt, dpa Fotoreport)

Seite 320: Das erste Goetheanum (1922, oben) und das zweite Goetheanum (um 1930, unten) (BPK, Berlin)